经典照亮前程

左拉

[法]阿尔芒·拉努 著　马忠林　孙德芗 译

华东师范大学出版社

图书在版编目（CIP）数据

左拉 /（法）阿尔芒•拉努著；马忠林，孙德芗译. — 上海：华东师范大学出版社，2020

ISBN 978-7-5760-0011-5

Ⅰ. ①左… Ⅱ. ①阿… ②马… ③孙… Ⅲ. ①左拉(Zola, Emile 1840-1902)—传记 Ⅳ. ①K835.655.6

中国版本图书馆CIP数据核字(2020)第035420号

Originally published in France as:
Bonjour, Monsieur Zola by Armand Lanoux
© Editions Grasset & Fasquelle, 1978.
Current Chinese translation rights arranged through Divas International, Paris 巴黎迪法国际.

上海市版权局著作权合同登记 图字：09-2019-274 号

左　拉

著　　者　（法）阿尔芒•拉努
译　　者　马忠林　孙德芗
责任编辑　朱晓韵
审读编辑　许　静
责任校对　王丽平
装帧设计　卢晓红
策　　划　上海七叶树文化发展有限公司

出版发行　华东师范大学出版社
社　　址　上海市中山北路3663号　邮编　200062
网　　址　www.ecnupress.com.cn
电　　话　021-60821666　行政传真　021-62572105
客服电话　021-62865537
门　　市　（邮购）电话　021-62869887
地　　址　上海市中山北路3663号华东师范大学校内先锋路口
网　　店　http://hdsdcbs.tmall.com

印 刷 者　上海中华印刷有限公司
开　　本　850×1168　32开
印　　张　16.75
字　　数　385千字
版　　次　2020年9月第1版
印　　次　2020年9月第1次
书　　号　ISBN 978-7-5760-0011-5
定　　价　89.00（精装）

出 版 人　王　焰

（如发现本版图书有印订质量问题，请寄回本社客服中心调换或电话021-62865537联系）

前　言

当这部传记在一九五四年出版的时候，埃米尔·左拉还不是今天的埃米尔·左拉。当然，他一点也不知道所谓的"隧道"①说法。某些他同时代的杰出人物还没有从"隧道"中走出来，而另外一些人根本就走不出来了。但，值得肯定的是，在人民群众和外国人中，他仍有巨大数量的倾听者，但不是他很久以来享受荣光的关于他的回忆，也不是他的著作。

第二次世界大战之后，莫里亚克②还在吹嘘他从来没有读过左拉，而纪德③还把他当作是法国伟大的小说家之一。左拉的崇拜者们，无人敢想象，四分之一世纪之后，不仅是"口袋书"、"俱乐部"版将停止再版左拉的书，而诸多"全集"争相扩大空间之际，还有"大学"为巴尔扎克拓宽出版范围。这样，毫无疑问，将为左拉投下巨大的阴影。

但是，这种变化还是出现了……而且没有给人们留下一点思考的机会。自从发现了左拉，一个诗的散文家，一个高产的小说家，一个当时尚未被人们广泛认知的科学的先驱者，一个饶勒斯④大

---
① 喻指左拉进入黑暗时期。
② 莫里亚克（1885—1970）：法国著名作家，主要作品有《给麻风病人的吻》、《火河》、《苔蕾丝·德斯盖鲁》、《命运》和《蝮蛇结》等。
③ 纪德（1869—1951）：法国著名作家，诺贝尔文学奖获得者，主要作品有《地上的食粮》、《背德者》、《窄门》、《田园交响乐》和《伪币制造者》等。
④ 饶勒斯（1859—1914）：法国政治活动家，任《人道报》社长，并创建统一社会党。1914年7月31日被沙文主义者威伦暗杀。

肆宣扬社会主义时的通灵者，而这些正是引起争议的地方。这些他心领神会，微笑着，都接受下来了。"科学"，在他的直接感知能力当中，已成为习惯了。当然，还有让·罗斯丹①从未停止过维护左拉，可在他说"左拉的总的观念，是有价值的，可我只知道遗传和环境，除此之外，我就不知道什么了"之后，他就变得几乎孤立了。一个新的变化突然出现了。人们责备左拉未能真正理解普罗斯佩·吕卡②、克劳德·伯纳德③和达尔文。在对科学的饥渴中，他饥不择食，深入其中，陷了进去。不过，尽管消化起来十分艰难，左拉还是慢慢地变成了一位学者，成了科学家巴斯德④的表兄弟。

再版这部传记，其用意是把全部关注点放在本书的最后部分，即左拉的极具特点的私人生活。在为电视台筹划节目时，一九七五年八月，制片人突然间沉浸到左拉的世界中。导演兼制片人产生了一个想法，在为电视制作《左拉案件》的时候，应从一八九五年开始，从左拉自罗马回国，在都德家第一次听到德雷福斯的事，直到他一九〇二年离世。导演、制片人斯特里奥·洛朗兹希望，如同这部书的作者一样，拍摄"左拉其人"，不能和"英雄左拉"分离开，也不能和他整个的人生分离开。他照看着他身边的两个女人、他的孩子们、他的玫瑰花，和他的书的出版印数，还有法兰西学院的选举，他讨厌人群和暴风雨，他近视，他憨直而又狡猾，

---

① 让·罗斯丹（1894—1977）：法国评论家、生物学家、科普读物作家，法兰西学院院士。
② 普罗斯佩·吕卡（1808—1885）：法国医生、神经学及遗传学家。
③ 克劳德·伯纳德（1813—1878）：法国著名生理学家。
④ 巴斯德（1822—1895）：法国生物学家、化学家，近代微生物学的奠基人。

总是梦想着有一个更美好的世界，总是准备着对所有非正义发出愤怒的吼声，直到他最后一口气，他仇恨着，并爱着。

将一个人的生命历程，通过场景和演员，搬上荧屏，是一种新的评论工具，但却被忽视，甚至很少使用。这一点，在我拍摄《山谷中的百合花》和《伊维特河》的时候，已经感受到了。通过把文字变成画面，巴尔扎克和莫泊桑的许多形象，在各种光线下，呈现在我的面前。将左拉搬上小小荧屏，也是一样。不仅将他的日常生活放大在屏幕上，在语言对话之外，还可以达到心理学上的心灵深处。我们习惯于这些研究方法，而这些研究也许会变成流行的东西。大学将来会有采取视听方式教学的时候，这只是资金和时间的问题。不重视这次再版、改编所带来的视听的经验是不明智的。

保持传记的原则和文学的关系，在这一点上，我并没有改变看法。写传记，是一件费力不讨好的事。传记产生于个人的经历和文字记述的资料，而这两者往往是矛盾的。如果传记是根据不同的文字资料而写出的话，那传记就会失去科学的准确性。要是果真如此的话，缺乏细节几乎会有抹杀传记的生命的危险。而传记的迷人之处正在于此：细节！但将生活的所有倾向都写到纸上，那就更是不讨好的蠢事。

二十多年前，本书作者选择了生活。他参阅了作家创作出的大量作品，以及人们因他而写出的大量文章。他尽可能地将他笔下的人物置于"现实"之中，在他的著述里，除证据和文献外，有时，也有可能，使他的主人公更接近于近似而非准确。人们不能画出一幅图像，像卢梭海关长那样，要向他汇报出入港船帆上阿波罗头像的大小尺寸!

作者要让主人公他自己说话,不是小说家,但又非常像小说家。作者将还给他真实的自我,像人们所希求的那样。这准确的判断,不是凭空作出的,而是在各种"运动、事件"中得出的,当左拉说出的言论,有时会印刷成斜体字,而这些斜体字的言论确实是左拉他自己说的,或者是他自己写出的时候。

传记作者长时间地和他的主人公生活在一起,最后作者真的看到了真实的他,而且爱上了他,噢,当然以他自己的方式……左拉拥有大量的崇拜者,他们会在书中寻找到许多对左拉时有调侃不敬的地方。而在众多场合下,作者肩负着重要的责任,将他带入第二帝国——麦克马洪掌权的时代——和德雷福斯案件的舆论混战之中。我们回首看这个历史时期,既是荒唐的,也是理想的。它的诉讼公案使我们今天的哑剧、小说和滑稽剧等达到一个新的高度。总之,说这部传记蔑视我们的上一个时代,其实是一种误解。从我们今天的时代的眼光出发,该如何去判断另一个时代呢?

传记里的这个人物的人生经历是从巴黎的中心开始的。那时的巴黎还处于中世纪,路易十四和巴尔扎克时代。与我们今天大资产阶级统治下的巴黎相比,它的面积要小两倍多。巴黎的扩张是在第四政权的时代。报馆地处距离卡桑街不远的转弯处。一个名叫饶勒斯的现代人,一个冒险角色,意外地惨死在那里。饶勒斯悲惨的死亡开启了第一次世界大战的腥红色的序幕。而这场战争也把左拉和他的同代人的生活抛回到我们的前一个时代的浪漫主义之中。

在一八四〇年,在巴黎中心菜市场和林荫大道之间,伟大的人物……

目　录

第一章　梧桐树下的泉水　　1
　　充满爱情、芬芳和阳光的地方啊，我多么愿意叫你一声母亲。

第二章　未名之年　　73
　　做一个有思想的人？我的上帝，这是多么愚蠢的想法！

第三章　一个小作家的社会经历和成长史　　125
　　我既不喜欢埃及人、希腊人，也不喜欢那些禁欲主义艺术家。在艺术之中，我只承认生活和个性。

第四章　发达的左拉　　185
　　你可知道，工作已经攫住了我的生命。逐渐地，它从我这里夺去了我的母亲，我的妻子，以及我所热爱的一切。

第五章　年富力强　　291
　　我并不幸福。这样的分心，这样被迫过着双重人格的生活，最终也使我心灰意冷了……我曾梦想过使我周围所有的人都幸福，但是，我清楚地看到，这是不可能的，而我自己首先就受到了打击。

第六章 左拉案件　　359

　　您会看到，他们将熄灭太阳！

第七章 与拉萨尔的约会　　469

　　当天空蔚蓝的时候，我喜欢墓地。

参考资料　　516

译后记　　519

阿尔芒·拉努作品表　　524

啊，生命！工作从我这里夺去的生命啊，谁能将她归还给我？假如我有第二次生命，我愿为工作再死一次！

第一章
梧桐树下的泉水

充满爱情、芬芳和阳光的地方啊,我多么愿意叫你一声母亲。

内容提要

（一）巴黎圣·约瑟夫街十号 / 我的儿子小埃米尔 / 罗马英雄弗朗索瓦·左拉 / 阿尔及尔和霍乱，马赛和加泰罗尼亚人，普罗旺斯和艾克斯和水 / 弗朗索瓦·埃米莉，杜尔当 / 第一次遭遇人群 / 梯也尔先生的老屋 / 穆斯塔法事件 / 一八四七年父亲病逝

（二）圣母堂寄宿学校 / 口音 / 大个子保尔 / 巴哈布劳莫诺和巴哈勒吕嘎 / 向克里米亚进发 / 获奖学金的学生 / 铜管乐队和小夜曲 / 罗克发乌尔渡槽的吕伊·布拉斯 / 猎物袋里的雨果和缪塞

（三）运走桃花 / 小红帽子 / 巴耶家的实验室 / 败阵了，学监！/ 历代传奇 / 摆脱普罗旺斯轻佻的女孩儿 / 花冠和情人

（四）圣·路易高中 / 思念艾克斯 / 与塞尚书信往来 / 青少年时期的最后一个假期 / 地下隧道 / 学业失败 / 米什莱和格勒兹画中的女人 /《拉埃丽艾娜》/《爱神》/ 孤独的赞美

（五）海关和兵营 / 巴黎的小小神秘 / 塞尚的花销账 / "我的肚子和前途使我不安" / "是你呀，保尔！" 一八六一年四月 / 毕沙罗在瓦莱纳 / 破碎的画像 / 贝尔特和当铺 / 布戴特先生的贺年卡 / 路易·阿歇特先生和真诚的对话

一

圣·约瑟夫街十号的女守门人在门前的马路上铺撒了一些麦秸，这样来往车辆碾压石头路面而发出的隆隆声就小多了。可是，她对车夫们的高声吆喝，对克鲁瓦桑和维克都瓦尔区的邮差和报贩们的喊叫却束手无策。公寓里也是一片嘈杂，一会儿三层楼上传出一个男人的叫骂声，一会儿五层楼上又响起了婴儿的啼哭声。这一带过去是墓地，莫里哀和拉封丹曾安葬在这里。前几年人们把坟墓迁走，盖了一些楼房。围绕这些房屋，报纸上曾大肆议论一时，说这里楼房一栋紧挨一栋，过于密集，并且颜色灰暗，使巴黎蒙上了一层沉闷的色彩。

"晚安，左拉先生。"女守门人向一个一阵风似的走进门来的男人说道。这个人长得粗壮矮胖，圆圆的脑袋上戴着一顶斗牛士的高顶盔，颔下留着一部蓬乱的胡子，棕色毛发，鼻子高大。

"您不必担心。您那娇小可爱的太太高兴着哪！您尽可以放心，一切都会是顺利的。"她说着话，两只手卡在腰间，挺着肚子，像在中心菜市场卖菜的架势。她望着房客爬上了楼梯。

在古老的当拜尔杜街，也有一个房客，他快要寿终正寝了。一个生于路易十五时代的八十岁的老朽还活在世上，您想，岂不是污染社会！可是在这里，又有一个小生命出世了，他就是从南方来到这里的这个意大利人的小儿子。我不禁要问这是为什么，又怎么会是这样的呢？然而，人世间就是如此。

弗朗索瓦·左拉，即弗朗塞斯科，去年以每月一千二百法郎的房租租用了这栋公寓五层楼的一套房间。为了这里整洁的家具和摆设，他才花了这么多钱。这栋楼房处在专卖棉织品的桑梯耶路和蒙马特尔街之间的低洼地上，所以，尽管住在楼房的最顶层，也难以免除嘈杂的干扰。但是，这并不能减少他妻子埃米莉的兴致，何况现在又多了一个小生命呢！这是一个孩子，一个真正的孩子。他有两只眼睛，两只；还有两只小手，也是两只，与别的孩子没有两样。埃米莉昨天对丈夫说，开始几天，小家伙摆动着两只小胳膊，就像一个被淹在水中的人那样。当一个人四十五岁的时候，添了这么一个小儿子，该是多么幸运啊！

弗朗索瓦·左拉在家庭日记上写道："我的儿子，小埃米尔·爱德华·夏尔·昂托万于一八四〇年四月二日十一时来到人世。"在这简短的记录里蕴含着严肃的父爱和对妻子的真诚的爱情。

弗朗索瓦推开门，一声尖利的喊叫使他吃了一惊。是得了霍乱，还是得了假膜性喉炎？他冲进门去。

"埃米尔！埃米尔！"

"晚安，亲爱的弗朗索瓦。"妻子平静地向他问候。

这时，做父亲的心才算恢复了平静。他把帽子扔在堆满图纸的桌子上，然后走进里屋。他的妻子站在一旁向他微笑着。孩子正做着怪样子。啊，圣母玛利亚，他怎么长得这样丑啊！

"你脸怎么这么红？"埃米莉说道，"你跑来的？见到了梯也尔①先生了吗？"

"和这个新成立的部简直无法打交道，连办公室主任也难以见到。你向雅克松大夫要的药水我带来了。你看，小家伙……"

"怎么？"

---

① 梯也尔（1797—1877）：法国政治活动家，七月王朝时任部长和总理，后任第三共和国总统。——译者注（以下未说明是原注的均为译者注）

"哎，该给他种牛痘了！"

"是的，弗朗索瓦。我们两个太滑稽了！我看你有点神经质，现在该放心了吧？"

埃米尔·左拉在四月接受了洗礼，五月十六日种了牛痘。他的父亲和母亲是严格地按着古老的宗教和年轻的科学来行事的。在他们的周围，在巴黎，人们在传播着各种消息。新发明的机器吸引着人们。《世纪报》和《新闻报》，使用新机器每小时竟印刷一千二百份。人们关心着阿尔及利亚的战争。头等质量的面包，两公斤值十七个半生丁。啊，这一百个才够一法郎的生丁还是有用的！瑞士科学院正在巴黎展览达格雷照相机试验成果。梯也尔先生已执政六个月了。

星期天晚上六点钟，在角斗场将有一场精彩的动物角斗表演。

作为工程师，弗朗塞斯科的生活可要比他的儿子、小说家埃米尔浪漫得多了。

几个世纪以来，在威尼斯就有左拉这个家族了。他们当中有的是士兵出身的军官，有的是传教士。弗朗索瓦·左拉的祖父昂托万，效忠于共和国，曾任劳地军团的上尉军官。昂托万的儿子，德莫尼奥·夏尔，热恋着尼高莱达·朋地约里小姐。由于他们俩的结合，弗朗索瓦·左拉才于一七九五年八月八日在威尼斯出世。然而，他却是在晚一些时候才知道他的父亲是谁的。

在欧洲，那个时代是不利于安静的家庭生活的。出生于科西嘉岛的皇帝①正在蹂躏着整个欧洲。不过话又说回来，要是涉足军界，却是大有作为的。弗朗索瓦·左拉的一生随着历史

---

① 这里指拿破仑一世（1769—1821），法兰西第一帝国和百日王朝的皇帝。

的发展而变迁,他摇摆于红与黑,即革命与反革命之间。开始,他是巴威和莫达纳军事学校的学员。他到野外演习,测量炮弹弹道,被人捉弄,也捉弄别人。到十七岁时,他在欧仁·拿破仑亲王的军队里,已经是炮兵副连长了(1812—1815)。不久,帝国倒了台,威尼斯共和国被奥地利帝国所吞并。后来,因为军队里实行笞刑,他脱掉了军装,离开了军队。他是自由党党员、烧炭党党员和共济会会员。他回到意大利的巴多瓦大学继续攻读工程学。他有一种意大利人常有的爱好,那就是到处旅行。后来他到了奥地利,当上了奥地利土地管理处的丈量员,和享有特许权的骑士会会员热尔斯特耐尔以及修筑铁路的工程队合作,勘测了当时欧洲大陆的第一条铁路线,从林茨到布德韦斯(1832年6月),然后又从林茨到格蒙登。他们开始对初建的铁路以及用马匹拖着车辆在铁轨上运送旅客和货物产生了浓厚的兴趣。可是,他的儿子后来却写了《人面兽心》,因为火车的隆隆声搅得他睡不好觉!七月革命使弗朗索瓦存有股金的银行倒闭。然而,这场革命也使他成了一个享有特权的人物[①]。他从奥地利到了荷兰,然后又去英国。

喜欢过浪漫生活的弗朗塞斯科,于一八三〇年回到法国。第二年,他又去阿尔及尔,在戴意医院照料霍乱病人。这里还穿插着一段戏剧性的故事,涉及到三代人。一个名叫让·昂托万·吉奥诺的人来到阿尔及尔,找到了弗朗索瓦·左拉。让·昂托万·吉奥诺是一个高个子,和弗朗索瓦一样,是自由党人和烧炭党党员;他是匹耶蒙地区蒙特兹莫罗的地主,他不得不逃

---

① 这些细节的大部来源于弗朗索瓦·左拉本人所写的笔记。开头是这样写的:"弗朗索瓦·左拉于1795年8月8日出生于威尼斯,其父是工兵上校和军事建筑监察员。在帝国时期,他的两个叔父为法兰西捐躯,他们一个是上校,一个是少校。后来,他还有一位至亲劳旺多伯爵,是一位少将,也为法兰西牺牲,他的名字镌刻在星星广场的凯旋门上……"——原注

离意大利。他被缺席判处了死刑（让·吉奥诺后来说："对我来说，真是幸运！"）。这两个人在这霍乱蔓延的异国他乡成了莫逆之交。让·昂托万·吉奥诺也找到了一个借口，留在这个悲剧之乡，过着充满激情的生活。后来他把这一段故事口授给他的孙子，写成了著名的小说《屋顶上的轻骑兵》。他作为护士，应招到医院工作，直至流行病被控制。之后，两位朋友不得不分手了。后来，一八三一年七月，在阿尔及尔，吉奥诺与弗朗索瓦·左拉重逢，这时左拉已经是新组成的外籍军团的中尉。红色重新战胜了黑色。

红色是燃起火热爱情的色彩，而笔挺的军官服则对女人更具有吸引力。当他爱上军械库驻卫副官，德国人菲塞尔的妻子的时候，弗朗索瓦·左拉是三十七岁。可惜不久菲塞尔被遣返回国了。弗朗索瓦哀求他的情妇，让菲塞尔只身离开；但是，得到的回答是，他必须脱离军队，跟她一道走。弗朗索瓦是真心爱着这个美丽的阿尔及利亚女人的。然而，他是得到上峰器重的人，他没有辞职。美丽的女人抛下他，跟丈夫一道上船走了。他简直要发疯了，他满怀着爱情，独自摇着小船，追到海上。可他的船被海浪打翻，而载着他情人的大船却越走越远了。人们把他从海里救了上来。在半昏迷中，他提到菲塞尔。是自杀吗？即使是为了爱情，也是容易引起别人怀疑的。人们发现，弗朗索瓦所管的军装库的钱柜里少了一千五百法郎。弗朗索瓦确实拿了这笔钱。不过，他是想在近期就还清的。显然，这是受了那个妩媚的菲塞尔夫人的唆使。谁知她装满了腰包，就马上跟着丈夫走了。菲塞尔夫人使用的是受民法保护的骗钱术。菲塞尔后来轻而易举地将这部分钱交了出来。后来，尽管军事当局根据罗维戈公爵的命令，决定不予起诉，弗朗索瓦·左拉还是呈上了辞职书。他的第二次戎马生涯到此结束①。

他就是从南方来到这里的这个意大利人的小儿子。

马赛这个大海港花花绿绿的色彩，它的橙子，它的鲜鱼，它的捕虾小网，它的从货床上的牛羊下水和拥挤的小巷里散发出来的气味，还有在阿尔及利亚无辜遭到不幸而衰落下去之后，它所焕发出来的热闹气氛，无不使弗朗索瓦·左拉迷惑；普罗旺斯鱼汤里的番红花，山岗上的百里香，蒜泥蛋黄酱散发出的香味，腿短而嘴大的姑娘们的魅力，船只有节奏的呜呜叫声……消除了他失恋的痛苦。

弗朗索瓦·左拉在海岸上徜徉，所到之处，都使他回忆起他的故乡威尼斯。他来到加泰罗尼亚。经过察看后，他认为那里应该开掘成一个港口。古代腓尼基人曾经在这里建过一个港口。"我要在加泰罗尼亚开掘一个港口。我要用我的双手开掘出一个港口！"（其子将用一支笔建造一个世界！）从前服兵役时曾仔细研究过的全部设想，后来因为迷恋女人而置之脑后了。而现在，正如他忍受不了单身汉的清苦，经常到五月美人小酒店里喝的嘎西酒一样，又都回到他的头脑中来了。

左拉在阿尔布尔街建立了一个民用工程办事处。首先，他试验用煤气为街道照明。关于在加泰罗尼亚建港一事，他来晚了一步。约里耐特公司的设计方案占了上风。然而，这是一个错误，今天人们都清楚这是错误的。遗憾，遗憾啊！唉，

①1898年，弗朗索瓦·左拉遭到记者汝戴的诽谤，档案材料是由军队情报处处长亨利上校通过非法途径提供的。受到埃米尔·左拉抨击的总参谋部又把这一令人不快的事情加以扩大。下面是没有被歪曲的有关弗朗索瓦·左拉中尉服役情况的唯一档案材料，上面没有任何批语："左拉（弗朗索瓦·昂托万·约瑟夫·马力），德莫尼奥·夏尔与尼高莱达·朋地约里之子，1795年8月8日生于威尼斯（意大利）。1831年7月20日，升为外籍军团中尉。1832年11月4日提出辞呈。1832年12月6日决定不予追究。1832年，军团，非洲。"——原注

大大的失策！……比如他的关于巴黎城防御工事的设想……他有一种天才的想法，他建议建造一些碉堡进行防御；而在一八七〇年的战争中，巴黎城缺少的正是这种工事。"不说要掘大量的土方吗？""那是轻而易举的事。""可是，对不起，先生，请您自己保存这些图纸吧。""这能深深咬进土里面的钢铁大嘴挖土机，是经济划算的，它的工作效率抵得十个壮劳动力……我把我写的《水准测量论》①留给您……"

儒安维尔亲王后来把这些转告给了国王。

工程师左拉去见梯也尔先生。梯也尔接见了他；梯也尔在他那旧货商一样的面孔上装出一副宽厚的样子。

弗朗塞斯科熟悉艾克斯②，它是这位唯利是图的部长先生的故乡。和马赛形成多么鲜明的对照啊！旧时普罗旺斯省的首府，现在变成了一个毫无生气的小市镇了。这里有居民二万五千人。这里气候宜人，环境优美，城里有许多美好的喷泉。可是，这享有水城美名的城市，在炎热的夏天却常常没有水。那么，从哪里可以取水呢？弗朗索瓦·左拉头顶一块毛巾，不知疲倦地在山野里奔走。勘察结果，水必须从圣特·维克多瓦尔山谷引出，引到艾克斯城里来。在艾克斯，人们编织草帽，压榨橄榄油。在那里，还有一些大学生和神学士。有时人们还提起古代的米哈波③。仅此而已。过去人们把艾克斯誉为外省的凡尔赛，难道现在能忍心让它变成一座死城吗？弗朗索瓦·左拉的第一项计划已经付诸实施，现在挖土机已经在路上了：开掘引水运河。

当时正是资本主义发展初期，处处、事事都要冒风险。一

---

① 弗朗索瓦·左拉曾因该书被意大利巴都城研究院聘为研究员，并获得荷兰国王授予的奖章。
② 艾克斯：法国南部城市，距马赛不远。
③ 米哈波（1715—1789）：法国经济学家，著有《人类之友》。

个私营企业的工程师必须对他自己的计划的实施负有全部责任。他不得不筹建一个公司，同时还要说服当权者，和一些懒汉、傻瓜以及狡猾者商谈，要抵抗有关村落的地方主义，和当地的贵族地主，如嘎理菲侯爵和庄园主多劳耐等人打交道。玩忽职守，贪赃受贿，普遍存在。因此，仅靠地方上的支持和艾克斯市市长欧德先生的赞助还是远远不够的。于是，弗朗索瓦·左拉决定北上，到巴黎去，向梯也尔先生求援。如果梯也尔对有助于复兴他的故乡的运河无动于衷，那么这个戴着夹鼻眼镜的小老头还能对什么感兴趣呢？弗朗索瓦和这个放荡不羁、诡计多端的梯也尔进行讨价还价。接着，他奔走于各个办公室之间，不时发着脾气、跺着脚。

一个礼拜天的早晨，刚做完弥撒，从圣·厄斯达茨教堂走出来，意大利人弗朗塞斯科突然在一个年轻姑娘面前停住了脚步。这位姑娘既不像他家乡的圣母玛利亚，也不像那个菲塞尔夫人，而是像格勒兹①笔下的令人销魂的美女。他一见钟情，为她燃起了爱情的火焰。这是一位外省的小资产阶级家庭的小姐，其父从前曾在克雷利街经营过一个颜料店。她的名字叫佛兰梭史·埃米莉·奥雷莉·奥贝尔，一八一九年二月六日生于塞纳·渥瓦兹省的杜尔当城。一八三九年五月十六日，弗朗索瓦·左拉与这位苗条而美丽的姑娘结了婚，并且带她到普罗旺斯省做新婚旅行。他们在那里逗留了十二个月。当他们返回巴黎的时候，埃米莉已经身怀六甲了。

这样，人们就可以明了这位将来要成为伟大小说家的人物之所以具有热情、浪漫的天赋，是因为他属于这样一个非常和谐的法兰西——意大利家族。埃米莉，他的母亲，温柔、敏感，有些神经质；父亲是一个出色的冒险家，忘我地热衷于自己所

---

① 格勒兹（1725—1805）：法国著名画家。

从事的事业。按遗传学说，未来小说家埃米尔·左拉继承了父母双亲的美好气质。

噢！还有两个细节：埃米莉比她的热情的丈夫小了二十五岁；而夫妇二人都渴望有一个男孩。

弗朗索瓦·左拉得到梯也尔先生的赏识；但是，尽管得到一位部长的支持，运河工程的一切工作仍然进展缓慢。每天晚上，工程师常常是拖着疲惫的身体回到圣·约瑟夫街他的家中。他的妻子是非常可爱的，可是她太神经质了！丈夫承包运河工程这件事成了她的一块心病，她每天都为丈夫担心，把心提到了嗓子眼……小埃米尔出生在这个很少见到阳光的城市里，脸色有些苍白，令人不安。为使他呼吸新鲜空气，晒晒太阳，喝上鲜牛奶，父母把他送到杜尔当外祖母家去。可是后来，因为不放心，又抱了回来。在两岁的时候，他发了一次高烧，水蛭放到他的身上，都被烫得不肯叮人了。人们为他的生命担心。后来，竟然好了，可以下地跑了，这时父母才算放下心来。

在这种挣扎、疲劳和城市生活的紧张气氛中，埃米尔逐渐对外部世界有了感受。五十年后，当图鲁兹大夫询问他的时候，他对孩提时代的回忆是很不连贯的。不过这完全正常。在佳卢塞尔广场，弗朗索瓦把他驮在肩膀上，观看一次军事检阅。小家伙眼前是一片由马鬃和闪光的头盔所组成的海洋……在他的周围为什么围着这么多人呢？孩子用两条小腿使劲夹住爸爸的脖颈，他的身体有些颤抖，用两只手捂住了微笑着的父亲的眼睛。

"这些士兵使你害怕吗？"

"不。是这一群人。"

另一次回忆。他父亲把他带到人们正在掘土的工地去。在他眼里，爸爸是一个掘土的巨人。翻起的泥土的气味钻进了孩子的鼻孔。

但是，更重要的是下面一件事。狂欢节的时候，左拉全家到附近的大街上，去看装饰华丽的肥牛游街。当一些企业家的彩车走过，车上半裸着身体的风骚女人向人群抛撒鲜花的时候，小埃米尔不小心松开了爸爸的手，转眼不见了。

"我的上帝！埃米尔！"左拉夫人喊叫道，"弗朗索瓦，埃米尔哪儿去了？"

埃米尔被挤在一大群男人和女人中间，他什么也看不见，喘着粗气，晕头转向了。他被拥挤在人群中间的时间并不长，很快就有两只手把他拉了出来。他重新骑在父亲的肩头上，他得救了！可是，孩子脸色煞白，浑身颤栗，大睁着两只眼睛望着那些攒动着的人头。这是他永远也不会忘记的。突然，人群里发出一阵震耳的喊叫，什么牛啊，肉啊……孩子哭了。当他们回到家里的时候，孩子还在发抖。

"说实在的，巴黎是不适合培养孩子的，埃米莉。我真的想改变主意了。"

三岁的埃米尔仍然脸色苍白，身体瘦弱，长得像个小姑娘。像巴黎地区的农民、手工业者的孩子那样健壮的儿子在哪里呢？像威尼斯工人的孩子那样的儿子在什么地方呢？

于是，他们全家，还有外祖父、外祖母，都兴高采烈地搬到南方艾克斯城去住了。一八四三年四月，弗朗索瓦·左拉与市政府和市长道劳内签署了修建运河的合同。这里，一片一片的梧桐树取代了那些古老的榆树。在高大的梧桐树下，埃米尔发现了一个富有而庄严的城市，房子的屋顶在阳光的照晒下，都是褪了色的赭石色，而人们的说话声仿佛像唱歌一样。

开始他们住在圣特·安纳林荫街，不久又搬进了梯也尔先生家的老屋；因为那里街道曲曲弯弯，被称作西尔瓦坎死巷①。

埃米尔四岁了。他在庭院里跑来跑去，发现了龙舌兰那长剑似的叶子和开得红火的夹竹桃花。住房是两层楼房，屋顶盖瓦，所以很凉爽；庭院里栽着各种花木，一年四季花朵常开，有如一块五彩斑斓的锦缎。这时，爸爸坐在一把铁椅子上，叠起双腿，在看书；妈妈在织着毛衣。她仍然很美丽，但是对一个二十四岁的少妇来说，已经有些发胖了，是一个发了福的玛利亚。她两眼深陷，下眼睑有些发暗，向两边分开的长发下的面孔显得有些憔悴。尽管她在内心里隐藏着一种烦躁情绪，但表现出来的却是安详泰然的神态。她城府很深，仿佛像一眼井。

说到井，在庭院里确实有一眼井。埃米尔总喜欢在那里绕来绕去。这眼井很奇特，是两家合用的。《艾克斯的光环》和《泉水边的丽人》的作者阿尔芒·卢内尔曾注意到了这种井：

即使在南方，这种两家合用井也并不是罕见的。那里水很宝贵，以致邻里之间不得不定出一个轮流用水的办法。

埃米尔很喜欢这面奇异的镜子。他弯下身去，在水里可以看到隔着一堵墙的邻居家庭院上空的那片蓝天。他有时扔进去一个石子，从里面传出悦耳的"咕咚"声。

"埃米尔，不要总在井边玩，要不你早晚得掉下去！"埃米尔确实变得胆大起来了，他根本不听妈妈的话，又跑到井边去玩了。弗朗塞斯科嘲笑妻子埃米莉过分担心。他们看着孩子……

"我的上帝，弗朗索瓦，你看，埃米尔在爬无花果树呢！"
埃米尔找到了真正属于他的天地。

---
① 即今天的西尔瓦坎横街。——原注

这一年五月十一日，马赛《信号台报》在艾克斯新闻专栏里公布了一条消息：

我们荣幸地告知同胞们，本月二日，国会全体会议对左拉修建运河一事进行最后议决，全体通过一八四三年四月十九日艾克斯市政府与工程师左拉所共同签署的协议。

这件事一直拖了八年。

在这有水有花的庭院里，伴着梧桐树下优美动听的泉水声，孩子在无忧无虑地成长着。他把这庄严城市的寂寞、母亲埃米莉的轻微不安以及给他以启蒙教育的外祖父、外祖母全然不放在心上。在他的一生中，左拉对这一段平静得像池水一样的生活保留着最美好的记忆。左拉的最忠诚的朋友保尔·阿莱克西①的一段话反映了这一情况："他喜欢那两边栽着梧桐树的街道，在树下，泉水在轻轻地流淌着；他喜欢那曲曲弯弯的小巷，小巷两旁是一些令人羡慕的府邸、公馆，那些雕花的木质大门总是紧紧地关闭着，把市民的生活隔离在外面。"

在平静的环境中，如果说人们对孩子有什么规定的话，那就是他必须睡午觉。

在这个南方宁静省份的中心，在艾克斯城里，发生了一件很少被人知道的事。后来，奥杭公立中学的教师夏博先生曾在《法兰西信使报》（1929年3月1日）上对这一事件做过简短的叙述。一八四五年四月三日，在马赛，弗朗索瓦·左拉的一个阿拉伯童仆被驱逐出门。埃米莉·左拉一直为她儿子身体虚弱放心不下，她寻找原因，但毫无结果。后来，她突然发现

---

① 保尔·阿莱克西（1847—1901）：法国自然主义作家，左拉的学生和朋友。著有《战役之后》、《密尔先生的日记》和《埃米尔·左拉》等。

阿拉伯童仆穆斯塔法对他的小主人总是动手动脚的。从马赛警察局档案中寻找到的一份报告可以看出事情的真实情况：

"一八四五年四月三日至四日报告。古尔区。警察分局局长波勒第先生：我们传讯了一个名叫穆斯塔法的人。他是住在阿尔布尔街4号工程师左拉先生家的仆人，年十二岁，出生于阿尔及尔，因猥亵年仅五岁的埃米尔·左拉而被控告。"

这是一场不宜声张的悲剧。精神病专家让·万松曾这样说：

"这个孩子在他的青少年时期，很可能自觉不自觉地回想起这次精神上所受的刺激给他造成的不安，很可能他要经常不断地和这不安展开斗争。"

是的，也许是这样……

埃米尔在玩着沙土和石子，他在垒筑小堤坝。当发现一只螳螂、一只蝉或者一只从窝里跌落下来的小鸟，这对他来说，都是了不起的大事。

一八四六年秋天，政府终于做出决定，开凿运河的工程正式开始了。十分机灵的埃米尔跟随父亲到安弗尔内去看工人们放炮开山。在那里，埃米尔经常看到一个身材魁梧的人和他的父亲在一起。他们没完没了地用一些听起来很生疏的语言来谈论意大利，什么烧炭党、自由啊，或者死亡、霍乱、缺席判决什么的。那个人就是吉奥诺，他已经在艾克斯定居了，现在成了工程师左拉所主持的运河工程的一个工头。埃米尔把水掺到泥沙里，和泥玩；埃米尔的父亲也像他一样在和着泥，但不是用泥沙和水，而是把各种人组合在一起，从事着一种事业。这是多么美好啊！

一个毛孩子，现在变得懂事了。在他那高高隆起的额头里，也开始思考了。后来他面部不那么对称的特点，这时除去两只眼睛之外，尚未显现出来。但是，淋巴性体质的某些特点已经可以看出来了。一直到五岁，他的发育还不能令人满意。他说话时，发音不准确，常把 s 和 t 混在一起。这使他的父母在喜欢他的同时，不免有些焦虑。后来有一天，弗朗索瓦给了他一百个苏，因为他准确地读出了 cochon（猪）这个词。以前，他总是把它和 cotton（针织机）或 cosson（木蠹蛾）混在一起。

尽管让他经常在院子里玩耍，沐浴在清新的空气和美好的阳光中，没有学校那样严格的约束，可是埃米尔还是常常感到害怕，有点像个小姑娘。另外也太娇惯了，到了七岁，他还认不全二十六个法文字母呢！

弗朗索瓦·左拉不得不到马赛去，因为几天之后，就要在约莫嘎尔德山崖开始爆破了。驿车里是那样寒冷。当他抵达马赛时，就冻咳嗽了，接着发起高烧来，曾经被疟疾损害过的身体颤抖着。他住在阿尔布尔街地中海旅馆里。旅馆老板穆雷先生叫来一位医生，经检查，确诊为肺炎。穆雷通知了病人的家属。在这个充满阳光的美丽城市里，这个烧炭党党员弗朗塞斯科重新尝到了生活的乐趣；可是几天之后，在一八四七年四月的一天，这位威尼斯建筑家竟然在这里猝然逝去了。多么不幸啊！他千辛万苦地使管理和财政的舵轮转动起来，他筹建了有六十万法郎资本的一个公司，他在谋划成立一个董事会，同时还要和那些随意抬高地价的人们进行斗争，他过度疲劳了。是工作把他压垮了。他死于肺部疾病。可是，他却期待着以自己的劳动来使一个城市重新获得生命！

埃米莉带着小儿子来了。埃米尔将永远不会忘记这次与拉

萨尔①的见面。后来,在《爱的一页》中,他回忆起当时他那痛苦欲绝的母亲:

> 她没有上过一次街,她甚至不知道自己在这个城市的哪一个区里。八天来,她把自己和死者一起关闭在房子里,两耳听着整个马赛在她的窗下轰响……而当她第一次迈出房门,将双脚重新踏到街道上来的时候,她已经是寡妇了。一想起摆满药瓶的大屋子,还有那些尚未来得及解开的行李和箱笼,她就浑身发抖……

五十岁的梯也尔,这个反对党领袖,一个功成名赫的野心家,几个月之后就来视察运河工地。这位身材矮小的大人物,回想起他在艾克斯度过的艰苦的童年生活,派人将弗朗塞斯科的儿子叫来。他答应在已经开始了的诉讼中给左拉一家以帮助。他用手抚摸着埃米尔的脸颊,他很激动,因为这个孩子使他想到了自己。他为孩子的前途担忧。孩子荒废了学业可怎么好呢?左拉的儿子,应该上学去!

军乐队奏起了哀乐。接着梯也尔在弗朗索瓦·左拉墓前发表讲话。之后,人们走散了,一切又都归于沉寂。在酷热难忍的夏天里,在车马掀起的尘土中,受到惊扰的小埃米尔回到家里。难道这个两手空空的丑男孩就是将来的那个"伟大的人"吗?

"姥姥,"他对他的外祖母奥贝尔说,"爸爸他在哪儿?"

"他在天上。"外祖母回答说。尽管在女婿的丧期,这个两颊像庭院中的桃子一样长着绒毛的胖老太太,仍然生活得快活、乐观。"去玩吧,埃米尔。我还要到旧货商那儿去。"

她确实要到一个旧货商那儿去。在弗朗索瓦·左拉所签署

---

① 拉萨尔是左拉的小说《生的快乐》中的主人公,在该传记中作为死者或死神的代名词。

的合同里，没有预料到死亡。于是，人们不得不想到诉讼，想到诉讼代理人，想到执达吏以及那些失败者的反抗。在这场灾难中，这位老夫人是很坚强的。她知道，为了应付这一切，她不得不筹集一笔钱。她是看不起那些表面上对人十分热情、彬彬有礼而实际上和别人同样唯利是图的南方人的。她戴上头巾，把家里的一件摆设夹到腋下，准备出门了。她从开着的窗户望了一眼埃米尔。埃米尔正在和邻居家的小狗嬉戏，和它在地上打滚。这个孩子是很喜欢狗的。

"埃米莉，我出去了。"她对女儿说道。

埃米莉哭泣着。奥贝尔夫人心想："我的上帝啊，也许我不该答应女儿嫁给一个比她大二十五岁的男人。要是没有梯也尔先生，谁来救助我们呢？谁来阻止那些人敲诈我们呀？不管怎样，要把孩子送到学校去，一定送去！"外祖母悄悄地从角门出去了，走进了小胡同。西下的太阳，透过那环城大街两旁的梧桐树，在喷水池的青铜雕饰上涂了一层金色。一群两眼乌黑闪亮的普罗旺斯人络绎不绝地前来汲水……"这里的人真滑稽。说实在的，他们已经是意大利人了（她在种族问题上是相当顽固的！）。回来的时候，我要到伊索阿尔神父那里去一趟。"

埃米尔不再玩耍了。尤其是在他参加了弗朗塞斯科的安葬仪式之后，他常常在玩兴正浓的时候，会突然停下来发愣，现出沉思的样子。一只夜莺飞上了无花果树。在飞鸟的身后，湛蓝的天空中没有一丝云彩。星星渐渐出现了，像眨动着的眼睛。"我父亲在哪儿？"埃米尔仰头凝望着夜空。这时几只雨燕正在天空中飞舞，发出唰唰的响声。"我们的在天上的父亲啊……"可是，天空是空空荡荡的，那里是飞鸟的世界。一个七岁的孩子出神地望着普罗旺斯的夜空，然而，他并不真的相信父亲就在天上。

二

在圣母堂，一个小学教师在支配着一切。他是一个真正的小学教师，尽管学问不多，手里整天握着戒尺，心地却非常善良。他开的这个寄宿学校很自由，可以说非常自由。宿舍和教室都坐落在拉多尔斯河的两岸。这是一条蜿蜒曲折的小溪。在死巷家中的庭院里无忧无虑地嬉耍了几年之后，埃米尔到这里来接受教育是非常适时的。在这里，他可以受到启蒙教育，在学习基础法语的同时，还能学习乡村小学所开设的所有课程。

每当放学的铃声响过，伊索阿尔先生总是单独把小埃米尔留下，给他一本带有插图的《拉·封丹寓言》，教他朗读。

在圣母堂上学还有一个好处，就是收费低。由于地方上那些凶狠贪婪的人，也就是普拉桑（即艾克斯在左拉作品中的名字）的吸血鬼们的纠缠，左拉家在诉讼中受到严重损伤，他们不得不搬到城外去，住在贝娄桥旁，和那些打短工、搞柳条编织的茨冈人以及做泥瓦匠的意大利人为邻了。这使得埃米尔在放学回家的路上结识了两个朋友：菲利浦·索拉利和马利尤·卢；另外还有一个漂亮的小姑娘路易丝，她是菲利浦的妹妹。

如果说左拉在智力方面开化较晚的话，那他在生理发育上却是早熟的。他的同学们也是一样。他们都具有拉丁人的一些特点。在以后的两年里，孩子们的男性特征逐渐明显了，性的本能要求也过早地跟踪而来。在那常绿灌木丛中，在那波光潋滟、河床布满卵石、鳟鱼游来游去的小河旁和那翠鸟扬起的水雾所形成的彩虹下，埃米尔还有过几次"初恋"呢！

在埃米尔十二岁的时候，外祖母和母亲埃米莉决定不让他去圣母堂寄宿学校了，让他进了艾克斯公立中学。这就是管理严格的波旁中学，它的前身是米涅公学。在艾克斯，资产阶级是有些咄咄逼人的。在这些资产阶级的开化较早而又十分野蛮的孩子中间，埃米尔感到迷惘。他那孤僻、不善交际的性格更使他难以习惯这样的环境。那些肥皂制造商的孩子不仅嘲笑他发音错误，同时还嘲笑他说话的口音。是的，他说话是带有口音的。尽管他在巴黎和博斯省只短时间住过，可他说话还是尖声尖气的。普罗旺斯人和北方人之间的相互仇视，如果说在成人们中间已经淡化了的话，那么在孩子们中间却仍然惊人地存在着。即使是现在，尽管各种民族的人已经杂居在一起，尽管有了火车、汽车、广播和电视，法国仍然被这些小的疆界所分割；在我这块地方以外，都住着"外乡人"。对这些城市里富有家庭的孩子来说，埃米尔仿佛成了一个闯入者。他是意大利人？根本不是！意大利人都像一家人一样。他是法兰西人，巴黎人？是个外乡人！罪过啊！十二岁了才上初中一年级！和那些上学早的孩子相比，埃米尔的年龄是显得大了些，这也成了他被攻击的原由，另外还有藏在崭新的军帽下面的他那小姑娘一样的腼腆表情！

  埃米尔对这些有钱人家的子弟的恶作剧感到惊愕和气愤。另外，他来自穷人一边。于是，市郊的穷孩子和城里的纨绔子弟的冲突就是不可避免的了。鼓声响起来了，那些歧视埃米尔的中学生呼喊着向这个法兰西人冲过来，他被抓住了。正当他们逼迫他求饶的时候，一个高个儿的小伙子走了过来。他两眼深陷，皮肤黝黑，走路像一个赶大车的人，那攥紧的拳头和闪着光芒的眼睛，不知凝集着多少仇恨的力量。多么可怕呀，他讲着普罗旺斯方言，里面夹杂着一些不堪入耳的骂人话。这些话让那些真正的艾克斯人听了都会为他们的民族感到不安。他向他们扑过去，拳打脚踢，狠狠地揍了他们一顿。最后,这些初一的学生,在高年级学生的冷嘲热讽中,在这个大个子面前,纷纷走散了。

塞尚①向他们叫着号,看他们那吓破了胆的样子,放声笑着,也走了。

埃米尔脸色煞白,心怦怦乱跳,嘴唇颤抖,他望着保尔。他对保尔说:"谢谢。"后面一个"谢"字在他的牙齿和舌头中间有些轻微的颤动。保尔皱了一下眉头,大声喊道:

"让他们再来试试看!都是一些龟孙子!"

"谁?"埃米尔惊异地问。

长得高大而心地善良的塞尚回答道:

"他们都是。"

左拉回到教室里。他的心为塞尚对他的情谊而激动着,同时,对同学们的恶作剧仍心有余悸。在新粉刷的散发着石灰粉气味的教室里,埃米尔仿佛看见追逐他的人群在他眼前晃动,他们个个像凶煞一样,撇着嘴,两眼放着光。他仿佛听到了他们的冷笑声。他又感触到了某种东西,某种已经遇见过、使他惊恐不安的东西,但是他又不能确切说清楚这东西到底是什么,就像一个强大敌人的变幻莫测的面目。他长叹了一口气。

就在学监低下头去的时候,塞尚向埃米尔打了一个友好的手势。

不知是由于塞尚的友谊,还是由于他自己的发奋;不知是由于意识到家境的贫困,还是由于未来前途的召唤,埃米尔这个落后的中学生有了突飞猛进的变化。伊索阿尔在两年时间里,已经使他这个顽皮的儿童学会写字了(或者抄书,当然不是没有错误的):"亲爱的妈妈、姥姥:在这新学年开始的时候,

---

① 塞尚(1839—1906):法国著名画家,其父是银行家。他是后期印象派的代表人物,被称为"现代绘画之父"。

我写几行字献给你们，表一表我对你们的尊敬和我对你们的爱。愿上天赐福于你们，并且使你们有充足的时间享受我的小小的成功带给你们的长久的幸福……"从一个中等学生一跃而成为优等生，这是常有的事。

一八五三年八月十日，埃米尔因学习成绩优异获得一等嘉奖。同时，他的法语译成外语练习获二等奖，外语译成法语练习获一等奖，法语语法获二等奖，史地获一等奖，背诵古文获一等奖。埃米尔的学习成绩出色，夺得全部奖赏，在学校授奖仪式上博得齐声赞扬。

近几年来，他还表现出一种尚不被他人注意的文学才华。外界环境能激起这个孤独少年的种种幻想。公立中学的清苦生活使他感到沉闷。但是，他已经习惯于这个古老的修道院了，还有它那泥底的水塘、黑色的小教堂以及它那带铁栏的窗户。那茂盛的梧桐树，那院子里飞扬的尘土，那个他经常去用双手捧水喝的卡特勒·多菲纳喷泉，还有那悄悄走过的穿着黑色衣裙、戴着白色蝴蝶帽的修女以及那诊疗所的宁静，无一不蕴藏着一种无声的诗意，在滋润着他的心田。这些渐渐构成了这个中学生的心灵奥秘。人们在他后来写的小说里，特别是在《作品》中，可以读到精彩的描写——教师们，从来不笑的拉达芒特，吝啬鬼，不可思议的戴绿帽子的丈夫，以及厨房中的两个怪物，巴哈布劳莫诺和巴哈勒吕嘎。塞尚曾经揭发过这两个人在旧物储藏室里胡搞！

"当埃米尔参加最放纵的恶作剧，焚烧密密·拉莫尔鞋店的时候，"瘦骨嶙峋的埃克斯德利约尔说道，"他已经变了。"

埃米尔已经适应这个世界了。

"埃米尔，埃米尔！"

保尔依靠在畜栏上，浑身使劲地用他那洪亮的声音喊着：

"埃米尔!"埃米尔从睡梦中惊醒。一道光线从窗户照进屋里。他发现床上有一块地方湿了,不由得身子抖了一下。

"埃米尔,埃米尔!懒蛋,哎,你决定了没有?"

这个大嗓门的保尔要把全家人都给吵醒的!左拉向床头柜上他父亲留下来的正嘀嗒走着的小闹钟看了一眼,正是四点钟。这个塞尚,他的肚子里仿佛有着一个钟摆似的,做什么总是那么准时。埃米尔打开百叶窗,挂好窗钩。保尔就在窗下。左拉看见了他,宽肩膀上架着一个大脑袋,身子下面支着两条长腿。

"哎,快点行不行?你是不是还在想着女人哪?"

埃米尔在使劲地挥动着双手,让这个粗鲁的人闭嘴。

带着罗曼风格的怪面装饰的喷泉在梧桐树下高声欢唱着,小鸟在枝头叽叽喳喳地叫。左拉洗了一把脸,迅速地穿上衣服,就下了楼。他必须轻手轻脚,不能弄出一点声响,因为妈妈埃米莉的耳朵是很灵敏的。

"我们晚了。"保尔嘟囔道,"你听,那脚步声已经远了。"

两个孩子向米拉波大街跑去。孩子?塞尚已经十五岁了,左拉也十四岁了,街上几乎空旷无人。只有几个农民,在渐渐变得明亮起来的晨光中,赶着他们装满蔬菜的大车。忽然传来一片嘈杂声,其中还有马的嘶鸣;马叫引得公鸡也跟着叫了起来。他们跑到米拉波大街的街口,在一座流淌了两千年的被朝霞涂上一层金色的喷泉前面站住,眼前的景象使他们惊呆了。一队全副披挂的胸甲骑兵!头盔上的饰鬣在空中飘荡,嘹亮的军号声把市民们从睡梦中惊醒。

一个骑兵跳下马来,手中紧拉着他的坐骑的嚼子,从他们两个人的身旁走过去。在早晨的阳光下,他浑身都闪耀着光彩。带有大披肩和茜色流苏的深蓝色呢军服,鲜红色的肩章,还有那令人想起奇怪的鳌虾来的护胸甲,在闪闪发亮。特别是他那钢盔，上面带有鸡冠形的铜质饰物，下面缀有皮革制的缨子，是一顶光彩夺目的头盔。他的战马的鼻孔往外冒着热气。这头牲口的双眼闪着狂怒的光。突然，它耸起了身体，用它的两只前蹄扑打着那个想制服它的在血肉之躯上又裹上一层钢铁的人。他拉紧了手中的缰绳，勒紧了嚼子。牲口老实了，口里吐着白沫。

"我的上帝，这该多么妙啊！"塞尚高声说了一句。

可左拉却咬着嘴唇，脸都吓白了。

骑兵跳到马鞍上，用马刺刺了一下战马，在尘土飞扬的大道上，飞跑着追赶队伍去了。

理发匠桑特·彭来到两个小家伙的身旁，自言自语道：

"噢！这个可怜的人，还来得及，在去马赛的大道上，他就会赶上他的战友了。他们要去克里米亚。"

克里米亚！一个因为一场疯狂的战争而出了名的地方！这时的法国是个帝国。是的，是第二帝国①。小左拉还没有注意到，从他出生到现在，已经经历了三个朝代：公民国王的君主政体②（有一天，在巴黎，埃米尔的父亲曾在坐落在林荫大街的中国浴池门前，把这位国王指给儿子看。食品杂货商人模样的国王除他的喇叭形帽子上的法国国旗的三色标志之外，和路上的来往行人几乎没有什么差别）和共和国③以及现在的帝国。

"混帐的巴丁盖④！"桑特·彭低声骂道。

埃米尔和塞尚一起噗嗤一声笑了出来。这个剃头老头，什么都不懂。那些胸甲骑兵该是多么威武啊！他们走向那迷人的

---

① 第二帝国（1852年12月2日—1870年9月4日）：拿破仑三世政变后成立的以大金融资产阶级、工业家以及富裕农民和天主教僧侣为支柱的政体。
② 指以路易·菲利普为国王的七月王朝（1830年7月31日—1848年2月24日）。
③ 指1848年二月革命胜利后成立的第二共和国（1848年2月25日—1852年12月2日）。
④ 巴丁盖：反对党送给拿破仑三世的绰号。

海洋，走向那升起的太阳，走向我们的土耳其朋友和我们的俄罗斯敌人；他们走向塞瓦斯托波尔和玛拉高夫城堡，也走向伤寒和霍乱。天主教徒塞尚为出征的队伍鼓掌，而行伍出身的弗朗塞斯科的儿子埃米尔，尽管他恐惧暴力，也从这里听到了威武雄壮的战歌声。塞尚高声嘶鸣着，他变成了一匹马。左拉骑到他那拱起的腰身上去，扬起右手，想象中那是一把战剑。保尔仿佛一匹狂怒的战马，在地上旋转着他那笨拙的身体。接着，两个着了迷似的孩子，在扬起的尘土中，追着那远去的到异国土地上去厮杀的人们，他们经过郊区和大路，一直追到去布克·贝尔·艾尔的路上。

一八五四年底，埃米尔获得了奖学金。从此，他进入了穷困而有雄心的学生行列；这些人在今后一个历史时期将起着巨大的作用。作为学生的左拉，这时表现出一股锐气和思维的敏捷。然而，他的刻苦努力并不是持久的，而是断断续续的。他唯一的目标就是跻身于优秀人物之列，因为他清醒地知道自由的价值。

这时，埃米尔的朋友也增多了，其中有巴耶，还有马尔格里，一个诉讼代理人的儿子。左拉和他们一道参加了中学校的铜管乐队。左拉吹单簧管，不过是滥竽充数而已；塞尚吹有音栓的短号，也是滥竽充数。马尔格里和塞尚使用同样的乐器。他是一个真正的乐队队员，可惜并不是一个真正的兄弟一般的朋友。他们乐队参加用风帽蒙头、仅露出两只眼睛的苦修士们的宗教仪式，到车站去欢迎议员，庆祝宗教的和世俗的重大节日。

埃米尔一家又一次搬迁。随着运河工程的进展，越来越证明弗朗索瓦工程师的预见是正确的。然而他家的经济状况却由一时的拮据变为永久的贫困了。可是，埃米尔却很少为这事操心。

无论是从年龄、身材，还是从性情上看，塞尚比左拉更像个青年人了。受塞尚的怂恿，左拉曾向两位小姐献殷勤，演奏小夜曲。她们当中一个的家中有一只鹦鹉。它对埃米尔很不满，总是咕咕叫个不停。小姐的父母被乐器和鹦鹉的不合谐的声音所激怒，求爱者的一片热诚也因此而被浇灭。后来左拉承认道："那时候，我自己没有一点主见。"这是远远不够的谦虚。

他们很少去咖啡馆，他们不但不去，而且厌恶它。他们经常到农村去，到大自然中去。他们的心灵是纯洁的，甚至还带有几分野性。他们读很多书，而他们的梦想更多。另外，还有戏剧，左拉观看《耐斯勒的塔楼》达三十多次。体育，在今天青年人生活当中占有重要位置的体育，在那个时候是打猎、散步、钓螯虾和洗浴。有时他们还手提装有媒鸟的鸟笼到四五公里以外的山野里去诱捕媒鸟。由于与大自然的接触，浪漫主义精神潜移默化地浸染着风华正茂的青年。

在一八五六年，我十六岁……我们是三个要好的朋友，三个还在中学的教室里磨破裤子的顽皮孩子。放假的时候或我们可以偷闲不学习的日子，我们尽情地到山野里去奔跑；我们需要野外的空气、阳光和山谷里的羊肠小路。我们去追求这一切，因而我们也享有这一切……冬天，我们不惧寒冷，僵硬了的大地在脚下快乐地响着。我们到附近的林子里去吃炒蛋……夏天，我们总是约会在小河边见面……

"左拉先生，我和您生活在一起有十年之久了。我学会了爱您。不过不是一下子，也不是毫无保留的。我是缓慢地逐步认识您的。但不管怎样，我们已经相当熟悉了，以至于我可以打断您的讲话。您曾经说过'我们可以偷闲不学习的日子'吧？"

"是的，是偷闲。"

"您比一个优秀的学生还好,因为您是一个自由的人。我从那些压在您头上的繁重功课和作业中看到了这一点:您是不是还说过'我们总是约会在小河边见面'?"

"是的,在拉尔科河边。"

"那么说,您爱河了?"

"因为这是一个'女人'。"

"您爱得痴心吗?"

"是的。"

"您一生一世都是这样爱着的吗?"

"是的。在我刚十二岁的时候,就学会了游泳。我像着了魔一样,整天都在它的身旁,不是到深水中去潜泳,就是在那滚烫的沙滩上晒太阳……"

"左拉先生,您和您的父亲一样,也迷恋上了堤坝。您理解那梧桐树下流淌着的泉水和中学校那卡特勒·多菲纳喷泉的悄悄细语吗?还有您自己的泉水,您那潜流在心田里的泉水。"

"我热恋着水,其次,我也爱秋天。那时我们的兴趣变了,我们都变成了猎人。啊,是几个不伤害生灵的猎人……打完猎,我们三人总是聚在一棵大树的树荫下,躺在地上,背着地,鼻孔朝天,自由自在地谈论着我们心爱的……"

"艾克斯城的姑娘吗?"

"在那个时候,我们首先爱的是诗歌。我们并不是毫无目的地闲逛,我们的口袋里或猎袋里都装着书。在一年的时间里,维克多·雨果成了我们至高无上的皇上。他以他那巨人般的坚强有力的气魄征服了我们……我们可以背诵他的好几个剧本。每当黄昏,在回家的路上,我们就用他那有如嘹亮号角的诗句的节奏来调整我们的步伐。"

"左拉先生,您什么时候把这些回忆记录下来的呢?"

"在我四十岁的时候。"

"您敢肯定那时这些记忆一点也不会改变吗?"

"我将永远写事实。"

"不过,我似乎觉得由于您囿于某种风格,已经把这些改变了,它似乎并不应该这样明确,这样有条理。"

"我不明白您的意思。我说的是事实。维克多·雨果的戏剧经常萦绕在我们心间,就像那耀眼的阳光。每当做完功课,我们的头脑被那些必须死记硬背的大段古文搞得麻木了的时候,我们就背诵《欧那尼》和《吕伊·布拉斯》的几场戏,这不仅使我们激动、欢乐,同时也使我们的头脑灵活起来。有好多次,在小河旁,游完泳之后,我们就演上它两幕或者三幕!……"

"埃米尔,埃米尔!"

"干什么?"

"你上来不上来呀?你还泡在水里,就要变成螯虾了!"

"要不变成钝吻鳄!"

"埃米尔,上岸来吧!我们排练了!"

"排练什么?"

"你演吕伊·布拉斯,我么,我演王后!"

吕伊·布拉斯——左拉赤条条地把半个身子浸泡在靠近罗克发乌尔渡槽的拉尔科河的河水里。王后——塞尚披着一块浴巾,浴巾将他的蓝白条相间的游泳裤遮盖上一半。巴耶站在河岸上,手里拿着雨果的带有插图的普及脚本,为两位演员提示台词。

"吕伊·布拉斯。"塞尚用打雷般的声音开始了。

吕伊·布拉斯,我原谅您!

可是,您做了些什么事啊?当然,是我让您做的。

这讨厌的液体难道是毒药吗?

您说呢?

"你把毒药这个词念得不准确。不过,我心里还是充满了喜悦的!"左拉回答道。

"下身都湿了!"巴耶插了一句。

"接上台词!"塞尚喊了起来。

"用手扶着略显难堪的王后,抬起眼望着天空……"巴耶念着。"该你的了,左拉。"

噢,我的上帝,至高无上的正义的主宰者,
请允许我这可怜的仆人衷心地赞美王后,
因为她曾经安抚过我这受折磨的心,
我要为她的爱而活着,要为她的怜悯而死去。

"妙极了!"巴耶说道。

"你住嘴!"塞尚低声抱怨道。接着他用他那带有浓重鼻音,还没有去掉大蒜味的方音说下去:

毒药!上帝啊,是我杀死了他!我爱着您。
如果我原谅了他呢?
我也会采取同样的行动。
我不能再活下去了。永别了!请您从这儿出去吧!

"把门指给他。"巴耶说道。

塞尚说完他的最后一句台词:

一切都不会被外人知道的。我一死了之……

左拉倒在一堆草上。巴耶拍打着大腿。塞尚向他扑过去,把他抱了起来,扔在吕伊·布拉斯——左拉的身旁,然后深深吸了一口气,高声喊叫着跳进了拉尔科河中。他的喊声在渡槽下面回荡着。

"吕伊·布拉斯!"

吕伊·布拉斯在听到王后喊他的名字之后,苏醒过来,说了一声"谢谢"。这是这个剧本的最后一句话。

左拉喝着水,发出咕嘟咕嘟的声音。

接着三个人无休无止地滚打,笑闹。

"哎!"保尔喘着粗气,喊了一声,"天不早了,该做蜗牛吃了吧?"

"左拉先生,我想象得对吗?"

"差不多。一天早晨,我们当中的一个人带来一本缪塞①的诗集……读缪塞的诗可以唤醒我们自己的心灵。我们一直是激动的……我们对维克多·雨果的崇拜遭到沉重的一击;阿尔弗雷德·德·缪塞独自一人主宰着我们的小猎袋……他的咏月诗使我们得到激励,因为它是一个抒情诗人对我们的挑战,同时,它把独立思想的自由欢笑带给了浪漫主义和古典主义,从中我们这一代人结识了一位朋友……"

当然,在他们跳水或用干葡萄藤笼火烧烤羊腿的时候,野兔、媒鸟和白尾鸟就可以安稳地睡大觉了。

"有时,当一只稀有的飞禽飞落在我们附近的时候,我们想应该给它一枪;幸好我们都是劣等射手,飞禽几乎总是拍打着它的翅膀,飞走了。"

"左拉先生,我很欣赏'幸好'这个词。这么说,您是喜欢动物喽!不过,您的眼睛已经近视了。"

"这我后来才注意到。是的,我的眼睛已经近视了。"

三

一天晚上,左拉悄悄地从密尼姆街的家里走出来。那儿离

---

① 缪塞(1810—1857):法国浪漫主义作家。主要作品有诗剧《杯与唇》、长诗《罗拉》、剧本《罗朗萨丘》和长篇小说《一个世纪儿的忏悔》等。

中学校更近些，左拉的家后来就住在那里。他既不是去看塞尚，也不是去会巴耶，更不是去见那个花花公子马尔格里。左拉的心为友谊之外的事情而激动。左拉是不是交上好运了呢？人们说，一些著名人物总有交上好运的时候，并且都能或多或少地得到成功。梯也尔先生和甘贝特[①]、饶勒斯以及弗朗索瓦·莫里亚克都曾经是幸运者。甚至纪德也同样交过好运。总而言之，左拉或许也……

埃米尔已经长成一个健壮而匀称的小伙子了。由于游泳和日晒，皮肤呈油亮的棕褐色。虽然他的脸相长得比塞尚还要平淡，可看上去并没有不顺眼的地方。在这个工程师的儿子身上，有一个会遭到姑娘们嘲笑的弱点，那就是徒有一片真情，却口讷说不出来。另外，启蒙教育时的散漫，再加上一直在母亲和外祖母的裙裾之下长大，也许还有穆斯塔法事件给他造成的精神创伤，这些使埃米尔·左拉的性格特别腼腆。他那腼腆的样子，有时使得他在梧桐树下或在附近的村庄遇见的姑娘们咯咯地笑起来。

左拉所能认识的姑娘，只是邻居家的女孩、寄宿的女学生、朋友们的姐妹或者他们的同学，年龄都很小。那么，难道就没有大一些的了吗？他甚至和克拉瓦洛兹同时爱慕着一个年龄较大、名叫雅克丽娜的姑娘，可惜只是一厢情愿。

我沉浸在梦想之中，梦想着那些在旅行中所遇见的年轻夫人和那些在不知名的树林中突然出现在面前的漂亮姑娘，有朝一日都倾心于我独自一人，然后她们又像黄昏中的树影一样，悄悄地隐去。

不过，今天晚上，埃米尔确实有约会。

---

① 甘贝特（1838—1882）：法国资产阶级政治家，第二帝国时期共和派左翼领袖。曾出任内政部长、议长和总统。

自鸣钟敲了十下。在这没有钟的地方,大自鸣钟起着特别重要的作用。啊,是的,这是一个没有钟的地方。埃米尔害怕去晚了,加快了脚步。但愿她能等在那里。他已经亲吻过她了。而在这之后,塞尚曾教给他怎样亲吻,甚至还……这些孩子竟然知道不少细枝末节,当然有些难免是错误的,而最根本的东西,他们却一无所知。突然,埃米尔的心跳得更厉害了。她在那儿,背靠在一棵梧桐树上。

"路易丝!"

她把白皙的脸庞向他转过来。她那围在丝绸头巾里的脸在幽暗之中闪着玉石般的光泽。这时一股沁人肺腑的茉莉花香从邻近的庭院里飘来。他向她走过去。他用两手把她抱住。

"你怎么这么晚?"女孩子娇滴滴地说,"让我等了半个钟头。"

"外祖母病了。"

"啊,我多么爱听你说话的口音啊,埃米尔!"

"我没有口音!"

"不,你有口音!"

"那你自己怎么样呢?"

"我?我说话和大家一样!"

自从人们嘲笑他说话有口音以后,他对自己的口音十分恼火。可是,他不知道,对这个艾克斯小姑娘来说,他的口音是充满令人激动的诗意的,就像他一口气给她背诵出来的缪塞的一首诗歌一样。

他们向远处走去。泉水的叮咚声被那拉多尔斯河的流水在白色的石头上唱出的变幻莫测的歌声所替代。"我们得赶紧到田野上去,月亮快升起来了。在月光下,我们就会暴露,那你哥哥就会知道咱们俩的事了,你母亲或许也会知道的。月亮,月亮升在黄色钟楼上面的时候,像一个圆点,就像字母'i'上面的圆点。"

埃米尔感到幸运的是,这时月亮还没有升起,四野一片朦胧。埃米尔暗自下着决心:"二十步之后,我要吻她,像塞尚说的那样。"可是,事情怎么样呢?……正在他犹豫不决的时候,普罗旺斯的小天使却急不可待了,她一把将他拉了过来……那夜空和夜空中的星星也仿佛动了起来,像瀑布一样向他们身上倾泻下来。蟋蟀在温煦的夏夜里吱吱地鸣叫着。他们在寻找着对方的嘴唇。可是,埃米尔又胆怯了,结果这次接吻仍然是淡而无味的,只是他的心跳得厉害,仅此而已。这已经够了,或者可以说已经有些过分了。他们手拉着手,肩并着肩,心里都有些慌乱,仰头望着普罗旺斯的夜空,望着广阔的银河向南流去……

路易丝是菲利浦·索拉利的妹妹,后来成了雕塑家。关于左拉中学时代的孩子式的爱情,我们知道得很少。毋庸讳言,上面描述的情景不能说没有臆想的成分,但是,也并非毫无根据。下面就是我做以上描写的依据。

在一八八七年,当左拉四十七岁,蜚声四海的时候,儒勒·奥什曾在《画刊》上发表一篇文章,题为《埃米尔·左拉的第一部长篇小说》。这篇文章并没有引起左拉的评论家们的重视。下面是这篇对"淫书作者左拉"的传说有独到见解的文章的主要内容:埃米尔九岁了。一个礼拜天,他同圣母堂寄宿学校的学生们一道刚要走进教堂去的时候,来了一群小姑娘,也来做弥撒。这时,埃米尔把一个纸团投在其中一个小姑娘的脚下。那小女孩棕色头发,戴着一顶小红帽子,长着一个翘鼻子,下巴也略显大些。"这是一种非常纯洁的交往,纯洁得像那蓝色的天空;这是一种正当的交往,其中并没有什么不道德的错误。"第二个场景：埃米尔十二岁了。他经常想念那个可爱的"小红帽子"。他压抑不住自己的感情，竟把内心的秘密讲给家里的人听。结果全家都讥笑他对冉娜小姐的痴情。后来有一天，冉娜小姐真的来到他的家中，来到了他的面前！他毫不羞惭地摘下了这颗尚未成熟的葡萄。事情就是这样。第三个场景：一八七九年春天，左拉和塞尚一起在米拉波大街一家咖啡馆的露天座上喝咖啡的时候，一队送葬的行列从他们面前走过。

"这是为魏夫人送葬。"塞尚说。

接着，他又明确地说道："你可知道，你的'小红帽子'……"

不管怎样，这几年埃米尔确实热烈地追求过，然而都没有什么结果，反而使自己空受折磨。但是，在后来的作品中，他却变成了一个强者。比如在小说《娜娜》里。

关于上面那些乏味的故事，人们会想些什么呢？首先，毫无疑问，这些事是左拉自己讲给专栏作家听的。可是，他怎么会讲起这些事来呢？左拉从一八七〇年起就和加布里埃尔·亚历山德里娜结合为夫妻了；他是在一八六五年和她结识的。他的妻子是一个专横而又好嫉妒的人。另外，《娜娜》这时已经出版，并且当人们在一份发行量很大的杂志上刊载了一幅与"通阴沟文学家"的形象形成强烈对照的画像时，左拉并不因此而恼火。那么，在这种情况下，经过慎重权衡，对往事的回忆就被理想化了，被加了工，因而也就变得枯燥无味了。同时，人物的名字也尽可能地以假乱真，甚至连某些日期也很可能是不准确的。以后人们就会看到，这是左拉惯用的手法。

这并不足以证明"小红帽子"就是路易丝·索拉利。当时路易丝·索拉利还很小，马尔塞勒·日拉尔的一篇文章曾使我注意到了这一点。然而，他们是在"孩子式的爱情王国"里啊！也许有那么一个"冉娜小姐"和路易丝？不过，儒勒·奥什的这篇文章是加了插图的，人们可以看到左拉的第一个情人"小红帽子"的右面侧影浮雕像。另外，左拉的儿子，雅克·埃米尔‐左拉大夫对这一研究也颇感兴趣，他曾指给我看过一块石膏浮雕像，是在儒勒·奥什的文章发表之前不久，人们送给左拉的。雕像的作者是菲利浦·索拉利。一直到雅克指给我看的时候，小说家左拉的一家人都以为那石膏浮雕上的人物是菲利浦·索拉利的儿子，尽管他披着长长的头发（这是当时男孩子的时髦发式，雅克他自己就曾很长时间披着长卷发）。这么说，左拉很可能是索拉利的儿子的代父。是的，是这样的。可是，《画刊》上发表的左拉第一个情人的画像——毫无疑问，是根据左拉自己所提供的资料绘制的——竟然出奇地和菲利浦·索拉利送的那石膏浮雕相像，致使人们不得不得出结论：《画刊》上的画像是根据那块石膏浮雕绘制的。如果那块石膏浮雕是他的代子，左拉就毫无理由把它作为蓝本借给《画刊》的画师了。无论是《画刊》上的画像，还是那块石膏浮雕，很可能既是左拉的第一个情人，可爱的"小红帽子"，也是路易丝·索拉利。

不管怎样，这段往事给左拉留下了深刻的印象，反映在他的作品里，那就是热烈、纯真和持久的爱情。

不管是路易丝，还是冉娜，"小红帽子"已经进入了小说家的神秘世界，活在小说家的心中，并且孕育出他的小说人物形象：米埃特、妮侬、阿勒毕娜、安日丽格。当然，这些人物在他后来从现实中寻觅到的人物形象面前，是显得暗淡的，缺乏光彩的。然而，很久以来，一直是这个记忆中的少女勾引左拉对故乡普罗旺斯的思念。

每当下雨的时候，三个中学生就聚会在巴耶家中。巴耶把他家的一个"放满旧报纸、破版画、不成套的椅子和瘸腿的三脚支架"的房间改成了实验室。在那里,在烧瓶和曲颈瓶中间,他们在一起构思戏剧情节。左拉在这方面是很擅长的,他建议把历代诗人艳史搬上舞台。同时他还想用亚历山大体诗歌的形式重新编写通史。有趣的是,他们议论此事时是一八五七年,而在一八五九年,维克多·雨果就把他年轻的崇拜者的设想变成了现实,写出了《历代传奇》。

在青少年时期,人的思想和爱好是不稳定的,左拉他们几个人就是很好的例证。当塞尚用左拉还不知道的窍门写出一些拉丁诗句的时候,左拉就用绘画来压倒他。而巴耶则在设想怎样把英雄史诗和积分学融合在一起。左拉在数学方面也是个强手。如果说,和自己的诗歌相比,左拉更喜欢塞尚的诗歌的话,那是因为塞尚的诗提醒了他,使他绘出了一个彩色的屏风。

  冰雹,从天空中落下,

  落在地面就开始融化,

  马上混入污泥浊水之中。

  可那从天而降的倾盆大雨,

  却把大地冲刷,然后汇成奔腾咆哮的江河。

这是左拉的诗吗?不是的,是塞尚的。左拉回赠道:

  啊,普罗旺斯,

  每当你那动听的名字,

  在我的诗琴上奏响,

  我就激动不已,

  泪如雨下。

他们在左拉的家里,在巴耶的实验室中,或者在荒郊野外,吟咏了许许多多诗歌。但他们从来不到塞尚家去做这样的事情,其原因在于塞尚的父亲。他是加巴索勒银行的股东,一个性情粗暴、瞧不起诗歌的银行家。另一个原因在于塞尚本人,他的个性压倒了他的才能。

三人当中,塞尚易怒、粗暴、性情不稳定,一会儿高兴得笑逐颜开,一会儿又忧郁、骂人。左拉是最文静、老实的,他甚至责怪他视如兄长的塞尚乱花钱;这事曾引得塞尚发火:"要是我今天夜里死了,你难道是让我父母把钱都攒下,对吗?"塞尚已经有了循环精神病患者的某些征候了,他一会儿爽朗地开怀大笑,一会儿又变得阴郁、暴躁,而这种转变常常是毫无缘由的。后来,他一生都是这样。

夜里,左拉睡不着的时候,常常琢磨自己,思虑着自己的前程。为进入社会,必须经过考试和竞争,它像一只无形的手在胁迫着他的自由。中学毕业会考使他忧心忡忡。他对学校里的一切已经反感了;这是当时普遍存在的现象。所以,他写了一部急就作品《败阵了,学监!》,是四幕诗体诙谐剧。剧中讲的是,在公立中学校长潘吉安先生的统治下,两个中学生和学监皮道为争夺一个女人而争风吃醋的故事。显然这是一种报复,也是一种好斗心理的表现。下面是他撰写该剧的起因之一:

我们有一个年轻的学监。昨天晚上,在上自习的时候,人们吵嚷了起来。我并不是说我一点没参加,但是,他不应该把我单独提出来,向校长做了汇报,校长说要惩罚我,以儆效尤……

文学总是被人们作为一种报复的途径。

不如愿的爱情追求,对诗歌的酷爱,对大自然的迷恋,以及个人意志的表现,构成了他的日常生活;然而家境却日渐贫寒了。密尼姆街的住房的房租显得太贵了,左拉一家不得不搬到马扎利纳街去住。那里只有两个房间,窗子下面就是绕城一周的交通濠沟,里面满是积水和垃圾,臭味熏天。

在这复杂的环境中,埃米尔要应付两种考验:业士学位考试和对女人的发现。这两件事是交织在一起的,特别是在外省中学生里,带有一种令人不安也令人可笑的庄严。这已经由来已久了。在一九三九年第二次世界大战爆发之前,在许多城镇里,都有这种习惯。在笔试和口试的间歇时间里,或者口试之后,中学生们纷纷走上热闹的街头,为的是克服惧怕异性的心理;中学生把它当成了一种庄严的仪式。

具有普罗旺斯少女独有的透明心灵的"小红帽子",并不能满足左拉的感情需要。填补空白的是他对大个子保尔的赞赏。到这个时期,这个小伙子已经成熟,使他迷恋的如果不是姑娘,那起码是一些歌曲:

我发现一个美丽的姑娘,
后面紧跟着一个英武的军人;
我注视着她,她是那样妩媚,
可是她却属于那个戴军帽的人。

当高声唱着这类歌曲的时候,左拉心里是慌乱的。他唱走了调,可声音却很响,并且不由得脸也会发了红。

人们不知道左拉的这个飞跃是怎样产生的,更不知道它的确切时间,但是,通过他的作品所反映出来的情况,人们可以想象得到对女性的发现使他焦虑不安的程度。在一八九六年,图鲁兹大夫进行调查的过程中,左拉回答得十分明确,使调查者得以准确地记录道:"十八岁达到青春期,有了性的冲动。带有几分羞涩的性欲时时在作祟,仿佛精神病人发病一样,难以自我控制。"那么说,他的这种飞跃是不是在一八五八年呢?事情反正已经过去了,对读者来说,也许是无所谓的,但是对一部著作的主人公来说却是至关重要的,因为主人公的性生活正是这部著作的重要内容之一。一八五七年十一月埃米尔的外祖母去世后,他的母亲移居首都巴黎,以期得到瘦小的梯也尔先生的庇护;那时梯也尔已不再掌握政权了。左拉和外祖父还要留在艾克斯几个月。看来他是要离开艾克斯了。在这期间,似乎他可以不受任何约束地活动了。纨绔子弟马尔格里羡慕他"可以会见女人"了。艾克斯是一个生活比较随便的城市,在中学校周围,总有一些不三不四的年轻女人在游荡。有一个名叫玛丽的女人,每次当左拉从在格里尤街的新住处来时,总带着两三个女学生。她在那里喝嘎西酒、抽烟,像乔治·桑一样。后来成了公证人的马尔格里和儒丽安娜是这种"越轨行动"的组织者,而左拉的房间成了活动舞台。具体情形,如果左拉的《普罗旺斯的轻佻女工》的手稿不散失,我们将知道得更多些。

那么,正如人们所说的,左拉偷偷地并且匆忙地一下子"变成了男子汉"?他是有过机会的,然而几乎都没有成功。

离别的日子终于到来了。埃米尔接到母亲的来信:"将尚存的四件家具卖掉,为你和外祖父买三等车票。速来,我等着你。"突如其来的变化使他惊呆了。在离愁的笼罩下,三个至友到特奥劳内做最后一次散步。寒冷而强劲的西北风抽打着沿路的柏树。

"埃米尔,你有运气。"塞尚说,"你就要见到巴黎了!总有一天,我们都应该到那儿去。"

可是,左拉却要抛弃这里的一切了,抛弃他将成为艾克斯城一个箍桶匠和成为"小红帽子"的丈夫的一切可能。

"保尔,你会来找我吗?嗯?"

保尔向左拉做了保证。左拉没有问及巴耶什么,不过他注意到,巴耶并没有在意。

朋友们少不了把埃米尔和梯也尔做比较,说他们都是从艾克斯出去的，为的是征服首都巴黎。哎，他们还真有许多相似之处：都曾做过女人的猎物；他们的父亲都是为事业肯冒险的人；而他们自己都是穷困的，然而又都有雄心！

塞尚一边笑着一边说道：

"哎，你到了巴黎，要把维克多·雨果比下去！"

要把雨果……比下去？左拉摇着头，神情是那样忧郁、沮丧。在艾克斯，这是最后一个夜晚了。在追求"荣誉和女人"的冒险中，他深感到自己是一个可怜的孩子。他感到无比压抑。尽管外面刮着刺骨的寒风，他还是打开了窗户。对他来说，每扇窗户都具有一种神奇的效力。打开或者关闭一扇窗户都有着某种神圣的意义。在静夜里，那梧桐树下的喷泉仍在低声歌唱。于是，他冲下楼梯，跑出房去，跑到泉水边，让清凉的泉水在他泪水纵横的发烫的脸庞上流淌着，流淌着。

四

十八岁的埃米尔，在早春二月来到了灰暗而寒冷的巴黎。天下着雨，流水沟里流淌着黄色的泥水。埃米尔显得那么憔悴，外祖父冷得上牙打着下牙。一种无限的忧伤袭上了年轻人的心头。三月一日，他进了圣·路易高中学习，不过只能走读。唯一令人宽慰的是，经过母亲到处奔波，他的奖学金终于保住了。弗朗索瓦·左拉在国会辩论时的法律顾问拉博先生把埃米尔引荐给高等师范学校校长德西雷·尼扎尔。

"让他读高二理科班吧。"圣·路易中学校长说道，"麻烦的是，他来的不是时候，正是期中，对吗？夫人，而且……何况又是从南方省来的。"

左拉不再像在艾克斯那样和大孩子们交往了，而喜欢和社会上一些小人物混在一起。高中的课程进度很快,他难以跟上。另外,到了巴黎,他又重新变成了一个"外乡人",被看作是黑皮肤的人,散发橄榄油气味的人,意大利人,马赛人!而这时,贫困把他置于无法掩饰的窘境。十二岁时,他对贫穷还满不在乎,可是现在他十八岁了。他的同学当中多是一些大资产阶级或小资产阶级家庭的纨绔子弟,其中有比他先到巴黎来的罗什福尔和特奥劳内的加里夫侯爵的儿子,他们蔑视、嘲讽这个享受奖学金的穷学生。左拉真想找一个地洞藏起来啊!于是,一下课,他就急匆匆地躲回王子街六十三号他的家中,蜷缩在他那陌生、冰冷的床上。夜里他久久不能入睡,常常思念故乡,因而不由得饮泪呜咽,甚是凄楚。这时他唯一的欢乐就是读朋友们的来信,从那充满阳光的故乡寄来的信。

在那里,朋友也同样忍受着思念之苦。塞尚尽管是一个性情粗暴的小伙子,却很重感情。和左拉为独自一人在巴黎感到痛苦一样,他也为自己与朋友分离而忧伤。但是,因为他们天各一方,他尽可以将自己的心境隐藏起来,不让左拉知道。在他的想象中,左拉似乎在"荣誉和女人"方面已经崭露头角了。在他们的来往信件中,既有相互思念之情,也有丰富的想象,是十分生动感人的。

> 我们的绿色的田野,
> 和那起伏的山峦,
> 它们紧紧地拥抱着春天。
> 梧桐树开始抽芽放叶了,
> 山楂树那绽开的团团簇簇的白色花朵,
> 点缀在绿油油的树叶中间。

塞尚把这首诗寄给左拉时,写的日期是四月九日,可他实际在十四日才写完。他总是这样粗心大意。通过窗口,埃米尔向外望着，那街对面的人行道上残留着的雨水闪着光亮。在那里，春天已经来临。可是，这里的阴雨天气却在折磨着这个中学生。

"我们想你会到艾克斯来度假的，"左拉继续读着，"到那时，他妈的，快乐万岁！我们好久没有去打猎、钓鱼了。"

埃米尔无力地让信纸散落在地上。他那年轻的心怎么能够盛得下这么多的痛苦啊！可是，塞尚照样给他来信。埃米尔也渴望得到他的信，所以每天都盼着邮差的到来。

"有你朋友们的消息吗？"母亲问道，"保尔，你的保尔怎么样？"

她点燃了煤油灯，那昏黄的灯光照在埃米尔的脸上。她见儿子的脸色是那么灰暗，就知道了他的心情。她走到他的身旁。

"我的孩子！"她压低了声音说道，"无论如何你要给我一点活下去的勇气啊！"

左拉站在母亲的对面，凝视着她。很久以来他没有仔细地看她了。昔日工程师所迷恋的女人的风韵早已无影无踪了，可是她刚刚四十岁啊！"我的上帝，这就是我的变老了的妈妈。"

他一把把她抱在怀里，摇晃着，安慰她说：

"我想这一切都会过去的，妈妈，你知道……要是……要是我们到艾克斯去度假期那就更好了！"

左拉是在心里充满失望的情况下，度过了在巴黎的第一个学期的。他像大海中的一叶扁舟被波涛吞没了，他不学习了，也不能学习了。

"在圣·路易中学，我一下子变成一个又懒又笨的学生了，在艾克斯曾经各门功课成绩优异的我，在这里却什么也不做了，不做作业，也不预备功课。"

"总而言之，左拉先生，您也变成了一个坏学生，而且是故意的？"

"说老实话，是这样的。在学校里，我只和我的法文教师勒瓦瑟先生合得来。有一天，我用法文口述一篇关于盲人密勒通的故事，由他的大女儿笔录下来，而他的二女儿这时在一旁弹奏着竖琴。勒瓦瑟先生还把我的这篇作文念给全班同学听。这是我在这一学期里唯一称心如意的事。"

"那时您在考试中名列第十五名或第二十名吧？"

"有时还会更糟。为了解除我心中的孤寂和烦闷，在课堂上，我就背着同学读文学作品。我再一次被雨果迷住了，并重读缪塞，同时又发现了拉伯雷和蒙田①。"

"您自己也写吗？"

"写了《罗龙·拉尔塞尔》。"

"……您曾简单明了地说过：这个剧本概括了整个人性。"

"可能，可能是这样的。"

"您又给塞尚写信，像下面那样难过地没完没了地询问着他的一切吗？'你游泳吗？你还花天酒地地过日子吗？你画画吗？你还吹短号吗？你还作诗吗？总之，你在干什么？'"

"可塞尚却很少给我写信了。我有些性急，而他又有些懒惰，这样我和他之间，就开始产生了不合谐。"

"但不管怎样，左拉先生，那时您还是一个正常的青年人，在信中，你们交换字谜，描绘同学中那些令人讨厌的嘴脸……"

"我曾经把校长画成一个青面獠牙的魔鬼，我们还有信中交换作诗时必须使用的韵脚。"

"而关于爱情的言论在信中仍然占据着很重要的篇幅，可是在您的生活当中，却很少有爱情，是这样吗？"

"是的。"

---

① 蒙田（1533—1592）：法国作家和伦理学家，著有《随笔集》等。

圣·路易中学终于放假了。埃米尔获得了解放。家里面尚存有一些积蓄，左拉夫人决定带儿子回艾克斯去度假。当他们坐上火车南去的时候，忧郁的年轻人迎着那直照过来的金色阳光，从二月以来第一次露出了笑容。

到了艾克斯，看见巴蒂斯丹·巴耶留起了胡子，塞尚刚刚写完一部关于英国亨利八世的五幕悲剧。啊，这个假期，简直是令人眼花缭乱的一场旋风。他们在一起画画，吟诗，谈论爱情，否认上帝的存在，同时也用石头去砸市政府树立的"此处禁止游泳"的木牌子。他们还去捉青蛙，和玛丽在一起调笑，大喝苦艾酒。

在靠近圣·彭、普来特或者巴斯地东的地方，碧绿的拉尔科河河水在河床里静静地流淌着，在太阳下闪着波光。

游泳健儿左拉，

在勇敢地劈波斩浪；

他展开那有力的臂膀，

在碧波上快乐地滑翔。①

但是，平时习惯大吵大嚷、喜欢说下流话的塞尚，突然又变得默默不语了。快乐的气氛被他这难以言状的伤感冲淡。

越是时间紧迫，左拉越是如饥似渴，什么都想看看：圣特·维克多瓦尔山和它那白色的岩石，先王石杵以及荒坟场——他父亲的灵魂在等待着他；干旱而又起伏不平的普罗旺斯原野和罗克发乌尔渡槽，加里西亚和贝娄桥附近的山岗；掩映在一片绿色中的艾克斯城。无论是在城里，还是在山野，到处他都感觉到他父亲灵魂的存在。

---

① 该诗为保尔·塞尚所作。——原注

年轻的埃米尔以各种形式缅怀逝去的父亲。一八五九年二月十七日,当时他十九岁,在《普罗旺斯报》上发表了一首诗:

荣誉,荣誉属于那位有头脑的人,
他多才多艺,有着无穷的力量,
他要使泉水叮咚,碧波荡漾,
可是,上天无情,竟在壮志未酬之时夺去了他的生命!
荣誉属于他,荣誉啊,荣誉,
我无法停止对他的赞颂!
是一个升入天堂的圣人,使我唱出了这支颂歌。
这个人……就是我的父亲。

他想起了儿时和父亲在一起的时候,常到拉尔科河边和常绿的丛林中去,在那里嬉戏欢笑。左拉知道,这令人神往的游戏早已成为过去,它只能留在记忆里了。

当回到巴黎的时候,他嗓子肿胀,连一句话也说不出来了。他得了伤寒病,发着高烧。他觉得身子像浮在空中的云,无着无落;噩梦像接连不断的浪涛向他压下来,使他喘不过气。他昏昏沉沉地过了六个星期。

我什么也看不见,眼前只是黑暗。很奇怪,仿佛我从很远的地方来到这里。我甚至不记得自己是从哪儿出发的。我发着高烧,那股热流像一只猛兽在我的血管里奔跑……对了,我想起来了。我总是做着同一个梦:我在地上爬着,沿着一条没有尽头的地下隧道向前爬着。在我感到浑身剧烈疼痛的时候,那地下隧道也同时一下子堵死了;从隧道顶部落下不少沙石,而洞壁也在向一起靠拢。我喘着粗气,产生一种要千方百计到别的地方去的强烈愿望。于是,我走进塌下来的沙石之中,用脚蹬,用手扒,用头顶,可是塌方越来越严重,我永远也走不出

去了……

上面的文章是他病愈后不久写的，题目是《春天，一个在康复中的病人的日记》。应当指出的是，在很久以后，小说家左拉在他的《莫雷教士的过失》中，又重新描述了他病中的自我感觉。这些自述文字是左拉少有的自我内心分析的一部分。在梦中，他呼唤着冲决一切的力量。这次重病，不仅损伤了他的肌体，也摧残了他的精神。当他痊愈的时候，他的牙根暴露出来了，人也瘦得不成样子。他打开窗户，发现自己已经看不清街对面墙上贴的广告上的字迹了。

一八五九年一月份，左拉写信给巴耶：

在我给你的上一封信里，曾告诉你说，我想尽快到一个办公室里去工作，做一个办事员；这是一个没有出息的、荒唐的决定。我的前途被毁灭了，我注定要一辈子坐冷板凳，变成一个庸庸碌碌、无所作为的人。不过，幸运的是，人们在我即将坠入深渊的时刻，一把把我拉住了……去你的吧，那坐冷板凳的生活！去你的吧，那肮脏的地方！我大声喊叫着，茫然四顾，希冀人们为我指出一条出路……

透过他自己的这些幼稚的夸张描述，人们可以感触到这个青年人的迷惘、失望以及对做人的艰难和惶恐不安的生活所表现出来的厌倦。

病愈后，在母爱的激励下，他又爆发出一股力量，拼命地准备着大学的入学会考。塞尚对此大发感慨："啊！如果我拿到业士学位，如果你拿到业士学位，如果巴耶拿到业士学位，如果我们都拿到业士学位，该多么好啊！"左拉参加了巴黎大学的笔试，交上一份中等水平的翻译试卷。他以为自己答卷时漏掉了题目，为使自己放心，去看录取名单，结果喜出望外地看到，他竟名列第二。

口试时，他准确地回答了自然科学和数学方面的问题。他的一个同学甚至在考试当中还给左拉夫人报信说，一切都很好。可是，到最后一个考官那里，埃米尔却把他给激怒了。在回答问题时，左拉竟然说查理曼大帝①死于弗朗索瓦一世的统治下。这简直成了拉·封丹寓言里面的故事了！我们无法得知左拉到底都讲了些什么，反正这位文学教授置他人意见于不顾，坚持给"零分"。于是，左拉落第。

左拉夫人并不是一位严厉的母亲，她远远不是那种人。埃米尔已经是快二十岁的人了，她认为应该使自己摆脱困境。于是，在十一月份，她带着儿子到了马赛，希望那里的考官不要像巴黎的那样固执、不讲情面。可谁知一开始笔试，左拉就考坏了。年轻人和他的寡母都认为没有必要再考下去了。另外，奖学金他也不可能继续享受了。这样，左拉认为他注定要一辈子坐办公室的冷板凳了。

埃米尔·左拉是被溺爱的独生子，因为他幼时身体虚弱，后又死了父亲，母亲和外祖母把他作为他父亲仅留下的一个后代来抚养。他个性强，早熟，然而却又十分腼腆。如果说他变成了一个坏学生，在校学习不刻苦，那正是因为他热爱学习，渴望把自己尽快提升到一个更高的境界。谁知他命运不佳，个性受到了严重的压抑。其结果是诗歌和女人占领了他的头脑和时间。

因为他是一个谨慎、品行端正的人——后来人们经常谈到这一点，他对同学们的姐妹的倾心都以失败而告终。因为"小

---

① 查理曼大帝（742—814）：即查理大帝，法兰克王国加洛林王朝的国王。

红帽子"离开了他,所以"女人"就来搅扰他的心了。为了取得女人的欢心,自己必须长成大人。对于一个胆怯而又其貌不扬的年轻小伙子来说,这是一个永远不会结束的考试,这比起那大学入学考试来显得更为重要。

不断的搬家(刚回巴黎时,他们住在圣·雅克街二百四十一号),对中学生活的厌倦以及对教育界某些人的枯燥乏味的反感,这些都构成了左拉用来描绘和再现他的梦想的背景和情节。我们通过他的信件可以看出这一点,尽管他以内心独白形式写进信中,是不充分的,但仍有一定的参考价值。

在你的一封来信中,我发现有这样一句话:"米什莱①式的爱情,纯洁高尚的爱情,是可能存在的,然而相当罕见。你应当承认这个事实。"其实,并不像你说的那样罕见。(这是在反驳塞尚。米什莱又成了他的新上帝!)多美啊,米什莱笔下的女人!……我想写一部关于初恋的小说……要足足写上它三百页,但是几乎不要什么情节;要把它写成一种诗,一切都是虚构的,而一切又都要围绕着一个中心,那就是爱!另外,正如我以前对你说过的那样,我从来没有爱过,除非在梦中;人们从来没有爱过我,即使在梦中也没有过……

这些话是很重要的,因为是讲给他的"兄长"塞尚的,埃米尔不会掩饰他的内心活动。女人确实使他激动不安:

最近,我发现了一幅已经被熏黑了的古老版画。我发现它很精美,而当我看到上面的署名是格勒兹的时候,我觉得自己的赞美是理所当然的。上面画的是一个农妇,健壮而且异常美丽,简直可以说是奥林匹斯山的一位女神。但是,她的神态是那样纯朴,那样和蔼,以致使她的美丽变得更加惹人喜爱。我

---

① 米什莱(1798—1874):法国历史学家和文学家,著有《法国历史》、《法国革命史》和《山峦》、《飞鸟》等。

欣赏的是她那俊俏的面容,还是她那健美的臂膀?我真的说不清楚。每当我凝眸注视着她的时候,仿佛产生了一种倾慕之情。

对他主动吐露出来的隐情,人们应当给以重视。左拉是不会担心他的这种自白会对他将来的感情生活带来什么不良影响的。现在,他是一个痴情的小伙子,他看着他的梦想变成了现实,并且把它钉到了墙上。

这样,四个图钉就把女人钉到了墙上。尽管他的水壶里的水结了冰,他只要看着这个女人,他就浑身感到温暖。可是,他没有注意到,这个女人出奇地像他自己的母亲,像那个在怀抱着他哼唱着催眠曲的埃米莉。

这时,令人生厌的学校生活已经成了遥远的过去。

我被病魔打倒了,我写不了字,甚至不能行走。我想到我的将来,将来又是那样暗淡,以致使我望而却步。在我的身边没有女人,没有朋友,而有的只是冷漠和蔑视……我的情妇在拥抱我,并向我海誓山盟,然而我却在心里问:她会不会同时准备对我不忠呢?……

他的情妇?就是那个钉到墙上的女人吗?或者他真的有一个?现实是暗淡的:

一个年轻的卖花姑娘还留在我的身边,她每天两次从我的窗前走过,早晨六点钟一次,晚上八点钟一次。她是一个长着金黄色头发的娇小而文雅的姑娘。每当她从我窗前走过的时候,我必定要走到窗口去。她走过来,扬起脸向上望着,我们交换一下目光,有时是一个微笑,但仅此而已。我的上帝,这样爱着一个卖花姑娘,一个巴黎美貌女郎中并不那么冷酷的姑娘,这不是发疯了吗?不要追求她,不要跟她说话。你想让我跟你再说些什么吗?我已经累了,要进入梦乡了。

然而，这并不妨碍他给巴耶出主意，教给他如何去获得女人的爱情。同时，他也逐渐地从梦想转入到写作中去，他在写作《爱神》。

社会上到处都有女人，书籍、画册里有，街上的过往行人中有，公园里的塑像中有，然而没有一个是属于这个小伙子的。他从伊诺桑公墓和喷泉公园散步回来，写信给保尔说："我不说谎，那是一些妩媚动人的面带笑容的仙女，完全像我在无聊之中寻取快乐时所想象的美女一样。"他说的是一个喷泉的装饰中的女人浮雕。这喷泉是艾克斯的喷泉在巴黎的再现。继让·古戎①的美女浮雕之后，他又为根据阿里·谢菲尔②的绘画而雕刻成的佛兰梭史·德·丽米妮③而激动不已。他在信中充满激情地描写着丽米妮的两个情夫死后，两个灵魂怎样合二而一，唱着爱情的赞歌。他很自然地是一个浪漫主义者，并且以浪漫主义为武器去攻击现实主义者，他对塞尚说："我永远也理解不了这些先生。"

接下去，他还是谈那些使他灰心的事。

在十六岁的时候，我们做了多少美梦啊……第一个碰见的女人正是我们要寻觅的；我们用诗歌把她描绘得像我们梦中所看到的一样美丽……可惜，好景不长……然而，我们还年轻，我们又追求新的理想，我们热恋着新的情人；而当我们和各种人，从妓女到黄花少女接触之后，理想破灭了，我们认为爱情是不存在的。这就是成年人所说的经验之谈吧……我要跟你说什么呢？一个妓女？一个寡妇？一个黄花少女？关于卖身女，

---

① 让·古戎（1510或1514—1564或1569）：法国著名雕塑家，伊诺桑喷泉的浮雕是他的作品。
② 阿里·谢菲尔（1795—1858）：法国画家。
③ 佛兰梭史·德·丽米妮：意大利十三世纪的一个女性。其父将她嫁给她所不爱的人。后来她的丈夫将她的两个情人杀死。因但丁在《地狱篇》中描写了她的不幸而闻名。

我可以给你讲很多事情。有时在我头脑里会产生这样一种大胆的想法：用真诚的爱把一个不幸的女人从火坑中救出来，使她改恶从善……卖身女，同样作为上帝创造出来的人，她生到人世间，也曾有过各种美好的天性；只是社会上的恶习使她们的天性泯灭……现在，我们就假设有一个年轻小伙子想把这个可怜的姑娘从火坑中救出来。他在一个公共舞厅和这个狂热的属于任何一个人的女人相遇……

他滔滔不绝地讲下去。这是一个尚未品尝过爱情滋味的年轻人对巴黎人的爱情生活所做的天真而又幼稚的研究。这种充满假想的信，左拉从不寄给塞尚，他是专门写给巴耶的。埃米尔用想象出来的有时甚至有几分粗俗的奇遇来满足他的渴望。

尽管这里有孤独的小伙子的故意夸张，但仍不失其重要性。事实上，这个研究不是别的，而是左拉为创作他的第一部长篇小说《克洛德的忏悔》而进行的。这封信是他这一研究的最早开端，信里所说的什么卖身女、不幸的女人、从火坑里救出来等等，都是左拉想象出来的。他还没有这方面的生活经历。他是先梦想后生活的，而生活又毫不迟疑地将梦想再归还给他，当然目的是使他更好地将梦想写下来。他在给巴耶的信中继续写道：

您主动爱一个漂亮的轻佻女人，但她会瞧不起您；您冷淡她，她反而会爱上您。另外，还有寡妇。这方面我没有经验。所以我只能猜想，说一说我自己的兴趣……一个寡妇是会使我们望而生畏的，所以我们很少把她选作第一个情人……

多么奇怪的想法！为什么要说到寡妇呢？为什么不说有夫之妇呢？难道说左拉认识一些寡妇？

是的。他母亲。

"夏娃在坠入罪恶的深渊之前，还是一个贞洁的姑娘……

唉，她在哪儿呢？这个绝妙的女人……这就是我们所面临的令人伤心的现实，寡妇使我害怕，而贞洁的女人又不存在……"他必须充实他的想象力。他必须给他的想象增添新的形象。于是，他到卢浮宫去。他在油画《打破的水罐》①前停住了脚步。这幅画上的女人要比他家的那个更漂亮。破水罐，根据弗洛伊德派象征主义观点，这就意味着失去贞操……他忍受着欲望的煎熬，但又不愿放纵自己。"夏夜是可怕的。"他写着，写着，继续不断地写着：

在巴黎，夏天过去，冬天就来临了。从窗口，我望见马车从马路上的积水里驶过，带起的水溅污了过往行人；轻佻的女人踮起脚尖，撩起裙子，惊慌地从这里跳到那里；她们不知羞臊地把那怕见阳光的细嫩滚圆的大腿露了出来。马车溅起的水越大，她们的裙子撩得越高……啊，年轻的姑娘，再往上撩，把那碍眼的东西再往上撩。要是这个游戏使您开心的话，那对我来说就更加开心。

这种穷开心掩盖不住左拉对异性的渴望。在思绪混乱中，他完成了一部一千二百行的长诗《拉埃丽艾娜》。他心中的泉水在连续不断地向外流淌：

另一个傍晚，我在植物园的树下漫步沉思。我仰着头，一面抽着烟斗，一面欣赏着那些在我身边跑来跑去、互相戏谑的长得白白净净的姑娘。突然，我在她们当中发现一个非常像拉埃丽艾娜；于是，我的思想就长上了翅膀，飞回了普罗旺斯，开始遐想……

一八六〇年八月十日所写的一封信充分反映了他的诗情、欲望和幻想互相影响的情形。

---

① 《打破的水罐》为格勒兹的代表作之一。画的是一个天真烂漫、稚气喜人的少女。少女挽着的一个破水罐，是这幅画的点题道具。画家想通过打破了的水罐来暗示这位少女失去的童贞，引起观众共鸣，谴责道德的堕落。

我所热恋着的并非是S①，我所爱着的，也许是拉埃丽艾娜，一个我只有在梦中才能见到的人物。可是，一个我曾为之大献殷勤的世俗女子，即使她有一个情夫，这对我来说又有何妨！是不是你认为我太傻，总是克制着自己，不去享受任何一个温柔的女人可以给自己带来的爱的欢乐？

左拉的受到压抑、自然而有些庸俗的色情变态心理就是这样流露出来的。在夜里，他抚爱着格勒兹和古戎笔下的美人，伴着他对"小红帽子"的美好回忆，用笔和纸使他诗歌中的拉埃丽艾娜活动起来。现实，尽管和他那充满梦想的主观世界是那样的不同，但仍然不断地增强着他的欲望。"啊！像罗多勒佛那样，我情愿死在一个妓女的怀抱里！"

事实上，内心的各种奢侈的幻想和现实的丑恶行为是没有多少必然联系的，所以左拉并没有将那些在他的活跃的头脑中出现的生活放荡的念头变成罪恶的现实，尽管这罪恶早在他步入青年时期时就窥视着他。

五

在海关街的一栋房子里，和左拉在一起工作的一个红头发青年一边打着哈欠、伸着懒腰，一边骂道：

"该死的春天总也来不了了！"

说完，他拖着脚步，走到火炉旁，他把火炉添得满满的。作为海关的一个办事员，埃米尔·左拉不停地写着，然而他却不知道在写什么。苦恼像梗塞在他喉咙里的一块东西，几乎要将他憋死。他已经变得又黑又瘦了。突然，一声嘹亮的军号声

---

① 或是写得不太清楚的L？是索拉利（Solari），还是路易丝（Louise）？总而言之，是指"小红帽子"。——原注

使他从座位上跳了起来。这个拿破仑货栈的办公室紧挨着一个兵营。人们不时可以听到军人们痉挛般的吼叫。欧仁王子兵营的大门正对着水堡广场;当时还没有人想到把它命名为共和国广场……下班前一个小时,左拉听到兵营里吹起了晚餐号。他们这些当兵的,晚饭吃得早。

"左拉,这份清单一式三份,今晚要准备好!"

说完,主任就走了。那个红头发小伙子打趣地说:

"那么,他戴绿帽子的清单造好了吗?"

左拉对同事的玩笑话也毫无兴趣,就像对他机械地登记着的那些什么提货单、过境通知单一样。在这里,他每月只能挣六十法郎,相当于三个金路易。不用说吃丰盛的饭菜,就是在皇宫饭店吃一顿普通的饭就需要四十个苏。

四点钟了,终于到了下班的时间。他从狭窄、油腻的楼梯走了出来,消失在夜色里。

在水堡广场,那些双座四轮轿车、公共马车和出租马车在点着煤气灯的咖啡馆前隆隆驶过。这时的巴黎是车水马龙,行人熙来攘往。左拉混进人群中间。人群中多是一些工人、女人和士兵。"要是没有妈妈,我也去当兵。穿上军装,每个月就拿一千五百到二千法郎,难道我还能值得更多吗?"

我怀疑一切,首先怀疑我自己。有些日子,我认为我是缺乏理智的,我反问自己有什么资格做那些美好的梦。我没有完成我的学业,我甚至不能用高雅的法语来讲话,我什么都不知道……

经过由圣殿骑士团驻扎的寺院,他被巴黎吞没了。在这里,有罪恶,有被镇压下去的造反者,有层层叠叠的垃圾,有中世纪的苦恼,也有肮脏的情场交易,这是沼泽派①的巴黎。接着,

---

① 沼泽派:也叫平原派,十八世纪法国资产阶级革命时期国民公会中的中间派。

他走过格拉魏里叶街、欧麦尔街、沙蓬街、普拉特尔街、贺纳尔街。他没有多余的钱,坐不起公共马车,所以只好步行上下班。这样,他的鞋子就倒霉了。在蒙莫杭西街的一个角落里,一个鞋匠单调地唱道:

人生,用先哲的话说,

仅仅是一次旅行。

人们一边想着这句名言,

一边在旅途上跋涉。

在崎岖不平的路途上,

请您想着我这个修鞋的人。

对他这个鞋底快磨穿了的穷小伙子来说,这个歌是既幽默,又有几分寓意的。那么,在魏贺利街头那个用手摇着风琴的老头儿和那个姑娘呢,又给他什么印象?老人已经双目失明,那个姑娘的牙齿也全部变黑了,她用令人害怕的神情望着左拉,使左拉向后退了一步。他仿佛定在那里,不能离去。女"乞丐"用嘶哑的声音唱道:

年轻的姑娘,

望着那被母亲的血染红了的土地,

不慌不忙地给母亲吸吮着伤口。

它向人们表明,

残酷的行为并未排除善良的天性。

这令人心碎的悲哀歌声一直伴随着他,使他难以忘怀。

另外一天,他绕过圣·麦利街和皮埃尔·欧拉尔街的时候,遇上一伙人,他们衣衫不整,醉醺醺的,脸上布满了皱纹。他们高傲地站在那里,为的是招雇苦力到中央菜市场去卸货物。招雇苦力!他被菜市场迷住了。"也许有一天我也到犹太人那里去雇一个苦力。我已经是一个吃人家残羹剩饭的人了。见鬼！难道这是事实吗？"夜里，当他看见千百年来就存在的娼妓们在那破损的马路上拉客的时候，他真的相信自己也陷入了悲惨的处境……

经过市政府、塞纳河、伏阿尔街和当特街，左拉来到圣·雅克街。他到那里去和母亲一起吃晚饭，可吃的仅仅是几块马铃薯。当他走过他上过学的中学校时，总是把衣领拉起来，羞见认识的同学。可是，他又情不自禁地到圣·路易中学那里去徘徊，就像乞丐到兵营门前讨吃一样。

在失望之中，有一线光明照亮了他的心：塞尚来信说，他父亲同意他到巴黎来了。

左拉在给塞尚的回信中说：

我给你算一下花销账：住房每月需二十法郎；午餐十八个苏，晚餐二十二个苏，也就是说每天两个法郎，一个月合六十法郎。这样每月已经需要八十法郎了。然后，去画院要付钱，瑞士画院是最便宜的一个，我想每月也得十法郎；另外再加上画布、画笔、颜料，也得十法郎，加在一起要一百法郎。再有每月洗衣服，买灯油，买烟以及生活中必不可少的小零碎，娱乐费用……

可是，左拉他自己每月只能挣六十法郎！

"不过，保尔，你必须来！春天就要来了！"

春天里，道路泥泞，可他没钱去买新鞋；办公室里发出一股难闻的气味，而旁边的兵营又总是大喊大叫。"我不能再留在这儿了，要不我会病倒的。明天我就不来上班！"明天，明天……

一天早晨，左拉真的没有去上班。

左拉骨瘦如柴，面有菜色，衣衫破旧。他一连几个小时游荡在塞纳河岸上，和流浪汉、拣破烂的、钓鱼的、乞丐甚至夜游的人们混在一起。有时他独自一人到毕耐伏尔河和高贝兰河去，在那里漫无目的地走来走去；河里注入了制革厂的废水，散发着臭气。他已经对贫困麻木了。他母亲对他的这种态度尽管心中很不满，但嘴上却什么也不说。

他们母子俩分开住了，但常常见面，因为他们互相爱着，相依为命了……左拉并不忍心拖累母亲。他见母亲不停地为别人做针线活而变老了时，心中感到羞惭，也更加难过了。他唯一的事就是写，不停地写："用三个苏买一支大蜡烛，我就可以度过一个'文学'之夜。"

四月以来，他住到圣·维克多街三十五号来了。"这是这片市区里最高的住处，有一个平台，从那儿可以看到整个巴黎。一个小小的卧室。我可以一下子就把它装备起来：沙发、钢琴、吊床……然后是鲜花、鸟笼、喷泉……简直可以成为一个仙境。"是的！然而失去了在货栈工作的工资，也就没有了鲜花和鸟笼。于是，他只好眼望着巴黎："广阔而冷漠的巴黎就在他的窗下，是他的欢乐和痛苦的见证人。"

据亨利·密特朗提供的材料，下面是人们已经知道的埃米尔·左拉在困苦中住过的地方：

一八五八年，王子街六十三号。

一八五九年，圣·雅克街二百四十一号。

一八六〇年，圣·维克多街三十五号。

一八六一年，苏伏罗街十一号——曾作为他的小说《克洛德的忏悔》的环境背景。

从一八六四年开始，左拉将住到贫民区去：蒙巴贺纳斯大街、沃日拉尔街和克利西街。开始的时候，他还到这里或那里去挑选房间，而到后来，他竟移居到贫民居住的北城和巴蒂尼奥勒区了。这种不安定的情况不仅意味着贫困，并且说明他的精神已经失去平衡。

他厌倦了城市之后，就跑到乡下去。他常到蒙马特尔去散心，有时到苏莱斯纳为农民收摘葡萄，有时跑到十几公里之外去，为母亲采撷矢车菊，然后就躺在苜蓿草地上看书。他发现了作家蒙田，说："这才是我需要的人！"他还醉心于莎士比亚，热心地研究他的《罗密欧与朱丽叶》。有时饥饿把他从沉思和梦想中拉到现实里来，他不得不走进一家小饭铺，花掉三个苏。这样，他熟悉了魏特里小镇。那里广阔的塞纳河风光吸引着他。夜晚，他拖着疲惫不堪的身体，心满意足地回到他那又脏又乱的窝里，去做思乡之梦。忧郁常常袭击他的灵魂，而饥饿在蚕食着他的肌体。左拉写道：

"……无限的忧郁……对陌生人的隐隐约约的恐惧……我的消化系统被彻底打乱了，我感觉到肠胃沉重地往下坠……我的肚子和前途使我不安。"

更糟的是，他的朋友们，特别是巴耶，都埋怨他不该放弃海关职员的位子。这使左拉有些恼火：

"位子这个词在你的信中几次出现，而正是这个词使我气不打一处来。在你长达八页的信中有一种发了财的杂货商人的腔调，这使我感到恶心……说实在的，你给我写的这封信，并不像出自一个二十岁的人的手，不像是我所熟悉的巴耶所写的……"

这个夏天，支持着他的是重新回到艾克斯去的希望。从七月二十日开始，他就想着这件事了。可是，他母亲所期望的只是使他们能维持生活的金钱。"巴耶到九月二十五日才得闲，所以我在九月十五日之前是不能去艾克斯的了。这就是说，我还要等待五六个星期。"

可是，等待着他的是希望的破灭。九月二十一日，他还写道："与我强健的身体相比，我的生活是不活跃的；可是，由于我的精神和肉体经常处于兴奋和激动之中，使我的神经系统变得过于脆弱和敏感了……我是渴望去艾克斯的，我以我的人格向你发誓……"十月二日，他还向塞尚说，直至九月十五日他还抱着极大的希望。可是，到十月二十四日，他只好把去艾克斯的想法放弃了。"我为这次不能成行落了泪。算了，我们不要再说起它了……我曾两次长途跋涉去看望您，这次该您来看我了。我处于一生之中最倒霉的时期，在这种时候，即使最容易的事情也难以办成。"

天空阴暗起来了。他也没有心绪写作。圣诞节来临的时候，他是那么沮丧。一月份的天气是那样寒冷。他勉强爬起床。他还得搬家！

我小时候住在艾克斯，梯也尔先生的老屋，后来到了巴黎，开始时住在哈斯巴伊街的一栋房子里，而今天，我真不知道我交上了什么样的厄运，不得不从我的第七个住处迁出。这个住处，去年春天我还跟你提起过。这次我选择了一个小阁楼，就是贝纳丹·德·圣比埃①住过的并在其中写下了他的大部分著作的那个阁楼……

还有一点他没有说，就是他的火炉是空的，像他的肚子一样。有时他爬上屋顶，去捕捉麻雀。过去他连白尾鸟都不会杀，所以捉来麻雀，只能含着眼泪，把它们的脖子扭断，放到煤气灶上烤了充饥。尽管如此，他依然手里举着蜡烛，趴在床上写作。

现在我变成一个深居简出的人了，身体愈来愈虚弱，走几

---

① 贝纳丹·德·圣比埃（1737—1814）：法国浪漫主义小说家，著有《保尔与维吉妮》等小说。

步路就觉得疲劳。现在，我最大的乐趣就是吸烟和做梦，把脚放在火炉前，两眼望着那跳动的火苗。……我变成一个可怕的贪吃鬼了，饮料、食物，一切都使我垂涎。如果能吞食一块面包，那快乐和占有一个女人是一样的。

可怜的孩子！

但是，他又重新开始"职业的角逐"：

如果说我跑得快的话，他们跑得更快……我走进门去，面前是一个身穿黑色衣服的先生……于是，一连串的问题和追问就开始了。问我的字是否写得漂亮；问我是否会整理账薄，过去曾在什么单位工作，我适合做什么等等。之后，他说申请人过多，位子已满，让我另寻出路。而我心里一阵难受，以最快的速度逃了出去……

一八六一年四月末，左拉在给巴耶写信，述说他和塞尚家的摩擦：银行家说埃米尔把他的儿子引上了邪路，使他的儿子放弃了学法律的志愿……正在这时有人敲门……

又是一次警察搜查？不，他已经不是在《保尔和维尔日妮》作者的平台上了，因交不上房租早已被赶了出来。现在他住在一栋阴暗的房子里，里面住着一些身份不明的人、大学生以及烟花女子，其中有一个姑娘叫贝尔特。左拉可能是在靠近卢森堡公园的丁香园与她相遇的。她温柔多情，天真得有些傻气。是她在左拉写作《克洛德的忏悔》时，提供了可靠的材料，使该书更加充实。《克洛德的忏悔》已经脱稿了。左拉走过去把门打开。

"保尔！我的上帝，是你呀，保尔！"

保尔站在门口，两只显得暗淡的眼睛在浓黑的眉毛下面深陷了进去，鼻子粗大，还有一部蓬乱的大胡子。因为他刚爬完楼梯，在喘着粗气。

"这地方多么脏啊！"他说道。

左拉对他这句话并不在意。左拉知道得很清楚，这是他表达友好感情的方式。

"噢，我终于把姐姐和父亲甩开了。真冷啊！喂，这房子里住这么多人，简直快成沙丁鱼罐头了！"

是的，圣·雅克街的这个低级旅店拥挤不堪，并且非常肮脏。他们在大学生、车夫和工人的吵嚷声中嚼着干面包。

"这里有橄榄油吗？"塞尚问道。

"啊，没有。"

"见鬼！那么，这些巴黎人为什么讨厌橄榄油呢？"

"他们认为有股味道。"

"这么说来，他们是希望它没有味道了！"

"朋友从艾克斯带来一小桶，我去拿来。"

埃米尔没有说，他多少顿饭吃的就是面包蘸这种有气味的橄榄油。

"保尔，你的朱斯蒂娜怎么样？"

"对我这个其貌不扬的人来说，她是太可爱了，然而，却是她先迷恋上我的。当我注视着她的时候，她低下头去，脸也跟着红起来。后来，她非常愿意跟我一道出去！"

"好啊！"

"哎，你还记得和马尔格里一起嘲笑我们的那个塞伊马尔吗？有一天，我在意大利街碰见了他。他也在谈恋爱了，这个塞伊马尔！'肯定是一个浑身都是梅毒的妓女了。'我为了开心，这样对他说。其实完全不是什么妓女，而是一位小姐。于是，我说：'那你肯定保不住她！''不会！'他回答说。'你可能不相信我的话，但是，请你到我那儿去看看她，看看爱着我的娇小姐。'你猜塞伊马尔说的那个姑娘是谁？就是朱斯蒂娜！说心里话，我真不相信我跟她能相爱。你怎么样？起码巴黎总不会缺少烟花女子吧？嗯？"

"不。谢谢。"

"你怕她们把你吃了怎么的？"

"我不能那样做。"

他想到了一直缠住他不放的贝尔特，他红了脸。于是，他岔开话题，说道：

"你家里怎么样？"

"别提了，家里糟透了。一年前我就想到巴黎来找你。当你给我寄去那开销账单的时候，我父亲已经快答应了。可是没曾想半路出了差错！我的绘画老师怕失去我这个学生，对我父亲讲，我还不够成熟，不该到巴黎来。我父亲又乘机变了卦。"

"那么说，你让步了！"

保尔说话的声调里流露出犹豫和心思不定。

"你不是也一样吗？你不是建议我为讨父亲的喜欢，继续学法律，为了满足自己的愿望，去学绘画吗？现在，我既要学习绘画，还要继续学一点法律，万一情况……"

"你听着，保尔。选定两件事情当中的任何一件，你喜欢也罢，不喜欢也罢，只要你坚持下去，都会达到目的的。可你现在这样决定，我真不理解。"

塞尚把两个胳膊肘拄在桌子上，摇晃着身子，不做回答，同时向旅店的房客们狠狠地扫了一眼。

"走，保尔，我带你去卢浮宫。我要把阿里·塞菲尔的画指给你看。阿里·塞菲尔是个了不起的人物！是绘画界的高乃依①！"

---

① 高乃依（1606—1684）：法国著名剧作家，著有剧本《熙德》、《贺拉斯》等三十余部，并有论文《论悲剧》、《论三一律》等。

塞尚不喜欢圣·雅克街那个小旅店，也不喜欢左拉那种老式的生活方式；他不喜欢别人的劝告，也不喜欢别人的批评，总而言之，他不喜欢巴黎。在这里，只有绘画才使他高兴。他毫不加区别地欣赏卢浮宫、卢森堡宫和凡尔赛宫所收藏的一切绘画作品，不管它们是真品还是赝品。

当保尔去瑞士画院画画的时候，埃米尔留在他的房间里写作。中午十一时，他们独自吃中饭，他们就餐的食堂把他们分开了。"有时中午我去保尔的住处，他为我画像；剩下些时间，就到维尔维叶依画室去画画。他晚饭吃得早，睡得也早。难道这就是我过去所期待的吗？"

他们各自都经受着失败的考验，并且谁也帮不上谁的忙。左拉尽管比塞尚小一岁，但他这时确实变成了一个思维严密、说话有说服力的人了。而塞尚却多疑，而且意志软弱，几乎屈服于一切压力，最后实在没办法时，只好用发脾气来抵御。

向塞尚证明一件事情，仿佛奢望说服巴黎圣母院的塔楼来谴责四对舞一样，难上难。甚至连他思考着的问题也不愿意与人讨论。他害怕讨论，首先因为说话费力，其次因为如果对方说得有道理，他得改变自己的看法。

左拉的脾气也不像以前那样平和了。他的身体状况很糟。

"消化能力减退，胸口憋闷，有时咳血；我说不定什么时候落入医生的手中……"塞尚出于一片好心，看左拉病了，就责怪他不该总到那些低级饭铺去吃饭。左拉打断他的话，冷冷地回答说：

"你总是靠幻想过日子，我真怕你永远也不会理解生活，保尔！"

塞尚最忌讳人家影射他对父亲的财产抱有幻想。与左拉永远缅怀着他逝去的父亲相反，塞尚尽最大的努力来反抗父亲，他下决心只到维尔维叶侬或马尔古希这样的低级画室去画画。而那里所画的东西又不能使他满意,所以回来时就难免发脾气。左拉对这些都无法理解。他伤心地写道:"但是,在我们中间,友谊还没有破裂。"

七月,他们俩常到瑞士画院去。这个画院位于塞纳河畔的凯德索费佛尔,是一个自由画室,艺术家们可以根据模特绘画;白天画模特,晚上和模特一起睡觉。在那里是没有人指导的,没有人帮助修改画稿。有一天,左拉来找保尔。几个留着胡须的小伙子搬过他们的凳子,围坐在左拉的周围,高声吼叫着:

"啊!这个家伙,看他那笨手笨脚的样子!滚出去!坏蛋,滚出去!"

塞尚继续在一个模特前画着。模特的额头微微下倾,头发漆黑,乳峰高耸,皮肤像蜡一样白净,脸上笼罩着忧郁的表情。多么美的模特啊!她会使爱情也黯然失色!可是,有一个爱开玩笑而又心肠冷酷的人,曾在一个姑娘的躯体上加上了一个老酒鬼的脑袋和长着黑毛的两只长腿,竟题名为"耶稣基督"。

"不要瞎吵!让左拉安静一会儿吧!"塞尚的朋友弗朗希斯科·奥莱尔喊道。

塞尚还是没有转过身来。左拉走到他的身后,长时间地注视着他画的那张木炭画。画面还没有完成,很粗糙,可是那画纸已经有些破损了。

"明天,我们三个一起去瓦莱纳好吗?"弗朗希斯科·奥莱尔建议道。

"去吧,保尔。"左拉说,"你可以看到最美丽的巴黎乡村。你……你会带回一叠素描画稿的!总之,保尔(而他一直注视着他面前的画稿),你可以看到风景,看到原野,看到水光波影……风景,我的好朋友,风景……"

塞尚吐了一口唾沫，把他尚未完成的画稿收在画夹里，一声不吭地走了出去。不过，第二天，他还是去找左拉和奥莱尔了。

在瓦莱纳，他们结识了毕沙罗①。关于毕沙罗，后来塞尚曾清楚地说道："如果他能像在一八七〇年那样继续画下去，也许会成为我们当中的最强者。"毕沙罗比他们三个年长十岁。他带着敏锐的观察力，到巴黎郊区去画风景，在他的调色板上，已经没有了黑色、褐色和赭石色。他的画预示着印象派的诞生。

埃米尔所喜欢的是这个出生在安的列斯群岛的和蔼可亲的犹太人本人，而并非是他的绘画。所以，回城的路上，当塞尚对毕沙罗的画赞不绝口的时候，左拉却不搭茬儿，一声不吭。

星期天，他们有时去看画展，有时去游泳场游泳。在游泳场，左拉发现巴黎人是那样丑陋，塞尚报复似的用他那浓重的方音开着玩笑：

"你看看这些个学究先生！埃米尔！一个个像硬木橛子！啊，可怜！你的巴黎同胞，那胸脯像搓板！那两条腿像木头棍子！"

他们也到丁香园去，当然和贝尔特一道去；她总是跟在埃米尔的身边。在那里，有舞女在跳四人组舞。他们一边看跳舞，一边和时新商店的打扮入时的女售货员们调笑。有时他们也到卢森堡公园去，一边吸着烟斗，一边散步。

八月的一天，当巴黎人热得要死的时候，埃米尔到马尔古希画室去找保尔。然后，他们一道来到昂佛尔街，爬上楼去，到了塞尚的住处。塞尚早就开始给左拉画像了。画的过程中，左拉可以看书，也可以聊天。于是，左拉就讲起雨果和米什莱来。有时，塞尚一边画着一边哼着歌曲。

---

① 毕沙罗（1830—1903）：法国印象派画家。

画家沙伊朗走了进来。保尔并没有放下手中的画笔，左拉做着姿势，仿佛是一个埃及人面狮身像。来客坐在那里不敢动，最后没趣地踮着脚尖走了。左拉和塞尚爆发出一阵哄笑，欢送这个闯入者的离去。

"你可知道，"埃米尔说，"在这个月中旬，我很可能找到一个工作。每月一百法郎，每天工作七个小时……"

"咳！这也太少了！"

"是的。不过有了这一百法郎，我就饿不死了，并且还可以成为一个诗人。"

保尔不再咬牙切齿了，他很满意。他第一次对自己所作的画满意。所以，他们二人分手时都很高兴。

可是，第二天，左拉发现保尔站在他的打开的衣箱前边，衣服扣子也没扣，头发乱蓬蓬的。

"我要走了！"

"那我的画像呢？"

"你的画像！"

保尔早已一拳头把画布捣了一个窟窿。左拉心情沉重地望着那块画布。

"我想重新修饰一下，可是，越弄越糟，我就把它毁了。"

"你也过分注重你的技法了！而重要的应该是感情。"

"感情，我才不去管它呢！既然连我自己朋友的像都画不好，我只好滚蛋！"

他又扑向那块已经破碎了的画布，把它从三角架上扯了下来。他一边撕着画布，一边高声咒骂着自己：

"他妈的！蠢猪！笨蛋！"接着，他又发疯似的摔打着桌椅。

埃米尔将一只手放在塞尚的肩上。塞尚把埃米尔的手推开了。小时候，有一次他骑在楼梯的栏杆上往下滑，突然后面被人踢了一脚，打那以后，他不允许任何人碰他一下。左拉忘记了这件事，他把手放了下来。这时，塞尚也冷静了下来，并为自己刚才的行动感到羞惭。左拉带他去吃午饭，整整一个下午都陪伴着他，没有离开。他用自己的全部热情来鼓励这位失去信心的画家。最后，塞尚答应留下来，为左拉重新画像。左拉虽然说服了他的朋友，但是，他曾这样说过："保尔可能具有一个伟大画家的天才，但他永远不会有使自己变成伟大画家的才干。"

九月份，塞尚回艾克斯去了。左拉把他送到火车站。回来的路上，左拉的心情是很复杂的，既难过，又感到有些轻松。

青少年时期是一个捉摸不定的年岁。人在这种年龄，既富于幻想，也容易因幻想破灭而绝望。巴雷斯①笔下的一个人物也像左拉一样，怀着征服巴黎的雄心，从外省来到首都，可最后竟然说出这样令人伤心的话："我们，难道我们也在生活的重压下了此一生吗？"左拉也是在生活的重压下，尝到了苦头之后，才后悔自己辞退了海关货栈的工作的。"命运使我告别了我所梦想的生活，可这还不够，当我投到现实门下的时候，现实也不欢迎我。"这时，他的母亲也只能落泪。左拉为母亲的不幸倍受煎熬，为自己过着流浪汉一样的生活而感到无地自容。他经常像乞丐一样，用睡觉来抵御寒冷。同去年冬天一样，火炉仍然是空的。不过去年冬天，他是在盼望塞尚到巴黎来的情况下度过的。现在，他不再到图书阅览室去看书了，也不再写作。这时那个身份不清楚，人们只知道她的姓而不知道名字的姑娘出现了。有一天，在先贤祠广场，他把外衣脱了下来，

---

① 巴雷斯（1862—1923）：法国作家，作品有《神圣的爱和痛苦》、《血、肉之快感和死》等。

让贝尔特把它送到当铺里去。他只穿着衬衣和背心跑着,一不小心滑进了路旁的排水沟摔倒在冰冷刺骨的泥水里。他挣扎起来,一边哭着,一边逃回家去,躺倒在床上。他一连三四天不出屋子,饿了只啃几口干面包。他用毯子把自己裹起来,这就是他自己所说的"装阿拉伯人"。

一八六一年十二月末,左拉父亲的一个朋友,名叫布戴特,是医学科学院院士,在路上遇见了消瘦、脸色蜡黄的埃米尔。布戴特先生告诉他,已经设法让他去阿歇特书局工作了,不过还要耐心地等待几个星期。埃米尔露出十分伤心的样子,正要走开的时候,被布戴特先生拉住了:

"等一下,我的孩子。我需要一个人为我散发贺年片。你肯帮我的忙吗?"院士拿出了一块金币。"噢,不要忘记那些偏僻的地方!"

左拉在这冰天雪地的巴黎,一共送出去六十一张贺年片。他作为跑腿的童仆到过泰纳①、埃德蒙·阿布②、泰奥菲勒·戈蒂埃③的家。在奥克塔夫·弗耶④家里,他还被让到厨房,喝了一杯红葡萄酒呢!当时,他是从供仆人们走的侧楼梯去见这些文学界名流的。但不管怎样,他可以吃饱肚子了:面包、咖啡、意大利上等羊奶干酪……他傻笑了。在圣·路易中学,同学们就给他起了个绰号,叫他"小傻子"。

---

① 泰纳(1828—1893):法国文艺评论家、史学家,著有《英国文学史》、《艺术哲学》、《十九世纪法国哲学研究》和《论智力》等。
② 埃德蒙·阿布(1828—1885):法国作家,主要作品有《山大王》和《一个正直人的故事》等。
③ 泰奥菲勒·戈蒂埃(1811—1872):法国诗人、小说家、批评家,主要作品有诗集《西班牙》、《珐琅与雕玉》,小说《莫班小姐》、《菲拉卡斯上尉》等。
④ 奥克塔夫·弗耶(1821—1890):法国小说家,主要作品有《一位穷青年的浪漫史》和《卡莫尔先生》等。

尽管他内心充满了矛盾，但还是重新拿起了笔。他以虚构的自传形式，写作《我的忏悔》。他一连开了几个夜车，通宵不眠。他在一月份写信给塞尚说："巴黎没有任何东西可以和我们的友谊相比拟，也许友谊只有在普罗旺斯的阳光下才生活得快活吧……没关系，我的朋友，我是一直相信你的……"

多么讨厌的雨雪啊！他睡觉的屋子使他气闷，就连贝尔特也使他心烦。他只能生活在混有自己散发出来的气味的污浊空气中。他打不开窗户，因为窗户外面结了冰，被卡住了。但更使他烦躁不安的是房客们的吵闹声，下水道的汩汩声，醉鬼们的吼叫和他们凄凉的歌声。

是这样的，我想起来了。在我感到浑身剧烈疼痛的时候，那地下隧道也一下子堵死了，洞壁在向一起靠拢，我喘着粗气，产生一种千方百计要到别的地方去的强烈愿望。于是，我走进塌下来的沙石之中，用脚蹬，用手扒，用头顶，可是塌方越来越严重，我永远也走不出去了。可是，常常我只要用手一点，一切又都豁然开朗，我自由地走在宽阔的隧道里，身体除了疲劳外，什么感觉也没有了……在我的地下隧道里，最奇怪的是，我从未想过转身往回走……

米什莱的崇拜者左拉，眼睛近视了，脸色也很难看，鼻子总是耸着，嘴角向下拉，下巴埋在蓬乱的胡子里。他说话有些急促，并且含糊不清，常加上一些急剧而又不连贯的手势；不说话时，两只手也不停地摆动。

在皮埃尔·沙拉赞街，在阿歇特书局的阴暗的库房里，未来的小说家左拉整天用绳子把埃德蒙·阿布的最新作品捆绑成包。

"我长时间地望着那些工作着的泥水匠，他们一会儿走过来，一会儿走过去，一会儿爬到高处，一会儿又爬下来，一个个都很快活。而我，我坐在凳子上，却一分钟一分钟地数着，盼着下班的时间快些到来。"这个小资产阶级分子竟然羡慕起工人那种无忧无虑的生活来了。这是一种苗头。不过，他吃了东西之后，食物又使他活跃起来。希望又回到他的心中："我是有些孤独。不过，在十一月里，我必须实现自己的心愿。十六岁时的梦想是美好的，而到了二十岁，放纵地生活过一段时间之后，应当把梦想变为现实。"

在这个时期，他认识了一个比他小一岁的年轻人。这个人性情有些忧郁，意志坚强，办事干脆利索，说话有些武断，是一个鼓动家。这个当时披着一头长卷发的小伙子和过去做过鞋匠的皮埃尔·德尼、托莱和热尔曼·卡斯一起创办了一份敌视第二帝国的周刊《劳动》。尽管左拉一点也不喜欢这个粗暴的年轻人，但是，他想到一件事情，那就是发表作品。于是，他交给他一些诗作，其中有一首名为《疑问》：

啊，勇敢些，我的时代！
前进吧，再向前进！
我们何时能见到曙光？
我的父啊，该是时候了！
让新耶稣代我们在十字架上受难吧，
使我们大家从混沌中获生。

"不好！"这位二十岁的主编冷淡地说道。

尽管这位乔治·克列孟梭①先生不喜欢宗教色彩的诗歌，还是把它发表了。这首诗被安排在梅利纳的关于爱德加尔·吉内的一篇论文和昂德里约的一篇文章旁边。他们二人，后来一个成了内阁总理，一个成了警察总监。左拉看到自己的诗作印成了铅字，该是多么高兴啊！但是，《劳动》出至第八期，在一八六三年二月二十三日被迫停刊了。克列孟梭、托莱和卡斯

①乔治·克列孟梭（1841—1929）：法国政治活动家，曾出任内阁总理。

都被逮捕起来，罪名是在巴士底广场张贴煽动闹事的传单。克列孟梭被判处一个月监禁。左拉担心自己遭到同样的命运，其实他过虑了。

一八六三年的一天，等其他雇员下班走了之后，左拉把他的一份手稿放在老板的办公桌上。这就是《爱情的喜剧》，是一本诗集，其中包括《罗多尔夫》、《巴奥罗》和《拉埃丽艾娜》三首长诗。这是他步但丁的后尘写的三部曲：地狱篇、炼狱篇和爱的天堂篇。他在焦急的等待中度过了四十八小时。最后，路易·阿歇特，这位《优秀作品文库》和《铁路文库》的著名出版家接见了他的雇员。

"这本诗集不错。可是，这种书是永远也卖不出去的。你很有才气，写散文吧！"

听了这话，左拉激动得脸都红了。老板擢升他主管书局的文学广告业务，并且工资加了一倍。散文？他的长篇小说还没有写好呢！于是，他只好把短篇小说《穷人的姐妹》拿给路易·阿歇特看。

"左拉先生，这怎么成？我的主顾都是正统派，可是您，您却是一个造反者！"

左拉思考着，想到了那本他想献给巴耶和塞尚的《克洛德的忏悔》，想到了他的短篇小说集《给妮侬的故事》。应该选择什么呢？向哪个方向发展呢？他努力使自己冷静下来，以便更客观地进行思考。路易·阿歇特武断的指点加速了他对创作方向的选择。他对阿歇特所指出的道路将信将疑，但是，为了达到自己的奋斗目标，他终于决心放弃诗歌创作了。尽管后来在一八六四年，他仍向《巴黎新杂志》投寄过诗稿，但这已经是尾声了。以后他只写一些歌剧脚本。

二十年后，当保尔·阿莱克西计划出版左拉青年时期诗歌

的时候,他说道:

那些诗是脆弱的,二流的,尽管并不坏,但那只是我年轻时候的东西。我唯一值得自夸的是,我意识到了我自己仅仅是一个平庸的诗人;而后来又勇敢地以笨拙的散文为武器,挑起了时代赋予我的重任。

这个外省的迷恋梧桐树下泉水的年轻人,这个穷困潦倒而又十分狂热、顽强的年轻人,从此变成了一个拉斯蒂尼亚克①式的人物,他和所有的人一样,是贫穷和困苦的儿子。

---

① 拉斯蒂尼亚克:巴尔扎克小说《高老头》中的一个人物。

第二章
未名之年

做一个有思想的人?
我的上帝,这是多么愚蠢
的想法!

内容提要

（一）二十岁左拉的内心世界 / 被拒绝者沙龙，一八六三年 / 马奈的《草地上的午餐》/ 加布里埃尔·亚力山德里娜 / 与泰纳相遇 / 背景理论与现实主义 / 第一份合同，一八六四年 / 左拉的如意算盘 / 文学批评总检查官和《克洛德的忏悔》/ "令人讨厌的现实主义" / 从阿歇特书局辞职，一八六六年一月

（二）一个苏一张的报纸 / 勇敢的求职信 / 维尔麦桑大发雷霆 / 左拉在《事件报》文艺专栏 / 饭店里的对话 / 中心市场 / 目光短浅的艺术评论

（三）巴蒂尼奥勒大街，一八六六年 / "拉蒂勒老爹和勒盖尔布瓦" / 马奈先生 / 再见了，某种艺术评论 / "仇恨，就是爱" / 塞纳河流经的拜纳古尔小镇 / 入住吉古大妈的小旅馆

（四）一八六七年的博览会 / 帝国遭受第二次打击 / "奥林匹亚"，"瓦朗斯的劳拉和波德莱尔" / 马奈画出的左拉画像 / 连载小说《马赛的秘密》/ 第一部代表作《德莱丝·拉甘》/ 圣伯夫的赞扬 / 腐败文学诞生了

一

人很少有从青年直接变成成年的。谁都知道，拉迪盖①是谷克多②培育出来的暖房里的花朵，很快就萎谢了。而当谷克多在人生道路上已经走得很远了的时候，他曾风趣地说道："谷克多，法国诗人，诞生于二十七岁！"人们对他这句俏皮话作何感想呢？从青年到成年之间有一个或长或短的过渡阶段，这就是所谓的"未名之年"。尤其是艺术家们，这一过渡时期更为明显，然而却很少被人重视。

集中反映左拉的个性和独特风格的第一部小说，是《德莱丝·拉甘》，写于一八六七年。这时左拉正巧是谷克多所说的二十七岁。在这之前，是一个过渡时期，人的生命在蓄聚，在决断，在选择，在建立；由于苦难、爱情、早熟、革命和战争，使这一时期或者漫长或者短暂。

当埃米尔·左拉进入未名之年的时候，我们通过他在这个时期写的信札和他吐露出来的内心秘密，可以了解他的精神世界。左拉一直是真诚的。在青年时期写的书信中，他只在巴耶面前摆出成人的架子，装腔作势，但仍不失一个中学生的特点。人们对他是完全可以信赖的。他出生不久即接受了洗礼。他接受的天主教教育虽然不够严格，但还是正常的。从他的回忆录中，人们看不出他发生过宗教信仰危机的迹象。不过一八六〇年八月，他说出了心里话：

我信仰万能的上帝，他慈善而公正。我相信是上帝创造了

---

① 拉迪盖（1903—1923）：法国作家，作品有《附身的魔鬼》和《道贺热伯爵的舞会》。
② 谷克多（1889—1963）：法国作家，作品有《令人讨厌的孩子》、《令人讨厌的父母》等。

我，并把我送到这尘世间。我的灵魂是不死的，但是，在给我以自由意志的同时，上帝还保留着惩罚和奖赏的权力。……倘若有人问我是否承认耶稣即是上帝的话，坦白讲，我是难以作答的。不过，简而言之，我所崇拜的上帝是耶稣为我们揭示的。

可见，他信仰宗教，只是顺应习惯而已。他是和卢梭一致的。

那么对待当时流行的"形而上学"呢？他抱着一种青年人的实用态度：这些东西超越了我的理解能力，把它留给那些比我聪明的人去研究吧！尘世间有足够我做的事情。

左拉这时的思想基本上是建立在这种实用主义基础上的，不过，这时已经显露出他自己的个性，那就是埋头工作。这虽然说不上是高尚的，然而却可以与苦难的命运相抗争。即使在最艰难的时候，他也从未产生过危害社会的念头，更没有过危害社会的行动。他认为实现自己雄心的唯一途径就是苦干。

那么，对待爱情呢？在爱情上，他仍然是一个怯懦的理想主义者。

尽管他毫不犹豫地和克列孟梭建立了联系，尽管他是一个倾向于革命的人，可是，他对政治却很少关心。他并不准备为改变这个世界而浪费自己的时间。

他对宗教、形而上学和政治没有什么特殊的见解。他酷爱的是艺术。他是一个狂热的浪漫主义者，尽管他为了写散文而放弃了诗歌，他的心情还是轻松的，因为这样可以使浪漫主义得以延续下去。后来，当他庆幸自己选择了"时代的笨拙工具——散文"的时候，他忽略了在这急剧转变中有一个过渡阶段。在这一阶段中，他并不力求表现"时代的严重需要"，而是表现他的幻想。他从开初的浪漫主义转变到成熟的自然主义，是一个充满了混乱、反复和矛盾的逐步前进的过程。一八六四年，当人们在艾克斯的米拉波街的梧桐树下开始谈论左拉的时候，一个比他更年轻的同窗从艾克斯来到巴黎，找到左拉，曾对他宣称：

"我么，我是一个现实主义者。"

左拉像回答塞尚时一样，说道：

"你们的现实主义真是使我望而却步。"

总之，这个时期左拉的精神世界的特点是注重友谊，思念故乡，怀恋儿童时代和天真幼稚的爱情，以及对绘画的并非持久的爱好。

左拉既喜欢绘画，又不喜欢绘画。就连这种艺术所表现出来的肉感之类的东西，他也带着些微的轻蔑，称之为"技巧"。塞尚和他所谈论的并不是同一的东西。对塞尚来说绘画主题将永远是主题。这主题将和三个苹果一样，变得毫无意义。塞尚将走上绘画主题消失，而使绘画本身得到充分发展的道路，而左拉对此道却无法弄懂。后来在他为新艺术而进行笔战的时候，他是盲目从事的，所持的理论根据也是互相矛盾的。但是，在他对绘画艺术的无知和他所要维护的思想以及他对艺术家所做的评论之间，他准确地保持着一个连接点。他的有些思想，至今仍有其价值：

我对艺术家的要求是……以自己的全部身心投入到艺术中去，大胆而明确地表现一种强而有力的、具有个性的思想，一种气魄。他能广泛地将自然掌握在自己手中，并能像他所看到的那样，使它活生生地展现在我们的面前。

塞尚于一八六三年初又来到了巴黎。艾克斯银行繁重的事务使他厌烦，因而他又重新如饥似渴地热爱起绘画来，同时他也开化了许多。而左拉一如既往，和塞尚相处得更加无拘无束，他们的友谊之花又重新开放了。春天一到，他们又一起到乡野去。他们不再去罗宾松舞场，把那里的时新百货商店的女售货员、轻浮的女人和傻瓜们抛到脑后去了。他们时常到枫德纳伊欧罗兹去。他们穿过草莓地，在到达欧勒纳伊之前，就走上岔路，到瓦雷欧露去。在那里，他们找到了一个使他们着迷的绿色水塘。

我们痴情地爱上了它，在围绕着它的绿茵茵的草地上，度过我们的礼拜天。保尔开始琢磨起它来；近景是一池绿水，塘岸上有几簇随风摇摆着的蒿草，而那稍远处的树林仿佛是舞台上的背景，在上方的空间里是树的枝桠衬着蓝色的天空。当风吹来时，在树枝摇动中，那一块蓝天时隐时现。

塞尚不善言谈，总是不能把他自己醉心的艺术解释清楚，可他又到处兜售那些从自由画院和咖啡馆里听来的各种思想。左拉听他讲述着，以为领会了。这样，他们之间就产生了误解，并且逐渐加深了。另外，左拉是偏激的，他以满腔热血，把赌注押在青年人身上。从上面的简单叙述中，人们可以看出后来被称为艺术批评家的左拉在逐渐形成、成熟起来。

路易·菲利普时期的老资产阶级和第二帝国的新资产阶级，为了使有辱夏尔丹①和德拉克罗瓦②祖国的因循守旧派占上风，他们互相联合起来。一些假道学的画家们，摆出一副修养有素的样子，画的是一些一丝不挂的裸体女人、奥林匹斯的圣洁女神、塞满传说的静物和传统的英雄历史等等。而绘画大师们，诸如年事已高的德拉克罗瓦和库尔贝③、米勒④却被他们排斥在外。

官方认可的绘画只停留在石膏制品上，停留在涂满褐色颜料，尚未画成即已陈旧的作品上。这些绘画作品每年都在各个沙龙中向上流社会展出，而这些沙龙多被那些取得证书而又最平庸无能的画家们所垄断。他们的作品，随着被翻制成金牌或

---

① 夏尔丹（1699—1779）：法国现实主义画家，以画静物和肖像著称。
② 德拉克罗瓦（1798—1863）：法国浪漫主义画家。
③ 库尔贝（1819—1877）：法国现实主义画家，专以真实的生活为画题。
④ 米勒（1814—1875）：法国风景画家，代表作有《晚钟》和《拾穗者》等。

者荣誉勋章，价码也随之上涨。在这冷酷的现实背后，画家、批评家和专做书画生意的商人帮伙和大的行会组织联合起来，共同维护这些作品的"价值"。

但是，在一些画室中正在酝酿着一场艺术革命。除左拉自身具有批评天才之外，这种反潮流的气氛也深深感染着他。这是一次十分难得的机会，由于友谊和同龄的关系，左拉站到了革命者一边。那么，一直把阿里·谢菲尔视作画坛高乃依的人，如果站到对立的阵营里去，人们真不敢想象他又会采取什么行动。

塞尚是带着进入美术学院、争夺罗马奖和在艺术展览会展出作品的愿望重新来到巴黎的。作为一个真正的革命者，他也摆脱不了世俗的观念，他把艺术展览会看得很重要。但是，这个艺术展览会已经轻侮了杜米埃①、库尔贝、马奈②、米勒和柯罗③。从一八六三年起，塞尚被拒绝于艺术展览会之外，同时被拒绝的还有毕沙罗、克洛德·莫奈④和马奈。那些学院派画家们怀着对革新派的仇恨，走得太远了。一八六三年四月二十四日《政府公报》披露：

"关于一些艺术作品被艺术展览会评判委员会拒之门外一事，抗议信纷纷呈递给皇帝陛下。陛下愿将这些抗议信提交给公众，由公众来做出判断，并决定所有被拒绝的艺术作品在工业展览馆内展出。"

帝国也开始以自由来标榜自己了。给画家以合法的展出权利比起给工人以罢工的合法权利来更容易做到。再说，由公众

---

① 杜米埃（1808—1879）：法国画家、雕塑家和版画家。
② 马奈（1832—1883）：法国画家，曾一度参加过巴黎公社运动，创作了《街垒》等石版画。他在欧洲绘画传统基础上革新技法，因而引起学院派的歧视。代表作品有《左拉像》、《皇帝马克西米连的处决》、《酒馆》、《苦艾酒的嗜好者》等。
③ 柯罗（1796—1875）：法国风景画家。
④ 克洛德·莫奈（1840—1926）：法国印象派风景画家。

来评判这些画家的展品也不会冒什么风险，因为公众是由最循规蹈矩的资产阶级构成的。统治者的算盘没有打错，他们知道自由的价值，因而也不妨鼓吹一下所谓的自由；而资产阶级对革新派总是嗤之以鼻的。于是，人们在卡巴内尔①的寓意和马奈的粗暴之间进行选择。其结果是，资产阶级狂热地崇拜卡巴内尔。左拉很快就懂得了帝国所玩弄的这一套骗人的把戏；而在创作《职业的角逐》的时候，他还不清楚这一点。

左拉参观了艺术展览会。到那里去的是一些古董商人、偷弥撒酒喝的孩子、游手好闲者和目光锐利的老水手。约恩·贺瓦勒曾记录下了一幅画的令人啼笑皆非的标题：《捆绑在树下的女人；其夫曾根据十五世纪莫欧地方官汪沃的私生子的命令被吊死在这棵树上，并被狼群吃掉》。

在被拒绝者画展中，马奈的《草地上的午餐》最引人注目。革新派们将它置放在最为显眼的地方。这幅画的主题是一个裸体女人躺在露天草地上，围着一些着衣的男人。这可是前所未见的呀！不，在不远的地方，在卢浮宫就有这类的画，比如乔尔乔内②的《田园合奏》。然而资产阶级不知道乔尔乔内、提香③和拉斐尔④。

当左拉聚精会神地注视着这幅画的时候，人们却对它冷嘲热讽。他有些局促不安。当然，他模模糊糊地觉得这幅画确实是美的。那么，阿里·谢菲尔的画呢？当时，他有一种押宝的习惯。要是马奈有天才，我对他加以评论，那么我们两个都会取得成功；可马奈要不是天才，那我岂不是冒风险吗？但是，他已经清楚地预感到一场论争是不可避免的，而在论争中，

---

① 卡巴内尔（1823—1889）：法国学院派画家。
② 乔尔乔内（1477—1510）：意大利威尼斯画派画家。
③ 提香（1490—1576）：意大利威尼斯画派画家。
④ 拉斐尔（1483—1520）：意大利罗马画派画家。

他必须站在自己人一边，要帮助那些勇于改革的人们去战胜那些抱残守缺的人。于是，一篇真正的艺术评论在这个感情受到压抑的人的胸中形成了：画这幅画的人是一个真正的人。其他人的作品都是没有特色的。没有任何人能像马奈这样绘画。马奈万岁！

每当天晴日朗的时候，左拉和塞尚等四个人常常到瓦雷欧露的绿色水塘边去举行"草地上的午餐"。一八六四年的夏季或者秋天，塞尚使埃米尔结识了一个姑娘，名叫加布里埃尔·埃莱奥诺·亚力山德里娜·梅莱依。至于保尔自己，他的女伴是经常更换的。

加布里埃尔是非常漂亮的，堪作画家的模特。但是，除去那美丽的胳膊、肩头和妩媚的姿态之外，她并不像左拉心目中理想的女性。她是穷人家的女儿，是一个失去了母亲的孤女。她还有一个姨母，比她年长一岁；姨母开初给人家洗衣服，后来在维尔都路口附近卖鲜花。

关于加布里埃尔的身世，时至今日还是一个尚未弄清的谜。她从不向人们提起这些，因此她的这一段经历永远不被人所知。人们猜想，她可能是拉特儒勒街口一家旅馆老板的女儿，在旅馆里做服务员；还有人说她在克利希广场卖过花。人们确切知道的事实是，她是爱德蒙·雅克·梅莱依和加洛丽娜·路易丝·瓦杜的女儿。其母死于一八四九年九月三日，其父死于一八七三年九月十三日。但是，这位父亲一直没有在左拉的生活中露面。他也没有留下任何踪迹。人们也不知道塞尚是什么时候，又是怎样认识加布里埃尔的。塞尚给左拉的书信中，第一次写上"向加布里埃尔致意"这样的话是在一八六六年十一月十九日。另外，现在还保留着一封巴耶一八六六年六月三十日写给左拉的信，信中写道："向加布里埃尔致以问候。如果她能激起你写小说的灵感的话，请不要像以前那样，写得那样凄惨。"这句话什么也证实不了，但是写信的日期却能说明问题。至为重要的是，《克洛德的忏悔》一书恰巧在一八六五年出版，并且是埃米尔献给加布里埃尔的，上面的题词是："献给我亲爱的加布里埃尔，以资纪念一八六五年十二月二十四日这一天。"显然，这是他们建立爱情的日子。（后来《梦》的题词和让娜·洛泽萝的关系也属同类性质。）

总而言之，对埃米尔·左拉来说，加布里埃尔已经变成了"二十几岁的小伙子所必须的现实"了。

同一年，已经是巴黎综合工科学校学生的巴耶，抽了一个不吉利的号码，服兵役去了。已经加入法国籍的左拉，因为是寡妇的独生子，得到豁免。根据他的女儿德尼丝·勒布隆·左拉的回忆，左拉作为出生在法国的外国人的儿子，曾申请加入法国国籍。申请于一八六二年十月三十一日获准。一八六三年三月三日，抽签抽到四九五号，免于征招。他被免除一切服役。他的物质生活有了保障，爱情生活也一样；他和塞尚的友谊经受住了冲突的考验，也保持下来了。未来在向他微笑。

左拉在阿歇特书局所承担的任务，使他结识了不少作家：杜朗蒂，一个干瘦而矮小的人，是个现实主义的空论家，最近刚发表了《昂里埃特·热拉尔的不幸》；儒勒·克拉贺希，在《费加罗报》社工作；还有其他的人。而其中最为知名的是泰纳、勒南①、利特雷②和圣伯夫③。他与这些人的密切交往

---

① 勒南（1823—1892）：法国作家，后期致力于语言史和宗教史的研究，其主要作品有《科学的未来》、《基督教起源》、《以色列人民史》和《青少年回忆》等。
② 利特雷（1801—1881）：法国辞书编纂家，以《法语辞典》而著称。
③ 圣伯夫（1804—1869）：法国诗人、作家。作品有诗集《约瑟夫·德洛莫的思想、诗情和生命》、《安慰》和小说《逸乐》，后期致力于文学批评和文学史研究。

纯属商业性质的，不免失去其中的诗意。巴贝尔·多尔维利①经常来索要书籍，使他感到有些厌烦了。住在瓦努街的埃尔耐斯特·勒南，在饭桌上接待左拉。这是一个患关节炎的十分肥胖的人，出奇地贪食。"他那刮得干干净净胖胖的脸长得跟一个健壮的胖娃娃一样。"左拉见到利特雷，感到吃惊，他长着一张憔悴的脸，仿佛像德塞斯布瓦圣母院里出租椅子的人，他是位学者。

左拉刚到巴黎的时候，在《争鸣》上读到泰纳写的一篇关于巴尔扎克的论文。泰纳在这篇论文中写道："作为自然主义癖好的仆从和主人的巴尔扎克，是一位强有力的、举足轻重的艺术家。他描写真实，喜欢魔鬼，而更善于描绘平庸和暴力。"

"自然主义"这个词以及泰纳笔下的巴尔扎克使这个当年还是中学生的左拉十分欣喜。而泰纳，对这个在书局中以少有的火热感情谈论文学的年轻人，也十分赏识。泰纳在评论斯威夫特②时说道，他"在饭桌上，在床上，在厕所里，在一切平庸的行动中，看到了他的人物；他兼收并蓄一切事物，无论是平淡无奇的事件，还是旧货摊或者家庭中的琐碎事情"。

"总而言之，我在这个青年人身上仿佛看到了我的作家。"泰纳在心里想。那么，如此说来，这些有头脑的人是不是认为现实生活就是文学的基础呢？他也常见到基佐③和拉马丁④。另外他也曾遇见过一次使他佩服得五体投地的米什莱。然而，他与这些人只不过是一些商业性交往，什么签署

---

① 巴贝尔·多尔维利（1808—1889）：法国作家，著有短篇小说集《恶魔》和长篇小说《杜什的骑士》、《一个老情妇》等。
② 斯威夫特（1667—1745）：爱尔兰作家，主要著作有《格列佛游记》、《一只桶的故事》和《德拉皮叶先生的信札》等。
③ 基佐（1787—1874）：法国国务活动家、历史学家，著作有《英国革命史》。
④ 拉马丁（1790—1869）：法国著名诗人，消极浪漫主义的代表之一。其主要诗作有《沉思集》、《新沉思集》、《若斯兰》和《天使谪凡记》，另外还有小说《格拉齐拉》、《热奈薇艾芙——一个女仆的故事》等。

合同、预支书款、确定利益保护权、索取样书和要求最大销售量等等。他给在艾克斯波旁中学读书时认识的低班同学瓦拉布雷格写信时说道：

成功之奥秘并不在于有多少才能。请你放下手中的笔和纸，去研究研究文艺界的现实吧：为打开门路而做出的千奇百怪的下流事，利用他人威望的诀窍，以及踩着同行的肩膀向上爬的必要的残忍。

当然，他使用了一些老生常谈的话，把现实描绘得一片黑暗，可事实就是如此。而左拉对于这一套，也很快就掌握了。不仅如此，他还教导弟子说：

只有角逐才会使才能成熟……如果我们不踏倒别人，那么别人就一定会踏着我们的身体前去。

左拉接触并适应了现实；他今后将倾向于现实主义。他在另一封寄给瓦拉布雷格的信中谈到的尚不十分明确的背景理论是他这一发展的标志：

在一部作品中，通过一个人物，通过一种气质，一种个性，我们看到作家的艺术创造。在这种新型的背景下产生出来的形象是对现实中的人物和事物的再创造，而这种再创造不可能是完全忠实的，它要随着在我们的眼睛和大自然之间出现的新的背景而变化多次……现实主义的背景有如一只朴素无华的薄薄的玻璃杯子，它应当是完全透明的，使得各种形象能透过它，并在完全真实的基础之上，再产生出新的背景……如果必须表态的话，我双手赞同这种现实主义的背景理论……

在同一封信中，人们也可以读到他这样的供认：

我极力为我的书做宣传，我期待着能获得可喜的成功。谢天谢地，一切差不多都准备妥当了，书籍正在装订，发货通知单已经填写完毕，宣传文章也已完稿，我在等待着。

事情是这样的：

一八六四年六月，经阿歇特书局老板的介绍，左拉去拜访赫泽尔。经过多年的自我磨炼，左拉的作品已经具有一定的感染力了。他对赫泽尔说："先生，我的这部手稿已经被三家出版社拒绝。然而我认为，我还是有才能的。"

他的话引起赫泽尔极大的兴趣。读过这部手稿之后，他写信给左拉（当时左拉住在弗扬第纳街七号）："请您明日来敝舍一晤。"见面时，他对左拉说：

"我不能出版您的书……不过这位拉克鲁瓦先生倒是愿意的，您签合同吧！"

这就是左拉在几处简陋的小屋里写下的、献给那个普罗旺斯的精灵"小红帽子"的短篇小说集《给妮侬的故事》。

为达到自己的奋斗目标，左拉产生了利用机会的欲望和勇气。他对赫泽尔说：

"请您为我这本书写一篇文章吧，登在哪里都可以。我将是感恩不尽的。"

苦难早已把狼的牙齿磨尖了。

左拉的一生都十分重视"金钱问题"。把手稿卖个好价钱，对他来说，从不算作什么不名誉的事。他后来曾说："著作权是一切占有权中最合情合理的。"尽管遭到许多人的嘲笑，然而他说的确是事实。就是在后来的作品里，他也非常重视书中人物的"金钱问题"。和当时流行小说相反，左拉在他的小说里必定要详细说明主人公的职业以及经济状况。所以，研究左拉的"金钱问题"具有双重的意义。

每次进行这项研究工作时，人们不可避免地要推翻一些陈旧的看法，比如"左拉至《小酒店》获得成功之前一直是穷困的",就是其中有代表性的说法。然而,在阿歇特书局,左拉已经变成一个有力量的人物了。他毫不犹豫地拒绝接受那些以写评论文章为代价的赠阅书籍,并且毫不客气地对他们说,六十生丁一行的稿酬还抵不上稿纸钱,或者不如去为某家报纸写一部连载小说。他在书局中担任着重要的负责工作,每月的薪金为二百法郎。直至一九一四年,这每月二百法郎的薪水仍是职员当中十分优厚的酬金。

左拉在阿歇特书局,从三年前的打包工人,已经变成广告科科长了,同时他"每周还为《小报》撰写一篇一百到一百三十行的文章;每两周为里昂的《公共安全报》撰写一篇五百至六百行的文章"。

他说:"我的这些文章并不是写给那些有鉴赏能力的读者的。然而金钱问题又不能不使我写一些这类的东西。同时我认为,报刊也是使我在既定的时间内出现在广大读者面前的强有力的杠杆。"

他并不厌恶金钱,但也不过于看重它。他把它看成是一种实现自己雄心的必要条件。他真的贫穷吗?这个年轻的单身汉,每个月收入四百至五百法郎,并不是那种令人怜悯的人。他已经能够称心地赡养与他相依为命的寡母了。

然而赚钱并不能使他满足,作为一个作家,还需要赢得时间。在阿歇特书局,他每天工作六个小时,每周六天,没有节假日;为《小报》撰稿,每周至少需要两小时;为《公共安全报》撰稿,每周需四小时。这里还不包括处理意外事情及来往信件。这样,他每周至少要工作七十个小时。尽管如此,他还常常去画家们聚会的酒馆。同时,他也在进行长篇小说《克洛德的忏悔》的创作。

当前,我必须前进,继续前进。不管写出的稿子是好是坏,必须使它和读者见面……每一天，我都要向前跨进一步。

左拉成为加布里埃尔的情人已经一年了，然而这两个年轻人却不能经常在一起谈情说爱。是的，从年轻时代起，左拉就强制自己，为实现自己的志向和奉为宗教的创作而牺牲自己生活的欢乐了。

长篇小说《克洛德的忏悔》于一八六五年出版了。该书出版后，遭到教会派文人的猛烈攻击，并引起警方的注意。皇家总检查官巴罗什认真地审查完这部小说之后，给掌玺大臣写了报告：①

遵照阁下的指令，我审阅了左拉的著作《克洛德的忏悔》……克洛德，年二十岁，诗人。他自食其力，天真无瑕。但有一天晚上，不知是什么偶然机会把他投到了妓女洛朗斯的怀抱。放荡不羁的生活使洛朗斯憔悴了，也有些早衰……

检查官用手捏了一下鼻子，自言自语道："毫无疑问，这是一部自传。"

第二天，年轻人为自己在夜里失去理智而羞愧。他想放她走，可是洛朗斯既无生活来源，又无藏身之所。怜悯终归比厌恶更强而有力。出于人道主义，他决定把她留下。至少他想使这个姑娘摆脱屈辱，知道廉耻；并且教她劳作，然而心血白费。她的心灵已经枯死了，她把情人一步一步地引向堕落，使他名誉扫地，一蹶不振。克洛德不久就发现他爱着洛朗斯，而且不管她是什么样，他都爱着她……是什么强烈的打击使这个年轻人清醒了呢？几乎是当着克洛德的面，洛朗斯就与他的一个朋友胡搞。他的自尊心终于复活了，他怒不可遏。他逃出巴黎，跑到乡下去，藏在家里，治疗他心灵上的创伤。在那里，他又

---

① 根据国家档案馆材料所显示，起草该报告的时间为1865年12月2日。——原注

重新焕发出青春的活力，复活了他纯洁的心灵。

检查官走到高大的窗子边望着街上。外面开始下雪了。雪在黑色的夜空里依然不失其洁白。是的，左拉的这部著作也是如此。这样看来，他的审查报告并没有曲解作者埃米尔·左拉的创作意图。左拉，这是一个高贵的姓氏！意大利人？是的，警察局的报告说其父是威尼斯人，是梯也尔的朋友。哼！……他们还在报告上说他和一个女人姘居……他翻阅着档案材料。二十五岁，一个调皮鬼！检查官又回到写字台前，削了削溅水的羽毛笔，写道：

囿于现实主义倾向，作者在某些段落里过分热衷于分析那些难以见人的欲望。他忘了，人们是不能用玷污年轻人的幻想来使他们的心灵净化的。同时他也忘记了，写一部揭露道德倾向的小说一定要避免使它与那些坏书相像。

掌玺大臣是一位冬烘先生，他很可能根据上面的话，判处这本书死刑。于是，检查官又进一步说明：

尽管如此，这部著作的主题并不是淫秽的……因此，我并不认为《克洛德的忏悔》这本书因为什么违背公共道德而应该受到追查。

一丝冷笑掠过总检查官的嘴唇：克洛德，这也是安全大臣的名字。哼！另外一些"克洛德的忏悔"才将是伤风败俗的！

他将报告装进信套，用火漆封好，并用他那刻有五只雄鹰的印章在火漆上加了印。

这位住在巴黎法院附近的皇家检查官是一个正直的人，并且是一个出色的批评家。

其实，左拉在这本书的前言中已经为自己做了辩护：

如果说克洛德的不光彩的爱情使他得到了严厉惩罚的话，

那么，到故事结局时，人们原谅了他，使他重新振作起来，变得更加年轻更加有力量了，最后竟升入了天堂。在这个年轻人身上仍有宗教的良知。总有一天，他会屈膝，皈依正宗的。

检查官没有猜错。《克洛德的忏悔》是有自传的成分（左拉后来还用该书主人公的名字作过笔名）。这部小说产生于青年人的想象和幻觉，并且围绕着一个中心思想，那就是拯救。拯救烟花女子的题材基本上是浪漫主义的，也是很流行的，从缪塞到托尔斯泰，从雨果到狄更斯或者陀思妥耶夫斯基，他们都写过。这是报刊连载小说所共有的题材。《克洛德的忏悔》的女主人公，那个洛朗斯，是以妓女贝尔特，那个在苏伏罗街卖身的可怜的贝尔特为模特，通过作家的想象而创造出来的。

这种把沦为娼妓的女子拯救出来的想法，曾在左拉的书信中谈论过，他自己也亲身做过这样的事。他具有普罗旺斯人的淳朴，人可以再生的思想在他心中已经扎下了根。同时，他还以自己的童年生活来充实这部著作："献给我的朋友P·塞尚和J·B·巴耶。"尽管有所变化，但不难看出，这部书也写了作者自己。在书中，人们可以找到他当时思想的反映："在克洛德的身上有着宗教良知。"是的，"克洛德一直高尚地生活着"。这里当然有作者浪漫的夸张成分。

热情而正直的批评家亨利·吉耶曼曾以奇特的方式来解释这部作品。根据他的看法，应当把《克洛德的忏悔》看成是一部完全自传性的作品。一个作家的第一部长篇小说总是很重要的，有如人的第一次爱情一样，但是人们不会长时间地停留在这个阶段上。"埃米尔·左拉，好像在一八六一年一月（或者也可能是在一八六〇年十二月），"吉耶曼写道，"几乎是出其不意地和一个妓女在一起，发现了性爱。"这里当然是指贝尔特·洛朗斯了。但是，这可能是第一次发现吗？很难确定。

还是接着听吉耶曼讲吧:"因为他跟她在一起睡过觉,左拉就觉得自己无权离开她,像那些付了钱一走了事的人那样。"这样,吉耶曼就把克洛德和左拉等同起来了。"于是,左拉就留在贝尔特的身边。他要帮助她。他对她讲一些别人从未对她讲过的事情:纯洁的生活、贞操、善良。他要打开她的心扉,他要把她从地狱中拯救出来。"当然,他未能成功,洛朗斯在罪恶之中陷得太深了。她听了他的劝导,只是冷笑。于是,他失望了:"人类社会的龌龊事情就像一座大山一样矗立在我的面前。"

对吉耶曼来说,他似乎应该从这部小说中看到左拉向自然主义方面转化的开端。应该让他的左拉这样说:"我之所以要这样写,是因为作家不应该写生活应当怎样,而要写生活是怎样的。那么,他就要深入到实际生活当中去,并且勇敢地把它反映出来。"由他自身的经验证明,必须推翻一切伪善和礼教;由于他的反叛精神,或者用他后来的一个间接"门生"的话说,由于他对现实丑行的厌恶,他竟投身于自然主义流派之中去了。关于贝尔特,左拉一定感受到在罪恶面前,爱情是软弱无力的。但是,人们应当看到,在和贝尔特相遇之前,他就在酝酿《克洛德的忏悔》这部长篇小说了。这是很重要的。

左拉不仅是一个火热的富于理想的小伙子,同时,苦难也把他的牙齿磨得锋利了。他对第二帝国充满了愤怒和仇恨。但不管怎样,他要实现他的奋斗目标。洛朗斯和克洛德的故事,或者说贝尔特和埃米尔的故事,毫无疑问他是亲身体验过的。他把自己在生活中的亲身感受都给了他的克洛德,同时,他运用文学手法,把他的感受加以夸张和发挥,最终使人物摆脱了他所依据的原型,独自树立了起来。左拉写《克洛德的忏悔》之前不久,他还是在艾克斯的山野里为缪塞而大喊大叫的一个小伙子。在写作过程中，他特别回忆起了缪塞的《一个世纪儿的忏悔》和《罗拉》。

人们自然不会低估缪塞对左拉的这一影响，它从文学方面确定了左拉作品的内容。让我们拿《克洛德的忏悔》的前言和埃米尔·亨利约在他的论文《阿尔弗雷德·德·缪塞和他的〈一个世纪儿的忏悔〉》中引用的缪塞的一封书信的片断做比较：

"人们将会知道我的故事；我要把它写出来。它也许对任何人都没有用处，但是，那些和我走着同一条道路的人将会从中看到它将通向哪里去；而那些走上深渊岸边的人，听到我坠落下去的喊叫声，也许会吓得脸色苍白的……"

同样以自我为中心，同样浪漫主义，同样自我戏剧化，甚至连笔调也是一样的！

左拉就是这样以自我生活为基础，使文学的想象力得到充分的发展。正如吉耶曼所说，创作《克洛德的忏悔》的年轻左拉是一个理想主义者，但同时，他也是一个充满雄心的青年，竭尽全力为自己在社会上谋得一个席位。

左拉把他在书局中所获得的经验用来为自己服务。噢！对此人们曾纷纷议论，就连"可耻的实用主义"这样的话都用上了。他的第二部作品，从声誉上看已有好转，但是销售量仍是很少。他在给瓦拉布雷格的信里曾坦率地解释道：

您询问我的书给我带来了什么。收益不多。一本书是永远养活不了它的作者的。我和拉克鲁瓦签署一项合同，给我百分之十的版税。这样每本书可有三十生丁的收入。一共印了一千五百本。收入多少，您自己算吧！

左拉对这些数字是颇感兴趣的。他要证实一种假设，而这种假设的结果将是难以用数字来计算的：

您可注意到，我签署的合同是很优惠的。人们可以写报刊连载小说。一部作品，为了养活它的作者，首先必须在报纸上发表，那样，可以得到每行十五生丁至二十生丁的报酬。

从《克洛德的忏悔》开始，赢得更多读者和金钱的渴望使左拉走上了十九世纪几乎所有小说家，诸如巴尔扎克、雨果、狄更斯、托尔斯泰等都经历过的道路，这就是创作报刊连载小说，这一特点很重要。一部小说为了适合在某一报纸上连载，要有规律地剪裁成片断；如果不连载，其写法当然也就不同了。皇家检查官的报告未能阻止警方对《克洛德的忏悔》的作者进行追查。警方对左拉在蒙巴纳斯大街一百四十二号（又一个住地！）的住处，乃至于对阿歇特书局都进行了搜查。他们发现左拉在克列孟梭主办的《劳动》上发表过诗歌。左拉看到他周围的人都很惊慌。但他却不怎么在乎。很久以来，他就想辞去书局的职务，以便全力以赴去搞创作。路易·阿歇特已经过世，他在这个书局失去了依靠，他的先锋作用也得不到公正的评价。于是，他提出了辞呈。

实际上，他是以辞职来作为讨价还价的筹码的。他想以某些委托阿歇特书局出版的书籍的编辑工作来代替他现在的办公室工作，这样，他就以体面的方式离开了阿歇特书局。

他自己亲口说出了他所渴望的东西：

"我要尽最大的可能捞钱。"

他这个人变化该有多么大啊！给瓦拉布雷格写信的人和给塞尚寄出那些充满感情的书信的作者之间，有着天壤之别。

左拉生活中的这种变化，是发表《克洛德的忏悔》的结果。人们已经看到，那位皇家检查官是一位杰出的批评家。这位有头脑的官员只有作家本人才能把他驳倒：

这部书的某些段落是软弱的，它还带有浓厚的稚气，缺乏高潮，客观的观察家被淹没了，诗人出现了，而且是一个喝了过多的奶和吃了过多的糖的诗人。作品的魄力不足，它是一个哭泣并且对现实感到厌恶的孩子写出来的。

今天看来，批评家和作家本人的两种意见，也都是无可指责的。

二

埃米尔·德·吉拉尔丹在二十五年前创办了《新闻报》，以一项经济方面的决策而震动了报界，报纸作为一种表达思想的工具，尽管是粗浅的，但相对来说也是朴实的；它以我们今天仍在使用的强有力的手段，在一七八九年的革命中起到了它的作用。报纸已经走过了一个半世纪的历程。

当左拉进入报界的时候，以发行一个苏一张报纸为标志的大发展时期已经过去；第二次改革是在技术方面。当左拉在各编辑室巡视了一番之后的第二个年头，马利奥尼主办的《小日报》装备了一台新式轮转印刷机，每小时的印刷能力为三万六千份。

报纸尽管受到某些掌权者的压制，但对民风和政治起过并将继续起着巨大的作用。由于竞争的需要，报纸越来越注重大多数消费者的口味，面对低水平的读者，最低限度降到只有那些不认识字的人才不能买。这种规律已经体现在行动之中了。

由于报纸发行量的不断增长，报纸的政治力量变得重要起来，于是，资本集中，开始创办报界托拉斯，这样更便于管理。一种新的体系已经建立起来。

左拉辞去了阿歇特书局的工作之后，以为自己进入了报界，实际上是报纸进入了他的活动领域。

当时报界巨头是依波利特·德·维尔麦桑，出身于吉拉尔丹的《新闻报》。他首先以每月四百法郎的价码把报纸的下半栏出租，作为商业广告的园地。这样，维尔麦桑使广告业务迅速发展起来。

左拉嗅觉十分敏锐，他已经嗅出了风向。他认为必须说服这个维尔麦桑先生。维尔麦桑是一个满脑子油墨的人，他身材魁梧，耽于声色，俗不可耐。他的头发剪得很短，张着两个大鼻孔，下嘴唇很厚，双下颏儿，一看就知道是一个追求享乐的人。"狱卒的大脑袋长在一个挑夫的肩膀上。"① 一个活生生的巴尔扎克笔下的人物，他早年曾做过合唱队队员、偷猎者、保险公司代理人和临时演员。

他为了蛊惑女人们的虚荣心，相继创办了《窈窕淑女》、《女性》、《时髦》等杂志。而在一八四〇年，他又创办了带有脂粉气味的报纸。他这个人很会跟女人说话：我的女士们，拿钱来吧！之后，他又热心起大报来了，并且附有副刊《明灯》。这个副刊并没有什么油水。但是，他也不是毫无目的的，他的一个门徒罗什福尔，可以此为生。

一八五四年，维尔麦桑创办了《费加罗报》，从此他的事业更加兴旺起来。《费加罗报》用合法的手段攻击第二帝国。贝尔特朗·德·儒沃奈尔给它下了一个很漂亮的定义："装满劣质烧酒的圣水缸。"这种对立场，特别是上流社会的对立态度很使那些在世纪初由于政变成功而登上第二帝国统治宝座的人不安。但是，拿破仑三世的同父异母兄弟莫尔尼公爵，一个文雅、冷静而又善于嘲讽的人物，庇护着维尔麦桑。

一八六五年，左拉写信给维尔麦桑的合作者阿尔方斯·杜

---

① 罗什福尔的话。罗什福尔（1830—1913）是法国政治记者，曾创办《明灯》报。

塞斯纳。这封信应该收在《尺牍大全》里面，放在"大胆求职"一章中：

我渴望……能尽快成功。在紧迫之中，我想到了您办的报纸，我认为它可以使我尽早成名。于是，我毅然地决定投在您的门下。现将几篇文章寄去，并冒昧地请问：这些文章适合您的口味吗？……我还年轻，不过应该承认，我很自信。我知道您喜欢试用人，乐于发现新的编辑人员。那么，您就试用一下我吧，让我来做编辑。我保证让您的报纸永远兴旺发达。

为了在老板面前摆摆架子，他必须用这种腔调讲话。这时，维尔麦桑刚创刊《事件报》不久。一天，左拉来到位于洛希尼街的编辑部，迎接他的是编辑们对他的嘲弄。左拉气愤地对传达员说：

"我与维尔麦桑先生有约！"

一个骨瘦如柴的人轻蔑地把一个盛吸墨沙的小罐放在左拉的面前，说道：

"等两分钟，这是规矩。对所有的笨蛋都是如此！"

又是一阵哄堂大笑。

过了一会儿，传达员才把左拉引进总经理办公室。大块头的维尔麦桑正在发脾气：

"舒尔，您听听这个！"

接着，他念道：

"啊！是您！"

"是我！"

"我在等您。"

"我来了。"

"那么说您成功了？"

"我成功了。"

"是真的？"

"是真的。"

"怎么样？"

"已经完事了。"

"那么，我们聊聊！"

"那就聊聊吧！"

维尔麦桑念完后大发雷霆：

"请您转告大仲马，对所有不到半行字的，我只付给他一半钱！"

"这已经不再是文学啦！"戴夹鼻眼镜的舒尔说道，"这简直是坑骗！"

维尔麦桑听了舒尔的话笑了，说道：

"舒尔，这种坑骗术还相当高明呢！"

说完，他向来访者左拉转过身来。

"您就是阿歇特书局的那个雇员吗？"

维尔麦桑经理上下打量着这个褐色头发，黑眼睛，有着罗曼人那种不讨人喜欢的脸型的青年人。

"我就是，先生。"左拉回答说，"我来是为了向您建议开辟新书出版消息及评论专栏的。这个还从未有人搞过。"

"刚才我已经把一个人赶出了门，他也说什么从未有人搞过……我听您往下讲。"

"我可以每期为您提供二十或者三十行的新书消息。另外，如果有重要著作即将出版，我还负责设法把其中的精彩部分弄到手，在《事件报》上刊出……"

"我在听，年轻人，请讲下去。"

"当然，我也知道您害怕发表了书评之后，那些出版商就不会继续在贵报上登广告了，这会减少您的收入。不过根据我在书局工作四年的经验，我可以告诉您，如果这家报纸经常谈论某家书局，那么那家书局就更愿意在这家报纸上发广告……"

"您看出了这个门道？"

"比如说阿歇特吧，……"

"比如！"维尔麦桑学着左拉的腔调重复着，然后开怀大笑，说："阿歇特可是不错的哟！"

维尔麦桑是一个喜欢开玩笑的人。有一次，他在报纸上登了一则小广告："亨利埃特·德……小姐，富有，高贵，美貌，求一配偶：年龄在二十至三十岁之间，诗人、音乐家、画家或雕塑家均可，但要一贫如洗。"这样一来，纷纷寄来的求婚书就足足使他开心了一个多月。这个人有时是很粗俗的。

维尔麦桑走近左拉坐着的沙发。左拉只欠着身子坐在沙发的一角。维尔麦桑说：

"总而言之，你这个小伙子很有头脑。不过，你还留了一手！"

左拉脸红了。

"对了！你把新闻卖给我，肯定同时也为你的那些书局做了广告。甚至你会把阿歇特书局的初步决定带给我。而我一旦表示赞同，你就会回到阿歇特、拉克鲁瓦、赫泽尔或者别的书局去，提醒他们说：'是我把你们出版的书在《事件报》上做了披露，我不知道这样做是否合适。'"

"噢，先生！"

"你不必辩解。我由一箭双雕的广告想到了这一点。比如，我写一篇关于某个女士的文章，她付了钱。这是第一步。在文章中，我再有意地谈到她所经营的帷幔和妇女时装。当然，她还要付钱，这是第二步！一箭双雕！这种广告性文章是很巧妙的。好，一言为定！第一篇稿子后天就要，清稿必须在晚六点前送到。"

左拉走出去时，对那些刚才嘲弄过他的人连看也不看一眼。他怀着一种幸运而又有些忐忑的心情走向林荫大道。是的，在搜查之后，阿歇特书局的主持人对他的离开曾经高兴一时。而现在，他们同意为这个机灵的小伙子提供方便，不仅为他的专栏文章提供资料，同时以固定的广告合同来支持他。"啊！当时他们向《新闻报》租用连载小说版权的时候，我似乎应该对他们说……"

可惜，左拉是个事后诸葛亮。

一月三十一日，年轻的记者左拉买了一份《事件报》。在第一版上，他的名字醒目地出现在维尔麦桑亲自写的一篇文章里：

告读者：

《事件报》，为了使它和同类报纸一样完备，它还缺少一个文学批评专栏。……而某些名流对一些新书的评论，不管对与不对，常常会给读者泼冷水……为此我任命埃米尔·左拉先生为文学评论专栏作家。这并非是起用一个完全不知名的人物……他是一个年轻作家，并且非常精通书局业务……

左拉似乎听到了老板那浑厚的笑声。

他是一个有头脑并富于想象的人……他发表的作品尽管还不多，但都是很好的，一度引起轰动……

要是维尔麦桑当面对他这样说，他不能不这样想："他在嘲弄我！"可是，这是他写的文章！

新书一出版，甚至在尚未出版时，如果可能的话（怎么可能呢！），就给予公允的（说得倒轻巧！）、简明扼要的评论，如有可能，可选登小说的一页、一段或者一幕喜剧、一首诗、一句名言，乃至于通俗笑剧中的一段插科打诨……如果我的新歌手获得成功，那再好不过；要是失败了，也没有什么了不起的。他自己对我说，在那种情况下，他将退出这个阵地，而我将把他的名字从我的人员表中划去。我说话是算数的。

H·德·维尔麦桑

"畜牲！""新男高音"左拉低声骂道。他读完维尔麦桑的文章，既惊讶，又兴奋，并且有几分胜利者的喜悦。

左拉为《事件报》撰写的第一篇评论是《不同凡响的著作——评泰纳的〈意大利游记〉》。同时，他还在报上透露了这位大师关于《明天的法国文学和政治》一书的设想。他对这位将他引上现实主义道路的导师的尊重是理所当然的。

何况泰纳还是一个经常在阿歇特书局出版书的作家呢！

左拉不停地写了三十天，然而文章发表后，一无反响，他不知道等待着他的将是何种命运。在这期间，在二月七日，有一个人也进了《事件报》社，这就是儒勒·瓦莱兹[①]。老板迷信这个人，每月竟给他一千五百法郎的高薪！而使左拉特别注意的是舒尔（他在这里也是一个人物，每月挣一千二百法郎）。他看见他们经常到利斯、密勒乌斯或者马特利几家咖啡馆去喝啤酒。这位戴着单只眼镜的瓦莱兹先生，比左拉大七岁。他本人并不像他在作品里所用的语言和对巴黎的议论那样刻薄。对年轻记者左拉来说，他的作品是有用处的。在这个报社里，人们可以遇见各种人物：将头发染成绿色的波德莱尔[②]，嘴唇总是张开的，戴着两只不一样的翻筒长手套的罗什福尔，维利

[①] 儒勒·瓦莱兹（1832—1885）：巴黎公社社员、法国优秀革命作家和新闻记者。主要作品有《不驯的人们》、《巴黎公社》、《穷人的候选人》、《高中毕业生》、《工作服》和自传小说《雅克·万特拉》等。
[②] 波德莱尔（1821—1867）：法国现代派诗歌的创始人，散文家，文艺评论家。主要作品有诗集《恶之花》，散文集《巴黎的忧郁》、《人造乐园》和评论集《美学珍品》、《浪漫派艺术》。

耶·德·利尔·阿达姆①，一个维京人；还有长着猪眼睛的红棕色头发的胖胖的圣伯夫。

左拉在报社还遇见了一个英俊的小伙子，他长着金黄的头发，有一双温和的眼睛。他也曾发表过几首诗，如《女恋人》之类。他也是普罗旺斯人，家住在尼姆，并且和左拉同龄。

他就是阿尔方斯·都德。左拉曾写过一个喜剧剧本《丑女人》和一个悲剧剧本《玛特莱纳》②。而都德正在准备出版一本对故乡普罗旺斯充满深情的短篇小说集《磨坊书简》。"和我的《给妮侬的故事》一样的东西。"左拉心里想。

阿尔方斯·都德总带着一种沉思的表情，但他是一个机敏的人。在维尔麦桑这里，他被视为贵宾。为什么？因为他是莫尔尼公爵的秘书。正在左拉为他的专栏文章毫无反响而愁眉不展的时候，他鼓动左拉道：

"那么，您去鳄鱼那儿看看。"

所谓鳄鱼，就是账房先生。左拉真的去了，结果鳄鱼竟付给他五百法郎。真是喜出望外。这时左拉的脸色"唰"地一下变白了，他感觉到一个大块头的人用两只大手把他扭过身来。这正是维尔麦桑。他为青年人的那种尴尬样子而捧腹大笑起来。他问道：

"今天晚上你做什么？"

"我……我……什么也不做，先生。"

"那你夜里十二点来找我。"

几个钟头前还在嘀咕明天的评论会不会见报的左拉，在半夜里被维尔麦桑拖进巴黎一家最豪华的饭店。

左拉一向衣着整齐，可是他的皮鞋却破旧得不成样子了。他拿到薪水后，曾决定先买一双漆皮鞋。然而老板的教训是不

① 维利耶·德·利尔·阿达姆（1838—1889）：法国作家。作品有《残暴的故事》、《未来的爱娃》等。
② 后来左拉将它改写成长篇小说《玛特莱娜·费拉》。——原注

能不听的。同来的还有舒尔。

谈话一开始就走上了邪道。

"梅里美过去是那个西班牙女人①的情夫!这些是维埃尔·卡斯泰尔②对我说的。"

"可以肯定,巴丁盖患有歇斯底里病。这是从他母亲那儿传下来的。"

"舒尔,您早晚有一天要逛马扎斯的!这儿,菜里从来不会有苍蝇。只有那些女人才会走到哪里把苍蝇带到哪里。"

"你常和高拉·波阿尔勒睡觉吗?"

"自从乳房比赛之后就不去了。"

"圣人③比赛?"左拉疑惑不解地问道。

"人们曾在加勒亲王面前举行过一次乳房(用手在胸前比划着!)比赛。参加的有玛格丽特·贝朗热,阿代拉·库图瓦——一个漂亮的大白鹅,安娜·德斯里荣,这个蠢女人说起话来像菜市场上的鲭鱼叫。"

"那么,需要一条鲱鱼当翻译了!"

"还有一个,就是号称世界上最伟大的婊子的巴卢希!"

"别恶心人啦!"

"结果是高拉·波阿尔勒取得胜利。"

"举双手赞成!"

"加勒说:'今天,我的一位女同胞夺得了乳房比赛的冠军,我无限荣幸之至!过去,人们经常说,我们没有夺取冠军的人,冠军只存在于英格兰'"。

"巴伊瓦是一个贪财鬼!好像她年轻时错过了好机会似的。"

---

① 这里指拿破仑三世的母亲。
② 维埃尔·卡斯泰尔(1800—1887):法国历史学家、外交家,著有《法国王朝复辟的历史》等。
③ 在法文中,乳房(sein)和圣人(saint)的读音相同。

"错过什么机会?"

"您认识加依夫吗?好家伙,加依夫用眼睛打赌,说一定要占有她。她对他说:'半个小时,一万法郎。'结果他真的带着一叠钞票来了,把她摔到床上。"

"不是把她摔到床上,而是钞票。"

"舒尔,当我讲话的时候,请您不要插嘴。'请点一点!'加依夫先对巴伊瓦说。'不必了。可是,不数我又不放心。'活见鬼!加依夫干等在那里,而她却慢条斯理地数着钱!数完后,她说:'加依夫,一共是一万二千法郎呢!''没什么关系,反正那钱都是假的。'于是,她把他骂了个狗血喷头,然后把他赶出了门。在门口,他低声说道:'尊贵的女人,今天能唤起您青春时期的那些美好的回忆,我感到十分快乐!'他弯下腰去,拣起她摔到他脸上,然后又落在地上的钞票。可第二天他告诉她……那些钞票都是真的。嗯,左拉,这些就是您应该写的故事!"

左拉感到脚有些冷,不时地跺着。

"您放心吧,先生,"他说道,"我什么也不会忘记的。"

维尔麦桑是个满面红光的人,并且总是一副高兴的样子。当时在这家饭店里有不少效忠于安全部部长克洛德先生的密探。他知道,他的话很可能被汇报上去。可是,当他见到警察总监的时候,他们二人会互相取乐。"对不起,对不起。"维尔麦桑故意更正说,"我可从未说过拿破仑是一个篡权者。您看,我好像说的是'冒险家'。而对于那个'流氓'富尔德①,我最多说他是个'恶棍'!"他们一个是报馆经理,一个是警察头子,平日相互勾结,但又伺机准备落井下石,互相倾轧。

---

① 富尔德(1800—1867):法国政治活动家、银行家,曾两次出任财政部长。

"好，我们去开开心吧！这里像宫皮涅一样让人烦闷！"

啊！不，这一晚上，对左拉来说，并未白白浪费。

巴勒达尔游艺场油漆一新，灯火辉煌。当这几个穿着高级呢料礼服、戴着大礼帽的人走过的时候，那些扛着装满海鲜、蔬菜、水果和肉类的木箱的人就闪在路边。左拉的嗓子有些发紧，街上的各种气味尤其使他难受。他的嗅觉是很敏感的。这个夜晚应该写些东西。总之，一切都值得写！用一部巨大的小说来描绘一个社会，从这些穿工作服的苦力写到那些戴着奇特帽子的青年，从古老的奇迹街来的低级娼妓写到出身于华沙犹太人区的曾经跟皇帝睡过觉的高级妓女！

他们路过一家肉铺，见里面挂着十二头开了膛的野猪，在那灰黑色的皮毛映衬下带着一层肥油的猪肉特别鲜亮。

这时一个姑娘也走过来，欣赏地朝肉铺里望着。屠夫站了起来，戴着一块一直拖到脚面的大围裙，那上面沾着一些红、黄色的东西，他手中拿着一把割肉刀，张大两个大鼻孔，站到姑娘的面前。

"肉，肉，肉。"左拉低声嘟哝着。

他仿佛感到有一股温热的气息向他扑来，他结结巴巴地说道："这……应该把这个场景画下来！"

"画什么？"

"我的意思是说，这不是一幅很完美的画吗？而且是新奇的，是新奇的……"

"您喜欢新奇！"维尔麦桑说，"我也一样。你在这里发现了画意？"

"是的。我认识所有的出名的年轻画家。"

"人们跟我说起过马奈。他是一个轻浮的人。他这样下去，后果是难以设想的。他们的画在艺术展览会……"

"我的朋友们都看不起艺术展览会。噢，对了，维尔麦桑先生，把艺术展览会画家的评论交给我吧！没有人能像我这样了解他们了……"

"大家都有所闻，然而人们却都缄口不言。不过你的这个主意不错，年轻人。"

当维尔麦桑来到发勒斯达夫马戏场的时候，兴致更高了：

"我的傻瓜们，你们可知道，这个小伙子要干些什么？你们不要看他总是阴沉着脸，一副迂夫子的样子，不要看他对情场的事有他自己的看法，不要看他像鼹鼠一样近视，好，这个近视眼要使你们大家开心了！他要拿艺术展览会那些画家开刀。而我要给这个'目光短浅'的艺术评论家以报酬！"

紫红脸膛的马戏团老板听了兴高采烈，用两手使劲地拍打着屁股。

"走，为了这一决定，我们到罗歇德刚加勒去庆贺一番。那里的女人可是妩媚多情，令人难以忘怀的。"

当维尔麦桑转过身来，面对着那个紧紧跟着他不放的妓女时，大声说道：

"来吧，跟我们一起去，你这个小婊子！世界上的女人，我见过的多了！"

三

左拉在克利希广场下了公共马车之后，走上了巴蒂尼奥勒大街，往富贺斯方向走去。向右边，人们可以望见蒙马特尔高地和上面的风车，那时还没有圣心教堂；向左边，人们可以望见巴蒂尼奥勒以及花园、农庄。近六年来，这个地方才成为附属于巴黎城的城外市镇。

郊区的葡萄园还是一片绿色，结的葡萄都还是青的，尚未成熟。这里，人们用葡萄酿制比白葡萄酒还要厉害的干白酒。为了纪念一八一四年的一位勇敢的小酒店老板，人们常到挂着"拉蒂勒老爹"招牌的小酒馆里饮酒。那是一个鸡毛小店，所有的印象派画家都曾把它搬上画布。此外，人们也常到今天左拉要去的勒盖尔布瓦小酒店饮酒。那里有花园、雨篷和葡萄藤架。

左拉走进餐厅。那里已经聚集着一些留着胡须、打着黑色领带的人们，其中大多数人穿着丝绒礼服。桌子上摆着一些大啤酒杯，里面已经斟满了金黄色的或者紫红色的葡萄酒。一个身材修长、衣冠楚楚的人正在一堆人中间讲着话。他头发金黄，留着两撇胡子，梳理得整整齐齐，嘴角上总带着嘲讽的表情，两只灰色的眼睛透着机灵。这就是马奈。

"噢！左拉，请到这儿来。"马奈很随便地说道。

年轻的作家向人们打过招呼后，向马奈走去。他在人群中认出了方丹·拉图尔①、雷诺阿②和慈祥的杜朗蒂③。他一边吸着烟斗，一边向左拉挤了一下眼睛。马奈和左拉紧紧握了一下手之后，让左拉坐在他和一个漂亮的模特中间。

"左拉，您现在树的敌手和我一样多了！"

左拉发现人们正在议论《事件报》。一个面孔像大天使一样的高个子，用浓重的南方口音大声念道：

"马奈先生应该像库尔贝一样，在卢浮宫有一席之地。"

这个人就是弗雷德里克·巴齐耶④，和左拉一样，空有征

---

① 方丹·拉图尔（1836—1904）：法国画家，以肖像画著称。
② 雷诺阿（1841—1919）：法国印象派画家，代表作有《红磨坊的舞会》等。
③ 杜朗蒂（1833—1880）：法国现实主义小说家，作品有《亨利埃特·日哈尔的不幸》和《吉约姆的事业》等。
④ 弗雷德里克·巴齐耶（1841—1870）：法国印象派画家。

服巴黎之志；他是年轻一代中最有才能的一个。

"左拉，你应该把梅索尼埃①轰下去！"

"艺术展览会简直成了美术界的拉雪兹神父公墓了！"

左拉见大家说得如此痛快，望着身边的马奈也开心地笑了。马奈是一副绅士模样，戴着手套，手中拿着文明棍，大礼帽放在身旁。噢！人们注意的是左拉写的几篇文章！在第一篇里，他呼吁重新举办被拒绝者画展；第二篇的矛头指向艺术展览会那些平庸的画家；第三篇是评论马奈的。塞尚和他的画家朋友毕沙罗、弗朗希斯科·奥莱尔和吉耶梅等为左拉提供了必要的材料。左拉使出全部力量攻击的，表面上是那些貌似权威的人们，而实际上是他们背后的那个阶级。

直截了当地讲，今年的评审委员会是带着偏见进行工作的……我问心无愧地承认，我欣赏马奈先生的画；坦率地讲，我对卡巴内尔先生的画并无多大兴趣……

这是论战者左拉在论战中所使用的口气和节奏，看上去还带有初出茅庐时的羞怯。

"还有一位人们认为是库尔贝的学生的画家，那就是左拉。这个小伙子警惕性是很高的。他给艺术展览会投寄过两次绘画作品，使用的是两个名字。署着他的真实姓名的作品被拒绝接受，而另外的却被接纳了。"

"那这个可怜的人，被拒绝之后会不会自杀啊？"

"为什么他有的画署名'克洛德'呢？"

"您忘了《克洛德的忏悔》这本书了？"

左拉被众人的热情所鼓舞，在马奈的饭桌上滔滔不绝地讲了起来：

---

① 梅索尼埃（1815—1891）：法国画家。

"那个富尔德，好家伙！财政部长阿希勒·富尔德，竟然也是美术研究院的院士，纯粹是一个投机商！我找到了他在一八五七年对得奖画家们的讲话稿。说什么'艺术，当它抛弃了美的纯洁的领域，背离了大师们开辟的传统道路，去追随现实主义新流派的主张，那它就将面临着毁灭'。"

"富尔德，滚回交易所去吧！"

"他还讲，'这就是为什么人们特别喜欢你们的绘画的缘故。在你们的画里有的只是冰糖做的树木，面包皮垒起的房屋，香料蜜糖做成的男人以及香草奶油做成的女人……在整个艺术展览会上，有两千件作品，而男人形象还不足十个'。"

左拉之所以向维尔麦桑要求在《事件报》上评论艺术展览会，是因为他感觉到了这场笔墨官司的重要性。左拉和他的母亲，后来还有加布里埃尔，每星期四晚上非常高兴在家里接待塞尚、巴耶、尼马·高斯特、卡米耶·毕沙罗、索拉利……左拉从这时起就产生了参加论战的兴趣。他和他们同样愤怒。那些评审委员会的貌似权威的人也太愚蠢了，把整个现实主义流派的画家都拒之门外：塞尚、吉耶梅、雷诺阿，甚至连马奈也包括在内，……他们仅仅接受了库尔贝一个！就连学院派的画家们也不得不承认，他们这样做也过于严酷了。

于是，左拉被卷进了这场论争的中心。塞尚给美术研究院临时总监涅耶维盖尔科先生写了一封信。这封信，肯定是埃米尔·左拉建议塞尚写的，或者经过他修改，要不就是他亲自写的。

先生：

我荣幸地给您写信，谈一谈我的被艺术展览会评审委员会拒绝接受的两幅画。

……我无法接受同行们对我的作品所做出的不公正的裁判；同时，我也没有让他们来评价我的作品。我向您写信，申诉我的请求。我要求公众给予评论，并且要求展出。我的这一愿望并不过分。如果您去询问所有处于我这种境况的画家们，他们会回答您说，他们一致否认评审委员会，他们要求以这种或者那种方式参加展出；并且这展出必须向所有的严肃的劳动者们开放。

重新开放被拒绝者画展吧。我也许在画展中是孤立的，但我强烈地希望，至少要使公众知道，我不能再容忍把我和评审委员会的诸位先生混在一起，而他们也不愿意与我为伍……

塞尚也变了。从前他做什么都前怕狼后怕虎，甚至要不要向父亲让步都犹豫不决，现在开始看出门道了。关于绘画，他是和左拉相左的，他认为绘画讲究的只是技法。这个正直的、保守的、外省的资产阶级青年，只是一个绘画形式的革新者，而不在于主题。过去，他以多米叶和库尔贝的画法，画自画像，为他的妹妹玛丽画像，也为他父亲画了一幅正在读《事件报》的像。直到二十七岁，他还没有成为一个革新者，还没有用色彩的装饰、冷暖色的对比来取代以光线的明暗来加强形象的立体感的传统画法。他一直在研究色彩效果，但在画面上所表现出来的只是他的力量而已。

艺术研究院的总监以"公共秩序方面的原因"为借口，仍然坚持不能重新开放被拒绝者画展的决定。左拉对此做出迅速而强烈的反击："那些肢解艺术的人，提供给广大观众的展品只能是缺胳膊少腿的僵尸。"他的天性在支配着他：

我要大声疾呼。毫无疑问，我将使某些人物大为扫兴，而且已经决心道出严酷的事实真相；而我，因为渲泄了郁结在胸中的愤怒而感到一种由衷的欢悦。

一种奇异的"炼金术"，把穷困而富有雄心的青年，塞尚的朋友，遭受腐败的第二帝国打击的正直的人，对妓女的淫荡感到厌倦的男人和小说家融合在一起，在左拉的内心得到了统一。

当然，左拉在巴蒂尼奥勒要比在林荫大街那个报馆里感到更舒畅些。但是，当他走出勒盖尔布瓦酒店的时候，他心里难过得要死。要不是那个在屋子里坐在他身边摸多米诺骨牌，一下子得了十二个点的巴基勒伸手扶住他，他真的要晕倒在地了。当屋子里面的人过多时，他常常出现这种不适的感觉。

"您心里感到不舒服吗？"马奈问道。

"有一点，我的朋友，我……没关系，是身体问题。"

"到我家来吧，左拉。把您的女人也带来。如果我能为您画像，那我一定是很高兴的。"

塞尚已经给他画过像，另外还有索拉利，但是……那时好像他对他们做了一个友好的手势，就接受下来了。而这一次，却是不同寻常了。塞尚哪儿去了呢？

"吉耶梅，你没有看见塞尚吗？"左拉问道。

"他昨天给我们出了一个洋相。他和朋友们一一握手之后，站到了马奈面前，突然郑重起来，'我不和您握手了，马奈先生，因为我有八天没有洗手了。'说完，他用双手提着他的宽皮带就走了。"

"噢！"左拉应了一声。

左拉在《事件报》的艺术评论中没有提及塞尚。可塞尚，他又特别注重这一点！那么，由于对友谊的猜疑，这会不会影响他们的共同事业呢？左拉只字不提他，这正是塞尚恼火的原因。在画家们聚会的中间，他偷偷地离开了。

巴蒂尼奥勒大街街灯昏暗，一些情侣躲在大门洞里拥抱接吻。左拉默默地向前走着。在他因胜利而激动的心上，蒙上了一层使他难以忍受的忧伤。

在报社里，维尔麦桑接连收到愈来愈强硬的抗议信，开始，老板还觉得很开心。但是后来，涅耶维盖尔科派人送信给他说，这场玩笑已经引起杜伊勒利宫的官员们的注意，并很可能被误解。一个以自己姓名的开首字母为签名的画家建议，"为提高艺术评论的水平，应当把这一工作托付给手脚干净的人。""法兰西学院派艺术大师"朱尔·布雷东也登门索取载有"可笑的克洛德先生所写的滑稽可笑的评论文章"的几期《事件报》。维尔麦桑仍然顶住，照发左拉的文章。但是，当经营绘画的商人开始把广告抽回去的时候，老板却坐不稳了。他把左拉叫到办公室，对他说：

"我的小伙子，您干得尽管很开心，可我受不了了。首先，您的那位马奈是一个狂热分子。而您自己，正在成为一个政论家。为我的读者们着想，我不得不做出让步的姿态。您还继续维护您的朋友们，不过与此同时，还要有另外一个评论家来为另外一批人辩护。我已经选定了佩尔盖特。"

左拉疑惑地问："哪一个？"

老板回答道："泰奥多尔·佩尔盖特。他是一个大草包，不是您的对手。您写三篇，他也写三篇，就这样进行下去！"

左拉服从了。左拉从完全公正的立场出发，早就打算对现实主义派画家，特别是对库尔贝、米勒、卢梭①等人的近作发表否定意见。这些观点见于他后来写的第五篇和第六篇评论中。人们错误地以为左拉在论战中败阵了。于是，左拉写出最后一篇文章：《艺术评论家的告别》。

这篇文章十分重要，因为它清楚地表明左拉维护年轻画家的态度和他三十年后为德雷福斯辩护的无畏精神是一致的：

我维护了马奈先生，在我的一生中，我将维护一切受到攻

---

① 卢梭（1812—1867）：法国风景画家。

击的正直的人。

我将永远站在弱者一边。在芸芸众生和不驯服的有个性的人们之间存在着明显的斗争。我拥护那些有个性的人，而去和那些平庸之辈进行抗争……

是的，从语气和形式上看，这篇文章也确实十分重要：

说一句不中听的话，整个一部艺术史摆在那里，它证明唯独具有个性的年轻人战胜了抱残守缺的老朽们……

我无礼冒犯了当今那些名人，犯下了不可饶恕的亵渎罪……

我曾是一个极端分子，企图轰毁所有小集团的可怜的桎梏，树立艺术的宏伟信念；这信念应该让每一个画家都知道："睁开你的双眼，大自然就在你的面前；敞开你的心扉。生活就在你的周围。"

……我之所以成了传播邪说、亵渎神明的罪人，因为谎言和平庸使我厌倦，我要在阉人中寻找有血气的人……

这就是我被谴责的原因所在。

这种激烈情绪，这种站在弱者一边与当权者抗争的立场，这种不顾一切后果的勇敢精神，都远远超出了他原来的利用机会实现其理想的宗旨。这几乎是和他后来为德雷福斯辩护而写的著名文章《我控诉》是一样的了。

左拉一直坚持把他发表过的文章搜集成册。他很满意地把发表在《事件报》上的文章辑成集子，当然那些他认为应该放弃的文章并未收入。他把这个集子题献给塞尚。塞尚是否理解左拉的心思呢？左拉的意思是："在报纸上，我没有提及你，然而我却把这本书献给你。你是我最亲密的朋友，但是你作为一个画家，我却保留着我的评断权利。"

尽管左拉在维尔麦桑主办的报纸上仍有发表出版消息的自

由，但是他和维尔麦桑的关系已过了有利时期。维尔麦桑因为这个年轻人从表面上看和他有些相似之处，曾一度觉得很有意思。但是，近来他发现，他所保护的这个小伙子是相信他所写的那些话的。

左拉这时完成了一部连载小说：《一个女人的遗愿》。他把它交给维尔麦桑，请求作为补偿因停止刊载他的评论文章而造成的损失予以出版。《一个女人的遗愿》在十一月份出版了，但是并未获得成功。

六月份，他在阿希勒·佛尔书局出版了《我的仇恨》。这是一系列感情研究的一部分，其余的大部分也相继在以后的几年里发表。在这部著作里，左拉谈到了他自己：

仇恨，就是爱，就是火热，而且能触摸到善良的心灵，就是在仇恨丑恶和愚蠢的事物中宽心地生活……每当我因自己生活平淡而反抗的时候，就觉得自己更加年轻，也更加勇敢了……如果说我今天还珍视某些东西的话，那就是我是孤独的，我仇恨一切……

这是他的自画像，虽然有些夸张，然而是真实的。当然，左拉在这里混淆了爱和恨。他在向前迈进，尽管他不知去向何方。

一八六六年夏天，左拉和几个朋友到远离巴黎的拜纳古尔小镇，住进吉古大妈的小旅店。旅店里散发着一股草木灰汁的气味。人们在这里吃鸭子，吃加酒和洋葱头烹制而成的水手鱼，吃香肠和当地产的奶酪，并且每顿饭都少不了要喝辣嗓子的陈年老酒。第一天，吉古大妈就狡黠地对左拉说：

"这么说现在您是结婚了，左拉先生！"

左拉回答道：

"夫人，既然我和我的女人一起到这里来，那是当然的了。"

左拉把他的女友加布里埃尔带在身边,留在巴黎的母亲埃米莉·左拉也只好听之任之了。在儿子还是一个不合群的少年的时候,她就悟出教育儿子的唯一办法是让他按着自己的心愿去做。从儿子入大学会考失败到第一次拿到工资,这几年可难为了寡母。儿子逐渐长大了,有了自治能力,随之也有了独立的要求,于是联结母子的第二条脐带也被剪断了。母子之间常常相左,不得不分居两处。母亲在儿子的心目中被淡忘了,但是现在,这种令人难堪的日子终于过去了。寡母终于得到了儿子的报答。现在他已经是一个小有名气的人了。他把母亲接来,和他生活在一起。

但是现在,儿子的婚事又使母亲有些为难了。如果她接受加布里埃尔为儿媳,那么她很难不这样想:"埃米尔完全可以有一个更好的配偶。"另外,还有一点使她不满意,就是这个姑娘的年龄比儿子大。然而这些想法都保留在沉默之中,两个女人在一起相处都还是很忍让的。

在拜纳古尔小镇度假的人群中,也有那个留着堂吉诃德式小胡子,经常向年长他几岁的左拉提出种种难以作答的问题的瓦拉布雷格。通过瓦拉布雷格,人们才知道左拉和出版商与报纸之间搞的种种名堂,也知道了他转向报章连载小说创作以及突如其来的各种变化的详情细节。瓦拉布雷格在左拉生活中,将和保尔·阿莱克西以及后来的音乐家布鲁诺[①]起着同样重要的作用。但是,当瓦拉布雷格走上前台,出现在拜纳古尔镇的时候,他与左拉通信时所起的作用,随之也宣告结束。从此他也就变成了左拉的一般朋友了,像巴耶和菲利浦·索拉利一样了。

对菲利浦·索拉利,左拉更别有一层深情,因为他是那么

[①] 布鲁诺(1857—1934):法国作曲家。作品有《梦》、《稻月》等。

像他的那个戴着丝绸头巾的妹妹！有时候当左拉注意地看着加布里埃尔，想起菲利浦的某些神情时，情不自禁地要叹息几声，并且很快侧过头去，强迫自己去理解塞尚说的通过"冷暖色调"所表现出来的某种东西。

尽管左拉手中没有多少钱，这一年夏天，对他来说，还是温馨而快活的。他心爱的加布里埃尔陪伴着他，使他的精神生活得到了平衡。此外，他还喜欢旅店前边的塞纳河，以及这个小镇上的朴实的人们。随笔作家鲁道夫·瓦尔特甚至可以叫出他们的名字：乐克莱尔克，胡维勒，朗朗德兰……塞尚曾为胡维勒画过像。左拉喜欢这里的铁匠、屠户和旅店的老板。

当加布里埃尔驾起小船，漂在塞纳河上面的时候，左拉常常突如其来地纵身跳到河水里去，使得小船摇晃不已。左拉喜欢游泳，然后到草地上去晒太阳。他们还和朋友们一道唱着歌到河心岛上去，到树林里去。他们在那里热烈地争论着关于艺术展览会、现实主义、第二帝国、雨果、柯罗、德拉克罗瓦、普鲁东和共和国等种种问题。有的时候，塞尚抢先发言：

"以前大师们所画的表现大自然的所有作品，尽管画得十分熟练，但是并未表现出自然的真实面貌！你只要睁开眼睛看一看，大自然并不存在于展览馆中。"

"塞尚，这样看来，你还得被艺术展览会拒之门外十年！"

"艺术展览会，见它的鬼去吧！"

"说得好！我和司汤达一样，傻子和强人相比，更喜欢强人！应该把那些平庸之作统统扔到格来沃广场上去。"左拉插进一句。

"应当把那些庸人从地球上消灭！"塞尚像吹短号一样喊叫着。

"在伟大的时代里……"瓦拉布雷格也说话了。

"什么伟大的时代！和异国的古老时代相比，我更喜爱我的伟大巴黎的现在！我自由自在地生活在我的时代里。"

这样的讨论一直继续到深夜，夜空中撒满了星星。从前，那戴着红帽子的小姑娘看到星星拖着尾巴飞翔、消逝的时候，她说那是"死去的人的灵魂"。

当他们回到巴黎的时候，加布里埃尔胖了，而左拉却瘦了下来。

四

博览会于一八六七年五月开幕。参加的人数四万二千二百一十七人。为维持秩序和安全，动用五百五十三名城乡警察、五十二名秘密警察（即便衣警察）和一百一十名巴黎守备队队员。上百名巡夜人员手持灯笼彻夜在大街小巷来来往往。在帝国后期的世界主义思想支配下，法兰西将在巴黎接待从欧洲以及世界各地前来参观的各国王公贵族们，打扮得袒胸露臂，妩媚妖艳的美女随时准备迎接俄国的亲王、普鲁士的贵族地主、奥托曼王朝的酋长、奥斯曼帝国的帕夏和苏丹们。在大街上有不少人骑着脚踏车，它是技术和交通方面的尚不稳定的进步的象征。啊！一八六七年的夏天，在闪着波光的塞纳河河岸上，在沃夫林荫路的栗树下，巴黎装扮得那么漂亮、豪华、雄伟而又庄重大方。富裕的法兰西在精心梳洗打扮。但是，她的内衣却不那么讲究，清洁卫生也不那么好。格勒内勒、贝尔维尔、沙罗纳和梅尼蒙特这些贫民区的居民对富人们的这一节日都以冷眼相看。时兴的香水掩盖不住从那些简陋的房屋里散发出来的难闻的洋葱味。

统治阶级的法兰西变得忘乎所以了。他们请来了尊贵的客人：比利时国王和王后，加勒亲王（就是搞乳房比赛的那位），瑞典国王奥斯卡，普鲁士亲王。他们坐在金光闪闪的敞篷四轮马车里，从大街上走过，主人在杜伊勒利宫欢迎他们。杜伊勒利宫不是用金色和银色而是用金红色和鲜红色装饰起来的，但是，千万不可走近前去观看。对每个市民来说，节日的活动是观看朱阿夫兵和轻骑兵阅兵式和夜晚的焰火。六月一日，若阿尚·缪拉亲王去火车站迎接俄罗斯帝国皇帝的到来。这时已经不存在克里米亚战争问题了！人们把崭新的巴黎展现在这些王公贵族们面前，使他们惊叹不已。六月五日，荷兰国王弗雷德里克·纪尧姆乘坐骑进入巴黎。六月六日，在布洛涅森林举行雄伟的阅兵仪式。俾斯麦用手打着遮阳观看阅兵，同时还在享用普鲁士在萨多瓦战胜奥地利的喜悦。六月八日，在摆着杜鹃花、悬挂着彩色灯笼的巴黎市政府大厅里，为客人们举行舞会。六月三十日，奥托曼王朝的皇帝，苏丹阿卜杜勒·阿齐兹·汗抵达巴黎。正当整个法兰西和巴黎为欢迎这位土耳其贵宾，把节日气氛推向高潮的时候，突然传来了法国扶植的墨西哥帝国皇帝马克西米利安被刺身亡的消息。

于是，人们熄灭了灯笼，土耳其苏丹也只好扫兴而归。这是第二帝国一年来遭到的第二次打击。上流社会和半上流社会的太太小姐们脱去了她们的节日盛装，非洲军团的士兵们又穿上军便服。绣球花也萎谢了。这时，马奈把墨西哥皇帝被刺死的场面搬上了画布。他深切明了这一事件的内在意义。他的包括左拉在内的朋友们都为他选中这一重大题材而向他表示祝贺，可是，皇帝却拒绝给予他继续画下去的权利。

在这生命的第二十七个年头里，左拉变成了真正的左拉，但是，在他的生活当中，绘画和创作自然处在同等重要的地位。

他和马奈的关系越来越密切了，其原因在于画像。绅士画家马奈曾把其中的一幅，在一八六八年拿到艺术展览会展出。像库尔贝在一八六五年所做的那样，马奈在阿尔马广场和蒙戴涅大街拐角处租赁一栋房子，展出他的绘画作品。他的这一举动在社会上引起各种议论。那些无知者的嘲讽激起了马奈的崇拜者们的愤怒。

"这个马奈真是一个可恶的人物！"杜伊勒利宫里的人们这样想。资产阶级的老爷们则公开冷嘲热讽：

马奈先生，左拉先生，

二人总是笑脸相迎……

那么，是谁因为谁而笑呢？

马奈先生，左拉先生？

左拉又奋笔疾书，连续写出了几篇关于绘画的文章，登载在《十九世纪杂志》上：

《瓦朗斯的劳拉》因夏尔·波德莱尔的四行诗而闻名；而这四行诗和《瓦朗斯的劳拉》一样遭到嘲讽和不公正的对待。

在人们到处可见的众多的美好事物中，

朋友，我清楚地知道，只要看一眼《瓦朗斯的劳拉》，

那闪光的东西就会将人们的一切欲望抵消，

因为那黑红的物件具有意想不到的魅力，令人倾倒。

我并不打算为这几行诗辩护，但是，我认为，它们应当受到适合艺术家个性的评价。

（啊！好一个"我并不打算为这几行诗辩护"！）

卧在一堆白色衣物上面的奥林匹亚①在黑色的背景上呈苍白的一片；在黑影里，有一个黑奴的头，手中拿着一束鲜花；这个黑奴曾引起观众的极大兴趣。初看上去，在这幅画

---

① 奥林匹亚是马奈的油画《奥林匹亚》里的人物。

上只有两种颜色，两种相烘相染的强烈的色彩，细节已经消失。请您再仔细看一看这个年轻姑娘的头部，那两片嘴唇是两条嫣红的细线条，两只眼睛也只是几笔黑色的线条。现在您再看那花束，请您站在近处看：也只是一些玫瑰红色的色块，蓝色色块和绿色色块。一切都是那么简单。如果您想重新看到真实的画面，您必须向后退几步。于是，出现了奇异的现象：画面上的物件都显现出来，奥林匹亚的头部从背景中栩栩如生地突现出来，而那花束一下子变得光彩夺目，鲜艳滴翠了。

这篇质朴的文章表现出"艺术批评家"左拉的全部才能。评论中颇有见地，但他注重的是些细枝末节以及画家的气质，而不是作品本身和绘画艺术，他所依据的总是大致正确的理由。从上面引用的两段关于波德莱尔和马奈的论述可以看出，左拉对诗歌和绘画的内在底蕴并无偏爱。

一八六八年，左拉获得了胜利。他的两幅人头像在艺术展览会上展出，另外，同时展出的还有索拉利创作的他的半身塑像以及马奈绘制的他的画像，这对他来说，就是获得胜利的象征。他为此而心花怒放。在他的画像旁边，置放着的也是马奈创作的《吹短笛的男孩》，是最美的一幅画。

"一幅戏装商人的广告！"一个佩戴勋章的先生说道。

"是的。"左拉回答，"这幅画人物形象纯朴自然。"

然后，左拉转向马奈，问道：

"这个笨蛋是何许人？"

"朱尔·布雷东，被艺术展览会淘汰了。"

然而，这是左拉酷爱绘画的最后余兴，勒盖尔布瓦的美好日子一去不复返了，而巴蒂尼奥勒画派也从此成了历史。

尽管左拉可以毫不费力地充当报纸的专栏作家，但他心里很不安。可是，他又没有办法，他要养活寡母和加布里埃尔。报纸和他结下了不解之缘：

报纸是厮杀的战场。人必须生活，而为了生活必须厮杀。另外，尽管它是一种乏味而无价值的行业，可是它却具有一种非凡的力量……如果我被迫利用它的话，我也不会为它而衰老……

让我们看吧！

马赛的《普罗旺斯报》请求左拉根据一起震动法国南方的犯罪案件撰写一部连载小说。左拉要用这一艰苦劳动所获得的报酬来支付他自己的长篇小说《德莱丝·拉甘》所需要的费用。他的青年时代的浪漫热情已经熄灭，并且改变了夜间工作的习惯。他早晨起来，空着肚子，趁着头脑冷静的时候，即伏案写作。上午九点直到下午一点，这是他最珍惜的时间，他把它用在《德莱丝·拉甘》上。下午撰写那部一行只卖两个苏的《马赛的秘密》。这部书大约可赚一千法郎。他的创作方法，并不是形成于《德莱丝·拉甘》，而是形成于他的第一部报章连载小说。他积累笔记、剪报以及各种思想。在他的写作中，资料准备是十分重要的。在以后的文学创作中，他也一直遵循着这一方法。

《马赛的秘密》这部"当代历史小说"于一八六七年在马赛发表。后来瓦拉布雷格指责他贪财，他不无羞愧地承认了，说道：

目前，我急需的两样东西就是广告和金钱。不言而喻，在《马赛的秘密》问题上，您的指责是对的。我知道我自己的所作所为。

左拉和马利尤·卢合作，很快就把《马赛的秘密》改编成了剧本。然而第一次与剧院打交道就出师不利，遭到惨败。不过,左拉对这一剧本还是下了一番功夫的,他专程去马赛,从十月四日一直停留到十一日。之后,他沮丧地途经艾克斯回到巴黎。

在艾克斯,他是否会见过"小红帽子",人们无从得知。不过,他曾长时间地伫立在一个雕饰非凡的喷水池旁,那上面雕有仙鹤、狮子以及汲水的妇女。这个大喷水池是左拉的父亲,意大利人弗朗索瓦·左拉综合古代罗曼人修建水渠的建筑传统而设计成的。艾克斯与左拉一家遭受不幸的年代相比,变得更加瑰丽了。然而这位工程师的儿子却无心在这里久留。他匆匆忙忙地踏上了归途:纸上的新情人——小说《德莱丝·拉甘》正在巴黎等候着他。

两具尸体仍然伸展着四肢躺在餐厅的地板上,昏黄的灯光彻夜照着他们。差不多连续十二个钟头,一直到第二天中午,拉甘夫人呆滞、无声地注视着那男人的双脚,仿佛要用她那凝重的目光将它们压碎。

"就是这样!"左拉把《爱的结合》清样的最后一段改过之后说道。《爱的结合》后来改作《德莱丝·拉甘》。"这回阿尔塞纳·乌沙依可以引起人们的注意了!"

一八六七年八月,热拉尔·德·内尔瓦勒①的朋友阿尔塞纳·乌沙依把这部著作作为连载小说取去,准备刊载在《艺术家》上。但他预感到将引起麻烦,于是生硬地将原著的结局改得平稳而又合于道德要求。左拉对此十分恼火,又把它改成了原来的样子。

《德莱丝·拉甘》于一八六七年十二月在拉克鲁瓦书局出版。书的扉页上那带有挑战性的题词引自泰纳的著作:"……邪恶

---

① 热拉尔·德·内尔瓦勒(1808—1855):法国作家,著有《森林》、《海月水母》和《幻想》,并将歌德的《浮士德》译成法文出版。

和德行的关系有如劣质烧酒和蜜糖。"

《德莱丝·拉甘》是一部真正的小说。如果说《克洛德的忏悔》是受缪塞作品的启迪而写成的话，那么，《德莱丝·拉甘》则是由于作者企慕龚古尔兄弟的代表作《热曼妮·拉瑟顿》而潜心创作的。善良而又堕落了的翟米尼的故事，通过文学的感染，引出了德莱丝的故事。但是，归根结蒂还是泰纳的影响取得了胜利。该书写一个女人及其情夫在肉欲的驱使下，串通起来害死了这个女人的丈夫，可是他们从此备受懊悔的折磨，最后在无辜受害者的瘫痪母亲的坐椅前一起自尽。小说的情节是根据阿道尔夫·波娄、埃尔耐斯特·多代的小说《高尔德的爱神》再创造的。在《高尔德的爱神》中，作者在女人的情夫杀死她的丈夫之后，将两个罪犯送进了重罪法庭。左拉像所有伟大的艺术家一样，向来毫不犹豫地将合用的材料拿过来使用①。他在这些原材料的基础上，加以神奇般的发挥，并且在最终结局时，使罪人免受惩处。

圣伯夫赞扬《德莱丝·拉甘》是"一部现代小说史上划时代的作品"。同时他也提出颇有说服力的保留意见："从该书的头几页开始，您就描绘了新桥过道；我和别人一样熟悉这个地方，一个年轻人，可以由于种种原因到那里去徘徊。您把它描绘成巴尔扎克笔下的索利街一样，这是不真实的，您太夸张了。这个过道是平淡的，冷落的，丑陋的，更是狭窄的。但是，它并不那么阴暗；这些色彩是您从伦勃朗②那里借用来的。这里也同样存在不忠实的情况。"（1868年6月）巴尔扎克，呸！更糟的是，还带有雨果作品中散发出来的那股臭味！这位

---

① 左拉曾发表过《爱的结合》的第一稿（1866年12月24日《费加罗报》），当时还是一个短篇小说。人们从他的材料来源中发现有1859年出版的巴尔巴拉的小说《红桥上的谋杀案》的痕迹。——原注
② 伦勃朗（1606—1669）：荷兰杰出的画家、版画家。

院士先生抚摩着他的丝织圆顶帽，继续说道："要是克吕泰涅斯特拉和埃吉斯托斯爱得发狂，并且只有在阿伽门农那还未变冷的、血肉模糊的尸体旁才能完全互相占有的话，那么，阿伽门农的尸体就不会使他们不安，起码在最初几夜（雨果笔下的尸体难道使阿戴乐的情夫不安过吗？）。同样，您笔下的情侣，他们的懊悔以及在他们走向末路之前的突如其来的心灰意冷，都使我难以理解……"噢！不过，在这方面，圣伯夫先生是懂得的。

龚古尔兄弟俩也写信给左拉，称赞《德莱丝·拉甘》这部书"对懊悔做了一次杰出的病理解剖"，并且表示在"思想、原则以及对现代艺术、真实和生活的表现"上，他们完全与左拉一致。

但是，路易·乌尔巴赫在《费加罗报》上以费拉格为笔名发表文章，谴责左拉，把《德莱丝·拉甘》视为"腐败文学"：

"近几天来，我的好奇心使我滑入混有血污的泥淖之中，这就是题名为《德莱丝·拉甘》的小说。其作者左拉先生，可以说是一个有才华的年轻人……我并不完全指责那些刺耳的音符和强烈的色彩；但是，我讨厌它们孤立的存在；无知者的单调是单调之中最为可怕的。"

一个作家遭到了他的一位年长的朋友的严厉批评，如果我们不了解其中的奥秘，真会被装进闷葫芦里呢！乌尔巴赫和左拉在这种批评中是有默契的（同时也是真诚的），他们遵循小说家左拉早就确定的一个原则，那就是千方百计引起人们对一本书的注意！他们的算盘没有打错：乌尔巴赫的文章实际上是向人们推荐《德莱丝·拉甘》。

而左拉又拾起乌尔巴赫的话题予以反驳：

我惊奇地发现，我的同行们有着小姑娘一样脆弱的神经……在《德莱丝·拉甘》里，吾意在于研究人的气质，而并非人的性格。这就是这部书的全部宗旨。人们说："《德莱丝·拉甘》的作者是一个热衷于色情描写的疯人。"在这样的谴责声中，我竟然期待不到一个这样的回答："不，这位作家是一个解剖者，他可能忘记了自己置身于尸体的腐臭之中了。而事实上，正如医生会忘记自己在梯形解剖实验室里一样，他确实忘记了……"

他总是采取客观的态度，但又把分析和自我炫耀混在一起。最后，他作结论道：

《德莱丝·拉甘》是对一种极为特殊的情况的研究。现代生活中的悲剧并不那么强烈了，很少陷于恐怖和疯狂之中。即使还存在恐怖与疯狂，在一部作品中，也被置于次要地位……另外，该书缺乏分析小说所要求的那种质朴风格。总而言之，为了写出一部优秀的长篇小说，作家必须开拓更加广阔的生活领域，并且要从多方面，运用多种手法来描绘生活，他使用的语言应该是简明而自然的。

《德莱丝·拉甘》的发表，构成了诞生于二十七岁的法国小说家埃米尔·左拉一生之中重要的一幕。不笃信宗教，对形而上学漠然，被泰纳的理论所征服，抛弃浪漫主义的外在表现，驾驭强而有力的散文武器，赋予"自然主义"一词以新的意义，为渴望撰写一部长篇巨著而激动不已，为自己的作品既写评论又做广告，以强烈的手段征服公众，为一切不公正拍案而起，勇敢地站出来反对第二帝国及其所庇护的资产阶级，向检查官先生挑战（"我选择强硬的手段，并且手中握着鞭子"），这就是索拉利为之塑制半身像的左拉。那比真人还要高大的半身像，像个爱赌气的希腊人，一派教授风度，正在欣赏放在他前边的他自己的人头像。左拉曾经和塞尚一起，帮助路易丝的哥哥把这个人头像翻制成石膏像。

未名之年过去了,第二个青春时期已告结束。在他生命的第二十七个年头,左拉真正变成了左拉,他已经成年了。他已经在为自己在文学史上的不朽地位而劳心不已了。

第三章
一个小作家的社会经历和成长史

> 我既不喜欢埃及人、希腊人,也不喜欢那些禁欲主义艺术家。在艺术之中,我只承认生活和个性。

内容提要

（一）在龚古尔家晚餐，一八六八年十二月十四日／一个毫无顾忌的休伦人／左拉眼中的龚古尔／与巴尔扎克和雨果不谋而合／立意创作系列小说《卢贡—马卡尔家族》／波拿巴王朝的覆灭

（二）左拉和加布里埃尔结婚，一八七〇年五月三十一日／我燃烧了／儒勒·德·龚古尔病逝／一篇有先见性的《我控诉》："法兰西万岁！"／在艾克斯的革命／共和国的埃斯基罗斯和自卫队队员们／暴风雨下的波尔多，一八七〇年圣诞节／《钟声报》记者左拉／加里波底和雨果以及梯也尔／趟过没膝的血的河流

（三）《卢贡家族的命运》，一八七一年十月／美食和友谊的星期四／左拉怎样"作"小说／政府死了，一个阶级还活着／友情期和假正经／沙尔庞捷出版人的赌注／重返中心菜市场：《巴黎之腹》、浓重色彩的描绘

（四）巴蒂尼奥勒派画家在纳达尔，一八七四年／福楼拜，米利罗街／阿尔方斯·都德，巴维街／不受欢迎的作者们／滑稽可笑的作家／保尔·阿莱克西的造访／《给妮侬的新故事》和《莫雷教士的过失》／骗人的共和国／圣·欧宾度夏／《小酒店》的前奏

一

一八六八年十二月十四日，龚古尔兄弟在日记中写道："今日在家宴请我们的崇拜者左拉……这是一个忧心重重、思想复杂、深沉而内向的人。他对我们讲述了他的苦难生活，说他渴望并且需要有一个出版家能出三万法郎买下他今后六年之中的创作……因为他想创作一部文学巨著，不愿再写'那些令人讨厌的、无足轻重的文章'了。他带着恼恨自己的感情，高声地说道：'我不得不给《论坛报》写文章，而且必须使自己采用他人的愚蠢观点！'……说着说着，他的谈话变成了尖刻、鲜明而又震撼人心的责难，同时表现出他的坚强意志和愤怒的力量。"

家住奥特伊的龚古尔两兄弟几周前邀请左拉到家作客。"我们的地址：巴黎，奥特伊，蒙莫朗西大街五十三号，有铁路与巴黎市区相通，每隔半个小时有一趟车。住处距火车站只有几步路。"

他们像欢迎印第安人一样接待了他们的"崇拜者"。他们让左拉多讲些话，而左拉也尽量利用这个机会，毫无顾忌地打开了自己的心扉。来访者来自与他们不同的阶层，他们透过左拉忧郁的外表，他的大喊大叫，以及他的急躁情绪，断定左拉是一个被某种渴望折磨着的人。

爱德蒙是近卫骑兵的火枪手，一个孤独的人。当时，他四十六岁，他的弟弟儒勒三十六岁。爱德蒙将一只胳膊肘挂在壁炉台上，发现左拉身上有着缺少教养的平民和"累垮的巴黎师范学校学生"的气质。然而，马奈不久前为左拉绘制的画像是很漂亮的，宽大的额头，黑色的头发，直而细的鼻子，一双幽暗的眼睛，是一个文艺复兴时代的人物。

　　从一八六五年龚古尔兄弟发表《翟米尼·拉赛特》开始，左拉就与他们书来信往，结下了友好的情谊。在书评中，左拉明确指出："一个小说家有权利撰写医学小说，有权利研究歇斯底里的奇特病情，而在这方面，龚古尔兄弟已经捷足先登了。"两兄弟写信给左拉，表示感谢："到目前为止，您是唯一理解我们这部小说立意的人……您的文章冲击了当今文学的虚伪。"左拉在这一短篇中，除礼貌的言辞之外，还读到了更重要的东西。在龚古尔兄弟的信中，对左拉的《德莱丝·拉甘》也不乏赞扬之词，并且向左拉表示："请您相信，我们是您的朋友。"

　　左拉这时已是小有名气的作家了，然而仅此而已，他依然没有多少资本。他与第二帝国反对派报纸《论坛报》合作，定期为它撰稿，但稿酬甚微。一八六七年至一八六八年，在金钱收入上，左拉流年不利。为生活计，他不得不接受一切稿约。他总是不知疲倦地谈论自己：

　　"引起别人对自己的注意真是难上加难啊！我们是后来者，我们知道福楼拜和你们是我们的兄长！就连你们的敌人也不能不承认你们创造出了你们的艺术，尽管他们认为这没有什么了不起。他们就是如此，这群蠢人！"

　　左拉在拜访龚古尔兄弟时，回想起他观看两兄弟的《昂里埃特·马雷沙尔》首次公演时的情形。当时整个观众席一片冷嘲热讽，而左拉却独自一人勇敢地站在作者一边。他说道：

　　"那些剧场老板，只要能卖座，他们就高枕无忧了！我的《玛特莱纳·菲拉》也和你们的《昂里埃特·马雷沙尔》一样遭到不幸。剧场老板不愿意排演《玛特莱纳》，于是，我不得不把它改写成小说。而当小说分期连载的时候，检察院的那些野兽又一齐向我扑过来。真是倒霉！皇家检查官传讯了亨利·鲍尔，要求他中止刊载这部小说。可是，这位伪善的官老爷却对我说，根据上司的意见，并不打算追究出版者的责任！"

"这是当然的。"爱德蒙·德·龚古尔说。

"是这样。"左拉接下去说，"可是他们达成的协议却害苦了我。这位彬彬有礼的官老爷，他满可以对作品进行删节嘛！我对他们这种不准许发表的做法，十分恼火。"

"大可不必！"儒勒用诙谐的口吻说道。

"不！"左拉认真地说，"你手中举着鞭子来谈论邪恶，这是犯禁的！而只有那些手里操着明晃晃剪刀的检查官才是维护社会风尚的大天使！只要作者在作品中揭露人类的脓疮，那么在这些人的眼里，这部作品就是有伤风化……我恨他们！他们都是一丘之貉！应该把他们和那些学究一起扔进塞纳河里去！"

他在朋友家里不停地讲着，讲着……他要与巴尔扎克齐名……立志撰写一部十卷本的巨著，题材为一个家族的历史。显然，这是一个休伦人[①]！他对龚古尔兄弟的医学小说颇感兴趣，也想创作此类作品，与他们配合。雄心勃勃的左拉在朋友面前无所不谈，谈论绘画，谈论他的朋友马奈，谈论文学界偏爱奥克塔夫·弗耶、埃德蒙·阿布、古斯塔夫·德罗兹、埃克托尔·马洛、桑多、蓬松·迪·泰拉伊和泽纳依德·弗勒里奥等人作品的不正常风气！

"孟戴斯[②]最近写了一首印度诗，叫什么《加茂瓦达》。这些蠢人们喊叫说：'诗歌死亡了！'如果说诗歌真的死亡了，那戕害诗歌的真正凶手正是他们。他们忘记了他们是在巴黎，

[①] 休伦人：北印第安人的一支。这里指左拉的粗野。
[②] 孟戴斯（1847—1909）：法国诗人。他属于法国十九世纪资产阶级的巴那斯派，即高踏派，主张为艺术而艺术。

是在一八六八年！一个天才的诗人绝不会去歌唱古印度的，他要歌唱新的时代！"

他走了，把惊奇而又兴奋的两兄弟抛在他们温暖的客厅里；客厅里点缀着日本艺术品，他们之所以有这个雅兴，仅仅是因为画家马奈也喜欢这些东西。

那么，左拉对龚古尔两兄弟怎样看呢？

由于一个十分偶然的机会，我们也知道了一些。在蒙莫朗西大街五十三号，在一栋阳台上嵌有路易十五铜像的别墅里，左拉见到了"两个富有而又自由的年轻人"。左拉朝那贵重的家具、红白相间的瓷砖地、熠熠发光的铜器和天花板上的五彩图案扫了一眼。左拉在一间屋子里等候接见（等候时间不长，但这是必不可少的）。当儒勒把这间屋子里的一幅仕女挂毯指给左拉看的时候，他简直惊呆了。儒勒对他说：

"亲爱的朋友，看了这个，您对《热曼妮·拉瑟顿》的印象会更加深刻。我们的稿酬都花在这幅画上面了。"

接着，儒勒又从一个箱子里取出爱德蒙所搜集的绘画作品。埃米尔·左拉为之赞叹不已。儒勒不无骄傲地说道：

"我们花了八万三千法郎买下了这些画和这栋房子。可是，左拉，您想想看，我们的右邻有一匹马在不停地走动，这怎么行呢？爱德蒙会把这栋房子卖掉，重新再买的！"

儒勒这一席话使得左拉议论起金钱来。他对这两位作家在作品中攻击金钱而在现实生活里却贪财的虚伪感到不满。他站在龚古尔兄弟面前，也产生了束着红腰带的塞尚在故作风雅的马奈面前所产生的那种反感。艾克斯的休伦人左拉看穿了两兄弟的面目之后，说道：

"我们作品中的人物个性取决于人的生物本能。这是达尔文的理论！文学也应该如此！"

他一边说着，一边打着十分自信的手势。

左拉告别了朋友，坐上吐着浓烟的郊区火车，回巴黎了。一路上他想着古瓦侯·贝加斯，想着他将来的小说里面的人物。

创作《卢贡—马卡尔家族》——"第二帝国时代一个家族的自然史和社会史"的主要动力并不是遗传学，而是个人意志。这意志，不是作品主人公的意志，像在巴尔扎克作品中那样，而是作者本人的意志。左拉要成为具有个性的左拉。如果说他以自己的诗歌成功地赢得了一定读者的话，那么现在，他要扬起风帆，驶向那更加理想的境界了。

左拉因生在巴尔扎克和雨果之后而感到生不逢时。不过，巴尔扎克却经常萦绕在他的脑际："这是何等伟大的人物。现在我正在重读他的著作。他卓立于整个世纪之上。"左拉和《人间喜剧》的作者朝夕相处。他认为巴尔扎克"在他的作品中，几乎总是着意于人物的粗犷轮廓，并且永远不满足；他那艺术家的强有力的手只能铸造出一些巨人"。左拉警告自己："不能像巴尔扎克那样。注意力不能放在具体人物身上，而要放在人的群体和社会环境上。"

同时他注意到，"在巴尔扎克笔下没有工人形象"。这是巴尔扎克留给他的一条出路[①]。另外，他还认为巴尔扎克的"描写过于冗长而缜密"，而且"各部作品之间的联系是事后推断出来的"。对《卢贡—马卡尔家族》这部巨著来说，必须

[①] 历史学家泽瓦艾具体地阐述道："在巴尔扎克的九十七部长篇小说中，没有工人出现。在他的作品中，除在最不知名的小说《皮埃尔莱特》的开始有那么四五行文字写到一个工人之外，再也找不到写工人的地方了：'1827年10月的一天早晨，一个大约十六岁的年轻人，在位于普洛旺低地的小广场上停住了脚步；从他的脸上看，是一个现代人们所说的无产者……'"——原注

事先确定各部作品之间的联系。确定一种什么样的联系呢？

左拉了解自己的长处与不足。他勤奋、顽强，具有建筑师的才能，可是他文思不够敏捷，不够细密。要成为一个伟大的作家，一定要弥补自己的不足。他探索着弥补的办法。他试图从自己的作品中找到新鲜的东西。这当然是指《德莱丝·拉甘》。另外，还有《玛特莱纳·菲拉》。在后一部作品中，他运用了生物学和遗传学的理论。

左拉在艾克斯的一位朋友叫马利翁，是一位学者。他经常和左拉谈起遗传学。他和其他一些人传授给左拉许多关于自然哲学以及遗传的种种奇特现象的知识。对一个试图革新小说创作的作家来说，血统遗传该是一个多么吸引人的理论！

遗传学真的具有科学根据吗？这新诞生的科学假设是严密的吗？左拉并没有想得很远。左拉接受了遗传学理论，因为它是时代的产物，同时也适合他的写作需要。他把这种理论运用于写作中，当时遭到了人们的嘲讽。当然，这种理论还处于初创阶段，是简单的。但从整体上看，左拉是有道理的。乔治·布塞教授幽默而又谦逊地说道：

在科学领域里，在已知和未知之间，有一个广阔的地带，那是留给艺术的。遗传理论仅有二十五年的历史，关于这一理论，我们也知道得不多。但可以确信的是，在这方面，您永远不会比我们犯更多的错误。

让·罗斯丹[①]的文章代表着我们今天的看法：

当然，我们今天清楚地知道，人的个性演变是一个非常复杂的过程。而这个复杂的过程，《卢贡—马卡尔家族》的作者是无法想象得到的……但是，不可否认，左拉的总的看法直到

---

① 让·罗斯丹（1894—1977）：法国评论家、生物学家、科普读物作家，法兰西学院院士。

今天也还是有其价值的……遗传和环境……自然和食物，胚胎和时机，起因和历史，这就是构成人类的两大要素。就我个人来说，除此之外，我不知还有什么重要要素了。

同时，左拉年轻时对当时被称为形而上学的唯物主义那种不屑一顾的态度也有所改变。他说："最杰出的哲学也许就是唯物主义了。"像选用墨水或者纸张一样，为了实现写作《卢贡—马卡尔家族》的计划，他选择了唯物主义，并将随心所欲地加以运用。

左拉从遗忘中把普罗斯佩·吕卡①拯救了出来。这位医生的著作题目也确实不打算让人们记住：

关于神经系统健康与疾病的自然遗传的生理哲学论文，系统解释从生殖到疾病的一般治疗的规律；在该书中通过基本观念、繁殖理论、确定性别特征的因素、人的天性变异以及神经错乱、神经系统疾病的不同类型的关系，探讨诸种问题。

小说家为之惊愕、着迷了，并且佩服得五体投地。

一八六四年，克莱蒙思·鲁瓦耶翻译出版了达尔文著作。左拉如饥似渴地阅读过。然后，他又读勒图尔诺医生的《情感生理学》。一八六五年，克劳德·伯纳德②的《实验医学导论》出版。这是一次真正的革命。伯纳德的实验理论永葆其实用价值。左拉如获至宝地读过这部书，然而当时只是浮光掠影而已，十年之后，他才深入地研读。不仅遗传学为他小说里的人物提供了必要的联系，而且科学也为他提供了崭新的表现手法。是的，在《卢贡—马卡尔家族》的创作中，他一直坚持运用这种创作方法。他大胆地把医学理论运用于文学。这样一来，小说家不再仅仅是观察家了，而且是一个实验家。这些思想的总和

---

① 普罗斯佩·吕卡（1808—1885）：法国医生、神经学及遗传学家。
② 克劳德·伯纳德（1813—1878）：法国著名生理学家。

构成了他的自然主义理论，而实验小说也随之诞生了。这是自然主义在创作上的实际应用。左拉认为："具有思想意识的人已经死去，我们的整个创作领域将被生物的人所占据。"

左拉为卢贡—马卡尔家族绘制了一幅世系分支图。它是根据孔德①的实证主义理论绘制的。孔德认为：

社会的流通有如动物的血液循环。整个社会像人的机体一样，存在着不同的部分、不同器官的互相关联的关系。正因为如此，如果某一器官腐烂了，其他许多器官将受到感染，于是，非常复杂的并发症将随之出现。

孔德的这种思想遭到真正的唯物主义者的严厉谴责。然而，左拉却选中了他的这种思想，这并不仅仅因为它正确，而更重要的是因为它适用。于是，他绘制了一个世系分支图，与美国人瓦尔特·惠特曼绘制的相似：

社会上存在四等人：

百姓：工人，士兵。

商人：投机商，实业家和金融资本家。

资产阶级：暴发户的子孙。

上流社会：政府官员以及上流社会人士；政治家。

还有等外人：娼妓、暗杀者、牧师（宗教）、艺术家（艺术）。

左拉以他绘制的这个世系分支图为结构基础，撰写了二十部小说，其中有十部堪称为代表作。

左拉一边贪婪地吸取新的科学理论为指导思想，一边在构思他的小说情节。同时，他对第二帝国的满腔愤怒也在鼓动着他的创作激情。他将在《卢贡—马卡尔家族》中和第二帝国算总账！

---

① 孔德（1798—1857）：法国实证主义哲学家。

我即将讲述的故事里的这个家族代表着我们这个时代的广泛的民主觉醒，平民百姓将上升为有教养的阶级，将占据国家的重要职位，将成为既无耻又具有才干的人。这些从上一个世纪开始就被称为小民百姓的人向社会最高层的冲击是我们这个时代的重大变革之一。

《卢贡—马卡尔家族》是为反对当时的政权而写作的。同时，作为记者左拉，在《论坛报》上发表文章，越来越公开地谴责第二帝国。

现在，小说正在酝酿成熟的过程中。

通过作家积累的众多记录，人们可以捕捉到他的人物和思想发展的脉络：

环境，本来意义上的环境，地理环境和社会环境，决定人物的阶级属性（工人，艺术家，资产阶级——我和我的叔伯们，保尔和他的父亲）。或为《普拉桑的征服》：以塞（塞尚）的父亲为典型：资产阶级，共和党人，爱嘲讽人，冷酷，谨小慎微，吝啬；内心世界：他拒绝为妻购买奢侈品，等等。

他就这样继续不断地写下去，写了几百张记录卡片。

他信仰唯物主义，相信科学和生理学，同时被看作是命运化身的遗传学所激动，他是一个所谓的实验主义者；他生活在法兰西这片土地上，处在第二帝国这个令人诅咒的时代；他的思想都融化在作品人物形象里面；这些人物形象的模特，对作者来说，是十分熟悉的。现在，他向巴尔扎克挑战[1]的文学巨

---

[1] 1869年10月的一天，左拉因接到米什莱下面的一封短简而欣喜若狂："关于巴尔扎克，您写了一篇非常出色的文章，具有很高的文学批评价值，是一篇空前的好文章。您找到了巴尔扎克的不足之处，在我看来，这是十分必要的。致以亲切的问候。"不足之处！巴尔扎克！人们是可以和巴尔扎克争个高低的！——原注

著《卢贡—马卡尔家族》已经孕育成熟，只待动笔了。

写作必须不断地捕捉灵感。于是，文学巨厦的建筑师重新调整了他的时间表。他每天将八点钟起床，散步一小时，然后伏案工作，从九点一直到下午一点。下午用来拜访亲友、撰写报刊文章或去皇家图书馆。为了在十年之内完成写作计划，他计算出了每天必须写出的页数。这是艺术工匠的想法，是库尔贝式的工作方法。"仿佛每一页就是要向前跨进的距离。"

是这样的。但是，当《卢贡家族的命运》在《世纪报》（一份反对派报纸，拥有大量的读者：酒店老板、看门人、商贩、靠年金生活的人和小资产阶级等。发行量达六万份）上连载的时候，我们已经进入了一八七〇年。

三年来，我搜集有关这部巨著的材料，而目前开始刊载的这一部小说，是在波拿巴王朝覆灭时写的；作为一个艺术家，我需要这一覆灭，并且在一场悲剧的末尾，我必须要找到这样一个结局，尽管我不敢奢望它会如此迅速到来。这一覆灭，为我的作品带来了一个可怕的然而是必不可少的结局。

显然，波拿巴王朝的覆灭帮助左拉完成了这部"表现垂死制度及疯狂、耻辱时代的画卷"。作为第二帝国的第一批受害者左拉，将成为一个满怀着仇恨，预见并且呼唤这个崩溃的历史小说家。

二

左拉的精神生活，自从他的女儿德妮丝·勒布隆·左拉发表了关于她父亲的回忆录之后，已经不再是不可知的领域了，再加上他的一些朋友的佐证，尽管他本人自述很简单，大部分已经清楚了。

他三十岁了。童年和青少年时期的突出特点是过分的腼腆。但除此外,他是一个正常的人。他的身体发育和他的年龄是相适应的。他的性特征的显现和成熟也是和他的年龄相称的。在青少年时期,他曾经历过一次与"小红帽子"的纯真爱情。到巴黎之后,这个年轻人,直至与贝尔特相遇,在爱情方面,他仍然是一个理想主义者,他是一个贞洁的人。之后,加布里埃尔给他带来一种精神上的平衡。从他青年时期和"小红帽子"的柏拉图式的爱情到现在他对加布里埃尔的真实爱情之间,几乎是一片空白,没有发生过什么。

加布里埃尔变得越来越漂亮了,棕色的头发,柔和的皮肤,一双黝黑而又灵活的大眼睛,再配上一身光彩夺目的服饰,她简直成了马奈笔下的"家庭主妇汝侬"了;她上唇的汗毛,显出她的高傲、妒忌和容易冲动的特点。她爱着左拉,并且敬重左拉。她也是一个有着雄心的人。她在社会生活中也曾冒过险,并且经历了从工人生活到资产阶级生活的转变过程;对于这种转变,一般女人要比男人来得容易。加布里埃尔将是一个很好的伴侣,她善于待人接物,在左拉的周围创造出一种作家所不可少的宁静气氛,并且使他摆脱一切家务的拖累。在这种地位的转变中,她也逐渐养成了雍容大度的作风。

他们的婚礼在普法战争即将爆发之前,于一八七〇年五月三十一日在教堂里举行。加布里埃尔坚持要到教堂去。具有求实精神和忍让美德的左拉并不十分反对。于是事情也就这样进行了。由于对妻子的爱,他也不得不做些违心的事。参加婚礼的证婚人都是他的真正的朋友:塞尚,心换心的弟兄;马利尤·卢;保尔·阿莱克西,狂热的追随者;还有菲利浦·索拉利。然而这时,路易丝已经离开了人世。

爱的小天使在作家的脑海里只留下淡淡的记忆。他和加布里埃尔确定了合法的爱情关系，在个人生活方面，他已经告别了浪漫主义。但是，我们知道，他对那个系丝绸头巾的小姑娘仍然不能忘怀。他刚刚结束《卢贡家族的命运》。路易丝（或者"小红帽子"），为掩人耳目，以米埃特的名字生活在这本书中。这本书吞下了逝去的爱情，从而使左拉从痛苦的遗憾中解脱出来。

米埃特和普罗旺斯姑娘一样，也是早熟的。她正在二八芳龄。米埃特和西魏尔在维奥尔纳河，即实际存在的拉多尔斯河边散步，在贝娄桥头徘徊。她穿着普罗旺斯情人们常穿的披风；在他们眼前，"一些暗色的衣裙在静谧的晴朗夜色里无声地飘动，仿佛使人觉得自己是应邀来参加一个神秘的舞会……"

同时，在书中还出现了愿意自称为亚历山德里娜的加布里埃尔。她栩栩如生，实实在在，像雕像一样俊美。我们知道左拉是怎样看她的。在《作品》中，他赋予她一个新的名字：亨利埃特·桑多斯，加以描绘。在这部书里，他通过儒勒·桑多斯这个人物也描绘了他自己。

除去作家本人直接吐露真情外，人们通过他们的作品也可以认识他们的真面目：

此外，他需要能保证他的安宁和内心平衡的人的爱情，这样他可以藏身在这宁静而又平衡的境况中，将他的整个生命扑在他的文学巨著上……他认为已经找到了他要寻找的那个人：一个孤女，一个穷得身无分文的小商人的纯朴女儿，但是，她漂亮，她聪明……六个月来，在辞去职员工作之后，他投身于报界，从而赚得足够的金钱，过上比较富裕的生活。他刚刚把他的母亲安顿在巴蒂尼奥勒的一栋房子里，他想把它变成供三个人同住的住处，以求得到两个女人的爱抚。他已经有足够的力量来养活全家人了。

左拉的朋友亨利·塞阿尔，还有最熟悉左拉精神生活的阿莱克西，他们向未来的传记作家们指明了道路，建议研究左拉作品中自传性质的部分，并且以某种方式，将它们连缀起来。我们从《爱神》中看出，头戴丝巾的小天使就是写的"小红帽子"。同样，我们看到丁香园的贝尔特使《克洛德的忏悔》中的女主人公更加充实。在以后，我们还将看到《巴斯加尔医生》中的洛蒂尔德就是现实生活中的让娜·洛泽萝的化身。

人们肯定也会注意到，左拉夫人为《给妮侬的故事》中的某些篇章提供了启示，并且也为《作品》中的桑多斯夫人提供了启示。人们尚未注意到，她在她丈夫的最不知名的小说《玛特莱纳·菲拉》中的出现，是更为明显的了。《玛特莱纳·菲拉》写于一八六八年，是根据同名剧本改写的。这个剧本，左拉曾跟阿尔方斯·都德谈起过，在二十年之后才得以上演。首先从情节上看，小说家并未摆脱情节剧的窠臼。他虚构这样一个故事：玛特莱纳·菲拉是一个贫穷的孤儿，有一个老头子总是缠着她。后来她委身于一个叫雅克的大学生。雅克不久去殖民地了，可她忘不了他。不久，纪尧姆成了菲拉的情人。后来她在纪尧姆的书籍中发现了雅克的照片，原来他们俩是要好的朋友。这使她非常害怕。她的第一个情人和现在的情人，在认识她之前，他们就互相认识了。当纪尧姆提出结婚时，她听说雅克已经死了。玛特莱纳对纪尧姆的请求迟疑了很久，最后还是同意了。可是，他们结婚不久，雅克又活着回来了。于是，矛盾冲突跟踪而来。玛特莱纳为她的丈夫生了一个女儿；女儿的长相非常像雅克，其实就是雅克的孩子。后来，玛特莱纳又与雅克破镜重圆。他们的小女儿夭亡之后，玛特莱纳服毒自杀。这是发生在小资产阶级当中的一场悲剧。

当然，这是一部小说，并且具有浓厚的浪漫色彩。在纪尧姆的身上明显地带有左拉自己的影子，而雅克，那是以塞尚为模特的。首先是童年："在中学时，人们辱骂殴打我，是他挺身而出给我以保护，他把我从痛苦之中拯救出来；他为我这个像贱民一样生活于屈辱之中的人伸出了友谊之手，并且保护着我。"其次是精神方面的特点。玛特莱纳第一次与纪尧姆姘居在一起是在靠近罗斑松的巴黎郊区的一个小旅店里；在这里，她也曾和雅克在一起幸福地生活过；因纪尧姆表示他害怕风暴，她具有同情心，于是留下来和他作伴。这恰恰和作者左拉害怕风暴的性格特点相符。"我并非害怕，而是感到痛苦。"他说道。下面一段话反映了一向忠实于米什莱的小说家的一夫一妻的意愿："正如他过去对雅克说过的那样，他应该爱一个女人，即他第一次遇到的那个女人；他应该用他的整个身心去爱她，并且由于仇视变心和惧怕不熟悉的人而对这一爱情始终不渝。"第三是背景。小说中的苏夫罗街旅馆的房间，巴黎郊区和它的村舍，都和"真实生活"中的芒特和拜纳古尔镇相似。在书中最精彩的篇章里，作者这样描写玛特莱纳：

这是一个颀长而美丽的姑娘，那灵活而纤细的肢体透露出一股少有的力量。她的面部长得很有特点。上半部分显得稳重而坚定，有着男性的刚毅；额头上的皮肤很光滑。鬓角、鼻子和颧颊线条柔和而清晰，赋予整个面部以大理石般的冷静和坚定。在这严肃的面孔上，一双蓝灰色的大眼睛在眨动，每当有强光照射的时候，她眯起双眼，现出微笑的模样。而脸的下半部分却相反，显得非常温和、文静。

显而易见，从外表上看，这个"严肃而又稚气的容貌"，这个"冷静、骄傲"，同时温柔而又富有同情心的女人，正是加布里埃尔·亚历山德里娜。那么，精神方面呢？这里必须拆穿小说家所使用的特殊夸张手法。由于人们对他这一手法不了解，因而造成一些真假不分的现象。让我们想象一下下面的情形：我的一个孩子扯着嗓子喊叫着，使我气恼发火，我本能地举起手要给他一巴掌，可不知怎么又把手放下来了。过了一会儿，我又想起（带着羞愧）自己刚才的举动。我想象着，把这一举动夸大到令人恐怖的程度：一个神经不太正常的父亲杀死了他的孩子，因为他弄出了响动，这就是小说家的夸张。当人们想从作品中寻觅真实生活的线索的时候，必须从相反的意义上去理解。于是，传记作家就有权利提出作品内容和现实生活的关系问题：《玛特莱纳·菲拉》的题材是否以加布里埃尔从前的不为人知的生活经历为基础呢？它是否透露出了左拉对于"未婚先受孕"的嫉恨和内心的恐惧呢？它是否是作者对藏在他内心深处的魔鬼的一次解放呢？它是否会帮助人们更好地理解今后在"真实生活"中的三个主角加布里埃尔、埃米尔和塞尚之间将要发生的一切：缄默、破裂直至最后分手呢？

在《玛特莱纳·菲拉》中包含着令人生畏的情节，它间接地泄露了小说《作品》的秘密。桑多斯是想通过结婚找到一个温柔的隐蔽所，以便使自己能安静地工作下去。作者具体地点明说："他们二人的结合，是为了从对方得到安慰，而并非为了爱情。"

那么，在这种"合法结合"之中，性生活如何呢？在记忆中的爱神和实际结合在一起的合法妻子之间难道完全没有联系吗？难道由于青少年时期的贫困和腼腆而使他的性欲过分强烈吗？左拉说："我是清白的。"这是清楚的！那么，为什么在作品中充斥着那么多的色情描写呢？为什么直至左拉得到了真正的爱情，这种现象才逐渐减少、消失呢？勒内的罪孽，玛特莱纳对第一个情人的痛苦思念，娜娜的勾引男人的蠢事，绮尔维丝在异性面前的屈服，阿乐毕纳的情欲，《家庭琐事》中为对抗资产阶级的虚伪而产生的性生活的反叛，《萌芽》中穆凯特的性的报复，还有《巴黎之腹》中加地娜在食品仓库中的被骗，以及《人面兽心》里女主人公的堕落，这种种事情，左拉是从哪里知道的呢？还有《梦》中那个拼命抑制自己性欲的安日丽格的罕有纯洁，他是从哪里知道的呢？一直到后来的《土地》，在他的笔下，土地也变成了雌性！而这一切，他都是从未经历过的。这些统统都是他想象的产物。

他的性欲存在于他的笔墨之中。

他的性器官就是他手中的笔。

有一天，左拉对阿尔方斯·都德说道：

"今天上午我很少工作，文思不旺。我本想结束这一章，可是表达受到阻碍。我绞尽脑汁苦想，结果我燃烧了。"

阿尔方斯·都德明确地指出："他使用'燃烧'这个词并不贴切。"

然而，左拉在写作过程中常常是"燃烧"的。让我们用这种观点来看《德莱丝·拉甘》的一段重要文字：

当他们的肢体互相接触的时候，他们以为两个人一下子倒在一盆炽热的炭火上。他们发出一声喊叫。为了使两个肉体之间不留一点间隙，两个人拥抱得更紧了。然而他们总觉得卡米耶的破衣衫在他们中间被挤碎，并且使他们皮肤上的某些地方变得冰冷，可是他们躯体的其余部分却在燃烧。

同一个词，同一种意思。

在《作品》中，左拉完全自我暴露了。他把自己的感受转嫁给了作品中的朗蒂埃——塞尚在作品中的别名；塞尚的好色，尽管更露骨些，但与左拉仍属同一类型：

女人的肉体就是他圣洁的欲望,他疯狂地迷恋着裸体的女人,然而却从未占有过;他无力满足自己的欲望,也无力创造出只在梦中才可以用他的双臂紧紧拥抱着的肉体。他把那些姑娘从他的画室中驱赶出去,而独自欣赏着她们在画布上留下的身影,他抚摸着她们,或者猥亵她们,但总是失望,以致因不能使她们更加美丽、更加生动逼真而流下眼泪。

纯洁的左拉把姑娘们从他的生活中赶了出去,他把他的生活完全托付给了加布里埃尔,并且一心扑在工作上。左拉在他的作品中接待这些姑娘,而她们使左拉的作品具有最生动、最悲惨也最光辉的特点。

在"纯洁的左拉"和"下流的左拉"这两种均失之偏颇的评价之间,存在着一个真正的左拉,即二十世纪劳伦斯、朱尔·罗曼、塞利纳、米勒等人的高尚色情主义的先驱者。

左拉在享受新婚幸福的时候,预感到灾难即将来临。自从记者维克多·努瓦尔被皇帝的堂弟比埃尔·波拿巴亲王杀害以来,左拉一直生活在苦闷和不安之中。在安定的日子里,他尚且享受不到什么欢乐,而现在处于高压之下,就更是郁郁寡欢了。左拉当过记者,通晓新闻报道。通过报纸,他知道现在战争与和平随着华尔兹间奏曲在跳舞。普鲁士王国首相俾斯麦想发动一场战争。普鲁士王国国王威廉一世也制止不了这场战争。而法国皇后欧仁妮也向往一场战争。她指着自己的儿子说:"为了使这个孩子能够当上皇帝,战争是必要的。"在拿破仑一世时曾缄口不言的主张和平、善良而又知名的人道主义者们,这时出来向拿破仑三世进谏,促使他注意万一战争爆发将造成的人口损失。可是,拿破仑三世也鬼迷了心窍。这位留着小胡子的君主秘密地下达了作战的命令。和平只是短暂的,战争的乌云又重新弥漫了天空。

这期间,儒勒·德·龚古尔病逝了。左拉立即写信给爱德蒙,表示慰问。信中说:"他虽然死了,不是还有许多沉默的公众欢迎他的最真实的作品吗?是艺术毁了他!"朋友式的悼念比那世俗的形式更为感人。爱德蒙同样是一个富有感情的人,他深受感动,于是根据儒勒生前的意愿,要求左拉"把他们之间的并不十分亲密的书信来往的关系变成莫逆之交"。爱德蒙在信中说:"在我弟弟病重,乃至于绝望之中,您的关于《翟维赛夫人》的几篇文章给他带来最后几天的欢乐。为此我万分感激您,这将是我们友谊的美好记录。啊!先生,六个月以来,我一直痛苦着,我是多么不幸啊!我心中永远存留着儒勒在弥留之际和停止呼吸之后那两只眼睛里流露出来的忧伤,唉!我从未见过一个死人的脸上有着他那样对生活的痛苦的留恋表情。一切属于您。爱德蒙·德·龚古尔。"

左拉不寒而栗。

一八七〇年七月十三日,人们看到了从埃姆斯发出的电讯消息①。

骄傲的法兰西帝国把从埃姆斯发来的急电看作奇耻大辱,拿破仑三世使整个国家在出兵西班牙之后,又投入新的战争。但是,他没有注意到,他们已经晚了四年,并且这是俾斯麦设下的圈套。靠政变上台的贵族政府固执而又愚蠢地向失败冲去,仿佛去寻欢作乐,去跳四对舞,而从未意识到这骷髅舞的内在含义。将领们声称:"我们已经准备好了!"可是,七月,在沙道利,三百骑兵在不到三分钟的时间里被普鲁士的新机关炮

---

① 普鲁士国王威廉一世在埃姆斯疗养期间,法国大使与他会谈,并达成双方都认为满意的决议。但俾斯麦为挑起战争,将决议电文中有意和解的字句删去,伪造出一份对法国带有侮辱性质的电文,并送交各国驻柏林大使馆,在报纸上公开发表。俾斯麦说:"对高卢牛来说,这将是一块红布。"

和利飞①全部消灭。这有什么可怕的！向柏林进军！左拉在这样的愚蠢行动面前惊呆了，愤怒了，并预感到这将是一场不可逆转的灾难。这时他正与路易·乌尔巴赫主办的《钟声报》合作。战争使左拉不得不走出书房。

一八七〇年八月五日，在危机严重，全民总动员的时候，左拉在一篇题为《法兰西万岁！》的文章里却呼吁和平！

……在此时此刻，在莱茵河两岸，集结着反帝国的五万名将士。他们不要战争，不要常备军队，更不要把整个民族的生命和命运交给一个独裁者的可恶政府……

共和国就在莱茵河那边……她有五万名英雄；她将夺取胜利。而我们，我们将为他们的胜利而欢呼。他们将是最勇敢的人。他们凯旋归来之日，将会对我们说："法兰西不再受普鲁士人的威胁了。现在把法兰西从她的其他敌人手中解救出来吧！"

这篇文章，如果时机有利的话，也有可能和《我控诉》一样具有同等重要的意义。它同《致共和国总统的公开信》一样，具有先见性，具有勇敢和革命的精神。然而，法兰西这时什么话也听不进去了，即使是历史学家也无法阻止她的愚蠢行动。这是错误的，但事实就是如此。

年轻的新郎被指控，说他"煽动对政府的不满和仇恨，蛊惑人们违逆法律"。如果帝国不是很快就倒台了的话，左拉的命运就凶多吉少了。左拉虽然主张和平，但当法国人民起来为保卫祖国而战的时候，他也想参军作战，不过因为他眼睛近视，国民自卫军不肯接受他入伍。当军团开往前线而仍然阻挡不住普鲁士的进犯时，左拉绝望了。八月二十七日，他给爱德蒙的信中说："这场可怕的战争打掉了我手中的笔。"

---

① 一种装有二十五只炮筒的火炮。——原注

皇后为了使其儿子将来能当上皇帝，威逼拿破仑三世骑马上前线，不获胜利不许回宫。结果色当一战，皇帝及其十多万将士全部被俘。第二帝国到此结束。第三共和国宣告成立。在共和国创建人当中，有左拉的朋友克列孟梭和阿蒂尔·朗克。可是，左拉并不为此而高兴，他的妻子甚至感到恐惧。

从艾克斯传来了消息，说那里发生了革命，其实只是一场换汤不换药的骗人把戏！九月四日，艾克斯的共和党人进入市政府，并重新任命了一批官员，其中有左拉少年时代的朋友巴耶和他的知心朋友塞尚的父亲，银行家塞尚。人们把生铁铸成的皇帝塑像如同死尸一样抛在喷水池里，让它在那里生锈。在艾克斯，人们也郑重宣布成立共和国。瓦拉布雷格和巴耶离开巴黎，到艾克斯去鼓吹抵抗运动，并且起了个"自由射手"的名号。左拉耸耸肩膀，不以为然。加布里埃尔坚持不走。左拉的母亲也愿意留在巴黎。可是，普鲁士人即将兵临城下，怎么办呢？

一个月前，左拉力挽战争狂澜的企图被事实击得粉碎。九月七日，左拉全家离开首都，搬到马赛郊区的埃斯达克。这是一个地处地中海海滨的小城镇。埃米尔又和塞尚在一起了。

塞尚背着父母，与奥当斯·菲凯一起也住在这里。他仍在作画，对目前时局的急剧变化置若罔闻。法兰西将士在东部战线浴血奋战，而他却在这里进行他的色彩革命！

塞尚的这种态度令人敬佩，然而也使人反感。左拉在这样的环境中，深感孤寂，坐卧不宁。他想搬到举目可以望见屋顶和船帆的马赛去。可是，塞尚出面劝阻说：

"不要到马赛去，埃米尔！你没有那些残暴的人所具有的愚蠢思想。这不关我们的事。我是画家，那么，我就作画！你是作家，那么，你就写作！这是再简单不过的道理了。"

然而，对左拉来说，事情并非如此简单。他精神上受到压抑和折磨，他无法工作下去了。平日善于忍受烦恼的左拉，这时却不免潸然泪下。当然，他对那地中海，那奇异的夜色，那沁人肺腑的海风，还有那可口的普罗旺斯鱼汤和茴香狼鱼，不是无动于衷的。但是，他为自己贪恋这微不足道的安逸和欢乐而感到羞辱。他凝视着塞尚。有时，塞尚像是一个可怕的陌生人。

埃斯达克……

马赛远郊的一个小镇，背山面水，后面是山崖环抱，前边是一片海湾。沿着海湾两侧，山崖向前伸延，一些岛屿横卧在海湾中，仿佛是一排屏障。因此，眼前的海变成了一个广阔的池塘，在天晴日朗的时候，它又是一个湛蓝色的湖泊……每当烈日当空，海几乎变成了黑色，好像在两只石头的臂弯里入睡了。而那岬角的白色岩石，在阳光照晒下，成了黄色或者棕色。红色的土地上点缀着几株深绿色的松树。这是一幅广阔的画卷，在刺眼的烈日蒸烤下，仿佛要升腾起来。

到处是一片带有血腥味的喧嚣，而这里却是希腊似的宁静。

左拉劝说塞尚：

"保尔，我们还是一起到马赛去住吧。"

在马赛，也像在艾克斯一样，革命也在滑稽可笑的形式下进行。游击队员们和市民们涌上街头。共和国轻骑兵和自由射手们打扮成海盗模样，转动着可怕的眼睛，在街上游行。从五月美人小酒店涌出一群惶惶不安的人。马赛在沸腾的气氛之中，起来与图尔和卢瓦尔地区抗衡，企图使自己变成共和国的首都。它在法国六角形的土地上，感到孤独，但是又瞧不起那些被普鲁士人打败的北方佬。三百名国民自卫队队员在新省政府的长靠背椅上打着鼾声。马赛为这场闹剧付出了高昂的代价。这场闹剧的头面人物是埃斯基罗斯。他五十五岁，是议员、省长，曾写过一些荒诞无稽的作品，诸如《殉道守节的女人》、《疯狂的处女》、《智慧的处女或为自由而牺牲的烈士的故事》等。他用拉马丁式的奇特腔调读了罗讷河流域和阿尔及利亚十五省宣言。"南方各省的法兰西人，拿起武器来！"加里波底，一个热那亚水手的儿子，过去西西里岛的征服者，这时乘船来到了马赛。这是一个胜利。

明天，将有五十万人汇集在瓦朗斯平原之上。或者差不多如此！埃斯基罗斯取缔了反对革命的报纸，驱逐耶稣教徒，筹备成立公社。但是，正当这位具有无上权力的人踌躇满志的时候，接到了甘贝特的一封语气冷淡的电报。甘贝特是一个小市民的儿子，祖籍热那亚，是法国北方（加奥尔）人，过去是律师、马赛议员、共和派领袖，后来又成为临时政府首席代表、内政部长和国防部长。电报中说："我接受您的辞职。"随后派去一个人：马克·杜福莱思。又是一个作家。十月十七日，杜福莱思乘火车到马赛，本以为在车站会受到欢迎，谁知竟成了人质！后来，人们又将他折磨致死。埃斯基罗斯万岁！处死甘贝特！"我们全体发誓：宁肯烧毁马赛城，也不能让埃斯基罗斯离去！勒鲁（签字）。"埃斯基罗斯的朋友们、共和党人、社会主义者和勇敢的人，也有靠妓女为生的男人、地痞流氓、一贫如洗的穷汉，这一群形形色色的人联合起来了。

左拉并不是在巴黎，而是在马赛，在人们带有蒜臭味的狂呼乱叫中预感到溃败即将到来。

十月三十一日，传来了梅斯陷落的消息。"梅斯投降了，可马赛是永远不会投降的！"在马赛，自由公社宣告成立。克吕兹雷将军是法国旧军官，一八六〇年在加里波底军队里任上校，南北战争时北方部队的将军，曾加入新成立的共产国际。他从里昂监狱出来后，来到罗讷河流域，叫嚷要"打到边境去"！事实上，克吕兹雷是想通过暴动来抢占南方，以对抗甘贝特和第二帝国。人群跟随他一直走到麦勒昂林荫道。在那里，突然响起了枪声。是一个神经过于紧张的人干出来的蠢事！邮局局长和他的妻子被打死。听见枪声，人群立即溃乱。

第二天，让特露面了。他是一八五一年的老议员，甘贝特新近任命他为罗讷河口省省长。他是为了结束马赛的这种混乱局面而来的。让特在腹部挨了一枪，但是，他没有退步。这就足够了。马赛的所谓革命到此结束。

当埃米尔去埃斯达克看望塞尚，并把一些消息带给他的时候，他却发火了，原因是瓦拉布雷格竟然成了艾克斯国民自卫队的中尉！同时他的父亲竟亲自给瓦拉布雷格带上共和战刀！

"一八四八年的革命党！一群政治企鹅！"

左拉思考片刻之后，给塞尚念新闻通讯，试图使塞尚理解当前的形势。唉！《卢贡—马卡尔家族》离左拉已经很远了。小说家不再体验他人的生活，现在他被迫要为自己的生计而到处奔波了。

大城市都不再接受临时政府的管辖了。工人们企图为一八四八年革命失败而报仇雪恨。左拉不得不在这种使人民濒于死亡的大混乱中谋生。他找到了过去曾委托他写《马赛的秘密》的阿尔诺和马利尤·卢。他们合伙创办了一种报纸——《马赛曲报》。左拉站在让特一边。他反对过激分子。他很有可能成为制宪会议议员的候选人。

不幸的是，他们的报纸几乎濒于破产了。于是，左拉又梦想成为艾克斯专区的区长。可是，艾克斯已经有一个区长了。

谁任命的呢？让特也一无所知。人们向内政部询问，想知道是甘贝特任命的还是埃斯基罗斯任命的。可是，迟迟不见回答。左拉的生活开始拮据起来。为摆脱困境，他毅然决定去波尔多。心情烦乱的左拉，登上了没有准确钟点的火车，和一些平民百姓一起坐在三等车厢里。严寒袭击着没有防御设施的南方，左拉在车厢里不免瑟瑟发抖。他从马赛到塞特，然后再换车到蒙托邦。从车窗向外望去，橄榄树已经披上了银装。然后，他又从蒙托邦换上了去波尔多的列车。迎接他的将是大西洋的冷雨和寒风。

十二月十二日，他抵达波尔多城。他投宿在孟德斯鸠街的蒙特雷旅馆。安顿停当之后，他在市剧院的拱廊下徘徊了很久，然后用他身边仅有的几个法郎在萨朋芳饭店吃了一顿午饭。

波尔多并不像马赛那样经受过革命的洗礼。这里是屈辱政府的偏安之地。城市里聚集着一批法官、记者和腐败无能的政客。左拉做出了迅速而明确的判断：

到处好像都人满为患……在这里，工作似乎很难找到。有时，人们拿去阿尔及利亚来给我泼冷水，说在军队的后勤部门或随军部门还有空缺。我认为必须在这里停留一个月，以便不断地和各部保持联系。我想最终会得到安排的。

左拉并未放弃成为区长的想法。在政府方面，他恳求马利尤·卢去向让特求情。同时，他还求阿蒂尔·朗克给省里去一封急信。左拉过去在克列孟梭主办的《劳动》杂志社与阿蒂尔·朗克相识，后来二人又共同在《论坛报》工作。朗克曾遭流放，现在被甘贝特任命为安全总局局长。

提起此事是在九月，可到十二月人们才开始着手进行活动。左拉白白浪费了三个月的时间。朋友们为他举荐：

"亲爱的让特先生，有人对我说，艾克斯的区长即将离职。如确有此事，请允许我向您举荐埃米尔·左拉先生来补这个缺。"

让特回答说，位子并未空出来。另外一个人已经被任命，补充了这个位子。十二月十六日，《马赛曲报》停止出版了。十九日，左拉的衣袋里仅剩下了三个法郎。一天，他突然发现格莱·毕佐旺从他面前走过去。他跑过去把格莱叫住。格莱七十岁，议员，极左派，是一个纯正的人。当时他是政府成员。他决定录用年轻作家左拉为他的秘书。数日之后，左拉口袋里装着这样一封信："一八七一年一月十三日　波尔多　国防政府：请卢塞先生付给我的秘书左拉先生十二月份津贴五百法郎。格莱·毕佐旺。"该是请母亲和妻子来波尔多的时候了。

十二月二十一日，他写信请加布里埃尔和他的母亲埃米莉到波尔多来。她们在给他的最后一封信里还在嘱咐他千万不要着凉。左拉在信中说：

"我已经是一个接受人们致敬的人物了。"

另外，关于他家的狗贝特兰，他也做了嘱咐："在必要时，请你们给火车司机两个法郎，请求他允许将贝特兰带到车厢里面去，以免它着凉得病。"

他独自一人在波尔多过圣诞节，"像一个受难的灵魂到处游荡"。

加布里埃尔和埃米莉终于来到了波尔多。由于下大雪，她们在弗隆地尼昂，那盛产麝香、葡萄的地方被迫停留了一天。在此期间，在艾克斯，左拉和塞尚一起被告发为革命的逃兵。这是故乡对他的盛情！马利尤·卢在一八七一年一月四日给左拉的信中具体地谈到了这件事情："几个绅士曾告发过塞尚。可能塞尚对他们讲过，他曾和你一起在埃斯达克住过，可是自从你离开那里之后，他就不知道你的下落了。还是这几位绅士，甚至连你是已婚还是独身都不了然，就把你作为逃兵给告发了。"

左拉对此毫不在乎。现在他担心的是他在巴黎巴蒂尼奥勒的住宅，害怕被征用了。他从保尔·阿莱克西那里得到一些消息。这个愚蠢的阿莱克西，连信也写得不太清楚！

巴蒂尼奥勒并未受到炮击，不过您的住宅的一部分已经被政府征用。在巴黎被围期间，安排了一户逃难的人家。我几经交涉，毫无用处。亲爱的埃米尔，这是一大家子人呢！有父亲、母亲和五个孩子！……不过，为了使您放心，我应该尽快告知您：只允许他们占用一层的房间。马奈的油画，您的银器和您走时放在桌子上的各种东西，我都搬到二楼去了。

这户难民仍然住在您的家里，看上去他们似乎觉得住在这里很不错……请您在适当时机，用适当的方式，把这些告诉给两位左拉夫人……

一八七一年二月九日于巴黎

这封来信使左拉坐立不安，然而他是一个软心肠的人。他对表示不满的妻子说："五个孩子……唉，五个孩子！这是战争时期呀，加布里埃尔！"不过他依然挂念着他的玫瑰和葡萄。他寄给保尔·阿莱克西五个法郎，让他转交给花匠，请求花匠着意保护。

左拉一直没有创作的欲望。专区区长的职务仍然在吸引着他。后来，格莱·毕佐旺出面为他谋得了柏约纳区区长的位子。然而，他没有成为一个区长，虽然有了位子，可他并未到任。此间，他与《钟声报》取得了联系。令人喜欢同时也令人诅咒的新闻事业又抓住了他的心。

与《钟声报》的合作，使左拉的卓越的记者才能得以充分施展。尽管记者这一职业常常使他烦恼，然而，当事变将他推到了这个位置上的时候，他也因而变成了一个令人仰慕的历史见证人：

我从国民议会第一次会议的会场走了出来。人们应该知道，波尔多剧院改成了议会大楼。请您想象一下烈日下的教堂。下午两点钟的时候，人们走进教堂去，里面也是满眼阳光，那是一种什么景象？而现在，人们来到了三个分枝大吊灯照射下的大厅。台下是一排排漆成红色的长椅；台上的幕布已经拉开，在正中央摆着一个讲坛，后面是一排蒙着红色桌布的长案。就在这样的地方，法兰西将被处决。人们在阴暗的角落里寻找着刽子手。

左拉眼看着毒瘤在法兰西受伤的躯体里扩散。在甘贝特，一个浪漫的共济会会员，和对继续进行一场注定失败的战争感到厌恶的人民之间产生了隔膜。通过临时政府的平庸、缩手缩脚的行为和对和平的恐慌，左拉预感到法国面临着更大的灾难。

各省议员对加里波底忘恩负义，甚至连谢意也不肯表示的态度，使左拉感到气愤。他见到了作为巴黎议员的雨果。这次与他少年时代所崇奉的神明相遇，他十分激动。在国民议会上，雨果就站在他对面的讲坛上讲话。"请大家回想一下查理十世和路易·菲利浦时代的乡绅们，他们精心地保护着自己，尽管他们身上仅仅盖着薄薄一层尘土。"他抓住了要害：

"应该对大家指明的是，弗洛盖①在开始他的质询发言时，开头也用的是这三个字：'公民们'！当时这洪亮的声音在整个大厅里像雷鸣般震响，难道这些人真的拥护共和制吗？"

梯也尔是法兰西共和国临时政府的首脑。左拉是这样评价他少年时代所崇奉的另一位神明的："清醒，健谈，是一个杰

---

① 弗洛盖（1828—1896）：法国政治活动家，1888年曾任内阁总理。

出的法国人，他就是法兰西。从来没有一个人能像他这样把我们国家的普遍特点高度地集中在一个人身上。"但是，左拉提醒自己，不去求助于他，即使在穷困难支的情况下。可是，这该多么愚蠢啊！奥尔良的王公贵族们不怀好意地在利布尔纳游荡……而巴黎人和外省的百姓却一步步走近失败！左拉用士兵的观点来看待现实：

人们仿佛刚做完一场恶梦；好像在一个漫长而又寒冷的冬天，还蜷缩在一个到处是雨雪和泥泞的战壕里，而且死亡的念头已经凝固不变（1871年1月22日）。

波尔多的一段插曲结束了。可是，正当他整理行装准备回巴黎时，他得知《卢贡家族的命运》的手稿，在《世纪报》社付印过程中丢失了。然而，命运的劫难抵不过他的个人意志。三月四日，他给保尔·阿莱克西的信中说：

"我们统治的时代到来了。和平已成为事实。我们将成为明天的作家。"

三月十四日，左拉和母亲、妻子以及他们的爱犬贝特兰一起回到了巴黎。

由于偶然的机会，人们发现左拉的手稿遗失在印刷所校对员的桌子上。于是，《世纪报》又继续连载《卢贡家族的命运》这部长篇小说。左拉几乎是欢喜若狂了！多么可怜的人。

同一天，在蒙马特尔，勒孔特将军被人从马上拉下来，拖到红堡，然后又拖至罗西耶尔街六号，即现在圣心堂圆室的后面。一八四八年六月，曾向人群开枪的克莱芒·托马斯在街上偶然被人认出，也被拖到那里。在一个紫丁香开始开花的花园里，克莱芒·托马斯被排枪击毙。一个曾受过惩罚的士兵，一枪将勒孔特打得脑浆迸裂，扑倒在地，他的大战刀插进了他的身体。而当夜幕降临的时候，一群女人在哄然大笑。

啊,不!和平并没有成为现实!

人民不接受拿破仑三世的军事失败,不接受甘贝特的政治失败,也不接受梯也尔的外交失败。巴黎人民奋起反抗了,这就是著名的巴黎公社运动。左拉被卷进火热的斗争旋涡中去。五月初,他停止了他的活动,差一点做了临时政府的人质。

他是从三月二十二日开始和凡尔赛取得联系的。

每当我从这些令人悲伤的会议走出来,外面的新鲜空气使我的心胸清爽许多。我无论如何也不能使自己习惯于这个闷热、被煤气灯照耀得通明的大厅。

这就是作为一场悲剧的背景的地方,在这里,左拉看到精明的梯也尔先生带着恶意的微笑,向议会宣布反公社战线所取得的成就;而那些议员早为巴黎公社急得跺脚了,他们为这个"残忍的侏儒"欢呼。

议会里只聚集着一群蠢人。议会是一头胆怯的野兽,它不肯向前迈进一步,因为有一棵大树挡住了去路。议会想得到巴黎,然而巴黎却被捆绑起来。巴黎屈服在一个昏君的脚下。巴黎既没有了武器,也没有了自由。

左拉既蔑视议会的腐败无能,又为巴黎公社的粗暴而恼怒,在这两种感情之间,在这两部分对立的人群之间,左拉经历着痛苦的折磨。是的,事实的确如此。这两种对立的矛盾着的感情又互相影响着、渗透着。直至三月三十日,他每天都是从他家出发到凡尔赛去。有一天早晨,一位国民自卫队队员在圣·拉萨尔火车站拦住了他,他提出抗议。自卫队员风趣地对他说道:

"右岸的火车停开了,而左岸的火车正在运行。那么,请您到蒙巴纳斯火车站去上车吧!"

临时政府的荒谬与腐败激怒了左拉。在议会里，一个神情慌乱的人竟提出把所有的健壮的俘虏一律流放到阿尔及利亚去！人们嘲讽巴黎各区的区长们胆小怕事，尽管他们为了避免更坏的局面而做了力所能及的事情。四月三日，对巴黎公社的镇压开始了。今日镇压起义者的胜利掩盖了昨日对普鲁士作战失败的耻辱。

同室操戈，何等愚蠢！而我们还要嘉奖那些杀害公民最多的刽子手！外面，天空一片灰暗，在凡尔赛宫的门口即可听到排枪发射的声音，这声音时隐时现，像从远处传来的车轮碾压路面的隆隆声。……在今后的八天里，已不再是红色恐怖，而是白色恐怖了……凡尔赛的胜利将使我不寒而栗……以后在巴黎的大街小巷，人们将谈论说，我们这座伟大而可怜的城市变成了强盗的巢穴。

这是左拉在凡尔赛写下的想象，而在巴黎却成了血腥的事实。这就是"流血周"。左拉的记者工作越来越难以继续下去了。后来他的文章变成了一种纯消息的报道。从四月八日开始，他不再署名。

在凡尔赛宫附近，左拉看到载满被俘的巴黎公社战士的车辆。这些被俘的人，衣衫褴褛，有的怒不可遏，有的坦然自若，但都表现出对龟缩在路易皇宫里的资产阶级老爷们的刻骨仇恨。这仇恨撕裂着左拉的心。他的心，一部分拥护和平，同意政府接受对普鲁士作战失败这一事实，而另一部分却把梯也尔血腥屠杀的造反者们看作是自己的亲兄弟，这一点就连他自己也说不清楚是因为什么。他看见人们把俘虏分成五十人一组，然后一组一组地送到年轻的特派员马塞那里去。左拉听到从远处传来的枪声，有如芒刺在背，难以平静，他仿佛总是听到有一个女人在歇斯底里地大笑。

有一天,他对年已花甲,长着一副守门犬一样忧郁嘴脸的国防政府副总理、外交部长儒勒·法夫尔说道:

"您回巴黎,要趟过没膝的血的河流!"

左拉在凡尔赛实在待不下去了。一个种菜的农妇,不顾禁令,赶车到巴黎去卖菜。于是,左拉坐上了她的马车。人们在后来他写的《巴黎之腹》中可以找到这个情节。在路上,他们被凡尔赛方面的军人拦住。军官让农妇把马车赶了回去。左拉出示了他的国民议会证件之后被放行。他孑然一身,带着一把雨伞,穿过了两军对峙的中间地带。到了克里尼昂古尔门,他见到了巴黎公社战士。他们是自由散漫的,然而很严厉。左拉通报过姓名之后,人们放他过去了。他登上了蒙马特尔高地。在那里,人们可以花两个苏在平地上租一个座位,观看山下的血战。他们边观看边啃着面包充饥。一个女人在开怀大笑,她说不定就是三月十八日人们在罗西耶尔街杀害勒孔特和克莱芒·托马斯时哄然大笑的那个女人。当人们将一个英俊的、长得像圣徒模样的公社战士瓦尔兰用石头砸死的时候,又有一个女人歇斯底里地大笑。瓦尔兰是在冒着生命危险,到哈克绍街去营救作为人质扣押在那里的同志时被抓到的。左拉倒在一条凳子上哭了,伤心地哭了,像孩子似的哭了……

山下不时传来隆隆的炮声。

左拉走下山来,朝着巴蒂尼奥勒走去,朝着他那围着柳墙的小庭院走去。

三

外表刚毅和感情脆弱形成鲜明对比的左拉重新伏案工作了。

他开始创作《卢贡—马卡尔家族》系列小说的第二部和第三部。这时，《世纪报》社已分册出售他的《卢贡家族的命运》。

"该书是系列小说的其中一部。"左拉说。《卢贡家族的命运》是《卢贡—马卡尔家族》这部系列小说中的一部，它既属于统一的主题，又是独立存在的一部小说。《卢贡—马卡尔家族》讲述的是患有精神病的阿得拉伊德·胡格，由于遗传，给她的后代造成的深重灾难。胡格的父亲死于疯病。胡格，即第德大婶，生于一七六八年，后来嫁给她家的仆人，下阿尔卑斯地区的农民卢贡；卢贡死后，她又找了一个情夫，"喝醉了酒斜着走路"的马卡尔。《卢贡—马卡尔家族》中的所有人物或多或少地受到这两位精神病患者和酗酒的先辈的遗传影响。

一八五一年末，路易·波拿巴发动了政变。卢贡一家所居住的普拉桑（艾克斯）城分裂成两部分：郊区的共和派和市区的正统派，后者多是有产阶级，幻想着实行专制制度。卢贡一家即属于后一种人。在卢贡的子孙后代中，有阿里斯蒂德·萨加尔，莫雷教士，欧仁·卢贡是个部长，还有绮尔维丝，即后来《小酒店》里的绮尔维丝，是左拉塑造得最为成功的人物之一。

以各种人物为基础，这部多卷小说的故事就开始发展起来了。绮尔维丝的儿子艾蒂安·朗蒂埃在《萌芽》中开始走上了革命道路。他的弟弟名叫克洛德·朗蒂埃，即《作品》中的克洛德。他不但在精神上，而且在外表上和他的母亲十分相像。精神病基因遗传开始向天赋方面转变。而雅克，即《人面兽心》中的活跃人物，在左拉胸中已经酝酿两三年了。

阿得拉伊德·胡格在和马卡尔姘居之前，和卢贡生了一个儿子，即皮埃尔·卢贡。他长大后，控制了母亲和家庭，成了一家之主。他娶了本地的一个娇小的黑姑娘弗利希德为妻。后来，他受儿子雨瑟及其儿媳的蛊惑，开始政治投机活动。在路易·波拿巴发动政变之后，乡下共和派农民也揭竿而起。整个农村在陈旧的争取自由的口号声中苏醒了。"有如重锤下面的战鼓，整个农村都震动了，以至五脏六腑都在颤抖，到处回响着国歌里的火热词句。"但是，皮埃尔·卢贡拯救了秩序，拯救了家庭，也拯救了宗教。路易·波拿巴政变成功后，自封为皇帝，称拿破仑三世。皮埃尔因支持政变有功，北上到了首都巴黎。于是，他成了新帝国的一员，从此卢贡一家飞黄腾达。但是，《卢贡家族的命运》，对左拉来说，还包含着其他的内容。它也是描写米埃特和西魏尔纯真爱情的小说，同时作者也在其中抒发了他的难以抑制的思乡之情。埃米尔回想起了西尔瓦坎死巷的两家合用水井。他仿佛还能听到那梧桐树下泉水流淌的哗哗声。

那两家合用的水井很大，但不深。在墙的两边，各立一块石头的井栏，呈宽大的半圆形。从井口下去三四米就是水了。那平静的水面映照出井的两个半月形的开口，墙壁的一条黑影将这圆月一分为二。

左拉"望着"，想着，往昔的一些人物形象浮现在他的眼前。西魏尔在思想感情方面是与他一致的，而在外表上却与菲利浦·索拉利相像；米埃特像菲利浦的妹妹路易丝，即"小红帽子"。这并非是传记作家的牵强附会。亨利·密特朗曾在国家图书馆找到了左拉的详细笔记：

米埃特，年轻的农村姑娘……几乎与西魏尔一般高。她只有十六岁。南方明媚的阳光抚育她成长。她正值少女和少妇之间的美妙时期（可供描绘的迷人的美好时候）。她热情，天真无邪；她的半个贱民的身份使她保留着那个阶级的一些恶习。阳光晒黑了她的脸，可西魏尔有一天却看见她有一个白皙的脖子。漂亮而又健壮：圆脸，天生卷曲的黑发盖着她那狭窄的额头，嘴唇稍厚，并且红润。农妇打扮（路易丝·索拉利）。

米埃特既是路易丝，"小红帽子"的化身，也是普罗旺斯所有的姑娘们以及左拉所不熟悉的情侣们的代表。所以左拉满怀着感情，挥笔写下了这部小说。

一天早晨，西魏尔起得非常早，他去为第德大婶挑水。来到井边，他机械地弯下身汲水。当他抓住井绳的时候，他的身子抖了一下，然后躬着腰停止不动了……

左拉弯着腰，心怦怦乱跳，一动也不敢动，他"看到"：

在井的底部，有一个年轻姑娘的头，满脸含笑地望着他；他摇动一下井绳，被搅动的井水变成了一面模糊得什么也看不清的镜子。他等待着井水重新平静下来，他一动不敢动，可心却跳得厉害……

左拉听到了自己心跳的声音，他激动得难以自制了。他沉浸在这迷人的景象之中，沉浸在他的创造里面：

随着水的涟漪的逐渐扩大和消失，他看到那人影又显现了出来……这是米埃特的那张笑脸。她戴着花头巾，穿着胸前系着飘带的白上衣，蓝色的背带……

"早晨好，西魏尔。"

"早晨好，米埃特……"

啊！我的路易丝，我的路易丝啊！

左拉无声地在他那发黄的稿纸上啜泣着。

从《卢贡—马卡尔家族》的第一部小说开始，作家的两重性就非常明显地表现出来了。描写社会生活时，他运用的是现实主义手法，而描写爱情时，他仍然是一个浪漫主义者。

《卢贡家族的命运》于一八七一年十月由拉克鲁瓦书局正式出版。出版后并未引起人们的注意，只有福楼拜在十一月份写信给左拉："您具有罕见的才能，是一个正直的人。"

左拉结束了战争时期那种颠沛流离的生活之后，又发疯般地工作起来。一八六八年至一八七一年间，他几乎没有发表什么文学作品。现在，他正在每年用一千法郎租下来的一幢小房子里奋笔疾书。他总是身着毛线衣和一条旧裤子，脚穿一双农民才穿的那种大头鞋。每当写完一章要休息一下的时候，他就去修剪草坪，为小菜园浇水，或者给贝特兰搭个窝，或者给母亲和妻子养的兔子做个笼子。他很少外出，除非去查找资料或者办理他的议会记者的事务。同时，他也不怎么去画家们聚会的酒馆了。弗雷德里克·巴齐耶的身影经常在他眼前晃动。要不是战争夺去了巴齐耶的生命，那么他肯定会成为新画派的一位大师的。每周星期四是给左拉的生活增加光辉的日子。这一天他在家里接待朋友们。随着生活日益宽裕，招待客人的菜肴也丰富起来了。除了传统的菜肴、甜食和小菜外，加布里埃尔还亲手做普罗旺斯海鲜汤。她只在白瓷吊灯的照耀下，亲自招待客人，为客人端上鲜鱼汤、烤肉、红酒洋葱烧兔肉和烤鸡、烤鸭的时候，才把围裙解下来。当拿到《卢贡》第一批稿酬的时候，埃米尔非常兴奋，几乎要叫布尔高涅的一个戏班子来演戏。他亲自下到地窖去，亲自在酒桶上开洞取酒，这是他生活当中最为快活的时刻之一。这时，他的母亲埃米莉·左拉却很少露面了。左拉和妻子要按着传统的礼仪轮流到她的房间里去请安问候。

塞尚又来到了巴黎。他这个"逃兵"过去住在一个朋友家，根本没有想到躲藏。到巴黎后，他在舍佛贺兹街索拉利曾经住过的房子里住了几个月。之后他搬到彭杜瓦兹，然后又到欧维尔。如果所有的法国人都能像左拉和塞尚那样顽强地工作，那么，法兰西将很快重新兴旺起来。可是，他们所做的和法兰西所做的该有多么大的差别啊!

在这一时期,左拉终于形成了他自己的创作方法。这种方法最初运用于他的第一部连载小说《马赛的秘密》。之后,这种方法几乎没有什么改变。后来他对意大利作家爱德蒙多·德·阿密希透露了他的写作秘诀:

我是这样写小说的,确切地说,并不是我写小说,而是让小说自己成熟。我不会编造事实,想象之类的事我是绝对不去做的……我决心使自己永远不要顾及主题。我开始写小说的时候,甚至不知道会发生什么事件,不知道什么人物会出现,也不知道怎样开始和结束。我只知道小说的主要人物,我的卢贡或者我的马卡尔……我思考他们的气质,他们的家庭,他们的感觉,以及他们所属的阶级。我决心使这些在小说里活动起来……

经这样的酝酿和材料准备之后,左拉说:

我用一条线索把这些材料和这些不连贯的印象贯穿起来。这是繁重而又费时的工作,然而我一直冷静地去做,决不运用想象,而是运用逻辑……根据人物的境况和性格,我寻找他们生活当中那些自然、合于逻辑、不可避免发生的小事件的直接后果……有时,只剩下两条线索需要联结了,只有一个后果需要推断了,然而我却无所进展。这时我就不再去想它了,因为我知道,想也是徒劳……而突然,一天早晨吃饭时,我正在想别的问题,却一下子把小说里的两条线索联结起来了,于是,整个小说的脉络就有如阳光照耀,一清二楚了……

左拉就是这样写小说的。他每天写上三四页或者五页,而且稿纸上很少有涂改的地方①。

① 例如在《三城市》的手稿(保存在艾克斯的梅雅纳图书馆)或《小酒店》的手稿(保存在国家图书馆)里,每页只有四五处改动。多是一些简短的删节,或者将时间、地点改得更为具体,或者减少重复。下面是两个具体

亨利·马西、亚历山大·泽瓦埃和其他人都指出过，左拉每写一部小说，需要有一大堆卷宗，其中包括几个部分。开始是关于主要人物和指导思想的材料；然后是所有人物的材料：自然情况以及记载各自性格特征的卡片；第三部分关于他们生活环境的调查；第四部分是读书笔记、有关剪报以及从朋友那里得来的情况；第五部分是小说的写作计划。

说得不错，左拉确实是这样工作的。他之所以使用这种办法，甚至还附带许多图解，是因为这样他可以明确地知道自己应该写到什么地方打住。在创作过程中，必须有所想象和发挥，这样必须要有一个框子，加以限制。

《卢贡家族的命运》出版之后，左拉全力以赴创作《贪欲》一书。从一八六七年起，他就着手写这部小说了。当时，他结识了阿尔塞纳·乌沙依和亨利·乌沙依父子。他们是在他们的博荣公馆里接待左拉的，那里聚集着巴黎各界人士。从一八七一年九月开始，《贪欲》在《钟声报》上连载。小说一发表，立即使当权者暴跳如雷。无数封控告信堆满了检查官的办公桌；检查官由于帝国效劳而变成为共和国服务了，但扼杀文学的使命却依然如故。检查官传讯了左拉，声称他并未读过《贪欲》一书，不想严办此事，但是左拉必须中止该小说在报纸上刊载，否则报纸将被查封。同时，他还给左拉读了几封控告作者诲淫、有伤风化的信件。

检查官装出一副歉疚的样子，假惺惺地说："事情并不见得怎么严重。"当然如此！人们所攻击的重点是下面一段话：

在秩序的沉寂中，在新政权高压的和平里，流传着各种各

例子：在《巴黎》第168页，他把"在愤怒和复仇的气氛下"改成"在罪恶和愤怒的气氛下"，显得更为有力了。在《卢尔德》第90页，他把"在散漫的冷漠的态度掩饰下"改成"缄口冷漠"。——原注

样讨人喜欢的传闻和甜蜜而给人快慰的允诺。这就像人们从一间小房子前走过，那里的窗帘故意留下一条缝隙，让人能看到女人的身影，并且从那里传出把金币扔在大理石壁炉台上所发出的脆亮的响声。帝国将使巴黎变成一个欧洲妓院。

如果事情只涉及左拉个人的话，他倒想冒一次险，然而还牵连着《钟声报》。于是，左拉向他的朋友乌尔巴赫建议道：

"不是共和国检查官，而是我自己请求您中止《贪欲》的刊载。"

接着，他又说道：

《贪欲》并非是一部孤立的著作，它隶属于一个庞大的整体。另外需要指出的是，这部书的第一部分已在帝国统治时期的《世纪报》上发表过，而从今后，如果我的作品遭到共和国检查官的禁止，我也将是毫不畏惧的！

在描写一些人由于耽于声色而"过早衰老"并且最终变成腐朽社会里男不男女不女（如勒内的情夫马克西姆）的过程中，从一个女人无所顾忌、热衷于冒险的气质和由于奢华、糜烂的环境使其欲望大加膨胀的精神变态里，体现了左拉对一个时代的深刻思考，他既抨击一种制度，也同样抨击一个阶级。这种制度虽然毁灭了，而这个阶级却依然存在。

但是，这样解释还是不够的。书中仍然存在色情问题，具体体现在勒内那撩人的形象里。即使把它置于当时的历史背景之下，人们也可以看出，这本出色的色情、暧昧、热烈、令人激动也令人疲倦的书是具有挑衅性质的：

他们度过一个疯狂的爱的夜晚。勒内具有男人的气质，但她多情而又热烈。马克西姆只好忍受着。这个长着金发的漂亮的中性人变成了一个大姑娘，有着一双少妇的奇妙臂膀，可是她的四肢长着浓重的汗毛，不过都刮去了；她像十八九岁的小伙子那样清瘦而强健。好像她生下来、活在世上就是为了在享乐中堕落……

很久以来，乌尔巴赫对他的合作者和朋友左拉就有自己的看法。但是，过去他并未以自己个人的好恶去指责《德莱丝·拉甘》。现在，他们俩开始交锋了。这一次，乌尔巴赫以同行和真诚朋友的身份，指责左拉诲淫。

"总是这句话！"左拉反驳道："您找不出别的话来评价我；可我认为这种蠢话并非出自您的口，您一定是从哪一个官场上弄来的……"

于是，展开了论战：

在法国，我们曾容许拉伯雷描写一切，正如人们在英国容许莎士比亚描写一切一样。一页写得好的书有它的纯洁的寓意，这寓意存在于它的完美之中，存在于具有特色的强烈的生活气息里面。

左拉顽强地回敬道：

我们的作品太黑暗了，特别是太残忍了，其原因在于为了迎合那些上流社会的读者，为了使他们开心……虚伪文学受到偏爱，并且给予重赏，而暴露文学却遭到那么多人的反对，大胆明白的风格使他们惶惶不安……

就《恶之花》①或《包法利夫人》②所提出的"有伤风化"问题是错误的。而对左拉来说，却是另外一回事了。作为生物的人已经进入了文学，并且是那样强而有力。对左拉来说，诲淫是指描写粗俗、下流、放荡不羁等。而资产阶级则把凡是揭示社会真相的描写统统说成是诲淫。

①《恶之花》是法国现代派诗人波德莱尔的诗集，出版后受到法院制裁，除被罚款外，还被勒令从原版上删去被认为有伤风化的《首饰》等六首诗。
②《包法利夫人》是福楼拜的一部长篇小说，是一部著名的批判现实主义作品，出版后激怒了政府当局，福楼拜受到"有伤风化"的控告。

在喧嚣一时的攻击声中，左拉无法取胜；也许他拒绝与检查官论争是错误的。难道论争真的能起到推销的作用吗？当时人们只卖出去一千册左右，可是关于龌龊的、不知羞耻的、以诲淫为业的左拉的传说倒根深蒂固起来。

这时为左拉出版《卢贡家族的命运》的拉克鲁瓦书局已经破产，并欠作者一大笔稿酬。尽管老板不愿如此，但也无能为力，只好负债。出版两本销路不佳的书就破了产，出版者也太软弱了！左拉还有一系列书等着出版呢！关心年轻同行的泰奥菲勒·戈蒂埃主动地向他的出版人沙尔庞捷谈起左拉。左拉怀着侥幸心理去见沙尔庞捷。沙尔庞捷的生计也十分窘迫，衣着破旧，常与妻子涉足于破烂市场。而小说家左拉此时的境况也是捉襟见肘，他不得不穿起旧衣服，其妻也不得不经常出入当铺。左拉向沙尔庞捷说明自己的处境，请求接受他的书稿。沙尔庞捷让他四十八小时之后听答复。

当时，在作家中间流传这样一句笑谈：“问问出版商们有没有灵魂？”沙尔庞捷是有灵魂的。这是一个正直的人，忠诚可靠，敢于冒风险。他答复左拉说，今后每年接受他两部小说，每月付酬金五百法郎。他还重新买下《卢贡家族的命运》和《贪欲》两部书稿，付款八百法郎。但是，他不同意作者在销售额中提成。左拉犹豫了一阵之后，还是同意了这笔交易。

我的视觉记忆是很强的，有着一种特殊的立体感……当我想起我曾经看到过的东西时，我会重新看到它们像实际存在于那里一样，看到它们的线条，它们的形状，它们的颜色，它们的气味，它们的声音。这是一种夸张了的记忆物质化；照亮这些东西的光线几乎使我头晕目眩，它们的气味使我透不过气来……

这种幻觉是真正小说家的标志。作家在这种幻觉中创作，他不仅依靠材料或者他所认为的记忆，同时也依靠由材料和记忆所引起的视觉感受。这幻觉使真实黯然失色,这幻觉使作者为他所虚构的人物的痛苦而哭泣,为他们的屈辱而羞愧,为他所创造的少女而燃烧……然而这种幻觉是很少出现的。在《巴黎之腹》中,作家这种奇异的功能表现得十分突出:

中心大菜市场像是……一部现代化的机器,庞大异常,像是某种蒸汽机,像是一个民族用来消化食物的大锅炉,它有一个巨大无比的金属肚子,它是用木料、玻璃和生铁制成的,用螺丝和铆钉把各部分连结起来;它依靠热能运转,摇动着轮子,发出震耳欲聋的声音……

通过一八六九年十月十七日刊载于《论坛报》上的一篇文章,人们可以知道左拉对这个中心菜市场迷恋到何种程度;过去,维尔麦桑曾领他到那里去过一次。这篇文章是《巴黎之腹》这部小说的雏形。左拉在最初的《卢贡—马卡尔家族》的计划中,并没有把这部小说包括进去。

您应当知道失眠之夜的可怕:热血在血管里奔流,仿佛有一些细细的针刺痛着肌肤和眼睛;彻夜不能合上的眼睛直直地盯着前面的黑暗。我在燥热的毛毯下辗转反侧。我害怕。

(对他的苦恼的精彩描写)

昨夜,我做了一场恶梦,仿佛有一块沉重的东西压在我的胸上,使我喘不过气来。醒来后,我赶紧穿好衣裳,走下楼,来到街上。时钟响了四下。外面还是浓重的夜色……在天将破晓的时候,巴黎城是暗淡的。人们还没有来得及给它梳洗打扮……我走在马路上,不时听到行驶着的马车发出的声音。我循着这些马车留下的辙痕向前走去,一直走到了中心菜市场。

在那里,成群结队的人们向灯笼和煤气灯发出的暗淡、摇曳的光亮里奔去……在半明半暗中,我隐约看到一堆堆发红的肉、一筐筐闪着银光的鱼和堆得像小山一样的白绿相间的蔬菜。

(商贩眼中的一幅绝妙的静物画)

我仿佛看见狂欢筵席正在准备之中。我发现有一群人在一个阴暗的角落里蠕动着,高悬的灯笼把昏黄的光撒在这群人身上。孩子、女人和男人都伸出手,在地摊上翻拣着。我想,那一定是减价出售的零碎肉,所以穷苦的人们才都拥向那里。我走近前去。那些我以为是卖零碎肉的摊子,原来是一堆堆三色堇花。洋溢在巴黎大街小巷的诗情画意原来也摊在这泥泞的人行道上,拥挤在中心菜市场那些大量的粗劣食物中间。

失眠、害怕、黑夜、人群、肉类、鲜花、爱情和少女,在无辜者喷泉,在中心菜市场!这是一些什么样的素材啊!

在《巴黎之腹》中,左拉加进了隐喻的成分。后来,他就走得更远了。消化食物的机器依然还是个机器,只不过半人化就是了。可后来它又很快变成了魔鬼。左拉奇特的诗一般的幻想始于中心菜市场。后来,蒸馏器成了《小酒店》的人物,《萌芽》中的矿井沃勒、《家庭琐事》里的楼梯和《人面兽心》里的火车头丽宗等都人格化了。人们拿中心菜市场的具有五脏六腑的机器和丽宗相对照,一下子就看清了左拉在后来二十年间所走的道路。在《巴黎之腹》中,隐喻还只是存在于小说的标题上,而在《人面兽心》里,它就存在于整部小说之中了。

丽宗仰天摔倒了,肚子也破裂开来,蒸汽从那打开的开关和破裂了的管子泄光了,呼呼喷出去的蒸汽就跟一个身材高大的女人的强烈的喘气一样……轮子朝天,活像一匹庞大的牝马,被一个猛兽的角凶狠地一下子撞得七零八落,丽宗的那些扭坏了的传动杆、破裂了的气缸、损坏了的滑阀及其偏心轮都暴露在外面,一个骇人的大伤口朝着天空张开着,灵魂从那里不住地向外飘走了，并且发出极度绝望的爆裂声。

左拉这时尚处于过渡阶段。在书中某些段落里，他仍然热衷于浪漫主义。在由蔑视而攻击浪漫修辞手法的过程中，他无意之中创造了另外一种浪漫修辞，并且非常出色地描绘出了著名的"干酪交响曲"：

在那里，在按斤两出售的涂有黄油的面包旁边，在甜菜叶子之上，摆着一大块康塔尔干酪，仿佛是用斧头砍下来的一样；接着，是一块柴郡干酪，金黄颜色；一块瑞士格律耶尔干酪，像一个从原始的大车上掉下来的轮子；之后是几块荷兰干酪，圆圆的像砍下来的人头，因为上面好像还留有干涸了的血迹，再配上那脑袋一样的破壳，人们称它为死人脑袋……三块布里干酪置放在几块圆木板上，黑胆汁一样的颜色，其中两块是圆圆的，干硬的；第三块是半块，从里面向外流淌着白色的奶油，摊在那里像一个小湖，弄脏了那下面的薄薄的小木片，人们即使靠那小木片的帮助，也无法制止住奶油的流淌……羊奶干酪扣在水晶玻璃小盅下面，显出一副高贵的气派，那大理石般的油汪汪的表皮上有着蓝黄相间的条纹，就像那些富人吃多了块菰而得了那种见不得人的病一样；在旁边，在一个盘子里，摆着几块山羊奶酪，大小像小孩的拳头，灰白颜色，又干又硬，看上去令人想起公羊领着羊群走在多石的山间小路上，蹬下山来的石头蛋蛋。臭烘烘的气味开始散发出来。

左拉在不久之前下了赌注，并且获得了成功："应当描写这些。"他用大师的浓重色彩描绘了中心菜市场。因为他是一个嗅觉灵敏的人，嗅觉极其有力地帮助了作者的幻想。

《巴黎之腹》这部书只印刷了两次，作者和出版者都大失所望。但是，他们还是坚持下来了。他们从长远观点出发，印出的数量是不少的；货币的稳定为他们这样做提供了必要条件。《巴黎之腹》出版后，引起的反响多是通过书信形式表现出来的。于斯曼①在信中讲述了他的喜悦之情。而自称"正派天主教徒"的巴贝尔·多尔维利却十分恼火："这部小说使我怒不可遏！"年仅二十一岁的保罗·布尔热②尽管是左拉的崇拜者，也在信中表白了他的遗憾："在左拉笔下，内心世界是不存在的。"一个如此年轻的读者，能做出这样敏锐的批评，实在难得。那些对该书感兴趣的评论家，对作者热衷于菜市场的描写，也表示不可理解。当时还相当年轻的莫泊桑在给左拉的信中说：

"这部书散发着一股海腥味，仿佛是一些渔船驶回了港口……"

这时，以左拉、于斯曼、阿莱克西和莫泊桑等人为主的梅塘文学会已经初步形成。

四

左拉生活在友谊之中。他感觉到自己周围有了不少朋友，过去他抱怨自己只认识几个画家的时期已告结束。一方面，有从艾克斯来的年轻人，如阿莱克西、瓦拉布雷格等，为了从他这里学到一些东西而靠拢他；另一方面，是左拉的兄长，如福楼拜、屠格涅夫③、龚古尔等，也都欢迎他。那么，塞尚和巴耶呢？他与他们除了少年时代的美好回忆之外，已经没有什么共同语言了。《论坛报》的艺术评论员德奥道尔·都莱曾写信

---

① 于斯曼（1848—1907）：法国作家，著有《那一边》、《逆流》、《路上》、《大教堂》和《献身修道院的俗人》等。
② 保罗·布尔热（1852—1935）：法国作家。主要作品有《信徒》、《残酷的谜》、《昂特雷·高贺内利》和《宿营地》等。
③ 屠格涅夫（1818—1883）：俄国作家。当时旅居法国。

给左拉，询问塞尚的住址以及有关情况。左拉在复信中说："他常常把自己关闭起来。他还处于探索阶段。依我看，他不让任何人进入他的画室是有道理的。耐心等待吧，他终究会寻找到他自己的。"

塞尚孤僻，而左拉多疑。

左拉的画家朋友们几乎都放弃了进入艺术展览会的愿望。只有马奈敲开了它的大门，然而其他人都认为他没有骨气，不守信用。巴蒂尼奥勒画派的画家们于一八七四年四月十五日至五月十五日在纳达尔举行画展。埋头于《卢贡—马卡尔家族》写作的左拉，对绘画已经不感兴趣了。只是为了将来撰写《卢贡》中的《作品》一书，他才去参观了一次。

人们你推我搡，熙熙攘攘……每一幅画都有它的成功之处，人们相距很远就呼喊着，为对方指点着其中最美好的一幅；一些风趣的俏皮话不断地在大厅里传诵着……对现代画无知的观众却要发表评论，说着蠢话，表明他们荒唐的感受，甚至发出傻笑或不怀好意的讪笑；观看一幅奇特的作品，也许使他们变得更加愚蠢了。

左拉经常登门拜访龚古尔。然而，他们的思想却相距甚远。龚古尔兄弟只是沙龙里的写实主义者。爱德蒙·德·龚古尔自我承认道："我是出于名门的文人，而平民百姓，或者说是下等人，之所以对我还有吸引力，就是因为他们是一些尚未被发现的陌生人，正如旅行家到遥远的他乡所寻觅的异国情调一样。"这种高傲的态度激怒了左拉，他们之间的关系因此产生了隔膜。龚古尔对左拉的才能并不妒忌，不过他常常嘲笑他的天真、热情及其理论主张……他自信自己写得更好[①]。所以每

[①] 1890年4月18日，龚古尔写信给左拉说："我么，我尽量把小说写得不像小说，而您呢，倒坚持按着这种文学样式的所有要求去写小说……那么，谁有道理呢？是您？还是我？从目前来看，无可争辩的是您了。"——原注

当左拉获得成功时,他总有一种不公正之感。

在左拉的朋友之中,福楼拜是居重要地位的。左拉与福楼拜的友谊是真诚的,真是难能可贵。福楼拜早就发现在左拉身上有郝麦①那种物质主义倾向,同时,他这个诺曼底的高大汉子也注意到了左拉的高超的艺术才能,并给予很高的评价,当然也不时地给予批评。一八六九年,左拉读过福楼拜的《情感教育》之后,十分欣赏,把自己的感受写成文章,发表在《论坛报》上,与乔治·桑在《自由报》上发表的热情洋溢的评论相呼应。从左拉和乔治·桑两人的年龄上看,一个是大姐,一个是小弟;福楼拜对他们不约而同的配合十分感动。

一八六九年十二月十二日,左拉又来到了蒙苏公园路米利罗街福楼拜的寓所。这时福楼拜已经四十八岁了,而左拉只有二十九岁。福楼拜很亲热,也很风趣,他对左拉既有兄长般的爱护,又有兄长般的批评。他们结下了忘年之交,而且很快就又变成了彼此不拘礼节的亲密朋友。

我亲爱的朋友,我以化名给马赛《信号台报》寄去一封信,其目的是为我自己打开出路——这是我小小的见不得人的地方之一,它仅有一个作用,那就是有时可以减轻我心头的某种压力。我曾向他们投寄过关于《诱惑》的论文的部分稿子……

尽管左拉出版了几部著作,然而还没有敲开成功的大门。他的一切都处于摇摆之中,要不在文学界获得"荣誉",要不就重新回到他确实厌恶了的新闻界。这时福楼拜给他以极大的支持和安慰。他兴奋地看到,福楼拜会因微不足道的小事为他打抱不平。同时,左拉也为这个魁梧的人在争论中表现出来的激烈感情而感到震惊。有时,福楼拜会因为某件事气愤得说不出话来,他不得不把领带和领口拉开,站在窗口,两手扶住窗

---

① 郝麦:福楼拜在长篇小说《包法利夫人》中塑造的典型人物之一。

框，大口大口地吸气。

左拉为福楼拜与时代不能合拍而感到惴惴不安，但是，他又十分欣赏福楼拜的这种精神。

他有一颗善良的心，有一颗天真无瑕的童心；他会因轻微的刺伤而愤怒，这表明他有一颗火热的心。他的最可爱之处正是在这里，因而我们大家都把他当作一个父亲来敬重。

必须指出的是，"当作一个父亲"这句话又是左拉的一个具体的供认。"我们大家"之中，主要的还是左拉自己。这个从儿童时代就失去了父亲的年轻人，从这个"长者"的身上又得到了一点父爱的温暖。

从中学时代起，左拉就向往着舞台。他具备一个杰出戏剧家的一切条件：组织才能、简洁的文笔以及捕捉形象的敏感。然而，十分明显的是小说把戏剧家吞噬了。舞台上的失败使他苦恼。但是，这个时期的失败是和友谊，特别是和福楼拜的友谊紧紧相联的。福楼拜在当时也遭受到同样的挫折。首先失败的是一八七三年七月的《德莱丝·拉甘》。这出戏使巴黎的观众大失所望。人们所期望的是文艺复兴时代那样的消夏、迷人的节目，而《德莱丝·拉甘》出人意料，竟是一出散发着停尸房气味的戏剧！萨尔塞[①]在《时代报》上发表评论说："……当幕布落下来的时候，人们才长出了一口气。不可否认，该剧具有某种天才的力量。我承认作者善于驾驭语言，有独到的思想，然而我是多么希望它是另外一个样子啊！"萨尔塞的言论激怒了福楼拜："他去剧院就是为了消遣，这个蠢人！"左拉和福楼拜是把戏剧作为一种事业来从事的。在严肃庄重的戏剧和供人消遣解闷的戏剧之间是没有妥协之处的。这是历来如此。

[①] 萨尔塞（1827—1899）：法国戏剧评论家。

阿尔方斯·都德也是左拉的朋友。都德虽然长得英俊，但体弱多病。他是美丽的普罗旺斯地区的乡土文学家。在他逝世以后，人们对他进行了卓有成效的研究。都德喜欢左拉的许多长处，然而也有些地方使他不快。他当时住在巴黎老城巴维街。他在自己家里款待左拉，而每当星期四，左拉会客之日，他也登门造访。有时他们也在龚古尔家或福楼拜家相遇。

他们俩走到一起常常争论不休，特别是在绘画方面。在画家里，他们只对雷诺阿的看法是一致的。后来都德竟拒绝马奈为他画像，而接受了费扬·拜兰的请求。但是，在戏剧方面，他们二人的观点倒是完全一致的。

这个时期，五位不受欢迎的作者，福楼拜、屠格涅夫、龚古尔、都德和左拉经常在一起聚餐。五人当中，屠格涅夫居长，五十六岁；福楼拜次之，五十三岁；爱德蒙·德·龚古尔，四十四岁；左拉与都德同龄，都是三十二岁。这些人到一起，常常做出淘气孩子的事，尽管有的人头发已经花白。他们各自都尝过失败的苦果。福楼拜的《候选人》，龚古尔的《昂里埃特·马雷沙尔》，都德的《阿尔姑娘》以及左拉的戏剧尝试都失败了。因而他们自称是"不受欢迎的作者"。他们第一次聚餐是在一八七四年四月十四日，在富有酒家。席间，他们竟然谈论起习惯性便秘者和习惯性腹泻者在文学上的特殊天赋！一八七四年十一月间，左拉把剧本《继承人》交给了克鲁尼剧院。演出遭到惨败。左拉在聚餐会上得到了朋友们的安慰。

"按龚古尔的说法，克鲁尼剧院是一种游艺厅，在巴黎城里，把它办成了类似外省的如萨贺盖密纳游艺厅一类的场所。""哈！他们进剧院是为了开心！"左拉心里想。于是，他以本·琼森的《沃尔蓬》为基础，写了一出闹剧。

您一定以为我的剧本是删节本·琼森的作品而成的。其实，我的那部遭到人们唾弃的喜剧，和《沃尔蓬》相比，是一部枯燥无味的作品。在《沃尔蓬》中，有一个场面写得非常出色，甚至达到令人拍案叫绝的地步：医生们声称，为了治好病人的病，需要一个漂亮的姑娘。于是，其中一个继承人就前来把他的妻子，他自己的妻子献给了那个假装即将归天的人。

剧本手稿曾送给皇家剧院和吉姆纳兹剧院，都被拒绝上演。后来左拉只好把剧本送给愿意上演的克鲁尼剧院了。首次公演刚结束，福楼拜就从观众席上站起来鼓掌，并且大声喝彩道：

"好！好极了！"之后，他又询问后来的演出情况。左拉回答说：

星期天，剧场满员，演出是成功的。但是，后来剧场又是空落落的了……这使我非常恼火，本来我估计可以上演一百场（当时是相当可观的），而实际上还没有演上二十场……批评家们将获得胜利。我又吃了败仗，这是唯一使我伤心的事……不过您的话是对的。第一次公演的晚上，您曾对我说："明天，您将是一个伟大的小说家。"人们都在谈论着巴尔扎克，而因为我那些一直遭受攻击的作品，人们也对我倍加称赞。真让人啼笑皆非……再见，我亲爱的朋友。祝愿您比我强健！成败我是不在乎的，这就是我现在的心情。

后来人们的评价是和我们今天的评价一致的。事实上，《拉布尔丹继承人》是不值得肯定的。演出失败后，左拉的眼睛里失去了光彩，嘴里苦涩。他回巴蒂尼奥勒去。他边走边在心里想，如果弗尔斯的路灯还是不亮的话，那么他的下一部小说也将是失败的。

一八七四年六月，沙尔庞捷出版了左拉的《普拉桑的征服》。可是半年来只售出了一千七百册。左拉疑惑不解,不免有些失望。然而,他并没有失去信心,相反却迫使自己更加发奋。

一八七四年夏天,天气酷热。七月九日上午,在背阴处气温竟高达摄氏三十四度。当时左拉住在巴蒂尼奥勒区圣·乔治街二十一号。住房的小半部分低于地面,餐室的一面墙紧挨着一块巨石。人们把墙壁掏空一块,将钢琴置放在那里。左拉是一个贪食的人,这时他已经很胖了。他伏在餐室的桌子上写作,胸口感到憋闷。到十一点时,他几乎坚持不住了。他下身穿一条旧的裤子,上身只着一件薄汗衫。他汗珠不断地往下滴,打湿了他手下的稿纸。这时一股清凉的气流从置放钢琴的地方飘来。他像干渴的人盼到了水一样珍惜着它。于是,他决定把钢琴搬出来,自己到那里去写。妻子听到他哎哟哎哟用力的声音,走进来说:

"埃米尔……我可怜的朋友,你可以叫我嘛!等着,我来帮你……"

母亲听到了儿媳的说话声,也走进来看她的儿子。儿子简直成了搬运夫了,正光着脊背,把桌椅搬到那置放钢琴的地方去。她说道:

"你疯了,埃米尔?你应该休息,到海滨去……"

"妈妈,今年别想去海滨了。您让我写下去吧。请您不要管我。"

她们只好蹑手蹑脚地走了出去。

左拉用手背擦着额头上的汗水,他又重新开始幻想起来。这时,他有一种渴望:跑到水边,跳到那清凉的水里痛痛快快地游泳;刚跳下水去时身体感到轻微的颤栗,胸口感到有些憋闷,但是很快就适应了,浑身上下是那样的轻松。这种渴望在折磨着他。他不时地把身体贴到岩石上……女人是水的姐妹。水,巴拉杜的水。

"……在那里只有一片绿色,不见一角天空,也不见一线土地,那里是一个圆亭,到处都是绸子……绸子……"

他在斟酌,他在选择形容词。

"……柔软的绸子……"

他脸上露出一丝微笑,福楼拜一定会赞赏的。

"树叶织成的柔软的绸子垂到那铺满天鹅绒般地衣的土地上。人们走进去,仿佛走进了泉水般透明的水晶宫里,周围是一片清澈碧绿的水,那闪着银光的平静水面上倒映着岸上芦苇的影子……"

幻想把他重新带到加里斯去,那是距艾克斯五公里,通往罗克福武尔大路旁边的一块绿洲。他看到了它那美丽的景色,茂密的树林,以及被常春藤吞噬了的半身雕像。上帝住在那里。同时,那里也是阿尔比娜的住处。这个金黄头发的阿尔比娜有着棕色头发的路易丝那样的笑靥……

左拉的脊背笨拙地在岩石上摩擦着。

"……在云雨之中,生理的欲望得到了满足,满足,满足……"

人兽在喘着粗气,左拉在咽着唾沫,这个穴居的人!幻想者想象着那人兽尽管心脏突突乱跳而仍不"满足"的欲火……

"……在太阳的臂膀里。"

太阳是没有臂膀的。可我不去管它!在《圣经》里,太阳可是有臂膀的!

这时太阳已被乌云遮住,天空像铸铁盖子一样罩住了蒙马特尔和沙尤高地。洗染店的熨衣女工脱光了内衣,只穿着工作服干活。狗伸出了舌头,在喘着粗气。左拉擦了擦眼镜片之后,又继续写下去。

他不知道自己在写什么，但是，仍然不由自主地写着。这一特点非常重要。左拉已经率先成为一个超现实主义者了。幻想已经隐去，他在稿纸上注视着"事物"。他喜爱这些"事物"，并且丝毫不认为这些"事物"不是自然的。如果需要他坦白承认的话，他也许会说，他是受了神灵的启示。然而神灵的启示是不存在的。

似乎是铃声。是门铃响？嗯，一个邮差。为了保护他的安静和幻想，女人们会在那里照应的。但是她们却不知道他的幻想就是每天陪伴着他的情人。杂乱的响声。瓮声瓮气的说话声，仿佛在闷罐车中。喝水，喝清凉的水。像塞尔日，用舌头在小溪里舔水喝时的声音。什么呀？我要安静，我要……

"啊，是阿莱克西！不，我的老朋友，您的到来不会打搅我的。请进来吧。"

"您没注意到外面要来暴风雨了吗？左拉，要下倾盆大雨了！您看，您把屋子全搞乱了。"

"我像一个怕热的潮虫，阿莱克西，我得寻找阴凉的地方……"

"我把有关园艺方面的材料给您带来了。"

"谢谢，我的好友。我的作品里正需要写鲜花，尤其是奇花。阿莱克西，请让我看一看吧。"

他拿起了一些植物标本，一些叶片和花朵。

"一片向日葵林。请您不要忘记，还有荨麻，维吉尼的茉莉，中国的紫藤，葡萄牙宽叶……"

然后，左拉说道：

"您跟我们一起吃中饭吧。加布里埃尔做了不少肉卷。"

"左拉，您不到海滨去洗海水澡了吗？"

"还提海水澡呢！噢，我当然很想去！但是，我去不成了！我的剧本下个月就要开始排练，为了九月下半月能够上演。我被钉在巴黎动不了了。无论是卡堡，还是维莱维尔，都去不成了，我只好永久地待在巴蒂尼奥勒。"

外面已经云黑电闪，不久就下起滂沱大雨来。当晚上阿莱克西离开左拉家的时候，他看见环城铁路经过的那些低洼地方已经变成河了。

他在火炉一样的巴黎度过夏天，像《拉布尔丹继承人》所遭受的失败一样难以忍受。不过，左拉毕竟完成了他的《莫雷教士的过失》。倘若不是某些段落过于粗糙，甚至有些地方完全照搬阿莱克西所提供的材料的话，这部小说也许是他的系列小说中较为优秀的一部。书中有的地方整页整页地照抄阿莱克西提供的材料，几乎没有任何变动。所以整部书像干得过快的油漆涂层，到处起泡，疙疙瘩瘩。

《莫雷教士的过失》一书，一八七五年四月由沙尔庞捷出版。书中描写了一对青年男女的狂热爱情。我们知道，它是以作者个人的生活经历为基础的。"龌龊的左拉"在灵魂上是纯洁的。这纯洁产生于他的情欲，正如煤油燃烧起的火焰。在写这部令人惊恐不安的爱情颂歌之前不久，他曾于一八七二年十二月三日在《海盗》上发表了题为《周日漫谈》的文章，可谓一篇真正的原则宣言：

啊！确确实实，我非常向往能到草地上去奔跑，回来时，带回满身野草的清香。我愿把大自然的浓烈香气、流水和树林的气息、令姑娘们陶醉的干草香味，以及从山岗上飘来的百里香薰衣草的阵阵香风带给那些一本正经的死气沉沉的沙龙。在那里，我要展现出春天的大自然，品尝着使女人们陶醉的那种快乐。

的确，人们想象不到这篇文章和那部书一样，都是一个幸福的人的自我表白。它们都是出自一个如饥似渴地追求幸福的人。在《过失》中，作者描写了一个天真得什么也不懂得的年轻姑娘和一个天真得更是什么也不懂得的年轻小伙子，他们发现了爱情的全部奥秘，狂热地爱了起来。左拉极力否认这里有什么罪过。故事的象征意义是十分清楚的。巴斯加尔医生，即左拉本人的化身，在塞尔日·莫雷教士狂热过后，给予关心和治疗，并且把他引向巴拉杜天堂。显而易见，小说家曾经想到过天主教的经文。他重新创造了亚当和夏娃的神话。这里也包含着作者的渴望和对故乡、往昔的怀想。

如果需要的话，通过《给妮侬的新故事》，还可以得到进一步的证实。这部二流著作是一个短篇小说集，其中的作品，"为了赚钱"，曾在《画报》、《费加罗报》、《论坛报》以及《钟声报》等刊物上发表。某些篇章甚至在不同的报刊上相继刊载过三次。人总得想办法生活啊！在《草莓》中，有一个桑特丽娜，那不是别人，正是左拉夫人，难得的给丈夫以灵感的人。这本小说集的前言写得很精彩，向人们敞开了作者的心扉：

如果我得不到慰藉，即不断创作出作品的话，在事业上我就会变得蠢笨、懒惰起来。所以，我只身独处，目的是为了使自己能够把全部精力都投入到工作中去；我尽量少与外界接触，直至不再有人来……

成为强者的意志，或用今天某些心理学家的话说，"向上力"，在序言中急不可待地表现出来了："我要把人类放到一页白纸上去！我要观察一切，了解一切，道出一切！包括所有的人和所有的事物！我要写出一部包罗万象的史诗！"

然而，话头一转，这个天真的狂妄的人又变得软弱了，变得哀伤了：

妮侬，在完成使命之后，在普罗旺斯我曾约你以后再会，但请你不要等我太久。要做的事太多了。你知道的，会面地点就在小河转弯，过了桥，洗衣处下边的那个地方，对面是一片高高的杨木林……

当他写出这句充满痛苦的话时，戴夹鼻眼镜①的以摩西②自诩的左拉正在他那发黄的稿纸上啜泣。

然而这一次，福楼拜对《莫雷教士的过失》这部小说一点也不喜欢。他在给热耐特夫人的信中说："这样，莫雷教士不是太出格了吗？何况天堂也被轻易地搅乱了。这似乎应该是我的朋友左拉以外的一个什么作家写的。"很显然，在福楼拜的心目中，这部小说应该是完全不同的样子。在一八七五年四月给热耐特夫人写这封信的时候，他甚至情不自禁地想象着左拉应该怎样写。不过，在同一封信中，他又接着写道："没有关系！该书仍不乏精彩之处，首先是阿尔桑日阿这个人物的刻画，还有升入天堂的结尾。"

在一八七六年三月十八日给左拉的一封信中，斯特凡纳·马拉美③发表了他的极为热情的评论："人们阅读这部充满细腻、巧妙描写的小说是一件赏心乐事。确切说来，它不是小说，而是一首爱情的颂诗，是我所读过的最美丽的诗篇中的一篇。"

莫泊桑与福楼拜不同，他在给左拉的信中，高度评价《莫

---
① 大约在1877年，左拉开始戴上了夹鼻眼镜。其实，人们夸大了他的近视程度。1896年，左拉的视力是，左眼0.8，右眼0.3。这也是构成他面部不对称的多种因素之一。——原注
② 摩西：《旧约》中的先知。
③ 斯特凡纳·马拉美（1842—1898）：法国象征派诗人，主要作品有《现代巴那斯》、《胡言乱语》和《牧神的午后》等。

雷教士的过失》，并且说："我承认，您的小说完全使我陶醉了，或者进一步说，它使我激动不已。"

左拉的导师伊波利特·泰纳，尽管年事已高，还是回了一封长信，对《莫雷教士的过失》一书做了透辟的分析。从信中，人们不难看出，这位老人解除了他对左拉这个不安分的门徒的忧虑。信中说：

《莫雷教士的过失》一书已经远远超出了小说的范畴和笔调！这是一首诗……在描写爱情和狂想方面，你有独到之处。书中许多宏大而凄惨的梦幻场景，尤其是宗教性质的梦幻，都描绘得非常生动、有力、清晰。

显然，左拉在这部小说里再一次运用了浪漫主义的创作方法。新的客观事实是，《莫雷教士的过失》是讨人喜欢的，是成功的。它向左拉表明，成功之路是宽广的。

一八七五年一月三十日，国民议会通过瓦隆①的关于宪法的提案，这样评论家左拉亲眼看着建立起来的第三共和国的宪法就匆匆忙忙地产生了，并且以三百五十三票赞成、三百五十二票反对的骗人把戏选举出了共和国总统。人们在古老的布特·欧·穆兰那里开辟歌剧院大街。每个星期天，巴黎市民还是去参观巴黎公社的废墟。左拉从高克·埃龙街来到林荫大道上，观看那些"两轮轻便车"，它们取代了有一大一小两个轮子的脚踏车。左拉妻子病倒了。家庭医生建议她去海滨疗养。五月份，左拉写信给阿莱克西，求他在南方找一栋小房子，但后来因房租昂贵又放弃了。左拉认为到诺曼底去就可以了。后来他们去诺曼底奥尔纳河河口和古尔塞勒之间的圣·欧宾度夏了。

夏天给他带来另外一种麻烦。他为此而感到心神不安。他

① 瓦隆（1812—1904）：法国政治活动家、历史学家。

突然停止了吸烟。尽管有时他和家里的人吵吵嚷嚷，但他还是一个驯顺的人。现在，他一边嘟嘟囔囔抱怨着，一边独自在珠色的海滩上徘徊。他在给朋友的信中说："拉芒什海峡根本无法与地中海相媲美，它大而丑陋，整日刮着风，把海浪一直推到距我家门口几米远的地方。"他很想去钓鱼，然而这需要很多的时间。他弯腰拾起冲上岸来的海藻，然后一点一点地把它们撕碎。他不能游泳，拉芒什海峡的水太凉了，冰冷刺骨。他在信中接着写道："过往的船只搅扰着我的思绪。我长时间地目送着那远去的风帆，笔从手中落了下来……"那些捕捞沙丁鱼的渔船妨碍了他的工作。另外，还有偶尔传来的妻子和母亲的争论声，以及永远不肯停息的大海的波涛声。有的时候，他真的发火了。为了使自己不去听那些令人烦躁的嘈杂声，他竟用毛巾把两只耳朵紧紧地裹起来！

这时他正在写一部非常重要的书：《卢贡大人》。这是他的系列小说中有关政治的一部关键著作。尽管后来证明它是最不成功的，但是左拉却最为重视，为之倾注了大量心血。

欧仁·卢贡，这个在《普拉桑的征服》中已经登场的人物，在《卢贡大人》里变成了第二帝国的财政大臣。他热恋着克洛兰德。克洛兰德是一个轻佻女子，她想嫁给欧仁·卢贡，但是遭到拒绝。她施展特殊的手腕，使卢贡飞黄腾达，爬上了高位，目的是为了使他爬得高摔得重！熟悉左拉的阿莱克西说："欧仁·卢贡，这个正人君子，他不肯倒在女人的怀抱里，而一心想要掌握权力。不过他不是为了从中获利，而是为了显示他个人的力量。欧仁·卢贡这个人物，对我来说，正是埃米尔·左拉本人。"撰写《卢贡大人》这部书的关键在于它的时代背景，即一八五六年到一八六一年的第二帝国。为此，左拉在去诺曼底海滨度夏之前，到波旁宫图书馆去查阅了有关的重要卷宗材料。同时，他还求教于福楼拜，把他们的谈话做了详尽的记录。为了寻找小说中人物的模特，他回忆起了当时风云一时的鲁埃尔①和甘贝特。书中的克洛兰德·德·巴乐比就是加斯第里约娜。左拉还以阿尔方斯·都德为之做过秘书的莫尔尼公爵为模特，塑造了小说里的玛尔西伯爵这个人物。

左拉的母亲坐在海边编织着毛衣，妻子加布里埃尔在钓海虾。左拉站在一旁发着牢骚。母亲和蔼地说道："埃米尔，可不是我请你到这里来过夏天的，是你苦苦哀求我陪着你，来照看加布里埃尔。当然了，当一个人有一个总是生病的妻子的时候，难免……"

左拉并不回答。他想着他的小说，想着他与马赛的通信，想着答应给圣彼得堡的《欧洲使者报》的关于龚古尔兄弟的长篇论文。可是，在圣·欧宾只有疲劳、反胃和烦躁。大海不分昼夜地在耳边轰响着，他无法工作下去。他两眼凝视着蒙上水汽的玻璃杯子出神。他不再想卢贡、玛尔西以及克洛兰德了，他在想另外的人物……"我在构思我的下一部小说，是写平民百姓的，这是我梦寐以求的一部书。"

他终于带着轻松的心情，在十月里回到了雾蒙蒙的巴黎，又投身到他那单调而又艰苦的作家生活之中去了。

---

① 鲁埃尔（1814—1884）：法国政治活动家，曾在拿破仑三世时做过部长，后又就任参议院议长。

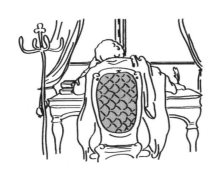

第四章
发达的左拉

你可知道,工作已经攫住了我的生命。逐渐地,它从我这里夺去了我的母亲,我的妻子,以及我所热爱的一切。

内容提要

（一）《小酒店》的草稿/城外大街上的人们/俗语和奇闻轶事/社会主义者与资产阶级的争吵/维克多·雨果的评价/特拉波饭店聚餐，一八七七年四月/左拉宣布自然主义/《小酒店》，平民百姓社会

（二）坐落在布瓦西和特利埃尔之间的兔子房/麦克马洪主持博览会开幕，一八七八年/《玫瑰花蕾》/梅塘文学会，左拉先生/莫泊桑和"猎鸭小岛"/福楼拜的令人信服的评论

（三）《娜娜》成功诞生/行家：吕道威克·阿雷魏/毕涅的瓦乐戴丝、昂地尼的布朗什和丽芝的德莱菲娜/亨利·塞阿尔：在巴黎大街小巷推销广告的场景、海量广告/首日售出五万五千册/荒诞的神话

（四）埃米尔和保尔，四十岁/艺术沙龙的自然主义/马奈画的左拉夫人的画像，龚古尔和塞尚/共和国将是自然主义的，或者她不是/梅塘夜话/到克鲁瓦塞旅行/关于死亡的困扰/福楼拜离世/母亲病逝

（五）左拉在自由自在地散步/令人愤怒的事件和杂事不断/金钱问题/让人疯狂的一八八二年/《家庭琐事》/纪德的见解/《女福公司》/叔本华、沙尔科和弗洛伊德/"生的欢乐"，左拉、精神病医生和死亡

（六）雨果的诗/矿工在一八八四年的罢工/地下/国际工人协会、亚历山德里娜/左拉的《萌芽》/浪漫的建筑师/黑痰/浪漫主义/政治因素/小说家的社会主义/瓦莱兹之死

（七）关于实验性绘画/我"妻子之外的另一个女人！"/"弗兰霍菲，就是我！"/塞尚的最后一封来信/雨果的葬礼/博斯的六天/于勒·盖德/一八八七年八月十八日的《费加罗报》/马拉美论《土地》/尚罗塞还是奥特伊？

一

《小酒店》的最初写作纲要被保存下来了，人们可以在国家图书馆手稿馆里读到：

整体计划

各章平均在二十页左右，每章长短不一，长者可四十页，短者十页。风格要博大、遒劲。书中主要人物有绮尔维丝和古波，后者将前者拖入工人的生活环境之中。小说通过现代社会里工人所处的环境和条件，讲述绮尔维丝和古波堕落的过程，解释民众的风尚、罪过、堕落以及精神上和肉体上的畸形。

左拉一边散步，一边在思索着他的《小酒店》。他从贝尔维尔走到蒙马特尔，中间经过维莱特水渠、灰暗的佛尼斯工业区、火车东站和北站的月台以及蒙马特尔的乡村的田野和葡萄园。他还特意到古特道尔街去了一趟。在那里，他看到上一个世纪留下来的摇摇欲坠的破旧房屋，它们夹在粉刷成白色的新建筑中间，显得很不协调。他跟在早熟的、穿着褴褛衣裙的年轻姑娘娜娜的后面。她在加尔德街的街角上停下了。左拉察看了这个十分漂亮的姑娘经常出入的舞场：狂热的信徒、小红宫堡、小朗波诺、伟大的巴黎人、戴勒他咖啡馆、罗贝尔舞场、蒙马特尔的爱丽舍宫、墨珠舞场、幽静舞场、白皇后舞场、狂热的大沙龙、十全十美舞场、伟大的土耳其人……他长叹了一声。"一栋五层楼房，每层并排开着十五个窗户；窗户上那发黑了的、断了横条的百叶窗给这庞大的墙面上增添了一种破败的景象。在下面，四家店铺占据着最底层。"这就是他在小说里要描写的环境吧。他画了一张草图。在那里，有一家洗染店。

在雾气蒙蒙的屋子里,一个裸露着双臂的女人用两手按住熨斗,在熨烫衣物。左拉用他所要创造的人物之一,热恋中的铁匠的眼睛凝视着绮尔维丝。

研究一个既不好也不坏的女人所处的环境:在她的眼前,已经看到一些人的悲惨下场;但由于她的天性,她仍准备行动,准备去干活;她颇为憨傻地向往着能有一个栖身的窝和填饱肚子的粗茶淡饭。她有着一些天生的弱点。她要闯闯运气,但吉凶难测。她继承了她的寡母那种忠厚、吃苦耐劳的特点……总之,这是一个非常讨人喜欢的人物。

他每天都在思考着这个跛足的美丽女人。"就连她的残疾也是那样富有迷人的力量。"他要满怀着热情来讲述"绮尔维丝·马卡尔的平凡生活"。

左拉走进一家小酒店。当一个系猩红色腰带的年轻人进来向老板要酒喝时,左拉发现在座的顾客都鸦雀无声了。肥胖的老板为这个小伙子斟上了一杯酒,可是小伙子不喝,只是凝视着酒杯,然后,他打开门,操起酒杯,一脚将它踢了出去;酒杯落在对面的人行道上,摔个粉碎。老板气愤地说:

"你……等你成年懂事了的时候,你还要到这里来的!"

左拉心里想:"这是个人物。"

他不由得想起德尼·普洛的《至高无上》中与酒鬼相遇的一段描写。在阅读时,他感受颇深。以后在写《小酒店》时,他常常借鉴这本书。那个眼球向外突出的青年人摔了酒杯之后,躺倒在一张桌子上。左拉仔细地观察着他,以他特有的方式捕捉这个人的特点,以便把他写入小说。左拉没有想到,这些动作已经不那么时兴了。但是,左拉并没有完全错,直至今日,小说中的细节描写还是真实的。

他去参观一个洗染店。在雾气蒙蒙的屋子里，一个高大的棕色头发的女人正在洗衣服，她汗流满面，头发一绺一绺地贴在前额上。她见左拉站在一旁观看，就用湿手撩了一下头发，对她的同伴说："舒埃特，这个家伙肯定是个色鬼！"

左拉听了并不在意，慢步走了出来。

他从城外大街徒步向回走。一路上，他看到一些梳着发髻的姑娘，她们挎着沉重的柳条篮子，扭着腰肢走路；还有卖花姑娘、穿蓝色短工作服的修锁工人、穿白色工装的泥瓦匠和油漆工。在斯坦朗和都米叶之间，那简直是一幅高超的出人意料的石版画。

许多留着长发的女人，其中个别的戴着便帽，而大部分是用发网将头发拢住；她们有的穿着短上衣，有的系着围裙，有的穿着柔软下垂的裙子。一群吵吵嚷嚷的鼻涕还擦不干净的孩子，其中个别几个衣着还算整洁，而大多数却是肮脏的。他们做着各种游戏，像跳绳，等等。几个坐在门口的妇女，怀里抱着婴儿。衣着整洁甚至有几分时髦的女工下工回家去，她们有的提着篮子，有的拿着长面包，有的提着网兜。还有身着各种工装的工人，他们有的带着工具，有的空着手，个别的还抱着孩子。还有为准备晚饭上街采购的主妇。来往的车辆中，有的是地毯商的货车，有的是平板车，都空着往回去；晚一些时候才会见到公共马车和四轮马车。

同时，民众的俗语、行话对左拉也很有吸引力。为写《小酒店》，他查阅了不少有关辞书和资料，搜集必要的词汇。

雨果在其作品中所使用的俗语，是抒情而奇妙的，是类似荷马所使用的活在人民口头上的语言。巴尔扎克在其作品中所使用的俗语数量有限，但都很准确。左拉在《小酒店》里所使用的俗语是经过加工、印在辞书里的。他并没有系统地使用当时民众的口头语言，因为他来不及学习这样的语言。作为小说标题的"小酒店"这个词也落后了三十年,所以使得住在贫民区里的人们感到陌生。当时人们已经不把喝酒的店铺叫"小酒店"了,而改称为"酒吧间"。"酒吧间"这个词似乎显得更讲究些。

左拉为充实小说,还精心地搜集了各种奇闻轶事。比如,鄂拉丽·毕雅贺德之死就是小说中"小妈妈"一节的原始材料。这个小姑娘被一个酒鬼残暴地打死,左拉把它写进小说,并且描写得惨不忍睹。尽管在《两个孤儿》[①]中也有类似的情节,但左拉并非抄袭,而是以实事为依据的。同时,左拉对小说中的次要人物也是极为重视的。比如古热,这是一个长着红棕色头发、身体强健的工人,尽管绮尔维丝已经堕落,他依然热恋着她。这个人物,左拉是在无意之中受乔治·桑小说里的温情主义思想的启迪塑造出来的。左拉在书中也描写了绮尔维丝在装殓和埋葬尸体的巴苏歇面前所表现出来的恐怖。但左拉没有注意到巴苏歇这个"古怪而灰暗的人物"在雨果的《悲惨世界》里已经出现过了。

书中主要人物是真实的,都来源于生活。其中绮尔维丝是左拉最为成功的创造。绮尔维丝是小说中最美丽、最动人,也是最复杂的一个人物。她是民众中的一个女人,但不是唯一的女人。在民众中的其他女人身上存在着许多特点,使得人们很容易把她们和绮尔维丝区别开来。绮尔维丝是勇敢的,然而也是软弱的。而正因为她具有这样复杂的品格,才成为一个具有典型意义的人物。在绮尔维丝之前,已经有一些民众的女人偶尔出现在小说里了,但是,都局限于报刊小说中。绮尔维丝是真实的。《小酒店》在人物塑造方面,如同《萌芽》在小说题材方面,都属于全新的类型。创造绮尔维丝和《萌芽》的启示者是共同的,那就是民众。通过绮尔维丝,左拉清醒地意识到,

---

① 法国剧作家达纳里(1811—1899)所著的一部情节剧。

《小酒店》的艺术力量就在于它的主题的新颖。通过这个贫民区的勤劳的包法利①，体现出了工人阶级在人们为他们提供的恶劣生活条件下，不得不忍受的各种各样的屈辱和堕落。《小酒店》叙述了人们的卑微行径：古波抵不过酒的诱惑，绮尔维丝经受不住异性温存的引诱，以及朗蒂埃天生的卑污等等。在左拉看来，造成这种堕落的原因在于社会制度。但是这一点，他并没有像在后来《萌芽》里那样明确地指出。因此，《小酒店》一发表，即遭到误解。左拉曾经想过，为了与这部描写穷苦人的小说相对照，再写一部描写有产者的小说。然而他过高地估计了读者的记忆力，他的《家庭琐事》发表得太迟了。

冬天在一天一天地过去。他在设计情节，思考结局。他长时间地琢磨着：

绮尔维丝已经因朗蒂埃而怀孕。古波除喝酒已无所求了。安排绮尔维丝到布瓦松去的机会。朗蒂埃正在那里干坏事。她找到了他们俩，她打碎一个酒瓶，把酒倒在他们身上、床上。朗蒂埃由于疼痛而发了疯，他抓住了她，拉住她的头发，把她拖到天井里，拖到德国警察的面前。在这时，古热才可以进来，在关着大门的天井里，和朗蒂埃进行一场殊死的决斗……一个令人恐惧的细节：洛里约走近躺在地上、奄奄一息的绮尔维丝，狠狠地给她一脚，喊道："你个婊子！"正是这一脚，使她断了气。

素材已经准备就绪，情节也有了大概的安排：绮尔维丝被以美男子自诩的朗蒂埃抛弃了。他们生有两个孩子。盖房工人古波想娶绮尔维丝为妻。绮尔维丝对古波虽无感情，但还是嫁给了他。他们生了一个女儿，取名娜娜。一天，古波从房顶摔下来，摔断了一条腿。从此他变成了一个懒惰的人，经常出入小酒店，开始酗酒。不久，朗蒂埃又出面了，他怂恿古波继续

---

① 包法利：福楼拜的长篇小说《包法利夫人》中的人物。

酗酒，并趁机重新把绮尔维丝弄到手。绮尔维丝为生活所迫，不得不负债，同时对生活感到厌倦。当忠厚的铁匠古热向她表示真挚的爱情时，已经太迟了，已经到了该收场的时候了。古波酒后中风死在疯人院，绮尔维丝死在妓院。而在书中，还有一个酒精蒸馏机，是一个样子可怕的怪物：

  蒸馏机带着它的奇形怪状的水馏器，和那些盘来绕去的长得没有尽头的管子，有着一副阴森森的模样；它封闭得严实极了，没有一丝气漏出来；人们隐隐约约可以听见里面的喘息，仿佛是从地下传出来的。蒸馏机默默无声，没有火焰，在它那暗色的铜制件上没有一点悦人的气色，它不停地让那酒精一滴一滴地滴落下来，像一股缓缓的而又持续不断的泉水向外流淌。它将流进房间里去，泛滥到外面的大街上去，灌到巴黎的那个其大无比的窟窿里去⋯⋯

  小说的初稿虽已完成，然而左拉并无成功的信心。他说："如果这本书能印上十次，我就喜出望外了。"当时，左拉常和一个名叫"相互解剖"的学生小组保持来往；参加这个小组的多是研究达尔文、利特雷、白洛嘉[①]和斯宾塞[②]的学生。左拉一直保持从阿歇特书局工作时开始的自己做广告的习惯。这一次，他又在报纸上为自己的作品做广告了，并且强调指出："该书就酒精中毒引起的病症、异常、过度兴奋等对遗传性神经病进行了深入的研究。"这样一来，引起了医科学生们的极大兴趣。他们出面鼓励《公益报》主编伊夫·居约发表这部新奇的小说。居约熟悉左拉以及他写的戏剧评论，他认为左拉的文笔粗俗，所以发表与否尚在犹豫之中。《公益报》的老板是梅尼耶，是一个咖啡商人，一个开明的资本家。他决定接受左拉的

[①] 白洛嘉（1821—1880）：法国解剖学家和人类学家，现代人类学的创立者之一。
[②] 斯宾塞（1820—1905）：英国哲学家，进化论哲学的创立者。

《小酒店》，付酬金一万法郎；这在当时是相当可观的数字！

一八七六年四月十三日，《小酒店》开始在报上刊载，不久即遭到抗议，而且抗议愈演愈烈，持久不绝。由此看来，左拉的这部小说具有何等的冲击力量！

当时正值政府整饬道德秩序。麦克马洪①统治下的资产阶级比起第二帝国时期的资产阶级来，更加显得虚伪。八月，里什潘②因为他的一首毫无害处的诗歌《乞丐之歌》，被拘留一个月，罚款五百法郎。九月，《论坛报》因为每天头两版登载社会问题调查报告，竟遭到打击。

左拉的小说，再一次被迫中止连载。六月，《公益报》将《小酒店》换成了莱奥波德·斯达布洛的《格莱沃的朋友们》。《公益报》对当权者的屈服，激怒了卡蒂勒·孟戴斯。他付给左拉一千法郎，买下了《小酒店》的出版权，决定在他所主办的《文学界》上刊载。

不久，共和国的检察官登门造访了《文学界》的印刷人高塞，表明了他禁止发售的意图。但孟戴斯不肯退让。最后，孟戴斯断然决定把手稿拿到比利时出版，这样检察官先生也只好作罢。

但是，《小酒店》刚发表了三分之一，人们就展开了一场激烈的争论。漫画家们也蜂拥而起，画起左拉来。安德烈·吉尔画了一幅左拉站在巴尔扎克塑像前，二人互致军礼的漫画。当时，左拉的《卢贡大人》刚开始发行，《小酒店》的发表甚至转移了读者对《卢贡大人》的注意。尽管《小酒店》有些粗俗，但比起《卢贡大人》来，更能吸引有产者们。因为《卢贡大人》描写了一八五六年的议员团，间接地触及了一八七六年的议员团。人们就《小酒店》展开了论战。

---

① 麦克马洪（1808—1893）：法国总统。
② 里什潘（1849—1926）：法国诗人。

在论战中，阿乐贝尔·米娄在《费加罗报》上撰文，指责《小酒店》的作者鼓吹社会主义。左拉回敬道：

我不能接受您在我背上贴的标签。我的意思是说，我仅仅是一个作家而已，作家前面没有任何修饰语。如果您坚持要给我一个名目的话，那您就说我是一个自然主义小说家好了，这倒不会使我不安……

这是左拉拒绝政治、倾向自然主义的明证。在《论坛报》和《钟声报》上撰文抨击拿破仑三世的战争政策和议会的尾巴主义的政治家左拉隐退了，文艺理论家左拉登台了。

《小酒店》于一八七八年四月二十五日由马尔朋和弗拉马里荣印成一卷本，在奥德翁书店以每本仅六法郎的价格出售。这又引起一场轰动。

有产者们争相购买，仿佛以前从未买过左拉的作品似的。而最为成功的是，《小酒店》赢得了广大的民众读者。民众读者们很快就明了了书中所写的内容对他们并非有利，然而他们被作者的艺术力量所折服。总之，左拉获得了空前的成功。

有产者和民众这两部分人都眼光短浅，没有看透这部小说的内在含义。这部真诚而又粗犷的画卷曾一度被有产者们利用来攻击无产者。左拉在《论坛报》的一位同事，被凡尔赛政府判处死刑而流亡布鲁塞尔的阿蒂尔·朗克，曾因此说过："左拉对民众抱有资产阶级的轻蔑态度。"左拉的另一位朋友，夏尔·弗洛盖，也谴责左拉，说他"利用龌龊下流的作品对劳动者进行公开诽谤，为镇压者提供口实"。在论战中，左拉大有感触，从而也更加珍视《小酒店》这部著作。

马塞尔·热拉尔撰文说："《小酒店》不同于作者系列小说中的其他著作，不是为了完成对第二帝国社会的描述而仓促写就的作品。它在小说家的头脑中已经酝酿很久，是以作家丰富多彩的生活经验为基础而创作出来的。"

有些理想主义者误解了作者写这部书的意图,左拉回答他们和蓬马坦①子爵说:"对于苦难,我并未言过其实。当时,深入生活的时候,我的穷酸相也是十分可怜的,以致孩子们围着我起哄,不肯让我走过去。"

保罗·布尔热,一个热爱左拉作品的读者,写信给左拉说:

您是一位令人可畏的人!我和我所接触的年轻人,我们都认为您是第一流的作家……上个星期天,我就您的作品与别人辩论,我为您辩护……请您再为我们写几部像《小酒店》这样有力量的作品;那样,您将成为本世纪末的巴尔扎克!

克拉贺西轻蔑地说:"他的所有作品都散发着兽性的气味。这是一种病态的性欲发泄。"而雨果则想从根本上进行评论。

一八六九年五月二十一日,雨果把他的《根西岛之声》赠送给左拉,上面的题词是:"给埃米尔·左拉先生,以示诚挚的谢意,并对您寄予崇高而坚定的期望!"同时写信给左拉,说:"我善辩的、亲爱的同行,我在读您的作品,今后我将重读这些作品。一部作品能使人反复阅读,这就是成功。您的作品画面坚实,色彩清新,有立体感,真实而富有生活气息。请您更加深入地进行探索。紧握您的手。"

然而,雨果却不喜欢《小酒店》,他写道:

这是一部坏书。作者恣意把穷苦人的苦难和卑污疮疤公诸于世;无可否认,这是真实的,将来也还将如此。我也知道这些,因为我也曾经遭受过各种磨难。但是,我不愿意人们将这些写入作品,变为茶余饭后的谈资。您没有权利,您没有把不幸赤裸裸地暴露给众人的权利。那么,在《悲惨世界》中,我为什

---

① 蓬马坦(1811—1890):法国文艺批评家,著有《文学周末》和《法国的报纸》等。

么不惧怕表现苦难和耻辱呢？因为我以一个罪犯和一个妓女为我小说里的人物，我写这部书的指导思想是把他们从卑劣的境况中解救出来……我深刻地描写这些苦难，其目的是想使它软化，是想医治它。我是以一个道德家、一个医生的身份来描写它的。我反对有人以冷漠的或者是好奇的态度把苦难写入作品。任何人都没有这种权利。

（雨果的这句话就不公正了，左拉也同样是以一个道德家、一个医生的身份深入到这个领域的。）

雨果接着写道：

继左拉之后，另一个将接踵而至，在暴露和残忍方面，将不怕走得更远。现在只不过是淫秽，而淫秽之后，将是诲淫。我似乎看见了一个深不见底的深渊。

维克多·雨果的这种清醒的推断，再一次使人们惊叹不已。不难看出，他是以父亲教诲儿子的感情来说这一番话的。

左拉把《小酒店》馈赠给福楼拜，题词是："出于对风雅的仇视而作，献给我伟大的朋友居斯塔夫·福楼拜。"

一八七七年四月十六日，有二十多人在特拉波饭店的大厅里聚餐。福楼拜涨红了脸，对左拉提出警告说："您也跳进了这个泥坑，左拉！自然主义不是什么好东西，它是一种流派。只有为艺术而艺术才是可行的。其余的一切，都是愚蠢的主张！您相信那些无关紧要的事情。什么进步、科学、人道主义……您白浪费纸墨！"

在屏风后面，有一个女招待在哼唱《阿芒达的情夫》。左拉走近他所认识的唯一健在的文学大师，认真地对他说："您有一笔财产，可以使您摆脱不少烦恼。可我，我不得不靠我的笔来维持生活。"

然后，他又放低了声音说："我和您一样，也嘲弄自然主义这个词。但是，我仍然不断地重复它，因为必须给事物一个名称，而且要使人们觉得新鲜……"

参加这次聚餐会的有龚古尔、阿莱克西、于斯曼、奥克塔夫·米尔博、亨利·塞阿尔、莱昂·埃尼克①以及居伊·德·瓦乐蒙等。聚餐在对将来充满热烈期望的气氛中结束。当侍者把大衣递给客人们的时候，左拉红光满面——他又吃多了，向人们说道：

"首先，我放上一颗钉子，然后用锤子敲一下，把它往读者的大脑里钉进去一厘米……然后，再敲一下，使它进去两厘米。那么，我的锤子是什么呢？就是报纸，我要围绕我的作品写一些文章……"

人们已经不像从前那样玩世不恭了。但居伊·德·瓦乐蒙除外。这个赤红脸膛的漂亮的年轻人是福楼拜的弟子，当时还没有改名叫居伊·德·莫泊桑。他在席间曾毫无愧色地说道：

"我么，我写作的目的就是为了赚钱糊口！"现在，他正用眼睛盯住一个女招待。女招待红了脸。福楼拜在一旁不满地咕哝道：

"又是一个，他会把她拉上船去的！"

说完，福楼拜转过头来，对阿莱克西说道：

"怎么，您没有读过《艾丽莎姑娘》？值得一读！尽管写得单调而且无力。在我们中间，《小酒店》可以算得上一部杰作。"

龚古尔听到了福楼拜的后一句话，他咬了咬嘴唇，斜扫了左拉一眼，嘟哝了一句：

"投机分子！"

《小酒店》成功之后，各报以少至二十法郎多至三万法郎

---

① 亨利·塞阿尔、莱昂·埃尼克：法国作家，左拉的学生和朋友，梅塘文学会成员。

的酬金纷纷向左拉约稿。《小酒店》于一八七七年二月正式出版,一时成为畅销书,先后竟印刷了三十五次。沙尔庞捷是一个诚实的好人,他用自己的行动证明了他的高贵品格。他自动"撕毁"了那能使自己独享作家成功果实的合同,让作者在销售额中提成分红。只《小酒店》一部书,他就付给左拉一万八千五百法郎,相当于作者以前全部著作稿酬的总和。

很快地,左拉蜚声文坛,变成了法国最著名的作家。在巴黎街头,人们第一次唱起了这样的歌曲:

  自从你离开了我,绮尔维丝,
  我就再也不到小酒店里去了……

在弗朗高尼杂技场,人们把《小酒店》改编成滑稽模仿剧上演。在北方滑稽剧院,响彻着这样的歌声:

  在小酒店里,人们看到了古波,他的身旁,摆着一个大酒缸。女人们终日俯身在洗衣盆上,泥瓦匠们在搅拌着胶泥和灰浆,可那些酒鬼们却醉得东倒西歪。

尽管《小酒店》引起了资产阶级和社会主义者的争吵,尽管有人,甚至包括左拉的知心朋友,对作品提出非议,但是,心地坦白的左拉从民众那里得到了最有力的支持。

《小酒店》,可以肯定地说,是我所有作品中最为圣洁的一部。仅仅是它的形式有些令人害怕而已。人们对我使用的字眼很恼火。我希望大家知道,人们所说的吸血鬼,专写杀人流血的小说家,其实是社会上的一个正人君子、艺术家、研究者。他只在自己的角落里谨慎地生活着,他唯一的野心就是使自己有一部作品能广为流传,万古长存!

《小酒店》里所描写的那些楼房仍矗立在古特道尔街上。沙拜勒大街的那些房子,有一个时期曾被迫关闭;到十九世纪后半叶,又对着街道开放了。一些面色蜡黄的北非人和那些燕子酒吧的女招待常到那儿去鬼混。有人冷笑道:"这些阿拉伯人简直要把科西嘉女人们吞下去!"在左拉时代,这些科西嘉人还没有到来。那时,这个区里主要居住的是工人,当然已经有了一些乌七八糟的低级跳舞场。那时,娜娜在人行道上拉客,管过往行人叫"我的朋友"。人们常到高伦巴老爹的小酒店里喝上几小杯烈性酒。而现在,人们到酒店的后厅一边吸着掺有印度大麻的烟卷,一边听着卡比利亚吉他的轰鸣。

在距高伦巴老爹置放海蓝色玻璃鱼缸的地方不远,在布瓦绍尼叶街和沙拜勒街交会的街角上,开着一家小酒店,门上的招牌上只有两个蓝色的长体字:蒸馏。昨天还闪亮着杜朋·巴尔拜几个霓虹彩字,而现在,小酒店已经变为合股经营了。在杜朋店里,一切都是令人满意的。

二

左拉雇了一辆马车,到巴黎西郊特利埃尔、凡尔努伊一带去,想在那里找一栋合适的房子。但是,走了许多路,却未见到一所使他称心如意的,他不禁皱起眉头来。可是当车子来到莫塘的时候,他突然叫车夫停车。只见一幢房子矗立在一片绿色之中,房前有一泓流水。

"这就是我们所要寻找的!"左拉兴奋地说道。

然而,左拉并不想买下来,他只想租用。可是公证人受房主之托,说是只卖不赁。左拉犹豫不决,因为在来斯达克,他还占着一栋房子。

"九千法郎,这可是一个不小的数目啊!"母亲说道。

"您忘了,妈妈,我们是有钱的。"

一八七八年八月九日,左拉兴高采烈地写信给福楼拜。

我买了一栋房子,一栋坐落在布瓦西和特利埃尔之间的兔子房,一个迷人而且僻静的地方……文学使我在乡间有了这一简陋的藏身之所。它很合我意,一是远离一切交通要道和嘈杂声,二是左邻右舍中没有一个富户。

这所谓的兔子房,实际上是一栋带有小花园的不大不小的房子。即使说左拉不再想念他的故乡普罗旺斯了,他也不会忘记水,那使他心旷神怡的海水。从圣·欧宾回来之后,从一八七六年开始,他又洗起了海水澡。一八七六年他住在距圣·纳赛尔三十二公里的毕利雅克。他常徒步到附近的小镇巴特兹或克鲁瓦西克去。他在盖尔巴克莱克吃牡蛎、钓海虾,在海滩上睡觉,从来没有过的轻松;不过,他仍然怀念着他的地中海。布列塔尼这个地方之所以使左拉喜欢,是因为这里与普罗旺斯十分相像。一八七七年,完成《小酒店》不久,他来到来斯达克,在那里尽情地享受口福,一连住了五个月。他钓海胆,生吃从礁石上砸下来的海物。炎热、头痛以及由于用膳过量造成的消化不良都不能阻止他工作。在给福楼拜的信中,他说道:

"我将要失去的是普罗旺斯鱼汤、加辣椒的菜肴、贝类以及那些我吃起来就没有个够的海鲜美味……"

从来斯达克归来,左拉决定在巴黎郊区找一住处,结果在莫塘找到了。他选中莫塘那栋房子的另外一个原因,就是它离巴黎不很远;一八七八年博览会即将在巴黎举行。

一八七八年五月一日,在青灰色的天空下,整个巴黎在观看佩戴帽徽、饰以绶带的由狂热民族主义者组成的一○一师、一○二师、一○三师和一○七师的列队检阅。特卡德侯展览馆门前插起了焰形旗帜。门前广场上聚集着留着胡须、戴着黑色大礼帽的人们,打扮得花枝招展的女人们点缀在这黑色人群中间。元帅①即将光临。人们说"元帅"也就够了,因为现在的政权就是这位元帅的政权。继这次为接待各强国和盟国首脑而举行的大检阅之后,又发生了几件不光彩的事情,对此人们不能不产生一些想法。五月二十四日,作家协会,一个非革命组织,决定纪念伏尔泰逝世一百周年。而上流社会的妇女们出来唱对台戏:她们选择五月三十日这一天,去向贞德②的塑像献花,其原因是众所周知的,伏尔泰否认她的存在。巴黎行政长官也拒绝批准市议会为纪念伏尔泰逝世一百周年而举行正式活动。在三月广场上,法兰西学院的院士们和那些晕头转向的省长混在一起;穿着华丽服装的政府官员们和教授先生们你拥我挤。广场上还有一些土耳其人和打扮得像扑克牌上的人物似的朱阿夫兵;而那些埃及人、摩洛哥人、波斯人、中国人和哥萨克人则并排走在一起。左拉用他身旁那个谦逊而稳重的亨利·卢梭③一样善于捕捉形象的眼睛观察着眼前的一切。人称"海关"的亨利·卢梭是入市税征收处的职员,他把眼前的景象一丝不漏地刻在他的脑海里。

　　十一时半,礼炮齐鸣,展览馆大门齐开;此时天空中雷声隆隆,滂沱大雨向人们头上泼下来,立时人群变成了一片又黑又亮的蘑菇。麦克马洪的敞篷马车在胸甲骑兵的前导下来到特卡德侯展览馆,停在中央大门的前边。元帅大声说道:"展览会现在开幕!"但是,他的声音淹没在雷雨声中。他慌忙地散发了一些荣誉勋章之后,进到展览馆里面去了。接着人群大乱,

---

① 这里指麦克马洪。他在普法战争时被封为元帅,1873年至1879年任共和国总统。
② 贞德(约1412—1431):又译冉·达克,是法国女民族英雄。百年战争末期,1428年,英军占据法国北部,围攻通往南方门户奥尔良城,形势危急。1429年贞德率军六千人驰援,重创英军,解除包围,扭转了战局,后被封建主出卖,在贡比涅要塞附近被俘。教会法庭秉承英国旨意,诬其为"女巫",判处火刑,1431年5月30日牺牲。
③ 亨利·卢梭(1844—1910):法国画家。

挤不进展览馆里去的女人们，手提着裙子，在泥泞中奔走。

左拉难道是为了目睹这些杂乱的景象才放弃了他家乡那梧桐树下的泉水，来到巴黎，来到塞纳河边吗？不。这一次虽然他也参加了展览会开幕式，但更重要的是，在这个时候，他有一部新的戏剧作品正在公演。三年来，左拉在《公益报》上撰文，批评当代戏剧严重脱离生活。他的文章十分刻薄，使小仲马和沙尔杜①大出其丑，人们在等着瞧他的！一八七六年，左拉用三个星期赶写了一出滑稽剧，名为《玫瑰花蕾》，写一个戴绿帽子的丈夫的故事。剧本原是为皇家剧院写的，但写成后剧院老板普伦盖特拒绝接受。后来由于《小酒店》的成功，使得这个老板改变了主意，同意排演了。观众们期望这出左拉自诩为十全十美的自然主义喜剧的上演。结果观众们对这出滑稽可笑的即兴之作并不感兴趣。在这出戏里，几个低级军官围着穿短裙的随军小卖部女管理员，唱起了《小酒桶》这首歌：

  在她那可爱的小酒桶里，

  装满了精美的液体。

  在宫斯唐地纳大路上，

  她使整个军队像着魔了一样。

  你在那儿喝了吗？

  是的，我在那儿喝了，

  对着女管理员和小酒桶！

  你在那儿喝了吗？

  是的，我在那儿喝了，

  对着毕徐大妈的小酒桶！

"不受欢迎的作家"们在威弗尔酒家聚餐。他们惯有诙谐、

---

① 沙尔杜（1831—1908）：法国戏剧作家，主要作品有《祖国》、《拉道斯卡》和《桑热耐夫》等。

嬉戏的传统。这次当人们来到餐桌前落座时，有如下对话：

其中一人说道：

"每人为镶嵌画献出一块瓷砖……结果将会如何？"

众人齐声回答："美妙的海市蜃楼也相形见绌！"

一人道："为参加舞会的女人献上一副耳坏……"

一人道："一副手套……"

一人道："一朵插在头上的绢花……"

众人齐声说道："即使天仙也不会尽善尽美！"

福楼拜的幻梦剧《科尔宫》曾遭拒演，一个叫依鲍利特·高尼阿尔的人为其打抱不平，对老板说了"即使天仙也不会尽善尽美"这句话。这一晚上，在《玫瑰花蕾》上演失败之后，左拉并不和大家在一起谈笑。他郁郁寡欢，一言不发，低着头喝他的美味浓汤。

一个月之后，左拉将他的所有戏剧作品汇集成册出版，并对他的令人不快的尝试做了总结。他写道：

我收在这里的三个剧本没有一个是成功的。《德莱丝·拉甘》演了九场。《继承人》演了十七场。《玫瑰花蕾》演了七场。《德莱丝·拉甘》首次公演时，观众在惊恐不安的气氛中从头看到尾。倘若不是中间有人吹了两三次口哨，表示不满的话，人们后来告知我，观众会病倒的。而《玫瑰花蕾》使全场哗然，人们呼喊、叫嚷，乱成一片，致使负责最后报告我的名字的演员不得不在嘈杂声中随便说了一句。结果一部分观众还是高喊："别提作者了！"

但是，左拉在这篇序文的末尾加了这么一句："人们终于读我的小说了；那么，人们终将欣赏我的戏剧！"

左拉又在自己欺骗自己，自己安慰自己了。

《小酒店》的成功，使左拉存了公开他的自然主义主张、组织文学团体的决心，而且莫塘这一地点也为他提供了方便的条件。梅塘文学会的青年人需要左拉，左拉也需要这些年轻人。在阿莱克西的鼓励下，莱昂·埃尼克阅读了左拉的小说。读后，埃尼克举行了一次热情洋溢的报告会。会后，阿莱克西把埃尼克引荐给左拉。这样梅塘文学会又增加了一位出色的新会员。埃尼克将左拉的《小酒店》和雨果的《九三年》进行比较，相比之下，他更喜欢前者。

于斯曼曾参加过在特拉波饭店的聚餐会，与阿莱克西已有交往，是文学会成员之一。塞阿尔早已认识左拉。一八七六年四月，一个星期天，塞阿尔经过克里西大街和拉富贺斯，来到圣·胡安大街。然后，他找到了圣·乔治街二十一号，那是一栋不大的住宅，他把写有住址的名片递了进去。左拉热情地接待了他；而当左拉得知他原来是自己的追随者，不是一个酒贩子的时候，就更加亲热了。

最后，阿莱克西又把居伊·德·瓦乐蒙，即莫泊桑，介绍给他的朋友们。

后来，阿莱克西在一篇文章里写道："在一个美好的星期四的夜晚，我们五人排成一列，去拜见左拉先生。从此以后，每逢星期四我们都到他那里去。"

在同一篇文章里，阿莱克西描述了大师的家庭内部陈设。

在两扇窗户之间，在一个铺着紫红色台布的案子上，摆着作家的半身塑像。塑像的左边，壁炉的大理石台子上，摆满了日本的各种小摆设，其中有一个尾巴卷曲、眼睛向上翻着的怪兽……屋子里还有一张大桌子，一个长沙发，深红色的丝绒窗帘，马奈绘制的大师画像，一些中国古董和速写画，这里简直是……大师的工作间在二层楼上，作为艺术品，那里有印象派画家克洛德·莫奈的一幅风景画，几件中国的和日本的紫铜古董。从这里，我还没有发现左拉有意摆阔的迹象。这里仅仅是一个富裕市民的舒适的住宅，小说家安静地生活在这里，整日工作不止……每周一个晚上，这位大师在家里接待他的朋友或者说他的学生，几个年轻的小说家：马利尤·卢、保尔·阿莱克西、亨利·塞阿尔、埃尼克、居伊·德·瓦乐蒙……这是一群"猪"，是"四条腿的现实主义者"，也有的称这些人为"浮萍"，或者"灵魂的屠夫"，而比较严肃的报纸说他们这些人准备开一个小酒店……

这个自由文学团体就以莫塘为夏季的活动场所。男主人左拉先生，憨厚、随和；女主人左拉夫人，善于体贴人，是一个出色的家庭主妇和烹饪能手。星期四的食谱也变得讲究起来了。人们可以品尝火鱼、牛肝菌、饺子、凉拌块菰和鱼子酱。尚贝尔丹酒和摩泽尔酒比香槟酒更受欢迎。埃米尔·左拉坐在妻子端给他的一盘小松鸡前，大声地说："哎，你们闻到香味了吗？这真让人想把整个俄罗斯大森林一口吞到肚子里去呢！"

当时大师[①]三十八岁；阿莱克西，三十一岁；于斯曼，三十岁；莫泊桑，二十八岁；塞阿尔，二十七岁；埃尼克，二十六岁。这些被人们称为"左拉先生们"的青年作家，从他们的创作倾向来看，与《小酒店》的作者相比，他们更接近福楼拜、龚古尔或者波德莱尔。但无可否认，左拉是一个年轻有为的新流派的领袖人物。

对左拉来说，繁忙的一年过去了，现在来到了一八七八年的夏天。《爱的一页》从一八七七年十二月十一日至一八七八年四月四日在《公益报》上连载，之后，又作为《沙尔庞捷丛

[①] 这种溢美的称呼并没有什么稀奇，当时颇为流行。在给左拉的无数封信件中，其称呼更是各种各样，其中"杰出的艺术大师"只是一般的称呼。——原注

书》，在一八七八年六月出版。关于这本书，左拉曾经这样说过："这部小说，讲的似乎都是些家庭琐事，儿女情长，我想读起来一定是令人愉快的。我想用一部温和的小说来使《小酒店》的读者们大吃一惊。"不过，左拉看问题比较现实，他对沙尔庞捷说：

> 我们不会得到《小酒店》那样的成功。这一次，为迎合读者，《爱的一页》写得太温和了……能卖上一万册，我们就该心满意足！以后我会用《娜娜》补回来的。我正在构思娜娜这个不同寻常的人物形象。

《爱的一页》在左拉的作品中是最为平淡的一部著作，故事简单，描写抽象，与《卢贡—马卡尔家族》中的其他小说也少有联系。不过在书中，左拉精彩地描绘了他所喜爱的巴黎。

在特卡德侯展览馆的脚下，在雪花飞扬中，铅灰色的城市仿佛睡去了。空中无一丝风，空气凝滞不动了，从灰暗的天宇里，洁白的雪花在纷纷扬扬地飘落下来。工厂的砖砌围墙呈古铜色；在工厂大烟囱的那边，雪花接连不断，越来越密，仿佛像一块薄纱的经纬线松散开来，从天空中飘下。在这梦境一般的雪雨中，没有一声叹息，雪花在静静地飘撒，像睡梦，像坐着摇篮。大团的雪花，临落在房顶上之前，好像放慢了下降的速度；它们一团接着一团，成千上万地叠落在一起，毫无声息，就像那花朵凋谢时没有声音一样。忘记了大地和生命，这些运动着的然而人们却听不到脚步声的雪花，给人间带来了无限的静谧。

这仿佛就是画家莫奈笔下的美妙的冬天。聚集在莫塘的青年人，与情节相比，他们更喜欢那些描写景物的段落。不过，应当引起左拉注意的是，蓬马坦关于这本书曾经说过，这是"一朵并不吸引人的花"。

这时有一件事，左拉是一无所知的。一八七八年三月三十日，爱德蒙·德·龚古尔在日记中记下了他对左拉的不满。

我从未见过像左拉这样贪得无厌的人，他对扩大他的财富永远不知满足。沙尔庞捷对我讲，当左拉得知他的《爱的一页》只印了一万五千册之后，整个吃晚饭时间里，他都在抱怨，在唉声叹气，在嘟嘟囔囔。在这期间，人们把雷加梅绘制的卢贡家族谱系树给他带了去。当他见到这幅画好的谱系树时，那样子真是可怕得难看。人们简直无法使左拉满意。他抱怨人家把谱系树的一个枝杈画得比另一个高了一点，还哭丧着脸说，人们总是不能按着他的愿望去做。

文人相轻。左拉的成功以及他的不善交际，加深了龚古尔的妒意，以致后来损害了两个人的友谊。

在莫塘，农民的房屋都坐落在去特利埃尔大路的两旁，在一个波浪起伏的半山岗上。山岗上这里一片，那里一丛，长着高高的胡桃树。其他一些小茅屋，一个个仿佛都顺着山势下滑到山脚下去了，一直滑到了西去铁路的路基下面……一天，保尔·阿莱克西嘴里轻轻地吹着口哨，迈着大步，走在不起尘土、像英国公园里的小径一样满是林荫的大路上。他来到了左拉的寓所，叫过门后，几只狗跑了过来，后面跟着左拉。

"我刚睡完午觉。"左拉说，"我的好朋友，请进。对一个姑娘，人们怎样付款呢？"

"嗯？"阿莱克西被问得莫名其妙。

"我的意思是说，对一个妓女，人们是事前交钱呢，还是事后交钱呢？"

听了这话，阿莱克西笑得前仰后合。左拉并不生气，说道："阿莱克西，您来看一下扩建工程吧。"

左拉现在既是工程的监工又是设计师。

"您看,我也成了工程师了,像我的父亲一样!"

加布里埃尔也到处指手划脚,照看鸡鸭,付给工人工钱……整天喜笑颜开。她特别喜欢各种款式的内衣,现在已经装满了好几个柜子。她也喜欢买家具。她的丈夫也不甘落后,他们比赛着跑古玩店,但各人有各人的兴趣。

下面是莫泊桑笔下的左拉的莫塘寓所的里外情况:

那里有一个高耸着的方形塔楼,一栋小小的房屋蜷缩在塔楼的脚下,仿佛一个侏儒走在一个巨人的身旁。左拉在一间大而高的房间里工作,一扇玻璃窗面向房前的一片平地……或真或假的中世纪甲胄和十八世纪精美的物品以及令人惊叹的日本式家具摆在一起。

左拉在巴黎布洛涅街的住宅也同样讲究。在丝绒帷幔中间,摆着一张亨利二世式的大床。龚古尔见此情景,一言不发。这样笨拙的奢华使他这个收藏家极为气愤。而福楼拜则走来走去,言不由衷地说道:

"左拉,我一直梦想着能在这样漂亮的床上睡觉!这里简直就是圣人朱利安·劳斯毕达利叶① 的卧室了。"

这里,看来安排一个看门人是十分必要的。因为这里有路易十六时代的彩绘玻璃窗和家具、印度佛像、土耳其式长沙发、荷兰的铜器、从大商店买来的日本和服、威尼斯的珍品收藏柜,直至木制喷漆的哥特式祭廊!简直是把特卡德侯展览馆搬到他家里来了!

我们不必非难左拉了吧。不管他在莫塘的寓所还是在巴黎的新住宅布置得怎样奢华,它也超不过洛斯佛尔的"风雅人物"

---

① 朱利安·劳斯毕达利叶:西班牙和西西里岛人所崇奉的一个圣人。这是个传说人物。福楼拜曾根据他的传说,创作了《三个故事》。

皮埃尔·洛蒂①的令人眼花缭乱的府第。

左拉在扩建他的房子,为的是更好地接待朋友和弟子。后来左拉的女儿德妮丝·勒布隆·左拉回忆说,他父亲"重视作品的同时,房子也变得十分重要了"。从"大师书房"的大窗户远望,从西向东是沃克斯树林、娄西坡地、特利埃尔、桑特鲁和昂特雷西小镇以及塞纳河和卢瓦兹河的汇合处。河水一直伸延到铁路的路基下面。左拉买下了支流上面的一个小岛。

正如他的女儿所说的,大师左拉后来竟把那里的地名也更改了。有一次,阿莱克西提醒他的老师说:

"Medan(莫塘)里的'e'是不发音的。"

左拉回答道:"那么,咱们给它加上一个尖音符号,写成Médan(梅塘),它就可以载入史册了!"

在这美丽的乡村里,流水最为迷人。应该有一只小船。那么给这只小船起个什么名字呢?莫泊桑见左拉经常说起他的娜娜,就说:"我们叫它娜娜吧。"

"为什么?"阿莱克西不解地问。

莫泊桑风趣地回答说:"因为什么人都可以爬上去呀!"

居伊·莫泊桑住在他买下的波宗的"猎鸭"小岛上,来往以桨代步。乡间充足的阳光把这个英俊的青年人的皮肤晒成了棕色。后来,雷翁·都德②说他身上有三种人的特点:出色的作家、傻瓜和病人。他经常带着女人坐在小船上到处游玩。他喜欢那船桨打水的单调的声音。莫泊桑的酒量不亚于阿莱克西,而他的胃口敢与左拉争高低。他这个诺曼底人是一个玩世不恭的悲观主义者,他把他的划船者的午宴中的人物穆斯小姐或者其他漂亮的女划船手的浪漫生活带到了莫塘。

---

① 皮埃尔·洛蒂(1850—1923):法国海军军官、印象派小说家,主要著作有《洛蒂的婚礼》、《我的兄弟伊万》、《冰岛渔夫》等。
② 雷翁·都德(1868—1942):阿尔方斯·都德之子,法国作家、新闻记者。

"老先生又要大发雷霆了!"他一边嬉笑着弄翻小船"娜娜",一边说道。

对生活放荡的人来说,强烈的爱情追求得到满足之后,必然要情绪低落。居伊在福楼拜面前抱怨说,一切都暗淡无趣。

性情暴躁的福楼拜回答他道:"您总是抱怨女人太单调。那么,有一个最简便的方法,就是你不用去理她!我亲爱的朋友,我看您有些傻气,您的无聊很使我痛心,因为您完全可以把您的时间用得更称心些!您听着,年轻人,在您的生活里,女人太多!划船太多!游玩太多!这有什么好处呢?您应该更多地工作!"

左拉早晨起来,未工作之前,常拿着一把枝剪在庭院里散步。他望着塞纳河,常常想他面前的河水向西流去,很快就会流到福楼拜那里去。这位严厉批评莫泊桑"女人太多"的福楼拜,对《娜娜》,他又会怎么想呢?左拉在心里思索着,慢慢又沉浸在幻想之中了。这幻想就是作家、甚至是现实主义作家的生活,它是建筑在几年之后梵高①所说的"真实生活"的基础之上的。

三

在年富力强的左拉身上,有竞技场上大力士那种越举越重的气魄。他认为《娜娜》的成功应该在《小酒店》之上。他以猎犬般敏锐的嗅觉感觉到了娜娜这个姑娘;他要通过她来最后完成对第二帝国丑恶社会的揭露。他注意到,这个社会现在依然存在,并未因帝国的倒台而随之消失。可是,他对小说中要描写的情场上的争斗几乎是一无所知。

---

① 梵高(1853—1890):长期客居法国的荷兰著名画家。

左拉在心里想:"我应该向福楼拜求教。"

一八七八年八月,左拉给福楼拜写信说:

我刚拟定了《娜娜》的写作大纲。它使我非常为难,因为它涉及许多非常复杂的人物……写出来将是不堪入目的。我要毫无顾忌地讲出一切,而其中有些事情是非常丑恶的。

左拉在小说中无所顾忌地描写那些淫秽的事情,有时使福楼拜大为恼火。然而,福楼拜仍然喜欢他,喜欢他为了小说的细节真实,毫不在乎地与他所要写的人物纠缠在一起的精神;而这正是福楼拜对他暗中羡慕之处。相反,左拉这样的粗犷作风使得虚弱多病、像女人一样敏感的阿尔方斯·都德极为不满。另外还有龚古尔,他躲在奥特伊的安乐窝里,气得浑身发抖。后来,左拉的这种作风又引起了阿纳托尔·法朗士和勒南的愤怒。从这里,人们应该找到左拉现在所处的特殊境地的原因,他被嘲弄、被怀疑,但他在伟大和渺小之间处之泰然。

左拉为《娜娜》准备素材的过程堪称一出生动感人的戏剧。在《娜娜》里,作者要向人们描述一个轻佻女人的生活,可是,除去那个作为《克洛德的忏悔》的人物模特并给他带来一种奇特生活的不幸的贝尔特之外,左拉并无这方面的经验。

轻歌剧《奥尔菲在地狱》、《丽人阿莱娜》和《巴黎人的生活》的作者吕道威克·阿雷魏陪伴着左拉,到瓦里埃德剧场去看女演员奥尔当丝·斯奈德尔的化妆室。当时人们正在上演《妮妮斯》。记者密杭达熟悉阿雷魏那张细长、略带忧伤的脸,可是,他陪伴着的那个人是谁呢?噢,是左拉!记者张大了惊奇的眼睛,看着左拉那宽厚的肩膀、挺起的胸膛和黑黑的头发。左拉对同行那种带有嘲讽的惊奇全然不顾,问道:"装在大瓶子里的玫瑰红色的液体是什么?"

他一边在等人回答,一边在纸上迅速地记录着阿雷魏给他讲的故事：

朗贝尔·第布斯特在安娜·德丽荣家的奇遇：当拿破仑王子到来时，朗贝尔正卧在安娜的身上。（左拉边记边说："有意思，这很有意思！……"）他没有来得及穿好衣服就逃了出来，脚上只有一只鞋。他这狼狈相是无法出门的，于是他沿着走廊来到车夫的屋子……（"噢，好，阿雷魏，讲慢一点，我的朋友。"）外面很冷，他（"朗贝尔·第布斯特，嗯？"）留在车夫的房间里。与王子相比，车夫更喜欢朗贝尔。"先生，我去套车吧。（'对，说话的是车夫。'）因为我更喜欢您。"（"阿雷魏，这不是你编造的吧！"）然后，车夫亲切地讲起夫人来。他有见识地说，她本可以避开那些客人，不糟蹋自己（"妙哉！糟蹋自己！"）；可是她淫乱无度。（"像娜娜！"）说完，他们玩起纸牌来。后来王子走了，安娜穿着睡衣，手举蜡烛，来找朗贝尔……这个安娜，高级妓女，人间尤物，还是重友情的……

娜娜，娜娜……左拉难以忘怀他的人物。

另外几个女人，毕涅的瓦乐戴丝、丽芝的德莱菲娜和昂地尼的布朗什，又为作家提供了这类女人的不同形象。此外还有高拉·波阿尔乐。左拉在他的笔记中写道："现在，可以说有两个竞争者，一个娜娜（胖姑娘，昂地尼的布朗什）和另一个娜娜（瘦弱苗条的高拉·波阿尔乐）。她们将从情夫那里骗取钱财，而当她们有了王子做情夫时，她们才算最终获得胜利。"昂地尼的布朗什还是戏剧乐园的著名歌星，受俄国书信检查处处长的庇护。这位衣饰华丽的时髦女人曾在西勒北利克取得极大成功，获得"白雪花"的美称，载誉归来后，住在圣·彼得堡。是她称之为"我的老帽子"的银行家比肖夫山使她红起来的。

阿雷魏对左拉说："她有许多情夫，但是，她拒绝了拿破仑三世,说'我不喜欢他那脑袋'。她的诽谤者们称她为伊基尼奶油。是的,她好像会融化似的!一会儿,我们到她家去吃晚饭……"

毕涅的瓦乐戴丝把她的闺房"出借"给了左拉。这个异常娇媚的女人,住在马来塞尔博大街九十八号。因她常与艺术界人士交往,人送绰号"艺术家联合会",而她却毫不在意。她是热尔韦和吉耶梅的朋友。她同意左拉观看她的卧房。引起左拉注意的是那雕花大床;它在十九世纪的生活舞台上占着头等重要的位置。左拉仿佛觉得那就是停放名人的灵床。左拉要比小仲马幸运。小仲马也曾请求过瓦乐戴丝,要看一看她的卧房。但是,瓦乐戴丝冷冷地回答说:"亲爱的大师,这对您不合适吧。"

小说里娜娜与戛乐王子会面的情形是阿雷魏讲给左拉的。阿莱克西为左拉讲述了搞同性恋的女人们在旅馆里吃客饭的情景。他说,在这个旅馆里,女人们进去要吻女老板的嘴唇。

左拉也不放过都德:"您,都德,当您在莫尔尼公爵家当秘书时,一定看到不少见不得人的事吧?"

龚古尔把妓女巴依娃的头发卡子送给了左拉。他也为左拉提供了一些素材,不过尔后他又把这些都告诉了都德。

左拉不顾两脚冻得发僵,在街上跟踪那些妓女,看她们怎样揽生意。当她们当中有人向他大声说:"你肯出一个金路易吗?"

这时他才红着脸走开。

当左拉走回家来,那夹鼻眼镜后面的眼睛里闪着光芒的时候,他的妻子加布里埃尔抗议了。无疑她是嫉妒了,但更多的还是担心和不安。

"你可以选择别的题材嘛!免得你整夜跟着那些姑娘到处

游逛。"

"可是,亲爱的,娜娜是个妓女呀!"

"那么,你不必写这个娜娜嘛!"

"娜娜。娜娜·古波,出生于一八五二年,兼有父母双亲的特点,但从精神素质上看,更像她的父亲。"

"左拉,在您关于实验小说的研究中,可有诡辩之嫌啊!"

"哦!您说下去,塞阿尔。"

"当克劳德·伯纳德总结自己的实验的时候,他清楚地知道是在什么条件下,是在什么特定的规律的影响下才能产生预定的结果。而对小说家来说,是否也能如此呢?对作品中的生理部分,回答是肯定的……"

"我在听您讲。"

"但是,某一器官的畸形发展或衰老必然在一个人的心理上产生影响,引起变化,那么,标准何在呢?人们无法像克劳德·伯纳德那样得出一个科学的结论,而只能简单地做出一个假设,一个假设!左拉。"

"那又怎么样呢?"

"这就要授人以柄,引起争议。"

"争议,塞阿尔,这很好嘛!"

"瞧吧,您所偏爱的科学力量也不能够……"

"我的朋友,福楼拜说得更直截了当:'左拉在他的实验中只能自圆其说而已!'"

"那么……"

"给我一个妓院的地址。"

"怎么?"

"书中还缺一个妓院。"

"有……有露西旅馆……我们五点至六点到那儿去吧。"

"好哇!一定很有意思!"

"我们定饭……"

"我们还要睡在那儿吗?"

"不能。因为我们与露西并无深交。"

"娜娜和她的情夫云雨之后,我可以不可以让她在床上喝个酩酊大醉呢?"

"为何不可?亲爱的左拉,实验嘛!"

"实验要求你想办法,能使我参加露西她们的一次晚餐。"

塞阿尔望着左拉不说话了。他对左拉的思想常常疑惑不解。随着他们之间友谊的加深,他对左拉更难理解了。而左拉,对他所维护的一些思想,他自己也是不以为然的。在他的思想中,确实有这样的情形,而且常常出现。所以,当有人对他理论上的缺陷提出异议时,他都一一承认。

左拉和塞阿尔一道去莫尼叶街露西家吃晚饭。

"你这个样子我认识。"露西夫人对左拉说,"我们是否一起睡过觉?"

"您弄错了,夫人。"左拉回答。然后他又献殷勤地补了一句:

"请您相信,未能与您同欢,我是很遗憾的!"

翌日凌晨四时,塞阿尔在盥洗间找到了左拉。夜里,青楼女子露西倒在一个长沙发上,把一只脚放在席地而坐的左拉的膝盖上。就这样,左拉就着一个地桌记录下了他所需要的妓女生活的种种细节。

人们用兔子毛做的舌状粉扑取些红胭脂,用手指涂到脸上,然后再用粉扑将它抹匀。涂胭脂可是大有讲究的。年轻姑娘或少妇,要把胭脂一直涂到耳朵上,而中年夫人要从眼睛下面一直抹到太阳穴，从下眼睑到外眼角之间涂黑晕更是一件了不起的事。她要先闭上眼睛，用毛笔或者火柴杆在上下眼睑接触的地方涂上一道黑线……

尽管在理论上，亨利·塞阿尔与左拉有分歧，但这并不妨碍他为左拉提供必要的写作素材：

既然我们进入了这个领域，我给您介绍一些有关卖淫方面的情况，也许对您更好地完成写妓女的小说有所裨益。在现实生活中，有许许多多妓女，到不能再在街头拉客的时候，就找一个能够资助她的男人，利用他提供的资金，开设妓院。这种情况是很多的。在圣奥诺雷街、水堡街、雅西胡同和斯坦斯布尔火车站附近，都有这种妓院。在这些妓院中，接客妓女也可以没有许可证。她们当中，大部分是年轻女子。她们每天早晨，把个皮包往胳膊上一挎，离开了家，仿佛去工厂上班一样……妓院老板是很容易发财的。一旦发了财，她就可以把妓院高价转卖出去，因为这个妓院的妓女们已经吸引住了一批顾客……为了尽可能避免警察的搜查，在某些地段，主要是水堡街，老板禁止她的妓女们穿着睡衣在外面活动。她们靠近窗子，坐在小板凳上，手里拿着衣物，做出很坦然的样子，一边做着针线，一边不时用眼睛窥探着街上的动静。一旦有风纪警察出现，希望他们能把她们当作做女红的放过去。这个细节是一个名叫佳密勒·德·拜贺乐蒙的女人告诉我的。她和蔼可亲地给我解释她的防范措施，还有她怎样不择手段地强迫她手下的妓女去拉客。她说，（这里照抄我的笔记）"你想……她们平均每天可以给我挣回五十到六十法郎。我给她们十个法郎，她们就很高兴了，这对她们来说，已经是不少的收入了。"这个佳密勒，年轻时也是个妓女，放荡地生活了好多年，现在以从事皮肉生意安静地度过她的晚年，并且因为在年轻人身上为她过去的愚蠢进行一点报复而感到快慰。理工学院的学生们是她的顾客。在她的妓院里有几个姑娘钟情于一个非洲军团的军官，尽管相距遥远，他们还是保持着联系。她对她们的忠贞并不鄙视。为了不损伤她的顾客，除非最繁忙的时候，才让她们出来接客。她打算以后把这个妓院转让给她的一个朋友，价码可找公证人商议。（一八七九年十一月十二日）

亨利·塞阿尔把赌注下在上面了，所以他对此道颇为精通。他还为左拉提供了关于妓女在街上如何拉客以及妓院内部情况等材料。

左拉为得到这些珍贵材料而万分高兴，一八七八年七月二十六日，他写信给亨利·塞阿尔表示感谢。

我万分感谢您为我提供材料。这些素材太精彩了，我打算把它们全都用上，特别是关于晚餐那一段，更是令人叫绝。像这样的材料，我想得到它上百页。那样，我就可以写出非常漂亮的一本书。要是您又发现了什么新鲜东西，无论是您还是您的朋友，请写信给我。我十分渴望得到第一手材料……

左拉不仅积累朋友们提供的材料，而且还有选择地阅读一些小说，如《堕落的美女》、《冒险家乐园里的女人》、《轻浮的女人》、《女优》、《吞噬男人的女妖》、《先生们的小牝猫》等，从中吸取有用的东西。加布里埃尔见左拉读这样的书，不由得心中一阵惊悸。

左拉为了发表他的小说到处求告于报刊的时期已经一去不复返了。现在反过来了，报社经理和编辑们纷纷登门，前来向他约稿。一部连载小说，一旦开始刊载，那余下部分的组织和剪裁就更加困难了。一八七九年九月，《伏尔泰》报社社长儒勒·拉菲特向左拉索要尚未完稿的《娜娜》。这样，这部小说在十月十六日开始见报。同时推销这部书的广告，在巴黎的大街小巷，无处不有。塞阿尔在一篇文章中写道："《娜娜》引起人们强烈的好奇心。娜娜这个名字出现在巴黎的所有的墙壁上，令人想到魔鬼缠身和一场噩梦。《伏尔泰》报加印了广告，到处张贴，甚至贴到每个香烟店里顾客点烟用的供火管子上。"

一八八〇年三月，沙尔庞捷开始出售《娜娜》。第一天，竟以稳定的价格售出五万五千册。于是，他决定再加印十次。一八八五年，《娜娜》印了十四万九千册；一九〇二年，十九万三千册；一九二八年，二十七万八千册；一九六二年，人们估计印数时增加到四十万册左右。

近一年半以来，福楼拜是熟悉《娜娜》的整个孕育过程的。这部书使他喜出望外。但是，他对左拉说："您完全可以少用那些粗俗的词语，这是可行的……在某些段落，我认为您完全忘却了'羞耻'二字。那么，其后果会如何呢？先生，对那些鲁笨之辈，这些都成了新奇，都是勇敢行为。《娜娜》在不断追求真实的情况下，变得荒诞了。"

福楼拜用"荒诞"二字来评价《娜娜》，真是入木三分。是的，《娜娜》是荒诞的。然而，这"荒诞"从何而来呢？它来自左拉对第二帝国和资产阶级的仇恨，它来自左拉对女性追求的抑制。加布里埃尔的妒忌和担心是不无道理的。

娜娜是裸体的。她凭着十分的大胆，赤裸裸地出现在舞台上。她对于自己能够主宰一切的肉感的魔力，有充分的把握。她披着一块薄纱，然而，她的圆肩，她那高耸着玫瑰色乳尖的丰满的双乳，她那诱惑的摆来摆去的宽大双臀，和她那整个肉体，事实上，在她所披着的那块薄得透明的轻纱下面，那白得像水沫似的整个皮肤的任何一部分都可以揣想得出，不，都可以看得见……当她举起两只胳臂，她腋下金黄色的腋毛，在脚灯的照耀下，台下也都能看得见……从她身上，飞出一道色欲的光波，就和冲动的兽类身上所发出来的一样，这个光波在散布，并且越来越强烈，充满了整个剧场。

娜娜这个轻浮的姑娘，由于生活环境的熏染，从少年时代起就堕落了。她以毁灭她所仇视的男人为手段，来为民众报仇雪恨。在她面前，一切法律和传统习惯的束缚都倒塌无遗。当她从东方回到巴黎的时候，染上了梅毒，不久离开了人世。这时正是一八七〇年，巴黎的大街上正在狂喊："打到柏林去！打到柏林去！"她是那个注定灭亡的时代的化身，同时也是毁灭那个时代的工具。

娜娜常常把她猎获的男人当成牲畜来对待。这个下等舞场里的瑟西①竟变成了半个女王。

她把他当成牲畜来对待，用鞭子抽打他，不停地用脚踢他。吁！吁！你是我的马。驾喔吁！你个肮脏的驽马，你还想走吗？有的时候，他又会成为一只狗。

这一细节描写并不是左拉杜撰出来的，它来自奥特韦②。奥特韦是一个放荡的演员，著有小说《被拯救的维纳斯》。在小说中，老参议员安东尼奥在妓女安吉丽娜面前装牛，然后又装狗，并且要求安吉丽娜用鞭子抽打他。而实际上，奥特韦也是步莎士比亚的后尘。在撰写《娜娜》前十一年，一八六八年十二月六日，凡事总是走在前边的埃米尔·左拉曾在《论坛报》上发表了一篇文章。在这篇文章中，他张冠李戴了。

在这个女人面前，他双腿跪下，他装作狗，请求她给以恩典，打他几下，朝他的脸上吐唾沫……现在，为了体验一下恐

---

① 瑟西：荷马史诗《奥德赛》的重要人物之一。她是女巫。她曾使俄底修斯的同伴们喝一种酒，结果都变成了公猪。
② 奥特韦（1652—1685）：英国作家。《被拯救的维纳斯》是他的代表作。

惧和神经颤栗的滋味，为了更感到舒坦，他一定要她把他当成奴仆，狠狠地抽打一顿。

这段关于受虐色情狂的典型描写，使左拉颇为欣赏。他在文章中写道：

莎士比亚（实际是奥特韦）笔下的这位参议员是不朽的。想一想吧，在我们当中，您也会找到这样的人物。这是多么凄惨的滑稽剧，又有多少男人脱下了他们的黑礼服，去掉了他们在人生舞台上的伪装，装作狗的模样，在地毯上滚爬，乞求别人朝他的屁股踢上几脚！

娜娜使她的猎物野兽化的"荒诞"行径，在后来电影《蓝色天使》中的玛琳·黛德丽身上得到了更加突出的渲染，然而，这是没有多大意义的，因为在左拉的德国门生亨利希·曼的著作里，并不存在《娜娜》作者那种使"绝代佳人自我毁灭"的冷酷。

为了造成最有威力的爆炸力量，左拉把他的浪漫幻想和色情描写结合在一起了。这种结合为我们提供了下面一段令人惊叹的文字：

在胜利之中，她的女性特征升腾起来，在她的躺倒的猎物身上闪着光辉，仿佛高高升起的太阳照耀着厮杀后死尸遍野的战场。但是，她仍然意识不到她的极度愚蠢，也不知道自己所作所为的后果，她一直是一个善良的姑娘。

倘若左拉像莫泊桑一样，在自己家里就能目睹年轻女人堕落的种种悲剧，那他无论如何也写不出《娜娜》这部不同凡响的小说。左拉的清白和他作品中的色情描写是同一块金牌的正反两个方面。在他眼里，第二帝国如同一个其大无比的妓院，里面充满了陷于困境的农妇、被勾引堕落的女工、与人私通的资产阶级小姐。她们都屈服于"男性的可怕欲念"，并且又不断地挑起这种欲念。这就是左拉在《娜娜》里所写的，他用一句话概括说："整个社会都向女人身上扑去！"

从酝酿这部小说开始，左拉就被这一思想纠缠着，使他在作品中大加发挥。

一群公狗跟在一只母狗后面，而母狗毫无热情，并且嘲弄着跟在她后面的公狗们。男性的欲念是使得世界不得安宁的巨大力量。在他们眼里，世界上只有供他们玩弄的女人和他们一心追求的荣誉地位。

左拉达到了他的目的。

他的这一成功，在一八八〇年二月十五日于斯曼给他的信中得到了充分的说明。

我从《娜娜》中挣脱出来，我的心怦怦然不能平静。当我再接着读下去的时候，真是怪得很，那种使人激动的气息更加浓烈起来。这是一部美好的书，一部崭新的书！无论是在您的连续小说中，还是在直至今天人们所写的小说中，它都是一部完全崭新的书。我真不敢相信，您竟有这一手，有这样独特而博大的力量……那装饰得如此华丽的交易市场，还有那些狗。科克兰万岁！还有那客饭，那跑街，那些令人赞叹的场面，那个缪法得知妻子有了外遇、感到自己受骗时的绝叹场面……一切，毋庸置疑，都是出色的。

是的，从当时许多赶时髦的作品来看，于斯曼对左拉做出这样的评价是难能可贵的。它突出了左拉通过创作来渲泄自己的思想感情的特点。左拉的朋友们，莫泊桑、于斯曼、塞阿尔早于整个弗洛伊德[①]学派，看出了这一点。

《娜娜》使左拉无法避开色情问题，不过，当时是存在色情这类事物的，所以他有权利把它反映在小说里。另外，这种

[①] 弗洛伊德（1856—1939）：奥地利精神病科医生，精神分析学的创始人。

色情，他并未经历过，他是以他那蓄积起来而尚未使用的力量来丰富他的想象的。他的这种冲动，尽管十分狂热，但仍然是正常的。左拉先于萨特，毫不犹豫地为一本写同性恋爱的小说作序，并且是那样严肃，是那样庄重，是那样富于人道主义精神。他写道："所有涉及两性关系的事物，都关系着社会生活本身。"这样一来，左拉不可能写同性恋爱小说了。他的全部注意力集中于女人身上，也倾注于孩子身上。

他说："男人和女人来到人间，就是为了生儿育女；一旦有朝一日，他们不做他们应该做的事，那么，他们就扼杀了生命。"他的这种观点一直没有改变。他后来写的小说《巴斯加尔医生》中的巴斯加尔医生的工作笔记就是证明："在男女爱情生活之中，最后应该有一个孩子作为结果。除此之外，所谓的爱情就是游戏，就是纠纷。当孩子一出世，人生的自然目的也就达到了。反对将生儿育女排除在外的爱情。"

左拉的性格是"正常"的，但又是多么特殊，他后来竟然攻击起沙德①侯爵来了，他根本没有想到沙德的革命的一面。

四

火车喷着浓烟，喘着粗气，在大巴黎地区的碧绿的原野上奔驰着。火车已经进入诺曼底省了。在三等车厢里，有一个上身着粗呢上衣，下身穿着黑绒裤子的人。他坐在车窗旁，向外张望着。他脸色灰暗，神情显得忧郁不安。他有一部蓬乱的大胡子，可是头顶上闪着白蜡一样的微光，他已经谢顶了。他不顾邻座几个去南特的女人的瞋怪目光，大口大口地抽起烟斗来。突然，当火车经过一座巴洛克式小城堡，见那里有人招手时，

---

① 沙德（1740—1814）：法国作家。

他喊叫了一声，站起身来，冷冷地向邻座的人扫了一眼，抓起了他那破旧而沉重的提包和画具包，把吃了一半的蒜肠塞在他的上衣口袋里。衣袋里有一张《世纪报》，一半露在外面；他刚才读过那上面的连载小说《雅克·万特阿》，作者是拉绍萨德。他快步走出了车站，尽情地呼吸着早晨的新鲜空气，同时用他的花格手帕擦着那冒汗的额头。

久别重逢的朋友互相迎上前去，拥抱起来，用手掌使劲儿地拍打着对方的脊背。左拉心里想："看，他变得多老了，他只比我大一岁，唉！保尔今年整四十了。"保尔·塞尚心里也在想："他确实该到乡下来。他脸色灰黄，像一条黄鱼！"

"哎，我说埃米尔，你变肥了！"

"你闭嘴！要不我要说你秃头了！请进。"

左拉见塞尚口袋里露出半张《世纪报》，上面登的是拉绍萨德的《雅克·万特阿》，便问道：

"噢，你在读瓦莱兹？"

"瓦莱兹？"

"是的，我的亲爱的朋友。拉绍萨德就是瓦莱兹。精彩吗？"

"妙极了！"

"是我鼓励他写这部小说的。这个家伙，他初到我这儿来的时候，说是要把他的写作计划带来让我提意见，可后来，他又变卦了。等一会儿，我带你到岛子上去。那里杨树成荫，很是凉爽，在那里仿佛在艾克斯的罗克发乌尔一样。你呀，要把一切都告诉我，保尔。这么说，你有儿子啦？"

塞尚很快就喜欢上这个河心小岛了，还有那条名叫"娜娜"的小船以及"猎鸭"岛。他喜欢画塞纳河、莫塘以及它的古堡。他发现在浓绿色里的乡村是十分动人的，它是空间中最微妙的部分。塞尚试图向左拉解释这一切。绿色，左拉是懂得的，说到空间他却不甚了解了。塞尚以他特有的方式，审视着风景的形体结构，仿佛他的视线能把地平线升高似的。

左拉习惯于观察自然形态下的散乱着的各种形体，另外，他的视力又是衰弱的，所以注定他对朋友孜孜不倦研究的东西根本不能理解；他的朋友塞尚提前二十五年为立体画派打下了基础。不过，他们已经习惯于相互不理解了。当塞尚责怪左拉没有挖掘人物心理，或者认为左拉在作品中描写过多时，左拉并不生气。保尔在画画，左拉穿着长袖衬衫卧在绿草地上读书。

塞尚曾经历过一场严重的家庭危机。一八七八年夏天，他住在来斯达克。可是，在艾克斯，他父亲收到一封上面写着"画家保尔·塞尚"的信件。这位一家之长毫不迟疑地把信拆开来，从中得知，不仅他的儿子结了婚，而且他自己已经做了爷爷！然而，保尔这个三十九岁的大傻瓜却矢口否认。其结果是生活费被削减到每月一百法郎。保尔把事情告知了他唯一的朋友左拉；由于他多疑和暴躁的性格，他只能有这么一个朋友了。左拉解囊相助。

保尔对他父亲的特殊依赖关系，由于这件荒唐事受到了破坏。塞尚自己讲述道："八天前，我从家里溜出来，到来斯达克去看我的儿子；他很好。因为火车开车时间太晚，我等不及，只好徒步返回艾克斯。吃晚饭时我必须回到家中。三十公里的路程，我只晚到了一个钟头。"

加布里埃尔不以为然地耸耸肩膀，对左拉说道："你的保尔，算不上一个真正的男子汉。"

左拉沉默着，不作回答。

在莫塘，塞尚画了一幅题为《女人的胜利》的画，只见一顶华盖之下，有一堆肉，周围有主教、士兵和西装革履的先生在躬身观看。

"这里缺少画意。"左拉说道,"那么,你来看看马奈的……"

"你的马奈,他只会画埃皮纳勒的民间画!"

塞尚与左拉赌气,一连几个小时不说话。最后,他憋不住了,说道:"你不喜欢我的《女人的胜利》,真使我万分遗憾!你可知道,这是受你的《娜娜》的启示画成的呀!"

左拉不自觉地咬了一下嘴唇。塞尚用眼角望着他,发现在这个四十岁的人身上,还保留着自己曾经保护过的那个孩子常有的忧郁神色。塞尚推了一下左拉的肩膀,说道:"这么说,你和你的马奈先生的关系一定不错喽!"

不,他们的关系并不好。事实是,左拉的朋友们的绘画越来越使他失望了。现在他明确地承认了这一点。

一八八〇年,艺术展览会接受了克洛德·莫奈和雷诺阿的作品,但是摆在很不显眼的地方。在这两个人的请求下,塞尚找到左拉,左拉同意以《艺术沙龙的自然主义》为总题目,写了四篇评论文章。当然,在文章中,他还是尽力为朋友们辩护的:"人们似乎还不知道,这些拼搏者中的大多数是可怜的人,他们经受着穷困和劳苦的磨难。而更为突出的特点是,他们都是肯为自己的信仰而牺牲的人。"但在艺术上,他却说:"最大的不幸是,在这个画派里,还没有一个艺术家能强有力地把他们新的表现形式固定下来。"

这句话的含义是:我,左拉,人们信服我,连同我的自然主义;那么,如果说人们不赞同我的画家朋友们,这并不是自然主义的过失,而是因为他们尚未创作出伟大的作品,就像我一样。

马奈和左拉的不合睦并没有持续下去。马奈绘制的左拉夫人打网球的精美油画使他们的关系得到缓和。油画中的左拉夫人现出若有所思的样子，显得有些忧郁，但是很丰腴，透出成熟的美，嘴唇虽带有温柔，但显得有些干瘪……这幅画使左拉回想起加布里埃尔过去的样子。左拉并不喜欢这幅画。是不是因为画得太像了呢？

龚古尔在这几年里也见过加布里埃尔，他写道："从她的病态里显出一种罕有的美来，这美表现在她那两只黑黑的眼睛所流露出的温柔和使面孔更加显明的苍白里。"

一八七九年夏天，塞尚请求女主人站在花园树荫下的小桌旁，摆出斟茶的姿势。这幅画他已经连续画了几天了。他被友爱的气氛所包围。在莫塘别墅里，有他十幅油画，此外还有莫奈、毕沙罗和马奈的一些作品。在花园里，来来往往观看的人使他很恼火。有一天，潇洒快活的吉耶梅看过塞尚正在画着的画，发表了自己的看法。除毕沙罗之外，塞尚是从来不听别人意见的。他讨厌吉耶梅这个粗俗的人所画的画。他一气之下，毁坏了他的草图，捣碎了画布，然后向塞纳河跑去。吉耶梅、左拉和加布里埃尔面面相觑，惊呆在那里。

每当塞尚和左拉在小岛的树荫下散步交谈时，左拉常常谈起自然主义和实验小说理论。

"我的朋友，我是一个植物学家，我把植物分类置放在标本集里，在注意到它们的有益效能的同时，特别标明它们有害的特性……总之，我并没有掀起一股自然主义潮流，我只是顺应这股潮流而已。"

"你的那个体系使人讨厌，埃米尔。"

"自然主义不是一个体系。克劳德·伯纳德曾经说过：'我并没有发现一个新的体系，我只是在一个新的时代阐明一个旧有的体系。'用他的话说，我也没有什么新的发现。'人类档案'这种提法，你可以在泰纳研究……"

塞尚紧闭着嘴唇，用鼻子哼了一声。

"……在泰纳研究巴尔扎克的文章末尾就能找到。'自然主义'这个词，在我之前，有二十多位作者已经用过。我是属于泰纳学派的！"

这时，塞尚模仿打猎时吹的铜号，憋足了气，发出"嘟嘟，嘟泰纳，嘟泰纳，嘟嘟"的声音。

接着，塞尚又学鹿鸣、狗叫、马嘶和狩猎中骑马管猎犬的仆人的呼喊以及杜寨斯的公爵夫人的笑声。左拉终于被他逗得噗嗤一声笑了。

左拉采用自然主义理论，有其正确的一面，也有错误的一面。错误的一面是，自然主义的辩证法是站不住脚的；正确的一面是，自然主义理论适合用小说来反映民众生活的文学需要，尽管这种革新可能产生新的公式化。

剩下的事就是策略问题了。继《小酒店》获得成功之后，左拉加强了他的理论宣传。他发表了论文《实验小说》，明确地阐述了他的思想和主张，甚至对自己进行了漫画式的描述。他还想，要和他的年轻朋友们一起，通过共同合作的一本书来宣布梅塘文学会的存在。他的所有声明和文章都围绕着下面这样一种思想："我是无所谓的，先生，自然主义才是一切，因为自然主义是现代思想的演化……在这个世纪里占优势的是自然主义；而一八三〇年的浪漫主义仅仅在一个短暂的时期里才起到初步的推动作用。"

言外之意，雨果仅仅是他的先行者而已。

漫画在十九世纪的作用要远比在我们今天这个时代重要。一八八〇年一月七日，《漫画》上发表了一幅题为《自然主义的胜利》的漫画：为左拉骑马雕像举行揭幕式，并且载文说："以雨果、都德等为代表的卑劣的理想主义者反对自然主义的行动彻底失败。当这些捣乱分子被送往警察局的时候，左拉大师出面干预了，说：'给他们一人一架竖琴！'于是，警察将他们释放。"

这幅漫画突出地说明，左拉在文学界已经取得了优势。它也可以帮助人们理解小说家精心策划的至为重要的转折：

是时候了，应当把共和国置于文学的面前，要看一看文学可以指望共和国的是什么；要检验一下，我们这些分析者、解剖者、人类档案的搜集者和研究者，我们在今天的共和党人中间找到的是一些朋友，还是一些对手。共和国存在下去，或者存在不下去，取决于她接受或者抛弃我们的理论；共和国将是自然主义的，否则她将不成其为共和国。

左拉本可以早就选择一种理论，并且公开自己的主张，但他把这些事大大地推迟了。现在，时机已到，他披挂上阵了。他对自己思想的表达是郑重的，但也是笨拙的。时机选择在最关键最合适的时候，这是理所当然的。不可否认的是，左拉是坦率的，他的思想也是极为重要的。在共和国和自然主义之间，确实存在一个配合的问题。左拉对当时各种社会问题都表明自己的态度。他的朋友们都为他捏一把汗。他的行动引起一阵笑声，一阵知识阶层的讪笑声，他们这些人表示对左拉不屑一顾。然而，左拉也不愿与他们为伍。

一八八〇年四月十七日，莫泊桑写信给《高卢人报》社长先生。

夏天，我们聚集在左拉的莫塘别墅中。长时间的进餐（因为我们都是酒囊饭袋，而左拉一个人吃的能抵得上三个普通的小说家）之后，要做长时间的消化，这时候，我们就天南海北地闲聊。左拉常给我们讲述他未来的长篇小说的内容，把他的文学主张告诉我们,讲述他对各种问题的看法。有时左拉还带上猎枪(他是个近视眼),一边谈话,一边向我们告诉他的有鸟的草丛射去。当他找不到任何鸟的尸首时。他感到很奇怪!我们也去钓鱼。在那里,埃尼克大显身手,而左拉常常扫兴,因为他只钓到了一只破鞋。而我呢,我舒坦地伸展了身子躺在"娜娜"号小船上,或连续几个小时在河里游泳。保尔·阿莱克西在踱步徘徊,沉浸在冥想之中;于斯曼左一根右一根地抽烟;塞阿尔却闲得无聊,他认为乡村生活是索然无味的。

午后的时间就这样消磨掉了,而夜晚是美好的,温馨的,空气中有一股从树林里散发出来的清香。每天晚上,我们都到别墅对面的"大岛"上去散步。我用"娜娜"号小船把大伙儿渡到对岸。

有一个夜晚,皓月当空,太太们这样谈论着梅里美:"他说故事多么动听啊!"而于斯曼反驳她们道:"故事家是一个不会写作却神气活现、胡说八道的家伙。"

按着平素的习惯,他的话自然又引起一阵饶有风趣的议论。

保尔·阿莱克西说:"要写出一个故事来,谈何容易!"

塞阿尔望着明月,喃喃地说道:"这是多么美的一幅浪漫背景啊,应该把它利用上……"

于斯曼添了一句:"这正是讲情意绵绵的故事的时候。"

左拉说道:"这个想法好!我们每个人都应该讲一个故事,为了增加难度,第一个讲故事的人所选择的题材范围,其他的人都应该保留:在同一背景下,展开不同的离奇复杂的情节。"

我们坐好了,在沉沉入睡的田野的恬静中,在如水的月光下,左拉给我们讲了悲惨的战争历史中可怕的一页,题叫《磨坊被围》。就这样,六位挚友在这个小岛的树荫下,即兴创作了一本《六人集》。

莫泊桑后来说明，他写这篇文章的目的在于"引起评论界的注意"。然而，他忽略了准确性，他应该把事情的始末说清楚。但不管怎样，他在这篇文章里生动地表现了人与人之间的相互友好的气氛。

不过，最早倡议编辑一本短篇小说集的似乎是莱昂·埃尼克，起码他是这样说明这件事情的：

在巴黎，我们围在埃米尔·左拉的餐桌周围，有莫泊桑、于斯曼、塞阿尔、阿莱克西和我。我们和左拉一起海阔天空地闲聊。无意中人们说起战争，说起那耻辱的一八七〇年战争。战争时期，我们当中有的人当过志愿兵，有的当过国民别动队战士。

我说："哎，为什么我们不就上面提到的事件搞一本短篇集呢？"

阿莱克西加了一句："是啊，为什么不呢？"

左拉问道："你们有素材吗？"

"我们会有的。"

"书名叫什么呢？"

"《梅塘夜话》。"

于斯曼说："妙！我喜欢这个题目！"

左拉的女儿德妮丝也认为关于这本书的最初设想是在巴黎提出的。我们接受这种说法。尔后，人们又回到"大岛"的树荫之下去了。事情肯定是存在的，只是埃尼克的说明过于简单了。在选定《梅塘夜话》——"为了纪念左拉夫人在其中热情款待我们的这栋可爱的别墅"——这个题目之前，他们曾讨论过于斯曼提出的另外一个辛辣的题目：《喜剧性的入侵》。这些阿尔方斯·都德所说的"经历过大溃败的孩子们"，对国土沦陷的惨痛是体会不深的，接受这种失败的态度也是不够严肃的。由于他们的气质和善充好汉的特点,他们成了一些"反对因循守旧的人"。他们根本不满意接替巴丁盖帝国的这个政权,但是,他们还是放弃了那个容易引起公愤的题目。他们没有估计错。该书尚未问世(一八八〇年五月一日出版),仅仅根据莫泊桑的那篇文章,《费加罗报》就开始了攻击。左拉年轻时的"书籍问世之前要大造舆论"的格言真的起了作用!里什潘在报纸上激烈地抨击他们这些活跃分子:"左拉,一张刮得发青的胖脸,活像个猪肉店的老板……于斯曼,一个头发蓬乱的脑袋,在下垂的脸颊下,是细软的胡须,给他那神经质的人才会有的羊皮纸样的皮肤涂上一层金色……塞阿尔,骨瘦如柴,弱不禁风,一副哭丧脸;埃尼克,假充风雅的高个子,瘦长脸,在他那细长的鼻子上夹着一个单镜片的眼镜;阿莱克西是个温和人物,招女人喜欢,热爱生活……他们仰仗着福楼拜,仿佛猪依靠圣人昂托万一样。"

左拉为《梅塘夜话》写了一篇简短的序文:

这几篇小说,我们认为产生于同一个思想,说明同一个道理,所以我们把它们辑录在一起。我们等待着各种批评,无论是心怀恶意的,还是愚昧无知的;他们的趋炎附势的批评我们早就领教过多次了。我们唯一的愿望是,向人们公开地表明我们真正的友谊,同时,也表明我们的文学倾向。

如此公开地刺激野兽们是一般人难以做到的!

《梅塘夜话》共收六个短篇小说。除开卷的位置留给左拉的《磨坊被围》之外,其余按着抽签定下的顺序排列:莫泊桑的《羊脂球》、于斯曼的《背起背包》、塞阿尔的《放血》、埃尼克的《"大七"事件》和阿莱克西的《战役之后》。《磨坊被围》是一篇内容充实的短篇小说,但有些斧凿之痕。故事情节是这样的：佛兰梭史是洛林一个磨坊主的女儿，许配给了多米尼克。普法战争时，多米尼克被普鲁士人抓去。后来，他打死一个哨兵逃出虎口。普鲁士人决定让佛兰梭史的父亲替多米尼克去死。听到这个消息，多米尼克回到村子，法国人都回来了，可是，晚了一步，父亲已经死在普鲁士人的枪弹下。多米尼克走进磨坊，举起战刀，向佛兰梭史致敬，并高呼："胜利了！"

在那个像过去人们睁大了两眼盯着孚日蓝色战线的时期一样的年代里，左拉在小说中所表达的对战争的厌恶，无疑是十分大胆的。不过，那场大溃败距我们已经很遥远了。

《羊脂球》写的是诺曼底的一个娇小的妓女的平凡故事。她为资产阶级老爷太太们做出了牺牲，但是当这些人躲过了恐惧、填饱了肚子之后，竟然瞧不起她了。与这篇小说对比，更加突出了左拉的《磨坊被围》的造作。于斯曼的小说写的是一个被动员奔赴东部战场的年轻人的故事，小说写得不错，但没有多大意义。里什潘对塞阿尔的《放血》的严肃批评是有道理的。"文章的开头，对巴黎被围的描写，至今仍使我喜欢，但其余部分却使我大为恼火，因为它太虚假了。"在《"大七"事件》中，当埃尼克讲到对士兵开放的妓院被一群愤怒的嫖客们包围和掠夺一空时，人们都觉得十分可笑，也感到可怖。在这本书中，这篇小说是令人沮丧的。保尔·阿莱克西的与《艾费兹的胖妇人》题材相同的《战役之后》，带有情节剧的风格；而左拉的《磨坊被围》则具有喜歌剧的色彩。

《梅塘夜话》中，莫泊桑的《羊脂球》是夺魁之作。福楼拜后来说道：

"《羊脂球》是我弟子的手笔，今晨一读，果然是一篇杰作，是一篇文笔生动、幽默风趣、描写细腻的杰作。"

一八八〇年四月十八日，福楼拜写信给女作家热艾特，说："我发现您很讨厌《娜娜》。可以说它是粗野的。但是很有分量。为什么人们对大仲马的《离婚》是那样宽容，而对这部书又如此苛刻呢？《离婚》，无论是文笔还是人物的个性都是绵软无力的，是一部平庸而低下的作品！而《娜娜》却不然，它激起我许多遐想。没关系！应该学会欣赏我们所不喜欢的东西。"

一八八〇年春天，左拉来到克鲁瓦寨看望福楼拜。他们是成群结伙去见这个性情暴躁的老人的，其中有龚古尔、都德、沙尔庞捷和于斯曼。那正是苹果树开花的季节，美丽的塞纳河河谷如同一幅日本版画。

福楼拜拥抱左拉，亲吻着他的双颊，老女仆儒莉站在一旁看着。接着，他又大喊大叫起来："左拉，好样的！《娜娜》了不起！啊，我说老朋友，当小高克兰把娜娜赶出门去的时候，该是多么令人痛快啊！"

接着，福楼拜又谈起了他的重大题材：愚蠢，永久的愚蠢；这是继《布瓦尔和佩居谢》之后，他要写的主题。雷翁·都德后来曾企图使人相信，左拉并不那么聪明，只是善于投机而已。人们用来反驳雷翁·都德的最有力的证据之一就是，在左拉与福楼拜结成忘年之交的时期，那个诺曼底人是经常为人们的愚蠢行径而恼火的，他毫不客气地继续增补他的《蠢话录》，但是，他从未将左拉的言行收录进去。

尽管福楼拜很赏识左拉，但这并不能阻止他对左拉的严厉训诫："哎，左拉，那个布斯纳把您的《娜娜》给改得支离破碎了！"

左拉梦寐以求的舞台上的成功终于实现了，然而经过了他人的手。经布斯纳改编的《小酒店》轰动了整个巴黎，一八七九年一月十八日在昂毕居剧场进行了首场演出，为剧场老板捞了一大笔钱，接着连续上演了三百场。左拉很容易地就得到了满足。他写道："我的全部思想改编者都包罗进去了！到哪里去找这样的剧本呢？它是一幅图像清晰隽永的铜版画，是霍加斯①可怖题材的木刻画，里面充满着恐怖的颤栗。"

"好哇！好哇！"福楼拜继续大声说着，"哈！你成了大实业家了！我的朋友！"

福楼拜所以这样说，是因为他在金钱问题上是一个清廉的人。一八七八年十二月二十三日，左拉写道："福楼拜头脑灵敏，但在金钱上却完全相反。他只知道工作。我们试图让他接受一个图书馆馆员的位置，但他至今仍不肯俯就。莫泊桑把福楼拜给他的书信中的一些话念给我听：那些话是令人伤心的。他太清高了。"

福楼拜深知左拉是忠厚、仁慈的。他放低了声音，问道："左拉，现在您还做什么呢？"

左拉，刚才还被他所承认的唯一的大师看作实业家的、已经发福了的左拉，摘下他的夹鼻眼镜，回答道："写死亡的困扰。一个人，他不肯走出他的屋子，不肯把他的书合上，因为他不愿相信，这动作竟是他一生中最后的一次。您懂得我的意思吧，福楼拜？"

福楼拜回答说：

"懂得。"

一个月之后，邮差把一封电报送到莫塘别墅。左拉并不喜欢电报。他颤抖着双手，将电报打开，然后叫着："加布里埃尔！加布里埃尔！"

---

① 霍加斯（1697—1764）：英国画家和版画家。

她出现在窗口。

"加布里埃尔，老头子死了！加布里埃尔，我的心痛得像撕裂了一样！"

左拉去参加福楼拜的葬礼。有几辆马车停在胡安火车站，等着接他们。左拉感到呼吸困难，即使从远方送来的大海的气息也无法把他从悲痛的压抑中解脱出来。突然，雷翁·都德的纤细的手按在了左拉那胖乎乎的手上。

当看到披着黑纱的柩车，轻微地、哀伤地摇动着，由几匹马缓慢地拖着，从树林后面拐上大路，直向我走来的时候，我突然感到浑身发冷，不由得开始颤抖起来……在大路边的一片草地上，有一头受惊扰的牝牛，把头伸在篱笆上，当送葬的队伍走过的时候，它哞哞地叫了起来……后来，我仿佛总听到这头牛的呜咽声……

福楼拜身材高大，棺木很长，因此墓穴不得不加大一些。时值盛夏，炎热难忍。下葬时，工人不小心把棺木头朝下卡住了。尽管左拉向工人发脾气，人们也无法把棺木拉上来或者放下去。泥土的气味刺激着左拉的鼻孔。绳索在嘎嘎作响，福楼拜的侄女在不停地抽泣着。于是，左拉用嘶哑的声音喊道：

"行了！行了！"

人们无能为力，都走了，只好让死者斜躺在他的墓穴中了。

一八八〇年十月十七日晚六时半，弗朗索瓦·左拉夫人病逝。这个瘦小的老太太，经常用她那勤劳的双手为她的儿子抄写文稿。她独自一人住在儿子为她租下的巴吕街的一套房子里。后来，她曾自己要求到她的在莫兹的侄子家小住。回来后病倒了，加布里埃尔将她接到莫塘来。

埃米尔和加布里埃尔常常因为母亲的事争吵。左拉夫人有些神经质，然而非常勤奋，常为儿子分担忧愁和困苦。埃米尔继承了母亲的精神品质。由于她是一个关节病素质患者，早就被疾病所困，像他的儿子一样，她总觉得嗓子里有一个东西卡在那里。埃米莉·左拉后来变得十分衰弱了。临终之前，她嘶哑地喊着："你不是有剪刀吗？你把它插到我的肉里去好了！"左拉的心像被撕裂一样痛苦，他知道，母亲一直看不起她的儿媳。贝尔特朗·德·汝沃耐尔曾做过这样的解释："在非常贫穷的家庭里，母亲充当儿子的奴隶；到后来，她就不会原谅那些并不像她那样劳碌的女人。"

因为楼梯狭窄，所以棺木必须从窗户出去。埃米尔为此深感不安。左拉把母亲的灵柩护送到艾克斯，与父亲合葬在一处。安葬之前，他不得不忍受那宗教仪式给他带来的可怕的痛苦。

在回巴黎之前，他到那条以他父亲的名字命名的街道上走了一趟；这也是对艾克斯人的小小的报复吧，这一命名是颇费了一些周折的。因为他还有一些时间，就到拉多尔斯河去散步。那带有怪面兽雕饰的喷泉依然如故，还在低声地唱着。

回到巴黎，忧伤而又疲惫的左拉，被"做人之难"所困扰。他偶尔翻开了福楼拜生前送给他的《三个故事》，重读了那上面的题词："送给善良的埃米尔·左拉，祝你才华横溢！你的老朋友居斯塔夫·福楼拜。"人去物留，怎不让人伤心！曾经对老朋友讲过的那部关于死神的书左拉一定要写下去；何况现在更别有一种意义呢！这时有十几个题目在他的脑海里闪现，诸如《泪河的峡谷》、《草芥之人的思想》、《可怕的死亡》、《内心的折磨》、《人世的苦难》、《悲惨的人生》等等。后来，他终于找到了一个令他满意的题目，这就是《生的欢乐》。

整个冬天，左拉都把自己关在乡下的房子里。他几乎不与加布里埃尔说话。他不肯原谅他的妻子，因为她不会使婆母埃米莉爱她。他经常焦躁不安。同时，他还要抵抗困乏。在沉入到这日常的小小的"死亡"之前，为了避免不幸的命运，他用力地眨动三下眼皮。他在等待着邮件，仿佛他的整个生命都系在那上面似的。《娜娜》已经发行到七十五万册了。

然而，创作上的成功与生活中的不幸一齐出现，使得左拉的心境格外凄楚而怅惘。

五

直至一八七七年，左拉还可以毫无顾忌地、自由自在地走在巴黎的大街上，只有几个记者认识他。而现在，他却变成一个家喻户晓的人物了。当然，他与红极一时的歌剧院男高音歌手卡浦乐不同。人们在街上遇到卡浦乐时，常报以热烈的欢呼，一些追求奇装异服的人，模仿舞台上的卡浦乐，也穿起了领子又高又宽的衣服，戴上涂着生漆的高帽子。而见到左拉，人们只是向他微笑，或者做出惊奇的样子。然而这也使他感到不自在。左拉把巴黎的街道写进了小说，巴黎也把左拉置于它的人民之中。

左拉在这愤怒、嘈杂或者忧伤的街道生活过，自从他孩童时代曾迷失在那戴着假面的人群之中以来，它给左拉留下了深刻的印象。帝国的崩溃，巴黎人高喊"打到柏林去"的疯狂以及埃斯基罗斯统治下的马赛人的狂热，龟缩在波尔多的官员们的一筹莫展，吓破了胆的凡尔赛政权的血腥屠杀，巴黎公社绝望时到处烧杀的乌合之众，博览会的戏剧性的欢乐，这些吵吵嚷嚷的人间闹剧，与同时代的大多数人相比，给左拉的触动更为强烈。

一八七三年五月，巴黎西火车站广场和大街上涌满了人群，只见拿着报纸的手在人们的头上挥舞。几个临时演说家爬到路灯柱子上去,向人们进行宣传,说正统派、奥尔良派和波拿巴派已经达成协议,麦克马洪元帅当选为共和国总统。对此,左拉只耸耸肩,表示不以为然。但是,当一八七七年四月的一天,看到人们抬着饰以"梯也尔先生"字样的灵柩从大街上走过时,左拉不由得一阵心痛。

左拉是一个不知疲倦的步行者。他的诗是步行者的诗。他曾对保罗·布尔热说:"为什么您要远离我们的城市,到那异国他乡?我们的城市是凄怆的,同时也是迷人的,她足可以使一个诗人写出壮丽的诗篇。"

左拉不知疲倦地走在巴黎的街道上。这也是他自身的需要,因为走路是控制他发胖的唯一有效的办法。不断增加的脂肪使他呼吸困难和焦虑不安,同时也更增强了他对自己形体丑陋的敏感。

一八七〇年一月十八日被枪决的特罗普曼的悲壮歌声,神秘地为安葬被波拿巴亲王杀害的维克多·努瓦尔而伴唱。人们把歌词印在小报上,报贩在大街小巷叫卖:

我并不是毫无功绩,

鬼使神差,当我十七岁那年,

我写了几篇不高明的小说,

未曾想却特别受人喜欢:

"读这类作品,

可以使我思如涌泉!"

罗什福尔的抨击和这歌声相呼应:"我很难相信,波拿巴除了是杀人的刽子手之外,能是什么另外的东西!"不顾在巴丹平原上暴尸的恐吓,被杀害的记者努瓦尔的未婚妻针锋相对,将一束鲜花奉献在他的坟前。

左拉感觉到了他和巴黎街道有着感情上的交流。他走进一家低级舞厅，他一边喝着啤酒，一边观看着舞女们跳着放荡的舞蹈。左拉呼吸着这里令人窒息的气味：麝香味，汗味和酒味。他记录着沙龙舞中各种花样姿势的名称：摇篮，双环，神秘的帽子，激荡的海洋……巴黎在歌唱，巴黎在叫骂，巴黎在高声欢笑。自从帝国倒台，左拉重新回到巴黎之后，巴黎发生了许许多多惨事、怪事。一八七一年六月二十九日，在隆桑，巴黎检阅了军队。英国慈善家为了使那些"过于贫穷和滴酒不沾"的过往行人有水喝，在巴黎街头增设五十个喷水笼头。四月二十二日，勒鲁瓦·杜布尔在爱高勒街一个单人公寓里用匕首杀死了他的妻子，于是，大门洞里的争论又重新开始。人们认为，受欺骗的丈夫在自己的屋子里杀死有外遇的妻子是无罪的。亨利·德·迪德维尔伯也同意给勒鲁瓦以宽恕。总感觉到自己血管里流淌着混有黑色的奥赛罗的血液的小仲马附和道："如果你一生和一个净给你丢脸的女人结合在一起，那么，你就应当自我宣布为这个女人的审判官和执刑者。她不代表所有的女人，她甚至不是一个女人，她是北方地区的雌猴，是该隐的老婆。杀了她！"然而，由于他的文章引起强烈反响，他这个黑人的儿子反倒使勒鲁瓦·杜布尔被判处了五年徒刑。"杀了她！"也变成了人们的口头禅。一八七三年一月十九日，巴黎下了一场特大暴雨，给人们带来极大恐慌，正在奥德翁剧场看剧的观众一下子全都跑光。塞纳河的水位上涨了两米。但是，巴黎人和左拉一致认为比这更为重要的事情是，拿破仑三世由于开石造成事故，死于伦敦东南郊的奇斯尔赫斯特镇。伊朗国王纳斯雷丁·埃德·丹乘专列来到了哈纳拉斯火车站。人们听着乐队奏着走了调的波斯国国歌，同时瓦雷利昂山上响起了礼炮。在一片金属勋章的撞击声中，伊朗国王拥抱了元帅。巴黎人喝起了干草柠檬露。一八七五年六月十六日,巴黎大主教吉贝尔阁下为未来的另一座特卡德侯,白色的圣心教堂,投下了第一块基石。但六个月后,人们又将它起走了,因为它妨碍基础工程的进行。一八七五年元旦,有一千八百人在结冰的街道上行走时摔倒,有的摔断了胳膊,有的摔断了腿,所以,左拉走起路来格外小心,像加布里埃尔叮嘱的那样。一月五日,人们为另一座歌剧院落成剪彩;伦敦市市长、西班牙年轻的国王、德国汉诺威省省长和阿姆斯特丹市市长等参加了剪彩仪式。但是,左拉没有去参加,因为他讨厌穿燕尾服。三月份,泽尼特号气球腾空而起,飞到八千米高处后又落回地面,但带回来的是两个死人和一个濒于死亡的人。人们激动地评说着为科学而献身的人的悲惨命运。人们又唱起了悲歌。左拉在巴黎街头散步。一八七六年冬,塞纳河结了冰,人们停止了在河上驾驶飞艇。而解冻之后,又是一场水灾。元帅夫人前来视察水情,她的丈夫太忙了!有一个人吞下了一把罗斯合金的叉子,外科医生雷翁·拉贝为他动了手术,取出来的叉子被置放在科学院的桌子上。人们穿起旱冰鞋,在丁香园游艺场滑起旱冰来。一八七七年四月二十六日,在蒙马特尔,毕鲁瓦尔被砍头示众,因为他把情妇玛丽·勒马纳兹杀死,并大解八块。杀人凶手的脑袋掉下来了。人们将他的尸体装入另一个箱子里,但一只脚露在外面,还在使劲地晃动着。刽子手的助手们把他的大腿用力地压到了箱底。此事引起一阵舆论。医学科学院对此也颇感兴趣。左拉在沉思。人们在贝尔维尔区开设了一个澡堂,然而仅仅有一个顾客。贝尔维尔的人更喜欢红酒。一八七八年三月十四日,贝朗热街一家经营儿童手枪纸炮的商店发生爆炸,房顶被掀了起来,墙壁也全部倒塌,造成十四人死亡。六月三十日,为庆祝和平而大放焰火。在巴黎人的生活中,马占有相当重要的位置。从四轮马车、公共马车到索缪尔军校的骑兵教官和隆桑赛马场，都离不开马。现在，新的赛马场依鲍特奥姆开张了。八月五日，马车夫们开始罢工。一八七八年十月一日，那位不肯为伏尔泰逝世百周年纪念出一点力的内政部部长亲自到维莱特主持一个新的骡马市场开张仪式。那是一个散发着强烈的骡马粪便气味的时代。医学院学生保尔·路易·勒比叶被送上了断头台，因为他和他的同学巴雷合伙，杀死女送奶员吉莱，解剖完尸体后，又把割碎的尸体随便乱放。事后，勒比叶举行了一个为生存而斗争的报告会。杀人犯是个达尔文主义者。巴黎唱起了《被杀害的女送奶员》的悲歌：

　　善良的人们，这件事向你们表明：
　　为了赚钱而去杀人害命，
　　他这样并不聪明。
　　手中无钱，可以想法去挣；
　　你既然无生财本领，
　　就应当学会安贫乐命。

在一年当中，大约有一千四百九十二具尸体停放在停尸所，可是，巴黎不承认这个事实。左拉在巴黎街头散步。人们在街上出售盘子、彩色石印画和冈比叶烟斗，上面都饰有左拉的小说人物的头像。这是一种胜利，小商贩在巴黎的大街小巷兜售这些商品就是证明。一月二十八日，元帅拒绝签署四位将军的解职命令，因为他一身二任，不仅是共和国总统，还是军队的总司令。道德秩序没有了他，也将会继续下去。《小酒店》重新上演。出现不少流行歌曲，比如《黄金脸》。埃地特·毕阿夫的泰雷萨演唱着《回旋曲》。六月份，在纳沃·德·波地·桑街试用石子和柏油铺设新的路面。一八八一年，人们又用浸有杂酚油的杉木在蒙马特尔街和布瓦绍尼埃贺街铺设路面。六月一日,一个名叫雷葳的女人,在盖街发现一只从人体上砍下来的胳膊。警察长马塞先生已经习惯这种案件了,因为十年前,他就是从一只断臂开始他的侦破职业的。他这次也捉到了凶手:一个警察!可是,他再有六个月就要退休了。一八八一年一月十九日,戴布雷先生在自己的皮肤上做试验,结果身亡。他的尸体被运往医学院,以便进一步证实是猝然而死的。"好样的!"左拉说道。巴黎又唱起了悲壮的歌。六月二十日,人们获悉法兰西亲王在非洲中部祖鲁人的国家里被害。七月十四日,人们狂欢,庆祝国庆日。人们是在庆祝共和国吗?一八七九年九月,学药剂的学徒阿尔诺洛德·瓦乐岱尔杀死了他的老板和一个女仆,把两具尸体藏到地窖里之后,就乘火车逃之夭夭了。后来人们也没有找到他。八月二十七日,重罪法庭判处阿巴地和吉尔死刑,他们一个二十岁,一个十六岁。共和国总统下令特赦了他们。八月三十一日,阿巴地又参与了另外一起杀人案件。他虽又被判处死刑,但由于已经被总统特赦,所以他不再会受到死的威胁。这就是人们所说的"名誉杀人犯"!医学院学生对此表示抗议。左拉在巴黎街头散步。卢浮宫、朋·马尔赛、巴黎春天和小圣·多玛几家商店都在不断扩大、发展。左拉身穿用四十法郎买的一套衣服,陪着加布里埃尔到那些商店里去游逛。塞纳河又结冻了。安瓦利德的一座新桥开始坍塌。在莫塘,左拉的别墅的房顶上积雪厚达七十厘米。加布里埃尔让人买来十吨英国无烟煤。人们在巴黎大街上安装了一批汽动大钟。沿河两岸的巴黎人在自己家里,只要接通线路,就可以知道钟点了。在一年之内,巴黎消耗掉四十亿升酒,十五万吨肉类,九万五千公斤块菰和配有块菰的家禽,三十六万公斤牡蛎。左拉家里还存有三公斤呢!四月十五日,一个名叫莫耐斯科隆的矮子强奸了一个四岁半的女孩,之后,他又把女孩杀死、切碎煮上，准备吃掉。正当他捅那填得满满的火炉的时候，警察把他逮捕了。七月三十日，他被判处死刑。

"罪有应得！"加布里埃尔说道，"这是一个魔鬼！"

"说得不错。"左拉说道，"这个魔鬼是一个病人。"

九月十七日，莫耐斯科隆被处决。他是唱着《看，这就是马蒂厄》走向断头台的。他的尸体被送到医学院的梯形解剖实验室。人们越来越讲究科学了。法医的名字叫福贡。六月二十九日，在赛福尔街，人们往外驱赶耶稣会教士。人越聚越多。应当明日再来，砸碎门锁，用暴力把神甫架走。沙拉·拜尔恩阿尔地特被罚款十万法郎，作为给法兰西喜剧院的损失费。一八八〇年七月十四日，第一个真正的七月十四日，国庆节，在隆桑检阅之后，夜晚举行热烈的群众舞会。检阅时，在一棵大树上，竟有二十六个看热闹的人。过去，人们把水堡广场的八个大石狮子弃置在维莱特的总屠宰场里，然后又搬到了大理石制件仓库。现在，人们又重新把它们放回原处，那里也改名为共和国广场了。第一个公共厕所在圣·日尔曼·娄克赛鲁瓦交付使用。"公共厕所的使用费在十五到二十五生丁左右，根据人们使用的是带有洗手盆的或简单的便盆而定。"共和国，应该是自然主义的共和国，否则她将不成其为共和国；共和国选择了前一种态度。巴达克浪歌剧院的雅克坎演唱《娜娜》：《毕加尔广场的贞洁姑娘》。为了庆祝《娜娜》演出第一百场，罗必设计晚宴时人们所穿的服装："男人们以拉莉布瓦吉耶尔医院病人穿的衣服为礼服，太太们以娜娜住院时穿的衣服为礼服。"在特劳纳交易会上，人们出售猪形香料蜜糖面包，卖艺的人用糖在上面描出"娜娜"和"左拉"几个字。在咖啡馆里，人们歌唱着自然主义。布隆德·魏努一边演唱《不慌不忙的女人就是娜娜》，一边跳华尔兹舞。有的人在咖啡馆里说故事：

《美丽的娜娜,不要变成大妈》。毕涅的瓦乐戴丝请求埃尼克为她订两个位置,她要去观看玛姗小姐的媚态表演。蜡像馆老板格雷万在街上与左拉相遇,他请左拉去照张像,说是要请雕塑家汉加勒为他塑一尊蜡像,供新的蜡像馆展出。当大师离开后,漫画家发表议论说:

"格雷万的蜡像馆将是自然主义的,否则它将不成其为蜡像馆。"

这是给予左拉的特殊荣誉。

在四十岁的时候,左拉赢得了他从未有过的成功。他是他母亲的继承人,可是母亲一无所有,什么也没有给他留下;加布里埃尔也是一无所有,对她也无可指望。左拉所有的只是自己的知识和经验。可现在却是今非昔比了。花九千法郎购买的莫塘别墅,经过修葺和扩建,价值增长了一倍还不止。估计(并非一个专家所说,而是一个好奇的人讲的)值二万五千法郎。另外,还有家具呢!我们姑且认为在布洛涅街的住房与莫塘的别墅等价,那么加在一起就是五万法郎。还有他搜集的绘画,那是时间愈久远愈值钱的。可惜的是,左拉夫人在小说家逝世之后,却慷慨地当作礼物送给了别人,或者不知其价值随便处理掉了。那么,左拉有多少进项呢?《娜娜》一书一次印刷了二十万册,以每册作者提成五十生丁计算,他就可以收入十万法郎。另外还有连载小说(仅一八八二年七月在《觉醒报》上转载《贪欲》一项,就收入一千法郎)、小说普及本、翻译(收入全部归他,并由他直接处理)、精装本和半精装本。马尔朋和埃·弗拉马里翁两家出版社的插图版印有一万五千册。一八八五年五月,他因二十年前写的《德莱丝·拉甘》一书收入一万三千法郎,合六百五十个金路易!戏剧方面呢?《小酒店》和《娜娜》演出已突破一百场；前者将达三百场。《小酒店》的第八次演出进款六千一百法郎；原作者和改编者各分得八百法郎，其余每人四百法郎。这仅仅是开始①。改编者布斯纳，谦恭、灵活，是一个出色的商人、编情节剧的专家。后来他一直没有离开这个行业，这个不停产的工厂！他是一个诙谐而又讲究实际的人。他这样自我描述道："在未来的几个世纪中，曾有幸作为您的合作者，将是我唯一的不朽的功名。"另外，还有报刊文章！②左拉，一八七六年是一个负债的作家，一个连休假都不敢远去的作家，四年后的今天，竟变成了有五十万法郎巨款的富翁了。按兑换率为三百计算，相当于一亿五千万纸币法郎，相当于一百五十万新法郎。试问，在当代作家中，有多少人能在四年之中取得如此成就呢？当然，左拉必须交所得税。而余下的还是相当可观的一个大数目！但是，左拉与那个时代的巨富们，如梯也尔，还是无法相比的。可小说家左拉毕竟变成了一个"百万富翁"。

但是，追求金钱的欲望在左拉身上已经消失。他收入多，花销也相应增加了。他招待朋友，吃得也多，衣着也不得不讲究起来。

他是一个肥胖、愉快、乐观而正直的人。他唯一的错处就是太不谨慎，竟然把他的书籍的印刷数字公布于众，被雷翁·都德当成了笑柄：

---

①1879年，《小酒店》在英国演出，作者、改编者各得一万五千五百法郎。"我亲爱的左拉，"布斯纳写道，"《巴黎之腹》前五十场演出共收入八万四千八百一十五法郎。我们已经支取了四千二百四十法郎，外加九百法郎纸币，加在一起超过五千法郎。我希望以后我们仍能支取同等数量……"——原注
②左拉的报刊文章的数量是庞大的。据他自己的初步估计，有五百标准册之多。仅发表在《马赛信号报》上的自我推荐的《不署名通讯》就达一百五十册。另外，他还和拉胡斯辞书出版社合作，参加编写《大百科全书》工作。——原注

"当我看到出售量达到了五万册的时候,我的朋友,我就想,我们将卖到六万册。嗯,沙尔庞捷,怎么样?"

浪潮过去了,生活也平静下来了。随着书被一本一本地印刷出来,左拉身上的脂肪也越积越多。按着左拉长远而又有节奏的安排,小说应该一部接着一部地写出来。一八八二年春天,他开始构思《人面兽心》。同时也"为第二帝国统治下的一个商店的历史,为了他的现代百货商店"搜集有关资料。《家庭琐事》也出版发行了。这时,于斯曼和塞阿尔一唱一和地劝说左拉:"左拉,请你适当地去外面走一走吧。我的老兄,你变成一个隐士了!"

自从阿莱克西决定开始写一本关于左拉的书以来,他格外细心地观察着左拉。阿莱克西发现,左拉有些神经质,经常忐忑不安;身体很好的时候,他却自以为病了。他总是郁闷烦躁,常常固执己见。阿莱克西认为,左拉的病并非是错觉,他的感觉是真实的,心情烦躁是焦虑、痛苦的一种反应。每到十月十七日他母亲逝世周年这一天,他什么也做不下去,他害怕,他害怕死亡。

但是,在左拉身上仍然保留着激情。不仅在《家庭琐事》里充满激情,而且在《戏剧的自然主义》、《我们的戏剧作家》、《自然主义小说家》、《征战》和《文学史料》等诸如此类的文章中,也无不洋溢着激情。这些文章,都是用来为自然主义打天下的重型大炮。他写《家庭琐事》,其矛头是对准资产阶级的。他抱怨雨果,说"雨果被人道主义迷住了心窍"。他不同意人们为大仲马树立雕像。同时,他发表《征战》,反对现行政策。他咆哮着反对新教徒,反对甘贝特,反对师范学校学生,反对一切,并且一直反下去。同行们开始把他视作文学界的蚜虫。

在一八八二年一月十五日发表的《征战》中,左拉写道:

确实如此,我是一个有偏见的人,也许我常常是错误的。尽管我的那些产生于人们对我的种种诽谤的偏激感情是无可指责的,但我的缺点也分明地摆在那里。可我仍然承认,我绝不会把我的偏激情绪发泄在那些百依百顺的怯懦的人身上,发泄在那些卑躬屈节的可怜虫身上。那么说,燃烧的激情,烘烤着我的心房的激情是不是就毫无用处了呢?啊,不!我要活在世上,愤怒而疯狂地反对虚伪的天才,反对盗窃来的荣誉,反对普遍的平庸!

他投身于一时的狂怒之中,目的是为了避免看到自己的悲剧。激情冷却之后,像青少年时躲起来装病一样,他又埋头于他的工作了。

每天早晨起来,他仿佛从昏死中苏醒,血液流通不畅,四肢沉重。于是,他按当时的虽科学但并不卫生的做法,牵着他的几只爱犬在街上快步走上一阵,然后伏案工作。墨水瓶、纸张、吸墨纸摆在各自的位置上。如果不是这样,他是要发火的。他坐下来,细心地用刮具把笔剔干净。之后,他重读笔记,准确地回忆起昨天他写到什么地方了,然后一气写上四页,满满四页,每页大约三十行。同时,为了方便排字工人,他把所有的字都写得清清楚楚。

左拉把头放在那用宽带子捆着的《女福公司》的厚厚的材料袋上。他在长吁短叹。之后,他站起身来,走向镜子。啊,一个四十岁的人,原来是这样一副模样:脸色蜡黄,毛发灰白;镜子里的影像在左拉的眼睛里变模糊了。"如果我有几个孩子,我愿意给他们起一个简单的名字:保尔、德妮丝、雅克……"

一八八二年一月，《家庭琐事》在《高卢报》上发表，然而是被删节的。二十六日，左拉被一个名叫杜魏尔地的人找去。在小说中有一个杜魏尔地，是上诉法院的推事；而在实际生活中也有一个杜魏尔地，是上诉法院的律师，于是引起诉讼。杜魏尔地申诉说，他的名字可以由于勒·桑多①或者奥克达沃·弗耶②来借用，而且他不会有什么顾虑，但是左拉先生除外！不管怎样，左拉通过《家庭琐事》使资产阶级大出其丑。资产阶级通过一个小小不然的人物，进行一场小小不然的诉讼，给左拉一个小小不然的报复。经民事法庭审判，左拉必须更换杜魏尔地这个名字。这样一来，一个瓦布尔、三个约斯杭和一个穆莱都找上门来，要求左拉把他们的名字从作品中换掉。左拉大为恼火。他曾多次说明，他对作品中人物名字的选择是十分重视的，如同对待自己的名字一样。可是，谁想到竟然闹出如此一段公案来。

　　为表明民事法庭对我做出的裁决中那样绝对化的解释将把我们引向多么滑稽可笑的境地，我曾把作品中瓦布尔这个名字换成了无名氏。现在我要把瓦布尔这个名字重新恢复起来。总而言之，我告知与我作品中的人物（职业狂热的表现：他的人物，对他来说，比那些活着的真实的人更有生命力）同名的人们，我不再取消小说里的名字，除非强迫。他们可以寄信给我，但提出多少次要求，我就要打多少次官司。这样做，我唯一的愿望就是想看到明确的法律原则得以确立。

　　把对手逼到绝处，逼迫他不得不出来应战，以便在光天化日之下结束这场集体纠纷，这样左拉才可以腾出手来，去解决那些原则性的问题。

---

① 于勒·桑多（1811—1883）：法国小说家。作品有《拉塞·埃尔小姐》等。
② 奥克达沃·弗耶（1821—1890）：法国小说家。作品有《一位穷青年的浪漫史》、《卡莫尔先生》等。

根据左拉的工作笔记，可以看出《家庭琐事》中所描述的内容：

谈论资产阶级就是人们对法国社会所能进行的最强烈的控诉。小说中的三个人，虽然没有性欲，但由于教育的引诱、变态的心理和愚蠢，竟变成了通奸犯。与古特道尔贫民区的妓院相对抗，出现了全新的资产阶级妓院。我在表现民众的生活之后，要把资产阶级赤裸裸地展示给读者，用事实说明，他们表面上是仁义道德，骨子里却是男盗女娼，是最丑恶的一类。

那么，左拉是否如愿以偿地实现了他的写作计划了呢？近年来，在左拉身上出现了一种苗头：从前那个尚未成名的左拉，写作起来是严肃而认真的；然而成名后的左拉倒有些草率从事了，这是常有的现象，其中也包含着某种规律。左拉变得过于自信了。结果《家庭琐事》不如《小酒店》，《生的欢乐》不如《娜娜》。他的作品没有经过反复推敲，因而失去了生命力。《家庭琐事》实际上是《小酒店》的翻版。聪颖而细心的亨利·塞阿尔看得很清楚，曾温和地对他的老师提出批评："我觉得书中缺少一点什么，这就是气氛。我认为，与《小酒店》的浓厚的工人生活气息相比，《家庭琐事》的资产阶级气味就显得淡薄了……不过没关系，法国资产阶级的无耻行径还是被毫不留情地揭露出来了。"纪德非常喜欢这部小说，他说："尤其是《家庭琐事》的夸张描写，还有作者不屈不挠地揭露邪恶的精神，使我喜欢。奥克达夫和贝尔特在女仆房间里的幽会，在女仆不时骂出口的脏话声中所表现出来的他们可怜爱情的卑污，阿代尔的秘密分娩，家庭生活场景以及约斯杭和她的女儿们的解说，都是惊人之笔，给人以不可磨灭的印象。"诸如马拉美、法朗士、纪德等大作家常常是维护左拉而反对那些小作家的，原因在于左拉具有他们所缺少的东西：力量和生活。尤其是纪德更为突出，他甚至走得更远。由于他与左拉气味相投，竟然把左拉作品中的糟粕说成是精华。然而，当展开论战时，纪德倒变得冷静起来："我认为目前对左拉的贬低是最大的不公正，它并不能为我们今天的文学批评增添多少光彩（这种贬低从一九三〇年一直延续到一九五〇年，今天才算结束了）。他并不是法国最有个性和代表性的小说家。"

《家庭琐事》引起刺耳的反响。发表《小酒店》时那样令人兴高采烈的气氛已不复存在。一直大权在握的资产阶级，看准了空子，顽强地抵抗着。"资产阶级的老爷、太太们，当左拉描写民众或者妓女的时候，你们曾为左拉的成功大效其劳；现在你们还高兴吗？你们的房屋，《家庭琐事》所写的那个房屋是不是像比塞特尔区一样？那里到处都是一些歇斯底里的或者精神不正常的女人，她们昏乱、痴呆、健忘。"布吕内蒂埃①认为《家庭琐事》是一幅讽刺漫画，而不是真实的写照。是的，激进共和党人曾谴责左拉在《小酒店》里丑化了民众。事实并非如此。激进党人也曾因为在左拉作品中找不到他们的"好工人"，他们善良而又野蛮的弟兄，而大为恼火。但这一次，资产阶级批评家是不无道理的。左拉自己也承认，写这部小说是为了"对法国社会进行最强烈的控诉"。于斯曼也看到了这一点，同时他批评左拉的人物语言"比《小酒店》的语言更虚伪、造作"。但是，这并不意味《家庭琐事》是一部坏作品，只是说左拉在小说里使用这类语言多了些而已。

稿纸写完了一页又一页，日子过去了一天又一天。左拉天天笔耕不辍。唉！如果他不如此工作，那么积蓄在胸中的压抑着的力量怎么能够解放出来呢？可是，水在他的堤坎中上涨着，

---

① 布吕内蒂埃（1849—1906）：法国文学批评家。

很快就要达到警戒水位了。在《女福公司》中，人们已经听到了那不断上涨的水在拍击着堤坝。

当然，一直不断叫嚷着厌恶政治的左拉，在《女福公司》中也向人们表明社会主义思想影响在日益扩大。他浏览了傅立叶、盖德、普鲁东和马克思的著作。描写大商业与店铺之间的斗争的指导思想是社会主义，而为了使小说具有传奇性，他又采用了命运决定论的思想。这是这部小说的基础。当然，小说还包含有其他方面的内容。

这部小说具有一种预示的特点（如同《梦》一样）。所有的诗人和小说家都熟悉文学创作中的这种奇异的特殊现象。左拉用一句话概括说："人们热心地写在书里面的理想生活到来了。"左拉不愧是一位思想敏锐的人。

《女福公司》描写了大商业与店铺之间的斗争。而这一斗争是通过奥克达沃·穆莱热恋着的女店员德妮丝这个人物来表现的；通过这个不幸的年轻姑娘的经历来证明社会冲突已经深入到生活的各个领域。

自从她来到女福公司，特别使她伤心的是店员们的那种随时可能被解雇的命运。突然的大批解雇使她恼火，她认为这样做是笨拙的，极不公道的，对谁都没有好处……她为转动的机器轮子辩护，这倒不是出于感情上的原因，而是考虑到老板们的利益……有时，她十分兴奋，她似乎看到了那十分庞大的理想中的百货商场，商业的法伦斯泰尔①。在那里，根据贡献大小，每个人都有他的一份确实可靠的利益，不用担心第二天会被解雇……穆莱尽管发着高烧，还是有说有笑。他非难她的社会主义……但是，他动摇了，他被年轻的姑娘迷住了，她的声音里面还留有饱经痛苦之后的颤动，然而是那么令人信服……他一

---

① 法伦斯泰尔：法国空想社会主义者傅立叶幻想建立的社会组织。

边听着她讲话，一边开她的玩笑。售货员的命运将逐步得到改善，大批裁减人的办法将被一种在淡季时轮流休假的制度所代替；另外，人们还要创办一个互助银行……这是二十世纪广大工人社会团体的雏形。

这部小说的预示特点，不仅体现在社会生活方面，而且也体现在爱情生活方面。当左拉写《女福公司》的时候，他并不知道他用笔墨写在纸上的德妮丝将会变成一个有血有肉的真实人物①；对他来说，她这时还是一个黄花姑娘，她将给他生养一个女儿，并且这未来的女儿名字就叫德妮丝。在写这本书时的左拉，如果他能知道这些，那他该会快乐得如醉如狂了。

在《女福公司》中，左拉又把民众和他的受抑制的男性情欲结合在一起了。这种结合是天衣无缝的，使小说具有他的独特情调：

丝绸部也拥来了一大群人……有些女人贪心得脸都发白了，俯下身去，仿佛要在闪光的丝绸上看看自己的模样。所有的人面对着这条悠悠的瀑布站立着，暗怀戒备，怕被如此奢华的洪水裹了进去，但又被一种不可抗拒的欲念所蛊惑，要投身到那里去把自己毁灭掉……密密层层的人群在走廊上滚动着，像是泛滥的河水向着大厅中间弥漫。一场生意的斗争达到了高潮，成群的女人听任售货员们摆布，售货员急匆匆地竞赛似的把她们从这一个又交给另一个。午后令人可怕的拥挤时间到了，这时这部机器发出高度热力，引领女顾客们像跳舞似的，从她们的血肉里榨取她们的金钱。丝绸部里特别散发出如醉如狂的气息……就连人们的打扮都看不见了，单单浮现着插着羽毛和系着丝带的帽子……（穆莱）他本人有一种肉体上的需求，要沉浸到这种成功的沐浴中去。他甜美得几乎停止了呼吸，仿佛四

---

① 这里指左拉未来的情人让娜·洛泽萝。

肢跟所有的四肢摩擦着,仿佛是一阵漫长的爱抚。

这部小说似乎可以引起《娜娜》一样的反响。然而没有。它是一部杰出的小说,但仅此而已。左拉应该重新找到更上一层楼的力量。可是,这力量在哪里呢?

一八八二年十二月三十一日夜或一八八三年一月一日晨,甘贝特在阿夫雷市去世。人们为他举行国葬。左拉不由得回想起这位"著名的独眼龙"说过的一句话:"法兰西是多愁善感的,她应该变成科学的法兰西。"

左拉心里想:"实际上,他和我走的是同一条道路。他多大年纪?四十三或四十四岁,比我大两岁。"

一八八二年春天,左拉曾见过甘贝特一次。贡斯当·科克兰①曾就此事询问过甘贝特。那时,左拉、德吕蒙②、沙尔科③教授、爱德蒙·龚古尔和西奥多·庞维勒④一道听阿尔方斯·都德朗诵他的《流放的国王》的片断。是的,就是在那一天他说了上面那一句话。可是,现在他死了!

阿莱克西发表了关于左拉的论文,有人说是左拉的手笔。人们为之惊愕。也有的人说左拉为阿莱克西提供了全部材料。这是不言而喻的!一八八一年秋,他们开始着手这项工作。"我只要知道您在莫塘,我就去,如果您高兴,我们可以把传记的事完成。"(保尔·阿莱克西,一八八一年九月十二日)"是的,在《小酒店》演出之后,我要和您一道回到莫塘去,我们用几天时间来起草传记稿。"(保尔·阿莱克西,九月十六日)是的,一切均属左拉授意,并且由他亲自过目。

---

① 贡斯当·科克兰(1841—1909):法国演员。
② 德吕蒙(1844—1917):法国政治活动家、新闻记者、反犹太主义党领导人之一,曾创办报纸《自由言论》。
③ 沙尔科(1825—1893):法国医生,因在神经病研究方面成绩卓著而闻名。
④ 西奥多·庞维勒(1823—1891):法国诗人。

塞尚在莫塘住了五个星期。他为什么请求左拉对他的遗嘱发表意见呢？左拉想："难道他也想到死？他是幸运的，他有一个儿子。"

左拉一直不停歇地在写作。每年用去的墨水就有两公升。

"我将着手《作品》的写作。之后，我还要写工人，写矿工，写罢工；我要写出一个世界来！"

《生的欢乐》出版了。在《卢贡—马卡尔家族》里，这是最特殊的一部书，其格调最沉郁，其思想最奇特。瑞典的尼勒斯·奥洛夫·弗朗真在他的直接用法文写的著名论文中写道："左拉在极力反抗的，首先是他自己深受其苦的某种倾向：'浪漫主义的残余'和忧郁症，其次是叔本华①式的悲观主义。关于后者，在那个时代，即一八八三年，曾经对左拉的一些最亲密的朋友和同行，特别是于斯曼和莫泊桑都产生过影响。"左拉一边反抗着这种倾向，一边又深受其苦。《生的欢乐》中可悲的拉萨尔和光辉的宝琳的对话就是作者的这一矛盾在小说里的具体化。

一八八三年四月二十五日至十一月二十三日，左拉不间断地赶写《生的欢乐》。他确实倾心于叔本华的理论。但是，他用更多的时间来研读医学著作。他亲自与当时最著名的神经病医生沙尔科接触。沙尔科对于左拉，有如迈思梅尔②对于巴尔扎克一样，在创作中起到一定的作用。沙尔科发表了《神经系统疾病教程》一书，在科学界产生了深远影响。所以说左拉与沙尔科的接触是十分重要的。而对这一点，人们并不了解。左拉在这时不论是在身体上，还是在精神方面，都有易感受暗

---

① 叔本华（1788—1860）：德国唯心主义哲学家，唯意志论者。
② 迈思梅尔（1734—1815）：德国著名医学家，一度旅居巴黎。

示的倾向。精神上，他并不绝望，然而也没有希望；身体方面，他已经在死神的威胁之中。在《生的欢乐》里不无他个人的感受。《生的欢乐》的主人公叫拉萨尔。左拉赋予他的人物名字以神奇的力量，他自己的名字也是如此。关于左拉的名字，莫泊桑曾说道："一个天才作家生来就姓这个姓该是何等幸福啊！"拉萨尔，就是《福音书》中那个重新复活的死人。如果后来，人们在《拉萨尔之死》中找不到另外一个拉萨尔的话，这种解释可能会引起争议的。

"这个拉萨尔，"研究左拉的专家、精神病医生让·万松明确指出，"患的是神经官能症，起因是由于怕死而引起的忧郁和不安。他不把书合上，他用一件东西，总想这是最后一次了……他抚摩家具、壁炉、门把手……不间断地连续多次。他向左走三步，同样又向右走三步。这种重复动作都准确无误地进行着，仿佛这些动作能使他抗拒一种不祥的命运似的。"他接着说道："拉萨尔为自己的行为感到羞耻，可是又不能阻止自己这样做。"

作者明确地解释酷似他自己的小说主人公拉萨尔的所作所为说："这是在悲观主义者和声称只相信事实和经验的实证主义者身上神经失调的反映。"拉萨尔"带着女人裸露身体时而感到的迷惘和羞涩"，深感耻辱地挣扎着。他发誓不再重新开始那些可笑的动作，"但是，心脏的激烈跳动马上战胜了誓言……他伸出了双手，发出了呼喊：我的上帝，我的上帝呀！"

莫泊桑对左拉说："生活是欢乐的，左拉先生！"

左拉回答："是的，生活是欢乐的，我的好友！"

后来死于全身瘫痪的莫泊桑也曾经醉心于叔本华的理论，所以他十分懂得左拉写这部书的用心。他的评论是最为深刻的：

在他的最为著名的小说当中，很少有像这部书这样庄严的。

这是一个普通的资产阶级家庭的故事,它的平凡而又可怖的悲剧的绝妙背景是大海,像生活一样粗暴冷酷的大海;大海日复一日地慢慢地吞噬着岸边上的一个贫穷的渔村。在整部书的上面停着一只展开双翼的黑色大鸟:死亡。

六

一八六九年,正当左拉草拟《卢贡—马卡尔家族》写作计划时,在阿韦龙的欧班矿区发生了骚乱。雨果写道:

我和他,还有父亲和母亲,
我们都是挖煤的矿工。
我们像牛马一样干活,
可那工头比豺狼还凶。

我们没有面包,
只好嚼碎煤块往肚里送,
下矿井,下矿井,
下到那人间地狱中。
我们跪爬在地底层,
那里是多么危险和寒冷。
我们永远不见天宇,
可雨水却总下个不停。

我们向老板哀求:
增加点工资,减少点劳动。
可给我们的是什么?
——枪弹穿胸!

这选自《悲惨年代》的片断并不是雨果的最优秀的诗章，然而它却是左拉的《萌芽》的序篇。仅仅从这首诗来推断工人罢工的起因是轻率的，而不去实际考察工人罢工的实况就动手写作，那更是轻率的。事实上，在欧宾事件发生之后，左拉才把《卢贡—马卡尔家族》以及《萌芽》的某些情节具体化。但是，直至一八八四年，左拉才着手创作《萌芽》。这是描写一个年轻人反抗苦难命运的故事，属于《卢贡—马卡尔家族》的一部分。可是，左拉迟迟没有动笔。完成反映资产阶级生活的《家庭琐事》之后，左拉想写一部描写外省工人生活的小说，与《小酒店》相呼应。左拉是很有自信心的，他自信他的职业，自信他的才能，因而也自信能取得成功。于是，他不顾个人生活经验的缺乏，毅然决定撰写《萌芽》这部小说。

生活经验的丰富与缺乏都是相对的。与左拉的其他小说相比较，《萌芽》①还是做了充分准备的。一八八四年二月，左拉得到阿尔弗雷德·贾尔的来信，催他火速到里尔去。在休假期间，左拉结识了这位北布列塔尼的议员。他们俩在一起钓过鱼。他们上身是一本正经的打扮，还戴着夹鼻眼镜，可下身却像个淘气的小伙子，挽着裤腿，赤着脚，把双腿浸泡在海水中。贾尔和左拉一样，是个达尔文主义者，同时他还是一个著名的性病专家。左拉曾对贾尔讲过自己的写作计划，并表示过他的犹豫心情：去卢瓦尔·圣·埃蒂尔纳矿区、欧班矿区？还是去北方矿区？他自己难以定夺。贾尔替他决定说："到北方去！"北方里尔矿区的工人罢工了！能亲眼目睹事件的始末该是多么幸运！不过，矿工们是警惕的，所以贾尔不得不把小说家当成他的秘书向工人们介绍。

---

① 一个作家的传记没有文学方面的评论，那是不完善的。但是，如果把文学评论到处穿插，那将损伤整个文章结构。所以本传记作者围绕小说家最完善、最有意义、最典型的一部小说，集中其主要特点加以评论。——原注

左拉来到让·巴尔特矿工住宅区对面的德南镇。他走进埃米尔·巴斯利的咖啡馆。

"你好，朋友！"老板对他说。

他被老板的样子吸引住了，他觉察到在这个人的身上似乎发生过什么事情。他长时间地与这个言谈举止颇为稳重的老板交谈。从交谈中得知，他原来也是个矿工，被公司开除了。后来，他开了这个咖啡馆，为的是供给工人烟、酒、咖啡的同时，他可以继续在政治上给工人以帮助。左拉询问他一些问题，从他这里得到不少情况。

当贾尔返回巴黎，在波旁宫举行的议会上为工人辩护的时候，左拉找到企业主，搜集有关资料。

"左拉先生，您想参观矿区吗？那您就参观吧！在世界上，我们生产的煤炭最多。"

"啊？"左拉感到吃惊。他还没有忘记那冷得令人发抖的、使他不得不裹着毯子"装阿拉伯人"的那个冬天。

"是的。一八七〇年年产二亿吨，而一八八三年增加到三亿六千万吨。生产过剩。股东们想多得红利，工人们想增加工资，可我有什么办法呢！"

得到福尔卡德先生的同意，在工程师杜布的陪同下，左拉下到勒那尔德矿井。到达五百米深处，肥胖而又气喘的左拉找到了平日经常使他郁闷不安的世界。"是这里，我想起来了。我总是做同样的噩梦：沿着永无尽头的地下巷道爬行着。有时浑身难忍地疼痛。突然，地下巷道又被什么堵死了⋯⋯"他像鼹鼠一样睁大吃惊的眼睛，望着眼前的一切，在巷道里穿行。

穿上矿工的衣服：毛线衣，裤子或者套裤，上衣或者围裙。女的戴上蓝色的女帽，用一根带子把头发挽在帽子里。男的戴着铜制的硬壳帽或者无边扁平软帽。到井场后，去取矿灯，走进罐笼（一阵寒冷的感觉）。开始下降了……两分多钟后，下降到地下四百七十六米（上升时只用一分钟）。到一定的深度，巷道里开始下雨了，起初还是点点滴滴，但越往下，雨水越大起来……人们突然听到从远处传来的隆隆声，这是一列斗车驶过来了。如果巷道是笔直的，人们可以看见远处矿灯的小小的灯光，仿佛是漆黑的夜空里一颗红色的星。隆隆声靠近了，人们隐约看见一匹白马拖着斗车。一个孩子坐在第一个斗车上，他是赶车的……

左拉在发抖。

"先生，您不舒服？我们上去吧。"

"不，我很好！为什么您领我看这些最好的巷道呢？"

"那么……"

"我要看地狱！杜布先生！"

"好！左拉先生。"领路人说道。

当人们企图欺骗左拉的时候，他能立即识破。杜布对这个奇怪的人不禁产生几分敬意。

"我亲爱的杜布，您最好把他领到干爽的巷道里去。没必要……"

显然，这是上峰关照过的缘故。

他们来到掌子面。

左拉弯着腰，照直走到里面去了。他看到，截煤工为多拿一点计件工资，都侧着身子卧在泥水里，在拼命地干。左拉走上前去，和他们一起干。他要亲自体验一下矿工的生活。

他们感觉不到流出的矿水泡肿了他们的四肢，总是弯腰曲背而引起的抽筋，以及黑暗中令人窒息的闷热。他们像长在地窖中的植物，在这黑暗里，变得脸色灰白。时间越长，矿灯的烟火、人们呼出的热气和令人窒息的瓦斯，使空气中的毒气变得更浓更热。瓦斯像蜘蛛网似的粘上了眼睛……他们钻在自己的鼹鼠洞的尽头，在深深的地层下面，胸口闷得喘不过气来，但是仍然不停地刨着煤层。

《萌芽》堪做调查研究的范本，供新闻学校学习。写这样的小说，仅仅是场景动人还不足，还必须包括矿山的"生理"特征。作为一个小说家，左拉研究了劳资关系，以及它们的发展和哲学依据。他重读了他的朋友古尤特的有关文章和社会问题记者、经济学家、天主教工人团体的鼓动者勒普莱的著述。他重新分析了历次罢工的事实：一八七〇年春天的欧宾和拉利加马利的矿工罢工，克洛叟的矿工罢工，一八八二年的蒙苏、蒙萨南以及布朗吉地区的骚乱。他积累了五百页资料。《萌芽》及其有关资料是左拉杰出的聪明才智的明证，他能如饥似渴地扑向事物的本质，是左拉罕见的工作效率的记录。他阅读或者浏览了马克思著作。他对国际[①]这一全新的事物颇感兴趣。他被与卢梭和乔治·桑的工人主义相一致的世界大同的理想迷住了。他做着笔记……

国际工人联合会，一八六四年九月二十八日，在马克思组织的会议之后，在圣·马丁大厅成立……由卡尔·马克思起草宣言和章程。

认为：

劳动者的解放，应是劳动者自己的事业，劳动者为谋求自身解放的种种努力，不应建立新的特权，而应建立平等的权利和义务……

他认为，在这些具有民法形式的句子里有着史诗般的气派。

---

①这里指第一国际。它是国际无产阶级的第一个群众性的革命组织。十九世纪六十年代，随着工人运动日益高涨，各国先进工人要求在国际范围内建立有关组织，于是，一八六四年九月二十八日在伦敦召开有英、法、德、意等国工人参加的国际工人会议，国际工人联合会宣告成立，简称为国际。

"这是一部崭新的《社会契约》!可是天啊,还没有一本历史教科书谈到这个!"

《萌芽》的作者左拉体重九十五公斤了,他非常害怕得上糖尿病。八月,他到蒙道尔去休假。他尽可能地多走路,常到罗斯·旺戴兹河边或夏博尼埃森林里去散步,并且每天坚持洗蒸气浴;左拉夫人洗温泉浴。整个世纪里,人们都喜欢到那些奇异的温泉城市去洗浴。夜晚,他与塞佛利纳和瓦莱兹在一起聊天。瓦莱兹久病不愈,其状甚是可怜。左拉想:"他已经无望了。"回到旅馆,左拉停在楼梯上大喘着气:"我老了。"这里到处都是一些弯腰曲背或面有病色的人,这使左拉感到压抑,心情不快。他说:"这个地区的灵魂离我远去了,她已变成了历史。"

他和妻子一道骑马到桑西镇去。他们骑的是两匹驽马,而马夫又是一个沉默寡言、性格固执的人。他们趟过道尔多涅河,那清澈的河水在石头上流淌,在太阳下闪着光亮。当他们来到塞尔邦瀑布的时候,加布里埃尔·亚历山德里娜骑的那匹马溜了缰,加布里埃尔向后倒下去,一只脚还套在马镫上。肥胖的教授模样的左拉一个飞跃,从马头上跃过去,扶起了妻子。

"宝宝,"他温存地叫着,"宝宝!"

他很长时间不这样称呼她了。他常称她"亚历山德里娜"。这名字显得富贵、庄重、光彩,左拉夫人更喜欢这个称呼。

小说家左拉像在波旁中学当学生时一样,他从不去做那些不需要做的事。左拉像一阵风似的猎取材料的才能是颇为出色的。福楼拜为搜集必要的素材曾用过二十年的时间!然而,左拉这样走马看花的办法很容易造成错误。在《萌芽》里,如果再深入地进行些研究,就可以避免像工人作家皮埃尔·昂普所指出的不真实的缺点。如小说里的无政府主义者苏瓦林，悬在一个矿井的半腰，奋力破坏井壁，企图放出那"激流"。那"激流是一个地下海，是诺尔省煤矿的威胁，是波涛汹涌容易翻船的大海，是无人知晓，深不可测，在地下三百多米的地方翻着黑浪的大海"。可他使用的仅仅是一个手摇钻和一把刀锯！正像他的矿工朋友一样，左拉也为产量牺牲了安全：他没有把坑木撑牢。但是，在他的作品中，甚至在《萌芽》里，不管崩坍怎样严重，它们仍然是不影响大局的微末小事。

《萌芽》的内部结构的完美堪为典范。《萌芽》的开头讲述一个名叫艾蒂安·朗蒂埃的年轻人在冬天的夜里来到蒙苏，他要到那从未下过的矿井里去。小说的全部情节都围绕着这个人物进行，而事件一结束，朗蒂埃和左拉就一起从书里退了出去。这是最为简炼的写法；故事紧紧扣住主人公的这一为时不久的经历而展开。朗蒂埃在矿区的经历通过七个章节加以叙述。在第一章里，除主要人物之外，左拉还介绍了第二个重要"人物"：矿井，沃勒井。然后，作者将朗蒂埃与瘦弱的推煤工卡特琳的恋爱点缀其间。第二章，介绍红党与蓝党，把那些相信自己手中的权力、生活富裕的资产阶级与那些任"铁的工资规律"蹂躏的无产者做强烈的对照。这样可以最直接地得出必要的历史结论。其中仍然穿插地下的爱情。第三章，红党与蓝党发生摩擦；艾蒂安在摩擦中迅速地提高了阶级觉悟。之后，蓝党决定削减工人工资，矛盾在深化。第四章，爆发冲突。与主线相交织的爱情线索也在发展：卡特琳与矿工沙瓦乐结婚，而艾蒂安在胖穆盖特的攻击下，让步了。在小说达到高潮之前不久，两个相爱的情人艾蒂安和卡特琳更加疏远了。这是一场斗争。行动升级导致在旺达姆森林召开会议。在会议上，由于他们尚不理解的时局发展的必然性，主张罢工的人占了上风，他们将采取暴力行动，首先决定强迫不同意罢工的人加入他们的行列。

在进入这一重要的斗争场面之前，故事在不断向前发展，为达到高潮做铺垫。小说包括七个部分，左拉的神经本能暗示他七比六或八都好。一部艺术作品，其篇章最为理想的数目应该是单数。

小说在第五章达到高潮。描写的力量、众多的人物、作者的灵感和热忱、暴力行动的突发，一切都在这里汇合。狂怒的人们踢翻了矿灯，鞭打一个女推煤工，甚至要给她剃光头！

人们抢劫了食堂之后，又捣毁了水泵。而当人们将去质问经理的时候，工人领袖艾蒂安却把人们的怒火引向杂货店老板梅格拉的身上。人们阉割了他。这是这部小说中最为恐怖的场面。是的，小说到此确实达到了高潮。

第六章写老板与工人争持不下。老板决定录用外籍劳动力，因而引起工人暴动，接着工人遭到血腥镇压。第七章与第一章相呼应，曾被拥为领袖的艾蒂安·朗蒂埃也遭到人们的嘲弄。这是失败；而卡特琳与艾蒂安的纯朴爱情也以凄惨的结局告终，沃勒井也同时宣布报废。

在我们这简短的分析里省略了一些次要情节的演变，但这一分析足以清楚地说明，《萌芽》这部书既有前后左右的平衡和呼应，又有矛盾冲突的高潮，使得全书成为一个宏大的活动着的整体。左拉不愧是一位杰出的艺术建筑师。

如果说左拉的小说情节、结构安排得很出色的话，那么他的文笔却有些欠佳。无论是文笔的纯正，还是细节的描写，与他的朋友，如于斯曼或莫泊桑相比，左拉都稍逊一筹。什么"冬日苍白的太阳，路两旁光秃的树木"，这些老调子使得句子变得平淡无奇。他还滥用一些助动词和表现力不强的动词。他过多地使用了"人们"和"这个",企图以此造成群体效果,但结果使得人物陷于模糊之中。他太喜欢用"而"来作一个句子的开头了,这样虽然使句子显得随便些,但是用得过于轻率,由于过多而令人生厌。他不讲究形式的优美,也不讲究用词的准确。左拉说:"我过分强调了细节真实。""过分强调细节真实",严格地说,这就是文风问题。左拉的话可看作是自我招认。他观察到一些真实的细节,为之着了迷,在作品中大量地、反复地描写这些细节,以致达到了令人厌烦的程度。小说里工人"吐黑痰"这一细节的重复足以说明这一问题。《萌芽》发表后不久,经常翻译左拉著作的欧内斯特·齐格勒就对他讲,贝尔纳的一个名叫阿莱的人对作品中不厌其烦地描写博纳冒尔老爹的"黑痰"很感吃惊。下面一段话很重要,它不仅表明一八八五年的一个贝尔纳人的极度不满,同时也可以明了引起整个阶级再次起来反对左拉的原因。"阿莱先生认为,关于博纳冒尔吐黑痰的描写是不合适的。另外,'断气'这个词也用得不当。卡特琳的胳膊肘顶到艾蒂安的肚子里去了,这一细节也同样使人感到吃惊。皮埃尔浩娜成了达沙埃尔的情妇更是不道德的……"贝尔纳的阿莱开玩笑说,矿工之所以吐黑痰,原因是他们的肺堵塞了,或者由于性生活的混乱;男女混杂的工作条件为那些性解放者提供了方便。阿莱所不能容忍的是,左拉竟把这些写到他的作品中去了。

贝尔纳人的话并没有完全错。他抓住了"过分强调细节真实"这一弊病。"咳到最后,他吐出一口浓痰,在被炉火映红的地面上留下一个黑点。"这是事实,左拉亲眼见的,并且牢牢地记录在笔记本上的。下一页又写道:"老头啐了一口黑痰。"这是粗心吗?人们不能不想到下面会不会再出现这类句子。果然又有"他吐了一口痰",这是作者存心这样写的。他已经打定主意这样写下去了。"等他咳嗽止了,使劲清了清嗓子,朝炉火跟前啐了一口痰,地面上又黑了一块"等等。作者已经无法停止他对这一细节的描写了。

这种弊病还表现在经常使用没有特色、到处可用的形容词上,如"圆"、"粗"、"小"、"高"、"大"等。仅在第一章里,"大"使用了六次,而"粗"使用了十次,而且"大"与"粗"相互替换使用。这具体地表明他由于渴望突出东西的大或者粗而着魔到何种程度;更加具体地表明为了达到他的描写目的而使用的工具粗糙到何种程度。但尽管有如此缺欠,还应该承认,左拉远远超过了他所追求的目标:"我要求思想真实而明确,在词句的结晶中,它是透明的,像钻石一样坚实。"

左拉的弱点还不止这些。他没有如波德莱尔或者他的朋友马拉美那样纯净的诗的情愫,左拉的语句中缺乏音乐的美感。他的听觉是迟钝的。当他描写色彩的时候,他也难以细致。对他来说,蓝色只能是蓝色,红色只能是红色。而只有用鼻子的时候,他才变得敏锐起来:"这些巷道里的有害气体,日久天长已经逐渐消除,一点瓦斯也没有。现在这里只有发霉的旧坑木味,这是一种淡淡的乙醚味,好像混有丁子香花蕾的香味。"在《萌芽》中,描写有些冗长,词汇也贫乏,有时作者不得不求助于分类词汇表,并且无视语法规则,除嗅觉之外,他缺乏精细的敏感性。那么,是否可以说左拉是一个擅长结构而文笔笨拙的作家呢?不,这种粗犷的风格也有它的美!它令人想到画家的色彩浓重的绘画和雕塑家的粗线条的雕塑。在《萌芽》中,玛厄德给她的男人擦身子的情景简直是一幅具有库尔贝风格的杰出绘画:"她拿起肥皂,在他两肩上涂抹,他挺直身子,准备让她用力搓。"他的描写是广泛而真实的:"举目望去,夜空下看不到一点树影,脚下只有像防波堤一样笔直的石路在伸手不见五指的夜色中向前伸展着。"艾蒂安到蒙苏所遇见的火光,活动在天地之间的矸石堆上的火光,是那样令人难以琢磨:"一些蒙上云翳的月亮。"穆盖特是画家库尔贝笔下的《塞纳河上的少女们》的姊妹:"她那胖胖的圆脸发黄,加之煤灰的腐蚀,丝毫也不美,但她的两只眼睛却射出热情的火光,从她的肌肤里散发出一种魅力,一种情欲的颤抖,使她变得非常年轻,像一朵玫瑰花似的娇艳。"还应该指出的是,人物对话的真实性:"'把蜡烛吹灭了吧,我心里想事用不着亮光。'玛厄德说道。"然而,左拉并未掌握他的这些北方人物的具有特色的行话和方言。他没有时间研究这些语言,所以在作品中不敢使用。《萌芽》中的工人并不像《小酒店》里的工人那样讲着自己的语言。他的《萌芽》中的人物讲的是民众语言,不过不是他们矿工的语言。但是,这样仍然行得通,因为左拉在讲述人类苦难的时候,他是不乏言词的。"这盏烤着他脑袋的矿灯,最后终将点燃他的血液。"他成功地把矿灯当成了矿工的象征。

左拉十分擅长描写他所爱着的人们的不幸:在描绘灾难的始末上,他的笔触是十分杰出的。后来阿尔贝·蒂博岱[①]评论说,这是一种风格,具有古代史诗的特点。

如果人们认为描写逼真就是美的话,那么,左拉的风格则具有沉稳有力、雄浑遒劲的美,因为他着眼于描绘整体,表现矿井下的大量工作和工人的力量。

在左拉死后的半个世纪里,关于他的作品风格的讨论让位给作品内容的讨论了。那么,今天看来,什么是左拉作品内容的特点呢?

最为显著的特点就是人们已经指出过的浪漫主义,他所描

[①] 阿尔贝·蒂博岱(1874—1936):法国著名文学评论家。

写的世界、人物、性格、行为和背景，都具有浪漫主义性质。左拉喜欢关于矿工的传说，并且为之添枝加叶。在小说里，他使用了《黑人》的传说："黑鬼是矿井中老矿工的幽灵，他要扭断那些放荡的姑娘的脖子。"关于《小鞑靼人》，他写道："这已经是很久以前的传说了，当地的矿工们常常说起这段故事：地下的索多姆①遭了天火，因为那里的推车女工们净干淫荡的肮脏勾当。"还有苏瓦林放出来的"激流"等。当他写到苏瓦林无意之中吃了波劳妮大母兔的肉而落泪时，作者任意发挥起来。在这个场景中无奇不有，他给兔子起了名字，甚至写道："酒店老板拉赛纳拍着肚皮说：'波劳妮吗？炖着吃了！'"这些都属于传说之类。当写到男孩让兰像魔鬼附身一样，杀死了一个年轻士兵的时候，左拉则完全沉醉于传说之中了："让兰爬起来，用两只手支着身子，像猫一样地弓着他那瘦瘦的脊背；他因干了蠢事而挨了重重的一拳，他的大耳朵，绿眼睛，突出的嘴巴，都颤动起来。"而他用来刺死那个士兵的匕首把上却刻着一个"爱"字。

无论从气质、人生各时期的特点，还是从精神状态来看，和前人相比，除有许多一致之处外，左拉更富有浪漫主义的素质。勒·杜汝尔在刊载于《天与地》上的《作家与气象》一文中指出，在《爱的一页》里，"左拉在描绘巴黎画面时，将蒙蒙细雨和他的回忆杂乱地混合在一起，而忽略了整体上的真实性（气象）。另外，他并没有把真正看到的事物如实地写出来，而是为了使描写更集中更有分量，把它们改变了。"对左拉来说，更重要的是自然现象的拟人象征。比如，与共和国历书上的季节紧密相合，"萌芽"这个孕育希望和前途的象征在情节中时隐时现，贯穿始终。随着春天的到来，这个象征出现了，"在

---

① 索多姆：《旧约》中巴勒斯坦的一个古城，由于风俗败坏而被天火焚毁。

矿井深处,一支大军正在成长,这代新人就像是正在萌芽的种子,不久将在温暖的阳光照耀下破土而出,茁壮成长"。

作者也用它来表现小说主人公对未来怀着美好的期望:"人们一天一天壮大,黑色的复仇大军正在田野里慢慢地生长,要使未来的世纪获得丰收。这支队伍的萌芽就要冲破大地而活跃于世界之上了。"

左拉使用拟人手法,不断地使他所描写的事物人格化。沃勒矿井变成了疯狂的塔拉斯克龙①的描写,给人留下深刻的印象。这种人格化描写从矿井沃勒(Voreux)这个名字就开始了,它和一些有特点的词是半谐音的,如dévorant(吞噬)、vorace(贪婪)、dangereux(危险)、haineux(仇恨)等,接着通过把矿井作为一个人物来突出它的重要作用,使得这种描写丰富充实起来,最后又以作者对矿井进行描述的方式,使这一人格化描写臻于完善。下面是左拉为了使沃勒矿井活起来而使用的某些描写手段:"在这个被黑夜和烟雾所湮没的奇异景象(蒙苏矸石堆上的火光)中,只有一种声音,长而粗的喘气声,不知是哪儿的一部蒸汽机正在跑气……它的烟囱直立在那里,像是一个吓人的大犄角……好似一个饕餮的野兽,蹲在那里等着吃人……。至于沃勒矿井,它像一头凶猛的怪兽,蹲在它的洞里,缩成一团,一口一口地喘着粗气,仿佛它肚子里的人肉不好消化似的。"这是一个"折磨人"的矿井。它的死亡是米奥道尔②式的死亡。"这时,人们看到一个惊人的景象:被撕得七零八碎的机器在做垂死挣扎,它活动起来,伸直它的直柄——它那巨人的膝盖,好像要站立起来,但最后还是断了气,变成了碎块,被吞噬了。"

---

① 法国普罗旺斯传说中的怪兽。
② 米奥道尔(Minotaure)是希腊神话中饲养于克里特岛迷宫里的食人肉的人身牛头怪物。

这里并不存在非难左拉这种高超的奇特手法的问题，但必须指出的是，他的这一手法与他的实验小说的思想是大相径庭的。他的天赋特性冲破他自己的理论主张的束缚而显露出来。

今天的矿井要比卡特琳推煤斗车的时候复杂多了。工人的劳动强度也大为减轻，左拉笔下的人物所经历的危险在社会法的制约下也减少了。但是，风镐、旋转式钻岩机和电动截煤机仍然无法抵御那巷道里的永恒的冬天，追求产量与保障工人安全的矛盾虽有所缓和，但并未根本改变。劳资对立仍未解决。《萌芽》中所反映的真实，从整体上看，并没有变化。这无疑是因为《萌芽》是反映工人生活的第一部伟大的作品，它是建立在坚实的事实分析基础上的，而绝不是作者感情冲动的结果。当然，由于他所使用的艺术手法，《萌芽》仍然是一部充满感情色彩的作品。但从整个政治基调看，它是现实主义的，因为在小说中，使左拉倍感兴趣的是阶级的冲突。尽管它没有使用"阶级"这个词，但是，他的调查是以马克思主义为指导思想的。人们知道，贾尔为左拉提供了北方矿区的情况；那么，至于第二帝国社会和第一国际及其倾向和力量，左拉之所以能准确地把这些写进他的作品，是因为他研读了于勒·盖德的论著①。这可是文学的一个不小的奇迹：从理论家的著作里，作家可以吸取营养，写成小说。我们清楚地看到，左拉在小说中并不以他的思辨才能引人注目。然而在《萌芽》里，在政治方面，他不仅表现了理论家的智慧，同时也表现了他的深谋远虑。从《小酒店》开始，左拉有了长足的进步。小说中的艾蒂安·朗蒂埃也是左拉

---

① 当左拉写《萌芽》的时候，盖德和拉法格一同起草的《工人党纲领》于1883年公开发表。——原注

自身的投影。他已经从欧仁·苏①和乔治·桑的温情的社会主义转变到社会的现实主义,而且其中某些方面已经接近于社会主义的现实主义;左拉是社会主义现实主义的先行者。

巴尔扎克十分了解金钱的威力,并通过人与人的关系把它体现出来,而左拉是在社会搏斗中写金钱力量的。巴尔扎克成功地塑造了葛朗台、戈贝塞克、纽沁根等人物;而左拉却抓住了"铁的工资规律"的要害。所谓"铁的工资规律",就是给工人以最低的工资,使其继续不断地为资本家提供任意奴役的劳动力。在《萌芽》中也写到埃纳博经理的种种不幸。他受妻子欺骗,可又羡慕矿工的性的自由。这丝毫不能打动读者,因为在巴尔扎克的笔下,这种人物和事情屡见不鲜。但是,煤矿工人的新的思想萌芽,巴尔扎克是没有注意到的。没有经济自由的政治自由将变成一种圈套。左拉比萨特早五十年,并且像萨特一样,用人物的行动表明了这个道理。

无产阶级反对资本家的种种倾向,左拉在《萌芽》中都有所描述。苏瓦林这个浪漫的无政府主义者,逃亡的俄国资产阶级民主派,直到一九一四年第一次世界大战爆发,还是为人所熟悉的革命者形象。他与盖德派社会主义者浦吕沙尔唱反调,有如他的老师巴枯宁反对马克思一样。左拉通过苏瓦林的机敏来表现工人协会在两年经济危机之后,是怎样发动工人罢工的。浦吕沙尔出于人道主义,是同意这场斗争的,并且给予积极的支持,其原因在于他想利用这场罢工,使更多的矿工加入伦敦的国际工人协会。他想利用机会进行宣传。朗蒂埃的第一个政治行动是创建互助基金会,他在搞合作社会主义。不久,工人

---

① 欧仁·苏(1804—1857):法国小说家,著有《巴黎的秘密》、《流浪的犹太人》和《人民的秘密》等。

协会就密谋夺取基金会的控制权。这一切都写在《萌芽》里。至于酒店老板拉赛纳,那是一个修正主义者。在左拉的人物画廊里,也不缺少基督教社会主义者,那就是在废墟上祈祷的朗维埃神甫,不过这人物写得有些勉强。

在理论上,左拉并不十分清楚暴力在革命斗争中的重要性。这个革命的关键问题在十九世纪中叶已由马克思和恩格斯提出,后来由乔治·索雷尔①在他的《关于暴力的思考》中做了结论性的论述。可是,作为直观的小说家,左拉在《萌芽》中也给暴力以十分重要的位置。人们可以为《关于暴力的思考》增加一章,专门对《萌芽》中所描述的矿工罢工进行分析。事实上,索雷尔后来对群众的革命运动做过具体而又普遍的论述:"如果没有被群众所接受的理想,人们尽可以无休止地谈论革命,但是永远不会引起任何革命的运动……"(1906)左拉并没有特别掌握"理想"这个词;关于普遍罢工,左拉仅仅有一个初步的想法而已。只有到了一八九二年,当苏瓦林一类的无政府主义者在革命的工会主义者面前让步的时候,普遍罢工的理想才得以付诸实践。这是《萌芽》的作者左拉作为政治小说家的局限。但是,我们这样说,是走在社会革命运动的前边了。不管怎样,左拉关于革命运动的预示仍然是十分了不起的。

一八八五年一月,左拉最后结束了这件"工人阶级的德雷福斯案"(马克·拜贺纳尔语),并且为这部小说找到了扉页题词"……共和三年芽月十二日,饥饿的民众涌进国民公会,高呼:'要面包!要九三年宪法!'"当他完稿的时候,写信给沙尔庞捷说:"这部圣洁的书的长度使我替你发愁。我们将

---

① 乔治·索雷尔(1847—1922):法国社会学家,著有《关于暴力的思考》、《现代经济学导言》和《无产阶级理论的物质基础》等。

要超出三十二页。"

一八八五年二月十六日中午,人们高喊着"公社万岁!",为瓦莱兹送葬。罗什福尔、于勒·盖德、克列孟梭、亚历山大·米勒兰①等都参加了送葬行列。德国社会主义者树起的不朽红旗给法国人民带来了新的希望;然而,人们当时还不知道,这希望将是空幻的。因给予昨天的敌人以这样隆重的礼遇而愤愤不满的德鲁莱德②的同党们,爱国者和复仇主义者都被动员起来了。六万名工人跟随在灵车后面,放声高唱着卡马尼奥拉歌③和国际歌。在拉丁区,圣·米歇尔大街,奥卢尼广场,圣·日尔曼大街和巴士底广场发生了殴斗和争吵。

社会主义,历史学家们不屑于写入他们的教科书,然而它却深入到人们的生活之中,同时被写进了左拉的小说里。

七

左拉重新阅读《德莱丝·拉甘》中关于参观画家洛朗画室的描述:"那里有五张画稿……画家以其真正下笔千斤的力量画出……画面具有深厚而坚实的气魄,每一细部都是由一些神奇的色块所构成……"他很久以来就想写一本关于绘画的书了,现在他决心将这部书写出来。

人们千百次地向左拉提出这样的问题:"您写的卢贡、娜娜、洛朗,他们都是谁呀?左拉先生。"现在他又想起了这个问题。往常,他常用福楼拜所说的"包法利夫人么,就是我!"

---

① 亚历山大·米勒兰(1859—1913):法国社会活动家,社会主义者,曾出任国防部长和总统。
② 德鲁莱德(1816—1914):法国诗人和政治活动家,爱国者联盟主席,著有诗集《战士之歌》。
③ 卡马尼奥拉歌:法国1793年资产阶级革命时期流行的歌曲。

这句俏皮话来摆脱这个难题的纠缠。这一次，是他自己询问自己了。左拉是与普鲁斯特①相对立的。每当为自己提出一些内省的问题时，他很快就想出了偷懒的借口：这些抽象的蠢话，"既然超越了我们的知识范围，又有什么用处呢！"但是，这一次他必须很好地作出回答。读者们常常一厢情愿地想：作家应该把谜底坦率地说出来，直截了当地说，"卢贡就是卢埃；而娜娜就是昂地尼的布朗什！"如果小说家承认他并不比读者知道得更多的话，那么，小说里的众多人物都很难找出确切的模特。小说里的人物出于作家的笔下，来源于个人的回忆和听来的、读到的、编造的或揣测出来的各种故事，而非真实部分是难以从真实里分别出来的。"在我的洛朗这个人物里，"左拉想，"我应该放进库尔贝和马奈，同时也要把塞尚放进去。当然，这些绘画作品是笨拙的，但它包含着新奇的东西，具有一种强而有力的特点，预示着一种更加向前发展的艺术倾向。"这里说的是塞尚的绘画吗？是的，他的画既笨拙又新奇，具有冲击的力量。注重细节的真实，这就是他的全部特点。不过这是理想化了的，我的可怜的保尔……人们可能认为这属于真实的绘画。不，这也许是米勒、杜米埃、库尔贝，而绝对不是塞尚。

一块长方形画布，长宽构成一个平面。这是一成不变的传统，将生活搬到这个平面上去。如果谁要想画出表现空间的画面，那么，他就应该滚蛋。这就是画家们永恒的悲剧。这是一个伟大的主题。巴尔扎克曾经写过这个主题：《不为人知的杰作》。左拉又重读了一遍。弗兰霍菲，是的，那个画家叫弗兰霍菲。可是，他是一个浪漫主义画家，而我要写的将是一个现

---

① 普鲁斯特（1871—1922）：法国小说家，"意识流小说"的鼻祖之一，著有多卷长篇小说《追忆流水年华》。

实主义画家。是的，关于真实的绘画。《不为人知的杰作》题目太长了，叫《杰出的作品》吧，不，干脆叫《作品》，没有一个多余的字。

还有艺术家追求什么和他怎样做的问题，以及两者之间存在的距离。就像我一样，经过几个月的艰苦劳动，作品出来了，我并不因作品不理想而难过得落泪。但说到底，追求绝对理想而不能达到的痛苦在折磨着我们。而保尔所受的折磨比别人更甚。保尔将会对我的作品说些什么呢？可是，我又不能不拿他作为我的人物模特！就因为这种顾虑，才使我将这部作品推迟了二十年！唉！他将来会理解的。

他走向书案，寻找一张卡片。

"克洛德·朗蒂埃，生于一八四二年，综合性人物。精神和体质继承了母亲的特点，神经症的遗传使他成为一个天才：画家。"

整部小说都围绕着克洛德这个人物。在《巴黎之腹》中，左拉已经讲述了这个人物的童年生活。在书中，一方面要写他的绘画赌博总是失败；另一方面，这个人物是早已确定了的，他是《小酒店》中绮尔维丝的儿子，是《萌芽》里的艾蒂安的弟弟，也是一个罪犯，现在还在监狱里的杀人犯雅克，雅克·朗蒂埃的哥哥。作为这本书的内容，已经没有什么好研究的了。《萌芽》的材料准备就绪之后，《作品》的材料也准备得差不多了。现在只要回忆一下就可以动笔了。那么，为什么还一直犹豫不决呢？

还是因为保尔。

一八八五年夏天和整个冬天，左拉在撰写他的《作品》。塞尚到莫塘来了。他向左拉透露了他的爱情的秘密。他说他爱上了在艾克斯偶然相遇的一个女人。后来，人们在一幅画的背面发现了塞尚给这个陌生女人的书信草稿。这是一个快五十岁了的"毛头小伙子"写的情书：

"我遇见了您，您让我拥抱接吻；从此以后，对您的眷恋之情使我终日不得安宁……"

左拉用惊诧的目光望着这位已经秃顶的热恋中的人。

"我估计会收到她的来信。"塞尚说，"可我的妻子奥尔唐丝会嫉妒的。你代我收下这些信，然后再转寄给我，行吗？"

"当然行。可是，保尔，你这是什么念头啊？"

"咳！这不是什么念头，是一种病！你么，你多有运气！这儿有巴黎女郎，有的是窑姐儿。对你来说，并不缺少机会！"

"去找我妻子以外的女人？那要浪费我的时间的！"

"信么，给我寄到艾克斯邮局，我自己去取。谢谢你，埃米尔。给我念一段你写的书好吗？"

"我的什么书？"

"关于绘画的书嘛！"

"啊——是的，我是在写一本关于绘画的书。"

左拉念着，塞尚严肃地点着头，表示赞赏。接着他们谈论起巴尔扎克的《不为人知的杰作》来。之后，塞尚不言语了，用眼睛盯着左拉。突然，塞尚拍着自己的胸脯说：

"那个弗兰霍菲，就是我！"

开始，左拉还不敢相信自己的耳朵，过了一会儿，他才意识到一切都很清楚了。现在，他手中掌握着塞尚的隐私，就更无所顾忌了，索性大胆地利用身边的材料写下去。围绕巴耶，他设计了杜布什；围绕索拉利，设计了马乌多；卡巴内尔，就是马泽尔。小说的主人公克洛德，不管人们喜欢不喜欢，有一点像巴达尔，一个患巨人症、受德拉克罗瓦保护的、后来死于穷困的画家；但更重要的模特是塞尚，或者说是塞尚和左拉二人的混合体。左拉把自己的雄心、急于事功、多疑和忧郁一齐倾注给克洛德这个人物。与此同时，作家也写了桑多斯这个人物。在《作品》里，通过桑多斯，左拉公开对自己进行了描述。保存在国家图书馆的笔记为我们提供了情况：

桑多斯存在的目的仅仅是为了表明我对艺术的看法……最好把我当成一个理论家，作为一个背景人物，他是克洛德中学时代的朋友，像我一样勤奋，倍受嘲讽和羞辱，最后终于获得了成功……露了脸，而克洛德却固执得很……

啊！原来是这样的对比！

总而言之，我要在这里讲述我个人的创作生涯，痛苦的永无完结的分娩；但是，我将通过克洛德的悲剧扩大主题：克洛德永无满意的时候，他因不能创作出天才的作品而恼怒，最后在他尚未完成的作品前抱恨自尽。

在他的这些笔记中，左拉很随便地使用了朋友们的真实姓名。名字是具有一种力量的。人们已经看到，当有人触动他的人物的名字的时候，他的反应是强烈的。用他的朋友们的真实姓名来做这些笔记的事实表明，他对这些现实生活中的人重视到何种程度：

我的青年时代：在中学和田野上，巴耶，塞尚。中学时代的全部回忆：同学，老师，约四十人左右；三个人的友谊。校外：打猎，在河里洗澡，散步，读书；朋友的家庭。来到巴黎：新的朋友。中学。巴耶和塞尚的到来。星期四的聚会。要征服的巴黎，散步……

在这些几乎是照搬的真实背景之上，幻想毫无拘束地驰骋起来。

《作品》发表了。读者们早就期望着有一部与《小酒店》相当的反映印象派及其画家们的奇闻轶事的书出版。读者马上将现实中的画家拿去对号入座。当然。书中写的根本不是左拉在笔记中所使用的那些名字。首先，人们说主人公克洛德是马奈！马奈刚刚逝世。哈！这些小说家从死人身上也能寻出文章来！画家朋友们对《作品》的态度是出乎左拉意料的。雷诺阿表示遗憾说：

"如果在《作品》里，他尽量忠实地讲述他在我们的会议上、画室里所看到和所听到的一切，那么，他可能写出一部很好的著作。这部著作，不仅是一次艺术运动的历史再现，而且也是一部'人类档案'。"

克洛德·莫奈写信给左拉说：

"您说您注意并且十分小心，使您的人物一个也不要像我们当中的某一个人，但是，尽管您如此说，我担心在新闻界和读者中，我们的敌人一定要说出马奈的名字，或者至少是我们的名字，让我们大出其丑。这您没有想到吗？我不相信。"

而这确实是左拉的本来思想。毋庸讳言，左拉认为他的画家朋友们都是杰出的失败者。左拉抱怨道：

"他们对艺术一窍不通！"

画家们反唇相讥：

"他左拉什么也不懂！"

左拉心里很不是滋味。过去曾经谴责左拉不该把《小酒店》写得那么阴暗的画家们，现在竟都以理想社会主义者自居了。左拉想塞尚一定在《日勒·布拉斯报》上读他的《作品》，于是就把印好的书寄给他一本。但是，很久没有回音。左拉心里想，塞尚是了解内情的，他一定会赞同我的看法。可是，左拉也仿佛听到塞尚那不忿的大喊大叫：

"见鬼！我的头发、胡子比我的才能多？！"

左拉想象不到，正因为塞尚了解全部内情，所以他不能容忍他最好的朋友把他谈论自己的一些话写成书发表出来。塞尚是把左拉的小说家和朋友两重身份严格区分开来的。左拉不是写回忆录，而是写一部小说。但是在书中，有许多细节显而易见是取之于现实生活的。真正的塞尚在虚构的克洛德的外衣下显现了出来。一切都很清楚了：左拉对塞尚，除有深厚的友情之外，还有一些怜悯和一点点轻蔑。一直自卑而又高傲的塞尚，在克洛德·朗蒂埃身上看到了自己是那样一副样子，他是无论如何不能原谅左拉的。

塞尚并不一直坚信自己将成为一个伟大的画家（这没有什么值得奇怪的，梵高也从来不知道他会成为大画家！）。塞尚常常摇摆于信心和怀疑之间。有时，他坚信自身的价值，以大师自居，可有时，又以为自己缺乏某种素质，而且是无法弥补的（由此产生他对别人的羡慕；梵高也是如此，他对那些没有自己灵魂的大家也曾十分仰慕）。因此，缺少自信的塞尚在失败中认识了自己，并且不时发出痛苦的呼喊。

塞尚的信念不断受到冲击，自尊心受到挫伤，友情产生了裂痕，甚至左拉使克洛德葬身的深渊也在招引着他，于是，他在自己的周围筑起一道高墙。后来，每当人们跟他谈起他与左拉决裂的时候，他说并不是因为《作品》这部小说的缘故。然而，他的矢口否认正是最有力的证明。

一八八六年四月初，左拉收到保尔这样一封信：

我亲爱的埃米尔：

我刚收到你馈赠的《作品》。我向《卢贡—马卡尔家族》的作者表示谢意，感谢他这美好的纪念品。请允许我握他的手，并回想起逝去的年代。

以从前的感情，祝你一切顺利！

一八八六年四月四日，于戛尔达纳

左拉把这一封短信反复读了几遍。"亲爱的埃米尔"与冰冷的"《卢贡—马卡尔家族》的作者"之间的有意分别使左拉惊呆了。在这封信里，只谈过去的友谊，并且通过第三人称请求允许握手的方式表现了塞尚的高傲态度（这非常像塞尚对待他不喜欢的人所采取的态度，如对左拉夫人或他的"马奈先生"的礼节性问候）。对塞尚这个恼怒异常的人来说，这封信是经过精心思考之后写就的，所以左拉知道他与塞尚关系的破裂已经无法挽回了。

得到保尔这封信之后没几天，加布里埃尔让人把摆在客厅里的塞尚的两幅油画送进了顶楼，换上了两幅吉耶梅的画。

一八八五年三月，朱尔·费里①倒台了。年轻的共和国遭受政局不稳的折磨。一座奇特的金属架在三月广场拔地而起，像昆虫的脚爪一样高高地伸向灰暗的天空，这就是埃菲尔先生建造的当时最伟大而又毫无用处的"机器"，即后人所说的埃菲尔铁塔。时代的风尚在改变。左拉尚未察觉到，妻子加布里埃尔变得越来越持重了，她已经到了喜欢安静的年龄。他应该陪她到道尔山去，然后绕道艾克斯，到马赛去与沙尔庞捷夫妇会面。但是，由于霍乱蔓延，他们没有成行。左拉兴致勃勃地在显微镜里看到了霍乱弧菌；人们在两年前才发现它。左拉被这细小得肉眼见不到的细菌与那高大得刺破青天的铁塔弄糊涂了，在这两者之间既没有玄想，也没有宗教，他不解地摇着头。

这时，维克多·雨果离开了人世！左拉与大家一样，读着雨果那奇异的遗嘱："我向穷苦的人们捐赠五万法郎。我希望用他们的灵车将我送到墓地。我拒绝一切教堂为我祈祷；但我要求为所有的灵魂做一次祷告。我信仰上帝。"左拉为之惊叹，同时也疑惑不解。

---

① 朱尔·费里（1832—1893）：法国国务活动家，1883—1885年任政府总理。

一切活动都停止了,部长们为筹办丧事在开会。市议会决定埃洛街改名为雨果街。雨果的灵床停放在先贤祠的教堂里。在凯旋门,人们为死者安置了灵台。灵台四周围着黑纱,上方悬着一块宽大的黑幛。三十二个方形灯悬挂在三米高处,彻夜照耀着灵台。

星期一,在阴沉沉的天空下,巴黎的消防队、爱国者联盟、共济会、"复仇"体操会、作家协会……的人们涌上街头……政府重要官员穿着制服围护在八十岁老人的灵柩四周。巴黎公社社员们在凡尔赛政权制造的"流血周"之后,又公开地出现在巴黎的大街上,他们身着库尔贝式工装,参加了送葬的行列。胸甲骑兵用刀背驱散着越聚越多的人群;这些御林军的出现是送葬行列中刺人眼目的点缀。灵车之后,有一百万人相随,男女老少无不垂泪。

人们必须有年轻的乔治·勒孔特①那样锐利的眼睛,才能从圣·日尔曼大街的阳台高处看到,德鲁莱德为了去拥抱公共工程部的守门人而离开了送葬的行列。那个守门人是个残废军人,失去了一条腿和一只胳膊,他那一半血肉一半木头的身躯一动不动地立在路旁,把他所获得的全部勋章都挂在胸前,举起他唯一的一只手臂向那个两脚在前躺在车上的天才致以军礼。

左拉的嗓子里仿佛被一块东西堵住,他的下颌在胡须下不停地抖动着。在十九世纪最庞大的人群中间,左拉埋葬了他年轻时代所崇拜的人。

随着存放大师著作的专门专柜里卷册的增加,时间也日复一日地过去了。没有一天不写一页书就过去的,也没有一页书不需要时间的。稿纸变黄了,时日也像蜡烛一样在燃烧。

---

① 乔治·勒孔特(1867—1958):法国作家。

一八八六年二月，左拉开始构思《土地》。他到博斯的一个叫克卢瓦的村庄住了六天，另外再加上他在莫塘的经验，写《土地》的素材也就足够了。但是，保尔·瓦莱里①嘲讽这位实验小说家，说他为了描写农民的风俗习惯，"只满足于坐在敞篷四轮马车里，到博斯跑了一趟"。随着年龄的增长和健康状况一天不如一天，左拉深感时间过得太快，他仿佛觉得自己尚未好好地生活就老了。所以他必须加快调查的速度，加快写作的速度。他感觉到自己被《卢贡—马卡尔家族》拖得疲惫不堪了，"是什么鬼念头使我投身到这样一场冒险之中啊！我永远也脱不了身了，永远也不能！"

一八八六年五月，左拉来到沙特尔。在沙特尔教堂里，站在圣母玛利亚面前，站在那饰以古代传说的彩色玻璃窗前面，左拉觉得这个教堂"空旷，有些失修，它过于庞大，显出衰败的景象，里面阴冷、昏暗，只有那雕花玻璃窗射进几束微弱的光亮"。

如果他在那教堂里停留过久，一定会愤怒地呼喊起来，因为左拉了解那彩色玻璃上的传说的含义，后来他把它写进了他的《梦》中。在《莫雷教士的过失》中，表现了左拉对宗教事物的敏感。在后来他写的《卢尔德》里，人们也会看出他的这一特点。现在，左拉把他的鼻子伸向了土地。

左拉坐着从布朗斯街租来的马车，在博斯的乡下到处观察、访问，详细地做着笔记。那笔记仿佛就是他那些画家朋友们笔下的速写画。

天晴日朗的上午，可看到几处村庄和农舍。在绿色的田野中，有几条灰白色的大路，路两旁没有树木，平坦笔直地通向远方，无数电线杆子整齐地排列成一条线，消失在地平线上；

---

① 保尔·瓦莱里（1871—1945）：法国诗人，著有《年轻的巴尔克》、《妩媚》等。

在远处，在森林的边缘上长着一些灌木和花丛，还有一个供鸟兽躲藏的草棚和一片草地。在地平线上，耸立着几株大树，孤零零的，显得有些忧伤。在田野里，点缀着几个平静的水塘，在太阳光下，它们有的呈蓝色，有的呈灰色……

这是一幅毕沙罗的风景画。

他到沙托丹去，与《沙托丹爱国者报》编辑和印行者普吕多姆先生交谈，并会见了当地的名流和公证人。他阅读《法国农业人口》、《农业与人口》、《农业小百科全书》等著述，并且搜集一些农谚。一八八六年十一月二十二日和二十三日，他在布卢瓦刑事法庭从头至尾旁听了一个案件的审理。在郝莫朗丹附近，有一对姓仲马的夫妇，竟然把他们当中一个的母亲活活烧死在他们家的壁炉里。左拉为此改变了他的计划，改变了小说中主要人物富安老爹惨死的方式。

有人对左拉说："应当去见见盖德。"一个小说家与一个理论家会见可不是一件简单的事情，并不那么容易安排。阿莱克西充当了外交官。

"我带着您的使命见到了盖德。"阿莱克西向左拉汇报说，"他非常热情，马上就同意了您的要求。不过，由于选举和其他事务缠身，他请您推迟八天到十天……关于见面地点，他说看您的意思，在哪儿都行。不过为了不受拘束和不冷场，在一起共进午餐最为合适。"盖德还特意给左拉一张通行证，请左拉参加工人党支部的一次集会；盖德将在这个集会上讲话。

左拉在集会上见到了盖德。这个矿工出身的理论家和左拉一样，也戴着夹鼻眼镜，穿一身西装。他头发有些蓬乱，略有些驼背，讲话时不时地轻咳着。他滔滔不绝地向工人们讲着剩余价值的理论以及革命道理。

左拉一边听着，一边急速地记着笔记：

……一七八九年的思想是过了时的游戏。八九年的革命是注定要失败的。而九三年也只不过是一个插曲。把大革命看成英雄的传奇事业，这只能为泰纳的研究提供理论根据……这一切与真正的革命相比都是渺小的、微不足道的。为了消灭资产阶级牢笼和资产阶级政府，必须把政权转到另一个阶级，也就是劳动者手里。为了实现这一目的，无政府主义是行不通的，需要的是有组织的斗争……无政府主义者的眼光是短浅的，他们只看到要有一个集团或者一个革命政府来取代当前的政府，而忽视了其他的友邻力量，说不定将来的革命运动就产生于这些友邻力量当中。

六月，左拉写信给桑唐·高尔福说："现在，我每进行一项研究，都与社会主义结下了不解之缘。"

是的，他与盖德的会面的意义是极为深远的。

但是，作为真正的小说家，他想的是把土地写进小说。"土地，肥沃的土地，养育着生命，然而它又毫不留情地吞噬着生命。它是一个庞大无比的'人物'，它无所不在，充塞于全书之中。农民只是一个可怜的昆虫，在它的躯体上挣扎、操劳，为的是从它这里获得生命……"

从作品内容上看，左拉把自己与他的永恒的竞争者巴尔扎克区分开来。左拉的人物并不比巴尔扎克笔下的人物逊色。《农民》和《土地》，从字面上就足以区别两位伟大的作家在同一题材下写出的不同作品。

关于《土地》，作为一个最疏远左拉的作家，马拉美，也向左拉致以崇敬之意："您妙语连珠，犀利、准确，正如您在《作品》中所呈现的一样，这或许就是您的语言天赋！您的人物富有强大的生命活力，乃至于那些荡妇妓女，概莫能外。这是我们大家都熟知的。还有那全景式的场景变换，在书中不停地流转,令人目不暇给。在人数众多的人群中,分别出各色人等,像观赏油画一样,站在一定距离之处,以超群的锐利目光,洞察一切。在《土地》中,我发现有令人惊讶,振聋发聩的段落,而且常常。"这些,对左拉来说,都是一些恭维话。不过,只要一句,就可以起到神奇的妙用。马拉美,常常使用这一招数,特别是对左拉:"他对生命具有超强的敏感,故事不断,尤其是对娜娜那个荡妇,我们都能抚摸到她那硕乳上两粒樱桃。"

马拉美,表面上看,是个正人君子,但却是一个专写情色诗歌的诗人。他的诗,人们要是用上情色的钥匙,其真实的内容就暴露无遗了。《土地》是一出情色悲剧。诗人遮遮掩掩,以晦涩难懂为保护色,而小说家则相反,口若悬河,酣畅淋漓。他们二人,在深层次上,殊途同归,汇流在一起了。

左拉因此而更加受到触动。现在他正在经受着因情色而引起的痛苦折磨。他曾推延过悲惨的结局,可悲剧还是发生了。

《土地》,用阿纳托尔·法朗士的话说:"淫秽的农事诗",是左拉的最标准的自然主义小说。书中讲述了一个名叫富安的农民的故事。富安是一个爱土地如同爱女人一样的农民,可悲的是,他把家产分给儿子们之后,却被赶出了家门。他的一个儿子,竟在妻子的帮助下,强奸了他的弟妹。后来,这个儿子又把富安老爹活活地烧死在床上,像仲马夫妇所干的那样,显露出人的兽性。我们应该说,这是真实的。不相信的话,可以去询问任何一个乡村警察,就会知道《土地》中所描写的一切丑行,无一不是真实的,并非是作者的杜撰。

那么,左拉是不是真正的目击者呢?这是从创作《卢贡—马卡尔家族》伊始就悬而未决的问题,人们又把它提出来了。萨尔塞首先发难。批评家并不是不承认左拉的作品的价值,而是善意地指出了《卢贡》的不足。萨尔塞批评左拉不知道在一八一〇年尚未有业士这样的头衔；在同一个年代，日内瓦尚属法国的版图，为勒南省首府；在一八五三年，巴黎歌剧院还没有破土动工；而夜莺在九月是不能婉转歌唱的。对一个大作家来说，一个谨小慎微的人所指出的小毛病是无关宏旨的，但是，萨尔塞还是准备把他的心里话说出来："您总是谈论真正的真实，可您却是一个富于想象的人；您把从您那不停地运动着的头脑里产生出来的幻想都当成了真实。"真实是左拉经常使用的几个词当中用得最多的一个，目的是想使人们不假思索地接受他所说的一切。萨尔塞所说的真实就是准确；他似乎希望画家画树要将所有的树叶都准确无误地画出来；而左拉所说的真实是指生物学上的真实。这是一对不可调和的矛盾。

左拉以其自然主义的辩证力量弥补了他的弱点。不过，左拉自己是把在小说中应注重科学的真实的思想作为创作信条的。这样一来，论战就不能不一个接着一个。另外，树大招风，随着他的不断成功，也招致不少攻击；同时，左拉也缺乏息事宁人的谦逊态度。这一次，他可是被人击中要害了。

按照他的本性、策略和真正的喜爱，左拉对青年一代是真心欢迎的。尽管他已经有了一百万（至少！）读者，但他仍知道获得几个狂热的崇拜者的重要性。他往往也染上时代的毛病。无论是共和党人、激进党人、社会主义者，还是他们的对立面，当时都热衷于煽动性的宣传。左拉也不例外。雷翁·都德曾指出过这一点。时而颂扬时而批评左拉的米尔博[①]认为："《土地》是一部想象的作品，其真实性大可怀疑。"阿纳托尔·法朗士直截了当地说："左拉先生确确实实值得可怜。"但是，左拉并不怎么把这些放在心上。然而，他这时得知，青年人也起来造他的反了！

[①] 米尔博（1848—1917）：法国作家，著有长篇小说《女佣日记》和剧本《生意就是生意》等。

过去他曾攻击过雨果,而现在他不得不进行自卫了。昨天还是勒盖尔布瓦,新雅典和《梅塘夜话》……而现在,当他用颤抖的双手打开一八八七年八月十八日《费加罗报》的时候,在这位教授模样的人心中,它确实引起一阵不安。报纸上刊载着《五人宣言》。他马上去看署名:保罗·博纳坦、吉·贺·罗斯尼、吕西安·德卡夫、保罗·马格利特、古斯塔夫·吉切。哼!如果说他多少还认识他们的话,特别是保罗·博纳坦,是因为他们曾到过他的宅第向他求教过。于是,他平静下来,读起这张报纸来。

左拉擦拭一下他的夹鼻眼镜,惊呼起来。哈!好家伙!向我射来一箭,嗯?在文章中,人们谴责他"开小差,躲在莫塘不出来",说他"像雨果一样高傲自大",是一个"彻头彻尾的诲淫者……他首先从需要角度,然后又从道德方面,极力歪曲禁欲主张。"(这话说得太过分了!可是,谁能对他们讲这些呢?)他们把它归咎于作家的下身器官(原文如此)的疾病,归咎于"孤独的修道士的怪癖和食欲过旺……""年轻时,他非常贫穷,非常腼腆,而对于女人,在他那个年龄应该熟悉而他却一无所知,所以常以显然错误的想象去胡思乱想……也许沙勒拜特埃尔医院的大夫能够确诊他这病痛的症状……"(我保证,他们会把我送到沙尔科那儿去!)

毋庸讳言,《土地》又进一步加重了左拉作品的色情特点。但是,在这些声色描写中,是有其时代特征的。一头母牛的发情在书中也染上了传奇色彩。十五岁的佛兰梭史竟用手拽着公牛的生殖器去让它和母牛交配。"牲畜粪便的气味使它兴奋,它喜欢这股气味,它带着强健的雄性的快乐,深深地呼吸着,仿佛呼吸着那泥土的芳香。"左拉被当成那头公牛了。他只能这样想:这太恶毒了!他继续往下读:

"……我们坚决地但不无伤心地和曾向人们抛出《小酒店》

的大作家的这本最新著作,和这本乌七八糟的《土地》分道扬镳……(原来如此!你们摈弃我好了!)"

他们接着写道:

"《土地》并不是这位伟大人物的短暂的衰落……而是一个纯洁者的病态的不可救治的堕落。"

左拉不由得皱起了眉头。

他明白了。

我不认识这些年轻人……他们不是我周围亲近的人的一部分,也就是说,他们并不是我的朋友。总之,如果说他们是我的门徒,那我也是全然不知的。他们既不是我的朋友,又不是我的门生,他们要摈弃我,这又从何谈起呢?

左拉感到疲倦,肥胖的身体使他感到疲倦。他害怕心脏出毛病,于是,准备到华阳去休养一个时期。但这并不能阻止他对这一暗箭的由来进行推测。于斯曼写信给他说:"是那个没有教养的名叫罗斯尼的家伙起草的这篇诽谤文章(这是明目张胆的诽谤),而出主意、挑起事端的是博纳坦。其他几个人只是晕头晕脑跟着跑龙套而已。博纳坦,不可否认是一个有头脑的人,但有些不地道,他会不会受他们这些人经常接触的人唆使呢?我想很有可能,因为我好像在巴黎郊外嗅出了这股强烈的火药味。"

是尚罗赛?还是奥特伊呢?

在尚罗赛,阿尔方斯·都德的别墅里,在《小东西》之父那冷漠的,或者捉弄人的,或者厌倦的目光注视下,这个"阴谋"可能已经准备就绪了。儒勒·列纳尔[①]不无恶意地将阿尔方斯·都德的话传达给左拉:"要是我在左拉的店铺对面也开上那么一个店铺,我会比他获得更大的成功。然而我只是冷眼相看而已。现在所有报纸都在谈论着左拉,这对他也并不光彩。"

[①] 儒勒·列纳尔(1847—1905):法国作家,著有《胡萝卜须》、《自然纪事》等。

而阿尔方斯·都德的儿子雷翁更是刻毒：

"在这个狗的朋友的笔下出现这么一群狗，是毫不奇怪的！他是以狗的眼睛来观察人、环境、条件、居住形式的。他有一个顶端分成两瓣的狗的鼻子，长在他那自负而又抑郁的脸上；还有那神经质的肢体，两脚和两手。"

爱德蒙·德·龚古尔这时正住在都德的家里。由于他的病态的嫉妒心理，龚古尔从不肯原谅拿破仑三世，因为一八五一年十二月二日他发动政变的时候，正是龚古尔的第一本书开始发行的日子。龚古尔声称左拉剽窃了他的题目。这里指的是《作品》，因为他自己曾发表过《加瓦尔尼及其作品》。尽管龚古尔和都德极力辩白，但人们起码会这样想：这些造反者，其中罗斯尼年岁为长，是宣言的执笔者，而博纳坦是鼓动者，他们得到了他们兄长的暗中怂恿。

在一八八六年四月给阿尔方斯·都德的信中所谈到的各种纠纷已经使左拉大伤脑筋了：

那么说，我变得残酷了，可我并不知道，我的朋友（阿尔方斯·都德），您来信中的附言使我大吃一惊。我当时能说些什么呢？现在我连一点也不记得了。德吕蒙多次肆无忌惮地、厚颜无耻地写文章攻击我，你们却要禁止我自由地对他进行评论！他是您的朋友，我知道，但是，难道我就不是您的朋友吗？当着您的面，他攻击我"在公共厕所里写作"，这我是不会忘记的。还有比这更为严重的事。这是一种误解，并且将日益加深；现在互不伤害地交流我们的思想已属不可能。这是一种分歧，无论是在思想上，还是在语言上，这种分歧使得我们越来越疏远了。您的信给我带来无限的痛苦，因为它是我们"三人结义"正在解体的新的证据。

左拉看得不错。人们曾幽默地指出："文学的同行之谊就是无微不至的仇恨。"《五人宣言》这段公案是有其代表性的。

如果说阿尔方斯·都德可能只把这件事情当作一次玩笑的话，那么，爱德蒙·德·龚古尔则不然，他大为恼火。十月十四日，他写信给左拉：

近日来，关于在《费加罗报》上刊载的那五个人的文章，我以我的名誉向您发誓，我确实不知道（文章发表的时候，我正病着，文章发表的当天，我正在波坦医生家，我问他我的胃是否得了不治之症）。在答《日勒·布拉斯报》记者问时，您加进了一句话，意思是尽管都德和龚古尔是这次事件的策划者的推测是完全正确的，我也不愿意相信它是事实……这句不讲信义的话使得那些和我们——都德和我——相遇的人，都向我们询问："你们看到左拉对你们的指控了吗？"这句话引起一些报纸对我进行粗暴的人身攻击，说我可耻地嫉妒您所赚得的钱财！这样说来，我是不是也嫉妒都德呢？他赚得的钱财起码和您一样多……

这封短信，无论内容还是形式都是非常晦涩的，语无伦次，不知所云。事实是，在选举法兰西学院院士的时候，他把左拉的名字从名单上划了去。之后，一八八七年十一月五日，他也同样从名单上划去了亨利·塞阿尔的名字，取而代之的是罗斯尼。原因是塞阿尔拒绝在《五人宣言》上签名，而罗斯尼却是那个宣言的起草者。这是确有其事的。

第一个在《五人宣言》上签名的保罗·马格利特，在左拉发表《崩溃》之后，写信给左拉，请求原谅："几年之前，我参与了反对您的行动，我做了一件蠢事，当时由于我太年轻，还意识不到它的严重后果，但是后来，我却为这件事而感到羞愧。"罗斯尼和吉切，在四分之一世纪之后，才不得不承认错误。罗斯尼说这件事给他留下了"深深的悔恨"。吉切说这件事给他留下了"羞惭和懊悔"的记忆。吕西安·德卡夫，后来也成了知名人士，是这一小群人之中的佼佼者。一九二七年十月十六日，他在莫塘公开讲道："有一天，我的四位朋友和我，对待左拉，我们像一群什么也不懂的任性的孩子，一踏上文学之路，就不可一世，目中无人，信口雌黄。我们该是多么鲁莽啊！当时我们为什么不能更冷静地想一想，一方面贬斥左拉，一方面又说我们是他的门徒，这说得通吗？"

至于保罗·博纳坦，这位描写手淫的小说《萨贺娄自得其乐》的作者，却从来没有指责过左拉在作品中描写自我。汝尔·儒依曾写过几行打油诗抨击这个奇特的人物。

后来，保罗·博纳坦也有所醒悟。在一八九八年七月二十一日他给居斯塔夫·热夫鲁瓦的信中说："你将给我带来快乐……要是你能使左拉知道并且相信，我这个曾在《费加罗报》上就《土地》一书发表文章的几个抗议者（幼稚之至！）中的小卒子对他是热诚崇拜的，要是你能使他知道，我曾期望着能见到他，向他倾述我的感激之情……"

第五章
年富力强

我并不幸福。这样的分心,这样被迫过着双重人格的生活,最终也使我心灰意冷了……我曾梦想过使我周围所有的人都幸福,但是,我清楚地看到,这是不可能的,而我自己首先就受到了打击。

内容提要

（一）一八八八年春天/让娜·索菲·洛泽萝，勃艮第人/圣·拉萨尔街爱的小巢/周旋在亚历山德里娜和让娜之间的男人/自行车和摄影/一八八九年九月二十日，德妮丝出生/布鲁塞尔街乙二十一号/《梦》实现了/泥沙砌成的城堡/《巴斯加尔医生》出版

（二）《卢贡—马卡尔家族》接近尾声/一八八九年四月，左拉创作《人面兽心》/向陀思妥耶夫斯基挑战/"当代最伟大的抒情诗人，"阿纳托尔·法朗士说/挑衅性和性欲/金融巨头们/金钱问题，续篇/《金钱》的背后/总联合银行股票暴跌

（三）"可怜的和平主义"和好战主义之间/如同色当一样愚蠢/《崩溃》，一八九二年六月二十四日/主战派攻击左拉/一家之言/阿扎依的宴会/愿望落空/打道回府

（四）《梦》和《磨坊被围》/卢尔德城的人群/拉萨尔和"酣然长眠"/旋风似的去认识罗马/一八九四年十月十五日/"我就是，我的教皇"/"我要引导你和孩子到那边去"/伊薇特·吉罗和阿尔斯蒂德·布律昂/令人窒息的巴黎：《巴黎》

一

一八八八年春天,左拉在莫塘别墅伏案工作。书房的窗户敞着,前面是碧绿的、在太阳照射下闪着金黄色波光的塞纳河,而将要写进《人面兽心》里的火车的嘶哑吼叫和塞纳河上那庞大拖轮的呜咽一呼一应地传播过来。

过于旺盛的食欲使得左拉成了一个大腹便便的人。他稍一用力,即感到气短,有时竟昏昏沉沉地趴在稿纸上。作家的深居简出的生活最容易使深藏在那厚重的肌肤下面的神经系统发生紊乱;那肌肤是需要运动的。

他听见有人在唱歌,从声音判断,是一个非常年轻的女人。歌声从左拉夫人的洗衣间里传出来。有时,他侧耳倾听着,开心地笑了。之后,他又不知为什么止住了笑。在镜子里,他清楚地看到了自己的那一副尊容。"几个星期以来,几个月以来,在我的胸中掀起了一场风暴,一场欲望和懊恼的风暴。"不过,他的决心已定。他想充其量也不过被看作是一次资产阶级的庸俗行径罢了。如果只生活于亚历山德里娜和他的爱犬、玫瑰树、朋友以及他的出版合同中间,他还要肥胖下去,以致会爆炸开来。

他已经谢顶,额头上布满了山脉一样的横向的皱纹,两眼疲惫无光,手也不那么灵便了,钢笔在纸上不听使唤,他衰老得太快了。从他的一幅穿睡衣的照片上,人们可以看出他的老态:臃肿,瘫软,金丝夹鼻眼镜悬吊在胸前,看上去是那样不顺眼。

但是,十八个月之后,左拉竟然年轻了二十岁。他颔下留一撮神气的山羊胡子,隆起的肚子下去了,穿着一身合体的礼服，手上戴一副颜色鲜亮的手套，拿着一把时髦的雨伞。至于那已经开始脱落的头发，也按照时兴的发型梳理过，一齐背到后面去了。他看中的那个目标已经捉住了他的心。

根据图鲁兹医生的记录，左拉的体重最重时几乎达到一百公斤，腹围一百一十四厘米。左拉与肥胖展开了不懈的斗争。在莫塘，一八八七年圣诞节时，他量了一下体重，尽管他已经节制了食欲，仍然有八十八公斤零二百克。他采取各种措施，控制自己体重的增加。下面是他亲自做的一些记录：一八八八年八月十九日，华阳：七十三公斤；一八八八年十月七日，华阳：七十三公斤零一百克；一八八九年五月十二日，巴黎：七十六公斤；一八九〇年五月十一日，莫塘：七十八公斤；一八九〇年六月二十二日，莫塘：七十五公斤半……以后基本"稳定"在七十五公斤左右。从一八八八年初开始，他的体重在十个月里减轻了十五公斤。

那么，他用的是什么办法呢？办法是画家拉法埃里告诉他的：在进餐时不喝任何饮料，每天只喝一公斤热茶，不吃含淀粉食物，只吃烤的或炸的肉食。有趣的是，左拉对他的妻子也采用了同样的办法，那时亚历山德里娜也是很胖的。但是，开始阶段，对她不但没有效果，反而使她更加肥胖了。一八八八年八月，她的体重八十一公斤半，而一八八九年五月，她的体重竟增加到八十八公斤！后来，到一八九〇年五月，她的体重才降到七十八公斤。但这是由于其他原因，特别是妒忌。或许是爱情的折磨使这两个五十岁的人都瘦下来了吧。

是的，左拉正在热恋之中。在五名企图摈弃他的年轻作家发表《五人宣言》之后不久，他重新燃起了爱情之火。它来得那么神速，而又不露声色，致使朋友们尚未来得及注意，事情已成定局。人们发现，休假回来的左拉步履矫健，南方的骄阳晒得他红光满面。他正和一个年轻的女人在香榭丽舍大街散步。这女人细高个儿，卷曲的棕色头发时髦地挽成一个髻拖在脑后，丰满的脸庞上闪动着一双温柔的大眼睛，她步态轻盈，举止端庄，具有迷人的梦一样的美。又有一天，人们看见他们俩骑在自行车上，她沿着人行道边溜车，左拉昂着头殷勤地为她开路，保护着她。左拉和这个陌生的女人还经常骑车到希德岛上去吃早点。埃米尔常在那里咀嚼茶！

保尔·阿莱克西是最早明白左拉用意的人之一，好心的特鲁布洛①希望促成这件事。当然，他也替加布里埃尔·亚历山德里娜伤心，这事很难使她不知道。不过，在他看来，亚历山德里娜也有不足之处，谁让她比丈夫大了几岁呢？并且是那样明显。另外，她过分专权，使左拉越来越暮气沉沉。他知道她是好妒忌的人，对朋友们的妻子她无不心怀妒意，尤其是对美丽的沙尔庞捷夫人和都德的夫人朱丽娅。唉！是呀，特鲁布洛和他的未婚妻桑德林想，亚历山德里娜每天晚上在卷发卡子和药水之间打发时间，那可不是什么有趣的事。

阿莱克西回想起一些当时并未加以注意的小事来。在莫塘，五月，去华阳之前，他发现了那个总是哼着歌曲的高个子姑娘，她是左拉夫人雇来的洗衣女工；左拉夫人有着贪婪地搜集各种衣物、薰衣草香精和衣橱的嗜好，所以就请这个姑娘来做帮手。耽于女色的阿莱克西，要是在别的时候，他一定会因为不能向这个棕色头发、栗色眼睛的温柔而迷人的姑娘求爱而抱恨终身的，可是现在他快要结婚了。尽管这样，他还是兴致勃勃地对左拉说起这件事。左拉支支吾吾地回答他说："让娜是别人向我妻子推荐的一个女工。她原来在巴黎干活，但她在那里不十

①左拉曾用特鲁布洛这个名字，在《女福公司》中描写过阿莱克西，阿莱克西后来就以它作为笔名了。——原注

分满意。亚历山德里娜已经离不开她了，所以她要求我把让娜带到华阳去。"

关于埃米尔和让娜的爱情，我们知道得很少。他们最初交往时的信件已经无存。而这些信件是否能为我们提供一些线索呢？这还完全是一个谜。左拉保守着一切秘密。后来，人们企图在他的信札中寻找他一生当中唯一的一段艳史的蛛丝马迹，但都一无所获。可是，从一八八九年开始，终于被人们知道了，于是遭到严厉的谴责，并且被认为是一件令人遗憾的事。这一切都让人想到左拉是一个放荡的人。其实左拉并不是这样的一个人，他心地坦白，为人善良。在这之前，他一直忠实于他所爱的妻子，至少把她看作自己的朋友和伴侣。让娜在这件事情上也并未施展什么阴谋。她不是企图从左拉这里得到钱财的女子；左拉对她来说，和大家一样，是一位文学大师。左拉虽尽自己最大的努力来克制重新燃起的青春之火，也无济于事。在未遇让娜之前，左拉的郁闷之感越来越严重了，但他把它隐藏在心里，就连他的妻子亚历山德里娜也未曾察觉。"从早晨到夜晚，他在他的忧伤中徘徊。最后他陷于绝望之中，有时竟一连几个小时失声痛哭；除去各种事情给他造成的直接痛苦之外，他被现实的孤单和无限的悲愁所压倒……"

但是现在，突然一下，他喜出望外，快乐得几乎要发狂了。

让娜·索菲·洛泽萝，一八六七年四月十四日出生于勃艮第地区鲁夫雷－苏－梅利省欧克苏瓦村，是一个名叫菲利贝尔·洛泽萝的磨坊主的二女儿。这个年轻的外省姑娘与左拉之间发生的爱情，正如半个世纪之前工程师弗朗索瓦·左拉与杜尔当的美丽姑娘埃米莉·奥贝尔的爱情一样。

在这缺少足够材料的爱情领域，我们还是谨慎小心为是。

左拉完整地保存着爱的能力，而放荡者们却不知爱惜地任意挥霍着这种能力。"他一点也没有享受过生活的乐趣，他还保存着全部的性生活的欲望，在这种时候，在老之将至的威胁之下，这种欲望像潮水一样在轰响……"而在这最后的时刻，突然与他意中的、能满足他需求的女人相遇，并即刻坠入情网。无论是在青少年时期，还是成年之后，左拉曾多次承认，像格勒兹的绘画模特那样类型的女人对他有着强烈的迷惑力（也包括雕塑家让·古戎的模特）。在年轻左拉的房间的墙壁上，曾长时间地贴着格勒兹的木刻人物像。当他第一次看到让娜的时候，他以为遇见了活着的格勒兹画笔下的人物。在与"小红帽子"的无法实现的理想爱情和加布里埃尔的完全物质的夫妻生活之后，左拉与他一生中唯一中意的女人相遇了。相见恨晚啊！他这样想。为了重新恢复青春，他以顽强的力量与年龄进行抗争。

左拉夫人不但缺少女性的温柔（起码对左拉来说是如此），而且冷酷无情，这曾使左拉的母亲为之痛苦，而资产阶级暴发户的庸俗思想使她的这一特点更加严重。相比之下，让娜却显得十分单纯、诚实、纯朴，心地像水晶一样透明。让娜也来自民众之中，她将永葆她的天性。另外，埃米尔非常渴望有孩子，可是加布里埃尔没有给他生养。

莫里斯·勒布隆，左拉的崇拜者和女婿，在谈论《巴斯加尔医生》时说，左拉在"颂扬中含有某种忏悔"。那么，埃米尔与让娜的爱情是怎样开始的呢？会不会像小说中描写的那样，他们进行关于科学与信仰的讨论，有那么一次，让娜的身体突然被左拉紧紧抱住，从而唤醒了她的爱情？还是让娜发现自己爱上了这位年龄比自己大得多的大师而主动献身的呢？

"这么说，你没有懂得我的意思！你是我的主人，我爱的就是你……"

"她，光彩照人，温柔多情，在失去贞操的时刻，只有轻声的呼喊；他将她紧紧搂抱在怀中，他感谢她，尽管她不明白是什么意思，他感谢她使他重新变成了一个男人。"

人们只能做出这些假设而已。

但是，可以肯定的是，这一爱情是建立在相互尊重、体贴、赞赏和倾慕之上的。让娜，为自己引起大师的注目而感到惊讶；而左拉也极为惊奇，一个年方二十岁的美丽姑娘对他这个比她年长二十七岁的肥胖、臃肿、世俗的老头子竟然不感到厌恶！"这是非常奇特的，但却是实实在在的。"他渴望着这一切。

一八八八年八月十九日至十月七日，左拉一家去华阳，也把让娜带去了。左拉常常给她照相，还给了她一块小金表。因左拉夫人总是身体不舒服，她就让让娜陪着自己的丈夫出去散步，这就使左拉如鱼得水。他变得快活起来了。在主人的饭桌上，和华阳镇镇长毕犹聊天过程中，他悄悄地把照相底片上的秘密告诉了毕犹。他很少工作，寄来的信件也不拆看。当他的妻子走来问他，让娜总是唱歌对他是不是有影响的时候，她出乎意料地听到埃米尔带着遐想的回答：

"她是多么高兴啊！这很好。另外，你可知道，亚历山德里娜，我似乎应该放弃午睡的习惯了，可能就是因为这个我才越来越发胖的。"

秋天，回到巴黎的时候，左拉把让娜安置在圣·拉萨尔街六十六号①住下。《克洛德的忏悔》出版时，在左拉献给加布里埃尔的题词中，人们可以确定他们建立爱情的时间。而在另一篇文

---

① 左拉还为让娜租过布朗什街乙二号，位置在特利尼德广场的街角处，五层楼上，窗户开向天井。——原注

字中，人们也可以确定左拉成为让娜的得意情夫的日子。左拉是喜欢周年纪念日的。正因为这样，我们才发现了这个秘密。一八九八年，因德雷福斯案件，左拉逃往国外。十二月十一日，他从英国寄给让娜一张小小的盎格鲁—撒克逊人所喜爱的贺年片：

祝　　快　　乐

上面密密麻麻地写道：

我最亲爱的让娜，在这遥远的流亡地，让我千百次地亲吻你，以此来纪念一八八八年十二月十一日那一天；同时，也感激你和我在一起度过十年恩爱幸福的生活。这种结合，由于我们的孩子德妮丝和雅克的出世而变得更加紧密。

埃米尔·左拉
一八九八年十二月十一日于英国①

这一短简是极为珍贵的，它不仅为我们提供了确切的事实，而且也表明了左拉对他和让娜所生养的子女的疼爱。

但是，随着他从不敢想象的幸福对他的侵袭，多忧多虑的丈夫越来越感到内疚了。人们可能联想到传记作家们所泄露的诸多不可告人的秘密；传记作家从他们的著作着眼，毫无顾忌地搜查他们笔下主人公的笔记、信札。对某事的好与坏的看法，取决于研究者的思想境界。左拉的形象和他的作品很可能引起最为严重的误解。如果人们不了解左拉的这段恋爱史，那么就必然要在左拉的周围筑成一些高墙，使人们更不理解他。五位年轻作家曾谴责他有不可告人的怪癖，但是这个纯洁的人在这段爱情生活中，表现出他的本性，他是活跃的，为极为正常的爱情而激动不已。他的爱情生活是极为简单的："小红帽子"，同甘共苦的朋友加布里埃尔以及让娜。这一事实和人们所说的轻浮的左拉形象形成了强烈的对照，并且彻底否定了这种说法。

---

① 该贺年片由雅克·埃米尔-左拉珍藏。——原注

一个上了年纪的人周旋在两个女人之间，其难处是可想而知的。可是，左拉和让娜这一对热恋中的情人是难以自制的，有时甚至有意抛头露面，他们在巴黎大街上散步，出入公共场所；左拉那喜形于色的幸福神态有时竟使行人回过头看他们一眼。亚历山德里娜从一封匿名信中得知此事之后，有一天，她闯进了圣·拉萨尔街六十六号，以被抛弃的女人的愤怒扑向左拉的有文件格的写字台，将它砸开，把保存在里面的左拉的信件全部烧光。这一令人不快的插曲发生在一八九一年十一月初。勒布隆所珍藏的一封尚未发表过的信件证实了此事。信是一八九一年十一月十日写给洛泽萝夫人的："我曾尽一切努力阻止人们到你的住处去，然而我是太不中用了。请你不必灰心。"左拉给塞阿尔的一封气压传送信是这样写的："我的妻子发疯了。您是否能到圣·拉萨尔街去一趟，做些必要的事情。请您谅解我。"信封上的邮戳清晰可辨：一八九一年十一月十一日。

对左拉这个上了年纪的"小伙子"来说，这种日子是不好过的。可是，他每天睡得很香甜，郁闷的心情也消失了，现在他才觉得自己是一个真正的男人了。不过对这迟到的幸福，他要付出高昂的代价，他要忍受亚历山德里娜的哭闹、乖戾及合法的反抗。他来往于两个女人之间，疲于奔命，进退维谷。同时，事情已被张扬出去，名誉为之扫地！那些忌恨他的人在一旁窃笑，而对加布里埃尔来说，最使她恼火的，似乎是因为她成了一个被抛弃的人，因而受人耻笑。按着资产阶级的道德观，她认为这是"不名誉的"，尽管她原来不属于资产阶级，可她却完全接受了它的假道学，甚至在她的周围也推行这一套。

德妮丝·勒布隆·左拉后来透露说，让娜·洛泽萝，她的母亲，是一个天主教徒，要不就是一个社会主义者，起码是一个社会主义的拥护者。至于左拉夫人，从出身看，她也同样来源于民众之中，后来像某些工人变成了老板一样，进入了资产阶级的行列。德妮丝的弟弟雅克回忆他母亲说，她信天主教仅仅是为了使自己的孩子接受洗礼，受一点宗教教育而已，而她自己并不那么笃信。让娜的出现使得左拉的作品倾向远离了自然主义，而转向了它的对立面理想主义方面去了。对左拉来说，让娜·洛泽萝出现在他的生活之中，在时间上恰与《五人宣言》为之敲响了丧钟的自然主义的衰落巧合。让娜出现之后，肥胖的左拉开始瘦下来，而且神奇般地加快了他的体质的改变，同时使他改变了思想和文学主张。这三件事是同时出现的，人们不知道其中哪一件事为主导，支配着另外两件事。很少见到一个人的生活有如此彻底变化的事例。是的，左拉确实变了，几乎变得判若两人。

左拉和让娜的自行车轮子在布洛涅树林的初秋落叶上滚动着。天高气爽，正是游玩的好时光。这时的左拉是一个不知疲倦的摄影爱好者，他自己配制显影液，自己在暗室里冲洗照片。

"你看，让娜，这是在瀑布旁边照的……我们还要到小皮埃尔照相馆去，让他给我们照相。"他们果然到照相馆去了。"高扬着头，带着微笑，笔挺地站立在一片令人喜悦的光辉中。"他骑自行车，照相；他赞同女人骑自行车穿长裤；他赞赏埃菲尔铁塔，那铁塔与他居住的四层楼相距很近；他赞同举办新的博览会，后来，果然在一八八九年分别在圣心堂和特卡德侯展览馆举行了。左拉从未像现在这样心情舒畅。

让娜性情活泼，喜欢聊天，并且无所不聊，所以左拉格外注意生活的安排，即使这与他的创作毫无关连。

人们看见他们出入芦笛剧院和黑猫剧院。左拉领让娜到黑猫剧院去看戛杭·德·阿斯的荒诞可笑的皮影剧。人们还看见他们经常出入糕点铺和大商店。在商店里，左拉还为让娜开设了户头。

可是，左拉不能无视社会的舆论，表面上他对那个孤独的左拉夫人还保持着正常关系，而暗中却只钟情于让娜。

《五人宣言》的署名者现在都感到困惑莫解。他们曾预言过他们的攻击对象将是一个昏聩之人，可是，现在他竟然搞起恋爱来了，跟他们开了一个多么令人难堪的玩笑啊！

然而，在他们受沙尔科理论启示所作的陈述中，他们还是有些道理的。过分的色情描写将从左拉的著作中消失。在让娜出现之前，左拉作品中的色情描写比比皆是，而且是那样强烈、炽热、真实，又常常写得那么美好。让娜来到左拉的生活里之后，色情描写衰萎了，褪色了。当然，在后来的作品中，仍然能够找到一些（尤其是在《人面兽心》里，让娜认为该书的主题太晦暗了，她非常喜欢《梦》），但是，这仅仅是作为一种艺术表现手法而保存下来的。他的生活充满了爱情的欢乐，于是作品中就减少了这方面的内容。从《克洛德的忏悔》开始，文学成了左拉渲泄自己感情的工具，现在它已失去了承担这种使命的理由了。

在这个获得真正爱情的时期，左拉是既幸福又内疚的。就是在加布里埃尔砸了他的写字台之后，他还保存着一些和让娜的定情物。因而他总是心里不安。他撒起谎来！"我向你保证，事情已经结束了，加布里埃尔。"未曾想一件小事露了马脚。他在这方面的才能是太少了！于是又引起一场家庭风波。一天，左拉夫人出走了，塞阿尔追上她，劝说她，强逼着她回到家里。塞阿尔把这场风波归咎于左拉。那么，左拉作何打算呢？离婚？塞阿的处境是相当尴尬的。他企图谁也不伤害。在左拉的爱情生活中，他秘密地为左拉帮忙。同时，他又怜悯亚历山德里娜。他要在老朋友、他的妻子以及他的年轻的情妇之间保持平衡。人们通过塞阿尔一八九二年八月二日写给阿尔拜尔·拉博德的母亲拉博德夫人的一封信，可以想象到他的调和态度。阿尔拜尔·拉博德为我提供了这封信（亚历山德里娜·左拉是阿尔拜尔·拉博德的代母）。

亲爱的夫人：

您将会发现那里稍微安静些了。昨天星期四，我到那儿去了一趟，尽力使事情平息下来。我清楚地知道，这仅仅是暂时的平静，早晚有一天要做出最后的解决。最为重要的是，要有充裕的时间来平心静气地寻求解决的办法，免得在冲突中匆忙做出决定。可是，怎么解决好呢？我们可怜的朋友常说到她的孤独，她还说要离开，靠做工来维持生活……

实际上，塞阿尔的态度已经是够暧昧的了，后来在德雷福斯案件上，他也采取了这种态度。他不愿割断和左拉的联系，不拒绝为左拉效劳，尽管对他来说，这些事是对不起亚历山德里娜的。但是，私下里他并不是没有厌烦情绪的。

他对左拉讲话时，并不说这些，而是说："我看，左拉，该想个解决的办法了！"

是的，左拉在寻求着解决矛盾的办法。他几次想自我牺牲，中断和让娜的爱情，这也许会做得到的。但是，一件突如其来的事情终于打破了他在两个女人之间的平衡。对左拉来说，最伟大的奇迹出现了，他与让娜有了孩子。

左拉该是多么高兴啊！可是，问题又来了：必须离开亚历山德里娜吗？让娜从未向他提出这样的要求，但是这样做，无疑会使她高兴的。可是，他不能离开亚历山德里娜，正如前几个月他不能离开让娜一样。因为这两个女人都是清白而又无可指责的。

一八八九年九月二十日,德妮丝出世了。她的名字就是《女福公司》中那个可怜的小女主人公的名字,这也许是左拉无意中选中的吧。不过这说明他很喜欢这个名字。他是在左拉夫人的床前得到女儿出世的消息的。正如埃米莉带着厌倦的情绪说的,她"总是生病"。亚历山德里娜又昏迷了。左拉耐着性子守护在她的床前,心里不无怜悯之感。而在圣·拉萨尔街,小女儿正在呱呱坠地。当他见妻子呼吸恢复正常之后,他又急急忙忙地赶到让娜的床前。他一会儿望着渴望已久的孩子,一会儿又望着向他微笑的孩子的母亲。他对让娜说:

"德妮丝将会是一个非常漂亮的姑娘,和你一样。"

这话不错,德妮丝后来长得确实很漂亮,并且像她父亲一样,有一点严肃。

但是左拉在新的幸福生活之中,被折腾得疲惫不堪了。

在他家里,他那多年不育的伴侣也许已经醒了……于是,他亲吻了让娜和孩子之后,又走了。

他每天都是这样两头奔忙着,只有在写作中才稍得安宁,可是他又不得不经常搁笔。那么,他是不是很不幸呢?也许是的,但是,当要他在先前那死水一样的生活和现在的不得安宁之间做出抉择的话,他会毫不犹豫地选择后者。

亚历山德里娜对丈夫的恼怒逐渐平息了下来。她催促丈夫搬进布鲁塞尔街乙二十一号一套更大的房子。这个曾被人讥笑的女人要挽回她的社会影响了。这里是左拉最后的一个住处,也是后来人们经常在书中描写和供人参观的地方。这里的一切充分表现了资产阶级奢侈的特点和各个时代风尚的不协调的结合。人们曾想以此来表现作家在物质方面的气魄。在这里,是她，亚历山德里娜指挥着一切，统治着一切。一张路易八世式的大桌子占据着豪华无比的书房的大部分空间，对作家来说，这是值得向人们炫耀的大书案，犹如《娜娜》中那个能表明娜娜这个妓女身价的大床一样。屋子里面收藏着各种宗教物品：圣餐杯、圣体盒、圣餐面饼盒、司祭的祭服和念珠。这位无神论者出于高度的好奇心，还搜集了一些烧亚美尼亚纸用的香炉，或真或假的古代文物，盔甲和中世纪的帷幔等等。

让娜住处的陈设却迥然不同：墙上只挂着几张左拉自拍的照片和几幅布罗恩兄弟的艺术作品的复制品；家具也十分简朴。在那里，人们自然会看到具有象征意义的《打破的水罐》，这幅画终于找到了它的归宿。另外还有几幅让娜所喜欢的时兴的鲍迪舍力[1]和班杜利西奥[2]的拉斐尔前派艺术品的复制品。

在这些艺术形象之上，占统治地位的是他的情人让娜。有时候，左拉到巴黎春天商店去，把印有鲍迪舍力画的各种花裙子买来，送给这里的女主人。

而在布鲁塞尔街，自然主义的左拉的残余，沉积在十九世纪末期资产阶级的荒谬的奢华之中；象征主义的左拉，以另外一种形象，青年时代诗人的形象，带着对《梦》中的比尔娜·若纳斯和塞吕西耶的温情及敏感，从爱情之中突现出来。刚刚发表的《梦》是左拉思想转变在文学方面的表现。

《梦》只有和它的作者的感情生活联系起来，才会有意义。左拉的生活发生了奇异的变化。为了缓和一下气氛，为了填满在《卢贡》中"专门留给做彼世研究用的空格"，为了使他的出版者的女儿，他非常喜欢的若尔热特·沙尔庞捷高兴，为了

---

[1] 鲍迪舍力（1444—1510）：意大利画家。
[2] 班杜利西奥（1454—1513）：意大利宗教画画家。

和《土地》及《人面兽心》的悲惨相对照，左拉这个肥胖、气喘、忧郁而又孤独的人，像以前构思《女福公司》中的德妮丝一样，在构思安日丽格这个人物。人们长期以来认为，让娜给了左拉以创造安日丽格的灵感，其实当时左拉尚未结识让娜。但是，他在创造安日丽格时还是有所依据，有所寄托的！左拉瘦了，他又重新灵活起来，并且恢复了活力和对生活的热爱。应该注意的是人们在写什么。许多小说家和诗人都认为人们想象中的事都会变成现实。这是艺术创作中最使人动情的奥秘之一。

左拉如此倾心于安日丽格，以致使她栩栩如生地出现在人们的面前：

她忍着笑，可爱得像个孩子，全身充满了青春的魅力，浪花四溅，两只胳膊被水波打亮闪闪的。她深深地感到从树林里的苔藓下涌出的潺潺流水是那样的清澈。在明朗的日光下，她显得健康而愉快，她穿着工作袍，人们猜想她是一个勤快的女仆，然而，她那修长的身材和一张圣传中所见的国王女儿的鹅蛋脸，使人们感到她简直是一位王后。他不知道怎样把衣服还给安日丽格，他觉得她太美丽了……

在《梦》中，他甚至描写了安日丽格在洗衣服，这是让娜·洛泽萝出现的预兆。

数年之后，当左拉同意参加由图鲁兹医生领导的学者心理医学研究的时候，人们就注意了这样一个问题：他经常用"女人"、"丝绸"、"衣服"这样一些词来构成句子。他说："我不要求女人穿丝绸，但我喜欢她有漂亮的衣服，干净、清爽、精致。"在获得爱情前三十年，他就喜爱格勒兹的绘画；在获得爱情之后十年，他仍保留着对衣服的特殊的偏爱。洗衣女工让娜在她作为一个真实的小姑娘出世之前就已经存在于左拉的生活之中了。

安日丽格是过于理想化的《梦》中的女主人公。在《梦》里，作者描述了他的男主人公的青少年时代。为了创造这个人物，他回忆起了画家弗雷德里克·巴齐耶。他"瘦高个儿，棕色头发，柔细的胡须，卷曲的头发"，如同在奥内①的作品里一样，在《梦》中有着一个贵族化的名字：费利西安·奥特克尔。他使费利西安具备他自己所不具备的一切成功的条件。

只有到后来，确信他和让娜的关系已经稳定之后，他才敢于使他的年轻恋人在小说里出场，和另外一个完美的人，即左拉的真正化身巴斯加尔医生一同出现在《巴斯加尔医生》一书中。

由于作者在审美观上的妥协，《梦》这本书写得十分平淡，犹如当时印行的明信片一样。《巴斯加尔医生》，通过一对真正情人的恋爱故事，以另外一种艺术力量，结束了二十年之前开始的《卢贡—马卡尔家族》这部多卷系列小说，同时也使它的作者的恋爱奇遇宣告结束。

在一八九一年九月，左拉还不得不要求他的性急的密友塞阿尔，用"隐语"通过在《费加罗报》上插入一则告示，来通知他第二个孩子出世的消息："若是男孩，请您写上雄雉，若是女孩，请您写上雌雉，仿佛人们在做禽鸟生意一样。"后来左拉在皮阿利特兹城，果然从《费加罗报》上，通过塞阿尔刊载的一则告示"雄雉已到"，知道了儿子出世的消息。

左拉和妻子亚历山德里娜一道，从一八九二年八月十九日到三十一日，重游了卢尔德城。他到圣迹治疗所去，和那里的医生探讨圣迹治愈疾病的道理以及和沙尔科神经医学理论的关系等问题。

---

① 奥内（1848—1918）：法国小说家和戏剧作家。

他很喜欢卢尔德城，遗憾的是让娜不在身边。斯但朗①曾用他的画笔描绘了这时的左拉，并加有这样的说明：

"左拉先生非常细致地观察着所有的细节，我们赶快给他加上一件祭服吧……他加入了仪式队伍，紧跟在华盖的后面！并且，一切都使他感兴趣，一切都使他着迷，对他来说，一切都值得赞赏。"

于是，人们又议论起他的转变来了，正如他为了写《莫雷教士的过失》参加弥撒而引起议论一样。这里确实涉及到一个转变的问题，不过，是向人性方面的转变。如果说左拉为贝尔纳黛特·苏比鲁②所写的篇章是他的著作中最为成功的部分之一的话，其原因是在他的生活中，有了让娜、美丽的德妮丝和他的小儿子雅克。

他和让娜的通信保存下来的很少，但从这很少的信件中，人们可以看到在这个人身上还保存着家庭生活的道德和观念。他写信给让娜：

"对我的小德妮丝说，爸爸不能去看她，是因为爸爸太忙；不管怎样，爸爸是非常爱她的。他从早到晚无时无刻不在想念着她和你们两个。"

接着，他又风趣地加了一句，说：

"你们就是我每日祈祷的经文！"

请人们不必为他这种亵渎神明的行为而抱怨。心地纯洁的左拉对圣母玛利亚和比利牛斯山的小圣女的祭礼是不可能无动于衷的。当然，他只愿把她们看成是女人。他仍然是一个不信宗教的世俗人物，但是，在圣母玛利亚的祭礼中，虔诚的或不虔诚的天主教徒们所感受到的全部不安情绪，他也能完全感受

---

① 斯但朗（1859—1923）：法国民俗画家。
② 贝尔纳黛特·苏比鲁（1844—1879）：生于卢尔德城，死后被封为圣女。据说由于她的显圣，人们才到卢尔德城去进香。

得到。在标志着他这个人特点的混合思想中,他把贝尔纳黛特·苏比鲁、《克洛德的忏悔》中克洛德对纯洁的渴望和圣母玛利亚以及让娜都融合为一体了。

左拉怕亚历山德里娜的妒忌再次复发,就带着她离开巴黎,到远方去旅行。他们到过阿夫雷、翁弗勒尔和特鲁维尔。他还想到马赛、艾克斯、尼斯和热那亚去。意大利在吸引着他。在罗马和威尼斯,一个双重的使命在等待着他。

他刚发表了《崩溃》。一八七〇年战争中吃败仗的将军们不愿意人们谈论他们的失败,他们以新建军队的名义攻击作者,说他不该扰乱军心。可是,左拉对此几乎置之不理。他自有回击他们的时候,那得等他十月回到巴黎。他确实与从前大不相同了。下面是他的自画像。

某报社给他寄去一份调查提纲,他认真地一一做了回答:

我的性格的主要特征:不知道。

对一个男人,我所喜欢的是:心地善良。

而对一个女人,我所喜欢的是:温柔。

我最热爱的是:工作。

我最喜欢的颜色是:红色。

我最喜爱的英雄是:那些不是英雄的人们。

我最蔑视的历史污点是:叛变。

我最喜欢的军事生活是:做一个不知为什么而去死的士兵。

我所喜欢的死的方式是:猝然而死。

如果说由于这出三人戏剧中的每个人物的自尊心和沉默,再加上后来众人的非难,使我们无法准确地了解重要内情的话,那么,在他们冲突的基本情况方面,是不会有什么错误的。德妮丝，当时还是睡在圣·拉萨尔街让娜住处的摇篮中的婴儿，后来证实说："让娜·洛泽萝，由于崇拜和倾慕，将她热烈的爱情奉献给了我的父亲（必须仔细品味这句话，女儿也同样提出了她父亲和母亲之间的关系问题！）。尽管他们的结合像最为和谐而统一的正式婚姻的结合一样，但却使得这两个一生中一直把真理作为偶像来崇拜的人，经受着说谎的痛苦。左拉夫人即使在困苦的日子里也从未中止过她做妻子应尽的职责，而当她得知丈夫有了第二个家庭的时候，她必然会感到一种极大的苦痛……"

人们可能带着怀疑的目光来观察这场围绕《娜娜》作者周围的美好感情的竞争，这是不可避免的。不过，左拉的形象是和为了实现一种理想而自我克制的坚强意志分不开的，尽管这种理想是不可靠的，但它却是强有力的。一种理想的价值同样取决于它本身的强烈程度。是的，左拉这个男人和这两个女人都是心地善良的人。

这样说，是有事实做根据的。

丈夫死后，两个女人竟互相安慰，和睦相处起来。左拉夫人同意两个孩子以埃米尔—左拉为姓，并且由她来负责孩子们的教育，一直到一九二五年四月二十六日她逝世的时候①。至于让娜的忠贞，那简直具有情节剧的色彩，是非常感人的。在《巴斯加尔医生》②一书中，人们可以读到："克洛蒂尔德把

---

① 在这些事情上，产生出许多传说。左拉夫人仅仅是为了满足丈夫在世时明白表示过的愿望：使他的孩子们随他的姓。孩子由左拉夫人收养未得到允许，让娜·洛泽萝也没有同意，只存在更换孩子姓氏的手续问题。为了便于办理继承权的替代手续，左拉夫人被指定为两个孩子的正式监护人。——原注
② 小说是和小说家的生活紧密相连的。无论是在《作品》中，还是在《玛特莱纳·菲拉》里，左拉都沉浸在艾克斯的那段生活里。他的儿子雅克曾经指出，巴斯加尔医生的房子就是布瓦希府邸，连同所有的细节：书房、克洛蒂尔德的卧室、水井、喷泉。《卢贡—马卡尔家族》所涉及到的地理位置有很大一部分有待于考察和确定。——原注

项链保留在颈项上面，掩藏在衣服之下；这是颇具情趣的一种谨慎，这个小首饰是如此精致，如此美丽，为众人所不知，只有她一个人感觉到它在她的身上。"这里写的就是让娜的那个项链，"一条嵌着七粒珍珠的细小的项链"，是左拉亲手给她戴在脖颈上的。她一直把它带在身上，至死不肯离弃。她是在一九一四年五月二十二日，在塞司街一家诊所施行手术时突然亡故的。

在《巴斯加尔医生》中，正如人们所读到的，左拉部分地讲述了他们纯朴温柔的爱情生活。通过书中字里行间流露出来的言外之意，人们可以了解到许多事情以及左拉的最大的不安：年龄的威胁。"倘若我要把她置于这个已经五十九岁的男人的脚下，我必须使她具有更多的女性特点（克洛蒂尔德·让娜）。"

他强调说：让娜"对已经进入晚年，到了衰老年龄的巴斯加尔来说，是回归的春天……在他经过三十年的工作之后，已经疲惫不堪，并且一想到将沉沦于人类灾难的可怖之中就脸色发白的时候，她将自己的青春奉献给他……"

在他的幸福中，人们会发现一个生来就自己折磨自己的左拉，塞阿尔曾经描述过他的这一形象。就是这个忧心忡忡的人，在一八九三年七月二十九日写信给让娜，当时让娜和孩子们正在圣·欧宾。

我曾想给你的青春带来一些欢乐，不愿强迫你像隐士一样过着幽居的生活；和你在一起，我会年轻，你的青春会使我的青春复活，那样我该是多么幸福快乐！可是，事实正相反，是我使你衰老，是我使你经常难过……说老实话，我的最大痛苦，继我失去母亲之后，是不能为我的亲爱的孩子们做一个好爸爸。

要是能把我可爱的小女儿抱在怀里，要是能和泉水一样纯洁的她在一起欢笑，我该是多么快活啊！要是我能教给雅克用海边的泥沙砌城堡，然后任涨潮的海水将它们带走，我该是多么幸福啊！"

这就是左拉最大的心事。

让娜甘愿过着隐居的生活，并且从不向人表露出难过的样子。除去阿莱克西夫妇及他们的两个女儿之外，她什么人也不见。对她来说，最大的喜事就是埃米尔的到来。当他逗着埃尼克送给他的鹦鹉玩耍，让它钳住手指的时候，当他从威尼斯带回来二十一个蓝色的珠子，镀了金送给让娜，另外，还送给德妮丝一把大理石镇尺，送给雅克几个玛瑙球的时候，他们该是多么高兴啊！他望着让娜和孩子，这个从来很少笑的人，从他那善良的心里发出了真挚的笑声。

从卢尔德回来，左拉在距莫塘几公里的舍威尔斯蒙租了一栋房子，供让娜和孩子们在那里度夏。一八九二年，他这个做父亲的还只能在望远镜里看着他的孩子们做游戏。一旦亚历山德里娜突然闯入书房，他就像变魔术一样，把望远镜藏起来。在夏天最炎热的日子里，他绕道走近让娜住的房子，在浓荫的掩护下，去拥抱一下他们。他时常想起塞尚，他背着父亲结了婚，生了孩子，现在他自己也变得同塞尚一样可笑了。但是，他仍然保持着公正的态度。他对让娜说：

"我不愿意在我们的爱情里掺进不愉快的事。"

让娜只好暗自叹息。她所崇拜的是谁呢？她所抱怨的又是谁呢？

后来，时间一久，左拉夫人尽管还时常哭泣，但终于让步了。一天，左拉站在窗前，看着他的孩子们从前面走过去，亚

历山德里娜走近左拉,简短地说了一句:

"你让他们上楼来吧!"

从此以后,左拉上午在布鲁塞尔街的住处写作,跟亚历山德里娜一起吃午饭,下午到让娜那里去,在她那里喝滚烫的热茶,坐在蓝色的沙发里,两个膝盖上一边坐着一个孩子。

左拉尽可能地轮流带着他的两个"夫人"外出旅行。一八九三年九月,左拉作为法国作家协会主席,去伦敦参加一个新闻界代表大会。左拉夫人陪同前往。会议期间,左拉偷偷地给让娜写了好几封信。他很伤心,因为英国的邮政系统无法使他收到让娜的回信。他亲切地给留在圣·拉萨尔街的心上人讲述他在英国参加招待会、宴会的情形,以及他的疲劳。他饶有兴趣地描述人们燃放的焰火,在五光十色的焰火中,他的头像也出现在夜空里。二十四日在吉勒达勒剧场,四千名观众不停地为法国作家左拉欢呼,而一点也没有想到,这位多情的人正在焦急地等待着能独自一处的时机,以便草草地给让娜写上几句话:

我所以给你讲这些,我的大让娜,是因为在这个时刻我想念着你们。是的,在法国的一个角落里,有三个值得我亲爱的人。他们不能公开露面,所以他们一点也分享不到我的荣誉(说得多么坦然!)。我多么想让你和我的两个宝贝也分享到啊!总有一天,我要使人们都知道,他们是我的子女……我要让他们都与他们的父亲同姓!

《巴斯加尔医生》出版时,作者的题词有两个:一个是纪念死去的母亲,一个是献给他的妻子。但是送给让娜的一本特意用日本纸印的书里,左拉撕去了上面印好的题词,自己亲笔题签道:"此书赠给我的至爱让娜,赠给我的克洛蒂尔德,她曾把她的青春献给我,并且在把我的德妮丝和我的雅克赠送与我之际，把我失去的三十年也还给了我；——德妮丝和雅克，我亲爱的孩子，我为他们写了这本书，以便有一天他们读到它的时候，会知道我是如何地爱着他们的母亲，并且知道今后应该用怎样敬爱的感情来报答她在我最悲苦之时所给我的安慰和幸福。埃米尔·左拉。"

左拉把他的一生都浓缩在这三个题词里。他的爱情和痛苦使他的女儿德妮丝后来写道：

"我是多么爱他呀！这位把余暇时间都献给了我们的父亲。要是我早就知道他对我们隐瞒着的苦恼，那我将会加倍地热爱他！"

左拉先生，您的爱情生活的秘密，我们还是知道得不少的。

二

在左拉内在的思想变化过程中，他终于完成了《卢贡—马卡尔家族》。接近尾声的时候，由于受作者爱情生活的影响，作品的倾向有了明显的变化，正如开始时，由于战争，作品做了相应的变化一样。让娜和一八七〇— 一八七一年战争失败一样，对《卢贡—马卡尔家族》的结局都有着深刻的影响。现在，小说家正根据关于一八七〇— 一八七一年战争失败的回忆，创作一部新的小说《崩溃》。左拉以色当[①]的失败为他的"一个家族的历史"做了历史性的结束，而莫塘的洗衣女工使左拉为这个家族的历史找到了一个人道主义的趋于幸福的归宿，这就是《巴斯加尔医生》。整部系列小说的结构到此也得到

[①] 色当：一译塞当，是法国东北边境马斯河畔的城镇，法国国防要塞。一八七〇年法国和普鲁士交战后，拿破仑三世和麦克马洪元帅统率的军队被普军围在色当要塞。九月一日展开激战，结果法军（十多万人和四百门大炮）连同皇帝一起被俘。

最后的完成。左拉以米埃特和西魏尔的爱情开始了《卢贡—马卡尔家族》，他又对称地以巴斯加尔和克洛蒂尔德的爱情，即左拉本人和让娜的爱情故事来结束这部著作。在作品的最后篇章中，洋溢着强烈的乐观主义激情。

一八八九年四月十五日，左拉要参加《玛特莱纳》的排练。以前，他曾根据这个剧本创作了小说《玛特莱纳·菲拉》。可是他来晚了，他头发散乱，夹鼻眼镜也戴歪了，脸色比平日更加红润。他一屁股就坐在昂托万的红色沙发里，对这个年轻的自由剧院的导演说道：

"多么有意义的一天！为了我的书，我刚坐在火车头上从巴黎到南特跑了个来回！一路颠簸几乎弄断了我的双腿。"

"这是一本什么书呢？"昂托万不无敬意地问道。

"一本关于铁路的小说。从我搬到莫塘去住的时候起，就开始构思了。我需要看一次严重的脱轨事故。在西部铁路公司里，人们向我发誓说，这是从来没有过的！可是我坚持说会有的。结果，我的朋友，今天就发生了一次重大的事故。"

昂托万赞赏地望着左拉。是的，在左拉身上，青春的活力又复活了。左拉回想起三月他与让娜一起旅行的日子，他们参观了阿夫雷火车站，在大旅社那宽敞、人又很少的大厅里进午餐。之后，他们去港口，乘船到特鲁维尔去。这不合时节的旅行给让娜这个少妇留下了不可忘怀的美好的记忆。这时的让娜是那样健美，那样温柔，那样幸福。很可能在这个时候，让娜向左拉表白了她的……她的愿望。

他心中的欢乐驱散了往日的郁闷，这种欢乐也压倒了他过去的或新立的志向：在让娜未来到他的身边之前，占据爱情位置的是法兰西学院、荣誉勋位勋章以及二十年来巴黎一直不肯赐予他的舞台上的成功。现在他坚信，他将获得一切！使他贪婪工作的那种旺盛的欲念现在也使他贪婪地享受着生活的乐趣。

左拉的当务之急是撰写他的关于铁路的小说。左拉的胸膛高高地挺起来了，他变成了一张大网，要把整个世界都包罗进去！他挥动着双手，继续说他将要写的书：

"昂托万，这次事故，在小说里我要把它安排在马娄纳依和巴朗丹之间的隧道出口处。你熟悉巴黎至阿夫雷这条线路吗？噢，对不起，你说得对，我们排练吧，排练吧……"

爱德蒙·德·龚古尔在他的家里听说有人看见左拉穿着长礼服，戴着高礼帽，如《漫画》上登载过的那幅著名的漫画里的左拉一样，坐在火车头上，从圣·拉萨尔火车站出发了。于是，他说道：

"西部铁路公司经理有一句精彩的话：'请转告左拉先生，当他进入法兰西学院的时候，我们才将同意为他来一次脱轨！'这是福兰①告诉我的。"

"法兰西学院！？"龚古尔家的常客们喊叫着，都笑出了眼泪。

但是，左拉并不知道这些。这个心地纯洁的人开始了他的工作。这部书，左拉曾多次更改它的名字，最后定为《人面兽心》。它不仅是一部文献研究的记录，而且是集谋杀之大成，并直接取材于一八八八年八月使世界为之震动的、发生在伦敦的雅克事件。如同过去一样，他把写作情况通知给沙尔庞捷：

我一定在十二月一日完成。我非常想尽快地结束我的连续小说《卢贡—马卡尔家族》……这一时期，我的工作十分顺畅，身体也非常健壮，仿佛回到二十岁的时光，所以即使有高山在前，我也要把它踏在脚下。哎，我的朋友，倘若我现在只有三十岁，那您会看到我将有什么样的作为，我要使整个世界

---

① 福兰（1852—1931）：法国画家、雕塑家。当时他与一些作家保持着密切的联系。

震惊!

德妮丝来到了人世,于是,左拉又产生了足以气吞山河的力量。

《人面兽心》开始在《日勒·布拉斯报》上发表。当然,左拉还没有最后完稿。

继雨果和巴尔扎克之后,现在俄国人出现在左拉的脑海里。首先是陀思妥耶夫斯基,因为他写了《罪与罚》;其次,从长远观点出发,还有托尔斯泰,因为左拉将来还想写另一部系列小说。他在儒勒·勒迈特①面前承认道:

"是的,对我的连续小说,我开始感到厌倦了,但是,我必须善始善终,而且要首尾相联,在手法上不能有太大的变化。"

《罪与罚》写得多么奇特啊!在陀思妥耶夫斯基的《罪与罚》中,罪犯是抽象的,而左拉笔下的罪犯却有血有肉。左拉对人物的生理分析是和斯拉夫人对人物内心的深刻分析相映成趣的。

马克·拜贺纳尔,由于其作品的某些特点与左拉作品相类似,被人们称为左拉的后继者。他明确地指出了陀思妥耶夫斯基对左拉的影响,以及这两位作家的不同特点。他说:"通过比较《罪与罚》和《人面兽心》来谈论陀思妥耶夫斯基和左拉之间的不同,是最好不过的了。拉斯科尔尼科夫②为抽象的原因而杀人,他的悲剧是犯罪与赎罪的复杂的矛盾斗争。他犯罪

---

① 儒勒·勒迈特(1853—1914):法国作家、评论家,主要著作有《舞台印象》和《古事之外的故事》。
② 拉斯科尔尼科夫为《罪与罚》中的人物之一。他是个有才智的大学生,但迫于穷困而辍学。他的妹妹为此而决定嫁给她所厌恶的人。他不愿让妹妹做出牺牲,乃起意杀人并制造出一套犯罪理论:"凡人"不得逾越道德规范,只能任人所为;"非凡的人"不受任何规范约束,可以为所欲为。为了证明自己是一个"非凡的人",他谋杀了一个放高利贷的老太婆,而同样受剥削的老太太的妹妹也被砍死。犯罪后,他受尽内心斗争的折磨,后受以卖淫养家的马尔美拉多娃的感化而投案自首。

后，又想不惜任何代价，乃至于使自己受到惩罚来赎罪。而在《人面兽心》中，唯有人的兽性主宰着一切①。"

在写作过程中，左拉询问过火车司机、铁路职员以及工程师。他的小说可以称得上是一篇杰出的报告文学，但是，左拉再一次违反了他的自然主义主张，在写作中运用了诗人的想象。他亲眼见过一些火车头，那是一堆一堆的没有生命的钢铁。但是，在小说中他把它们写成魔鬼，如同《萌芽》中的沃勒井和《小酒店》中的酒精蒸馏器一样。小说中描写的火车头，有一个女人的名子，叫丽宗。左拉使它活动起来，并且喜欢它，可最后还是将它摧毁了。

儒勒·勒迈特非常欣赏这部小说，一八九〇年三月八日在《费加罗报》上撰文说："这是一部以现代故事形式写出的史前史诗。"第二天，阿纳托尔·法朗士宣称丽宗是不朽的，左拉是"当代最伟大的抒情诗人"。通过这位鉴赏家的截然相反的变化，人们可以估量出左拉的作品具有多么强大的冲击力，至少与劳伦斯②、米勒③的作品，或者在绘画方面，与画家毕沙罗的作品具有同样的力量。法朗士对左拉的著作，有时暴跳如雷，有时又赞不绝口。他常常是既想拍手叫好，又同时想喝倒彩！左拉确实是一个使他的同代人不得安宁的作家。勒南在《新闻报》上表白了这种不安的心情："我十分痛心地看到，一个这样有才华的人……竟堕入所谓的'现实主义'泥坑。左拉不再使我感兴趣了，他不会再告诉我什么新的东西。"

不，左拉的这部小说仍有新意。在《人面兽心》中，他进

---

① 见塞依出版社出版的《左拉自述》。——原注
② 劳伦斯（1885—1930）：英国作家，著有《儿子与情人》、《查泰莱夫人的情人》等长篇小说。
③ 米勒（1915—2005）：当代美国剧作家，主要剧作有《推销员之死》、《严峻的考验》和《堕落之后》等。

一步阐明了在《德莱丝·拉甘》中就提出的"动物性的人"这种思想；在他之后，这种思想进入了世界各国的小说创作。在对他的人物，天生的罪犯雅克·朗蒂埃，即《小酒店》中温柔、软弱的绮尔维丝的儿子，《作品》中克洛德·朗蒂埃和《萌芽》里的艾蒂安的弟弟，进行正确的精神分析之前，左拉采用科学方法对他的人物先进行遗传研究。左拉对他的人物进行最准确的精神分析的科学研究当然是先于弗洛伊德的，同时也先于荣格[①]。他形象地给动物性的人的好斗和性欲以适当的位置，即使今天最杰出的精神病医生对此也难以提出异议。它再一次证明，左拉的神奇的天性和理智在共同引导着他进行这一切。无论是龚古尔还是勒南，他们都不可能像左拉这样工作，因为他们过于聪明。

作者在《人面兽心》中重新阐明《德莱丝·拉甘》的主题思想，小说描写了疯狂了的人和疯狂了的列车，其中有一个少年，无意识地，几乎是无辜地成了罪犯。这是一部写得非常出色的连载小说。钢琴的演奏声和圣·拉萨尔车站列车的轰响组成的合奏具有动人心弦的美感。左拉放开喉咙高声地告知人们，今后他要全力以赴地戳穿谎言。"是的，人们有了火车跑得更快了，也更聪明了……但是，野兽终归是野兽，无论人们发明什么样的机器，都无济于事，人类之中仍然还有人面兽心的丑类。"

龚古尔一边打着哈哈，一边高声念道：

"丽宗具有勇敢女人的罕有的特点。丽宗是温柔的——啊，不，听我给你们念下去！——她是温柔的、顺从的、容易驾御的，她的行走很有规律，并且可以不知疲倦地连续走下去，因

[①] 荣格（1875—1961）：瑞士精神病科医生、应用心理学专家，精神分析学奠基人之一。

为她有一部良好的蒸气机!"

"左拉在胡说八道!"福兰咬牙切齿地说。

笨拙的细节描写、滑稽可笑的夸张,使得这些爱耻笑人的人体会不到塞弗丽娜向雅克表白爱情的庄严;塞弗丽娜的姿色注定了她的悲剧命运,正如雅克由于血液中含有犯罪的基因而注定要成为罪犯一样。

塞弗丽娜,在这长段独唱曲使之热烈的感情升华之后,在对往昔回忆的厌恶中,她这一声高喊仿佛就是她对欢乐的需求的爆发。但是,被她弄得神魂颠倒的、被她燃烧(左拉赋予该词以特殊的意义)起来的雅克抑制着她的冲动:

"不,不,等一等……你当时曾趴在他的腿上,你感觉到他死了吗?"

那时,在雅克躯体里,一个莫名的人醒了过来,一种残忍的骚动从他五脏六腑中升起,直升到脑袋,使他两眼发红,他于是产生了杀人的好奇念头。

"那么,刀子,你当时感觉到刀子刺进他的身体里去了吗?"

"是的,感觉到了,'噗'地一声就进去了。"

"哈!'噗'地一声就进去了。"

写得太漂亮了。是龚古尔、福兰和那些爱耻笑人的人在胡说八道。

然而,《人面兽心》是小说家向黑暗社会告别之作。当然,他还要用许多笔墨去写《金钱》、《崩溃》和《三城市》,但是,在那些作品中,永远不会再有作家个人的成分了。现在,年轻时代理想主义的左拉又重新复活了,今后他将作为一个空想理论家活跃在文坛上。在过去的住在苏伏罗街穷困潦倒的左拉和住在布鲁塞尔街的托尔斯泰化了的六十岁老人之间,还留有一定的时间，内心平衡、身体健康的左拉还可以去完成两件事：在文学上，写成《三城市》；在并非政治的而属于人道主义方面，去为德雷福斯案件奔走呼号。

左拉像巴尔扎克一样，终于有一天也揪住了"金钱"不放。金钱是集团或个人的社会生活的基本推动力。左拉不可能不注意到圣洁的宗教称之为"金犊"和后来新出世的无产阶级救世主们称之为"资本"的这种东西。他认为应当把金钱写入他的《卢贡—马卡尔家族》中去。不过，左拉这位杰出的艺术建筑师和舞台导演，在最后的时刻才让"金钱"这位明星登台表演。他把《金钱》作为连续小说中的第十八部，而第十九部，他将选择更加重大的题材：战争。当他最终完成《卢贡—马卡尔家族》之后，遵循他的不断前进的自定法规，他要涉足于宗教领域，这就是他将要写的《三城市》和《四福音书》。这是与文学创作紧密相连的狂热的正常归宿。

一提金钱，我们不能不想到巴尔扎克。金钱造成的灾难，在巴尔扎克的作品里，只表现在人与人的关系中。金钱像魔鬼一样，使人发狂，它使女人们腐化堕落，使男人们兽性大发。

然而，巴尔扎克并未注意到使社会集团活跃起来的金钱，也使这些集团你争我夺，尔虞我诈，演出了社会角逐的种种惨剧。不错，巴尔扎克是一位天才，但他是以一个诉讼代理人的眼光来观察金钱的；而左拉则是一个经济学家和第一流的社会学家。一位杰出的马克思主义批评家让·弗莱维勒清楚地看出了两者的不同，他说："在纽沁根银行所处的时代里，资本主义尚未进入股份有限公司这个领域。……工业的发展、铁路的铺设、城市的建设、商品的流通都需要巨额投资。于是，各种企业、各种银行为了吸引、汇集和使用这些资本如雨后春笋纷纷出世。金融巨头们统治的新的时代即将开始。"[1] 论述得精辟。但是，当时大金融集团已经存在：骑士团银行、雅克·格尔银行、意大利战争出资者银行、帕力兄弟银行、法兰西革命有限银行等等。当然，它们的组织形式是不尽相同的，巴尔扎克似乎可以观察得到。左拉在这方面具有较强的观察能力，而巴尔扎克仍停留在旧有的习惯之上，分辨不清资本的新的形式。在这一特殊领域，巴尔扎克看不到的，左拉则看到了。

二十年前出版的《贪欲》是理解左拉新近写出的《金钱》的一把钥匙。阿里斯第德·卢贡是《贪欲》的主人公。他在拿破仑三世十二月二日政变成功的第二天来到了巴黎。他依靠当部长的弟弟欧仁·卢贡当上了路政副专员。为了不暴露他的后台，他改名为萨加尔。他很快就看穿了市政府的秘密，并得心应手地加以利用。在战争时期，他为军队提供军需物资；在和平时期进行房地产投机买卖，成了巴黎出名的暴发户。他靠一个怀了孕的姑娘的陪嫁买了房产和地产，而且只有他自己知道，这些房地产正好是在奥斯曼子爵的巴黎市政建设计划用地里面，他不久就可以高价脱手卖给官家了。这里面，给予他保护的欧仁·卢贡在起作用。他们兄弟俩里应外合，狼狈为奸。萨加尔受第二帝国的保护，在他的蒙叟公园附近的私人公馆里过着花天酒地的生活，但是，不久便破了产，他的保护人也因此而倒了台。就是这个破了产的萨加尔又在《金钱》里再次登场。

萨加尔是一个文学人物，但是这个人物的主要构成成分还是明显的。首先从卢贡—马卡尔家族的枝状世系家谱上看，无论是在政治方面，还是在金钱方面，萨加尔是卢贡的后代。同时，他也是历史上的于勒·依萨阿克·密莱（1809—1871）的化身，密莱原是一个小小的测量员，后来变成了巴黎交易所的

---

[1] 见让·弗莱维勒《左拉，叱咤风云的人物》（社会出版社）。——原注

场外经纪人。他依靠金融界的报纸发了财，之后他做了铁路总银行的经理。正当他洋洋得意之时，因为他管理上有违法行为，于一八六一年二月被捕。密莱被判处五年徒刑。他提出上诉，一年后宣布无罪，然而他已经破产了。

另外，萨加尔这个文学人物也包含邦图先生的成分。邦图于一八七八年六月创立总联合银行，历史不长，仍处在兴旺时期。

至于小说中的甘德曼银行，那写的就是阿尔方斯·德·罗斯柴尔德，他的先人梅耶·昂塞尔姆·罗斯柴尔德是一个忠于法兰克福银行的小小的货币兑换商，他谨慎、贪婪而又能干，最后由于奥地利皇帝的恩典，变成了男爵；其父雅姆是巴黎罗斯柴尔德银行的创办者。这位阿尔方斯·德·罗斯柴尔德是法兰西银行董事，北部铁路公司董事会的董事长，工艺美术院院士。其弟爱德蒙掌握着东部铁路公司的管理大权；另外，他的几个堂弟分别留在法兰克福银行在萨洛蒙、内森、维也纳、曼彻斯特、伦敦等地的分行中。正如他的父亲雅姆投靠路易·菲利浦一样，这位阿尔方斯先生把他的赌注押在了第三共和国上。以上说的是小说里的人物，但更为重要的还是小说的内容。萨加尔的"世界银行"是天主教银行，而甘德曼的银行则是犹太银行。在两者进行你死我活的角逐中，左拉安排了一个名叫希日斯蒙·比茨的人物，是马克思的门徒。左拉再一次与社会主义发生了联系。他以马克思主义为指导，保证了他的分析的正确性。他具备别人所没有的长处，使他很快地掌握了马克思的理论。这一次，他又捷足先登了，正如《萌芽》是关于工人阶级的第一部伟大的小说一样，《金钱》也是关于金融资本的第一部伟大的著作。

这样看来，左拉在《金钱》中讲述的是金融界斗争的真实故事。

总联合银行，左拉在小说中明确地命名为世界银行。它在十多年前就开始吸收乡村行政单位的资金，并且在罗马政权的公开赞同下，吸收阿尔卑斯山以南地区的中产阶级的资金，同时得到里昂实业家和金融资本家的大力支持，其目的在于颠覆耶稣教和犹太大银行的专制地位。罗斯柴尔德银行是耶稣教和犹太银行，属于共和派；而天主教银行则是保皇的、反动的。

当时在巴黎，有一个糕点商人，名叫邦图，他做的圆馅饼是驰名国内外的。于是，人们很快就把总联合银行的股票称为"邦图圆馅饼"。政府对这一新崛起的强大金融势力极为不安。另外，耶稣教徒和犹太人在金融界所占据的阵地也受到了严重威胁。总联合银行董事会部分成员的名字清楚地表明，这两家银行进行的是一场秘密战争，并非出于人们的臆测。掌管联合银行大权的是制酒业寡头比安古尔侯爵、普洛格里亲王、阿尔占尔子爵、麦丝勒·德·卢贝子爵、蒙高乐夫耶伯爵、欧也纳·沃尤、维勒尔蒙伯爵，等等。这些名字，我们在德吕蒙办的反犹太报纸《自由言论》的捐助者名单中都可以找到。但是，共和党人、共济会会员甘贝特却是反对这家保皇的天主教银行的。一八八一年十二月三十一日，那些"多汁的邦图圆馅饼的搬运夫"兴高采烈地在一起吃着年夜饭。总联合银行的资产达到了一亿七千九百万！但是，很快遭到致命的打击。罗斯柴尔德们把秘密储备的大量股票以大大低于市价的价格抛到金融市场，立刻引起一片惊慌。一月二十八日，总联合银行停止支付，宣告破产。糕点商的同名者和经理英·弗·费德尔被拘留。人们委托一位法官进行预审，但预审前，该法官由于惧怕而变疯死去，邦图和费德尔被判处最高刑罚：五年监禁和三千法郎罚款。因为法官屈服于公众舆论的压力，所做的判决是明显不公正的。在德雷福斯重大案件发生之前，出现了这样一桩小案件。在这一案件中，左拉的态度并不是公正的，在任何情况下都酷爱正义的左拉这次却令人失望。

三

《卢贡—马卡尔家族》系列小说中的第十九部是属于托尔斯泰的，而第十八部属于巴尔扎克，第十七部则属于陀思妥耶夫斯基。托尔斯泰以拿破仑一世对俄罗斯的蹂躏为题材，写出了不朽之作《战争与和平》。左拉受其启发，试图将一八七〇年普法战争和拿破仑三世的倒台写进他的小说。左拉，尽管不是牧师，不是工人，不是酒鬼，不是嫖客，不是农夫，不是矿工，不是杀人凶手，不是银行家，但这并不能阻止他成功地写出《莫雷教士的过失》、《小酒店》、《娜娜》、《萌芽》、《土地》、《人面兽心》和《金钱》。同样，他也不是一个士兵，对于《崩溃》这部书，他要一切从头开始。不过，他有着成功的基础，对于这场战争也早就有自己的看法；二十年前，还在全民进行战争总动员的时候，他在《论坛报》上发表的一篇革命文章中以及后来的几个短篇小说里，已经阐明。

他要写出与雨果的《悲惨世界》和司汤达的《帕尔马修道院》截然不同的著作。他是第一个以生理学理论来观察战争的作家：

我，我正洗着我的衬衫，至于别的人，则在烧煮他们的肉汤……您可以想象我们所在的是一个什么地方，是一个糟透了的洞窟，一个真正的漏斗，四周都是树木，那些普鲁士猪猡可以用四脚爬近，使我们注意不到他们的偷袭……那时，刚七点钟，炮弹落到我们的饭锅里。真是混账透顶了！不容迟疑，我们马上跳向枪架。直到十一点钟，真的！我们以为给他们以沉重的打击了……可是，您应该知道，我们并不是一支五千人的队伍，而那些猪猡倒不少，并且继续不断地袭来。我，我在一个小丘的荆棘丛后边卧着，我看见正面、左边和右边。哦！爬出真正的蚁群，一行一行的黑蚂蚁，当您以为没有了，可是他们还有，还继续爬来。这不是要说长官的坏话，可我们大家都认为我们的长官都是没有头脑的金丝雀①，他们要我们拥塞在这样的蜂窝里，远离友军，使我们被敌人压倒而无人来援助我们……就是那时，我们的师长，这个可怜的家伙，杜哀将军出现了。他并不愚蠢，也不胆怯，他"吞下"了一颗"李子"，然后就四脚朝天倒在了地上。阵地被扫荡了一遍，没有什么人了！但这没有什么关系，我们还坚持抵抗。然而，他们的人数太多了，我们只好撤离阵地。我们退到一个围墙里作战，保护一个车站，在这样猛烈的声响中，我们的耳朵都要被震聋了……后来，我就不知道了。城市大概被占领了，我们转移到一座山上，我想，这就是他们所说的盖斯贝尔吧。到了那里，我们隐蔽在一个宫堡里，把那些猪猡杀了那么多！他们从上往下跳，看着他们大头朝下倒下去，的确是很有趣的……接着，您猜怎么样？他们又来了一批，接连不断地来，我们一个人要对付他们十个，还要对付他们要多少就有多少的大炮。勇敢，在这种事情里，没有半点用处，只能使自己倒毙在地上罢了。

左拉为他的优秀小说找到了适当的位置，其中《崩溃》成了一系列世界著名作品的典范。在这些作品中，有《火线》、《木头十字架》、《凡尔登前奏曲》、《四名步兵》、《西线无战事》、《永别了，武器》、《斯大林格勒》等。这些作品中所表明的对战争的直观看法，对我们来说，难道不都是再明白不过的吗？但是，我们还是回到那个时代去吧。那时，犹如

---

① 容易上当受骗者的绰号。

新发明的电话机一样,它也是崭新的。

《崩溃》所表现的主题尤为新奇。拿破仑三世也是一个野心勃勃的帝王,他企图与普鲁士交战,以重新建立法兰西在欧洲大陆的霸主地位。他以手中至高无上的权力使得整个法兰西服从了他的意愿,但是实际上,拿破仑三世本人对这场即将进行的战争并无必胜的信心。可是六个星期之后,法兰西则投入到一场注定要失败的疯狂的战争里去了。法军在色当的失利引起巨大的震动。法国在第二帝国末期所形成的高傲自大一下子转变成为卑微怯懦,法国要不惜一切代价来换取和平。法国想忘却,忘却这场惨败的耻辱。她仍然崇敬她的将军们,这不是因为过去,而是着眼于未来。她将把自己的命运交付给麦克马洪或者布朗热[①],如果前者是精明的人或者后者是果敢的人的话。她抚爱着那些溃败下来的将士,她为那些被普鲁士人占去的领土哭泣。她欢迎宣扬复仇主义的德鲁莱德。军队是收复失地的唯一工具。有人胆敢碰军队一下,那他就将倒霉。巴黎在高喊:"军队万岁!"

左拉,这位普通的公民,他切实感到又有新的危险出现:九十年代初,巴丁盖所犯的历史性错误又开始在全国重演。左拉这位理智的爱国者,像在一八七〇年战争开始的时候一样,他想战争中胜败乃兵家常事,然而失败的事实确是最令人难以忍受的,所以他十分害怕人们在布朗热面前那狂热的欢呼声。《崩溃》将以揭示战争的本来面目为写作宗旨。这正是这部小说的艺术价值所在。它驳斥了穷兵黩武者的高调:战争是"从法兰西飞出的鹰鹫"。但它也不同于后来人们所说的"可怜的

[①] 布朗热(1837—1891):法国政治冒险家,1886—1887年任陆军部长,曾周旋于激进派、保皇党和极端的民族主义者之间,提出修改宪法和对德复仇等煽动性口号;曾一度得到一部分小资产阶级的支持。1889年政变阴谋被揭穿后,逃亡比利时,后自杀。

和平主义"或者悲观主义："让一切战争都见鬼去吧！"左拉既不好战，也不悲观，他毫不胆怯，竟至赞扬起战争在人类历史演变过程中的作用来：

战争是可诅咒的，然而它就是生命。在大千世界中，任何事物的诞生、成长和发展无不经过斗争。为使大千世界永远存在下去，必须吃掉别人，或者被别人吃掉。因此，只有经过战争考验的民族才有繁荣的前程，而当她一旦放下武器，她就将灭亡。战争是一所大学校，它培养人们遵守纪律、自我牺牲和英勇果敢的品德；战争能强健体魄、坚定信念，并使人们在危难面前具有同舟共济的情感……

左拉就《崩溃》所描写的惨败，明确地阐述道：

我们的失败，没有什么可以隐瞒的，也没有什么可以原谅的。我们必须分析这些失败，以便从中吸取血的教训。一个经受了如此巨大灾难的民族能够存在下来，在人类历史的长河中，她就是一个不朽的民族，一个不可战胜的民族。从色当这可怕的一页，我期望着从中生发出坚定的信念，喊出我们民族重新崛起的呼声！

这是与当时军事爱国主义的种种论调相对立的人民大众的爱国主义。

一八九一年四月，阿登的报纸向人们披露说："星期五下午四时，埃米尔·左拉先生偕同夫人乘坐四轮马车从兰斯来到武济耶。"是的，左拉四月十七日下榻于武济耶；十八日到达切斯内；十九日来到色当；四月二十六日返回巴黎。在这短暂的八天里，他做了许多事情。在切斯内，他会见了市长和总参事马丁博士；在色当，他拜访了吉沃纳市市长、工业家菲利波多和公证人亨利·尼南以及园丁胡贝尔。他又沿着在战争中死里逃生的人们给他指出的道路,到处考察了一番。

"左拉先生,就在这儿。我在靠近花园的地方躲起来。人们把所有的桌椅、沙发都抬到院子里。我看见那些朱阿夫军团的士兵坐在我家的椅子上。是一些穿红裤子的朱阿夫兵,他们都睡着了。可是,当我叫他们的时候,我才知道,左拉先生,他们都已经死了!"

"左拉先生,我讲给您听。一个小水兵的一只眼珠从眼眶中被挖了出来,他死了。当人们掩埋他的尸体的时候,发现他身上还保存着亲友们给他的书信;那些书信已经被血水和泥水浸透了……左拉先生,您想看一看这些书信吗?"

"一个朱阿夫兵在战后来到他曾经挂彩的地方。一粒子弹打到他的耳朵里去了。他跟我讲,他之所以没有被当场打死,是因为那粒子弹在射穿了他的战友的头部之后才射到他的……"

"左拉先生,他们这些当兵的,一边逃跑,一边喊,有的喊'妈妈',有的喊'水,水!'……"

左拉也感到嗓子像着了火,他急速地记录着,记录着,记录着。

在色当,左拉曾与歌曲《樱桃花开时节》的作者让·巴蒂斯特·克莱芒①相遇,然而失之交臂,左拉并未认出他来。左拉是多么喜欢听让娜用她那忧伤的调子唱《樱桃花开时节》这首歌啊!她从色当唱到蒙马特尔,从莱茨绍芳唱到凡尔赛:

我将永远迷恋着这樱桃花开的时光,

因为从那个时候,在我的心上,

留下了一个永不愈合的创伤……

色当仍是一处没有愈合的创伤。在这里,左拉仿佛看到了

---

① 让·巴蒂斯特·克莱芒(1837—1903):法国人民诗人,社会主义者。《樱桃花开时节》是他写的广为流行的歌曲。此外还写有《面包之歌》和《前程之歌》等。他积极参加巴黎公社运动,并参加了浴血周的战斗,后流亡伦敦。

大溃败的凄惨景象。"水！水……""左拉先生，那简直是一些散了群的羊啊！"他沉浸在这历史的悲剧之中。他为这个悲剧设想出一个这样的结局：一个脸色红润、扑着脂粉的皇帝，眼望着他的溃散了的军队，签订了投降条约。

在兰斯，左拉还参观了塞纳尔夫人的住宅。普法战争之际，拿破仑三世曾经在那里住过。回到巴黎之后，左拉还请教过一些历史学家，特别是杜盖先生，他是研究一八七〇年战争的专家。

《崩溃》的思想观点是严肃而有说服力的。小说的艺术结构也十分出色：全书均衡地分成三个部分，每部分分八章，从战争缘起一直写到色当失败、巴黎被围以及巴黎公社……

对《崩溃》这部小说，《论战报》、《时代》、《两个世界杂志》等都给予了充分的肯定，甚至连法盖①也加以肯定。阿纳托尔·法朗士也为之拍手称赞。左拉的仰慕者之一……请您看下面的话，猜猜是哪一位：

"左拉先生，我亲爱的杰出的同行，我读过并且刚又重读了您的《崩溃》。感谢您把这部书寄给我。这部书在您的丰硕的著述中是一部杰作，它使我激动万分，它勾引起痛苦的回忆，并再次激起我对您的敬佩之情……"

您不必苦思冥想了，说这些话的是保罗·魏尔伦②。

《崩溃》的发行也十分顺利，同时在国外也引起了重视。一八九二年六月二十四日，《崩溃》分别在伦敦和纽约出版。接着在西班牙、在意大利……相继出版。

但是，军界人士却直言不讳地谴责左拉，说他主张反爱国主义和失败主义。一八七〇年战争的失利是谁也无法否认的，左拉的新的敌手们只好抓住小说中的一些细节不放，譬如拿破

---

① 法盖（1847—1916）：法国文学批评家，教授，著有《法国文学史》。
② 保罗·魏尔伦（1844—1896）：法国诗人，著有诗集《感伤集》、《风流节日》和《过去和新近》等。

仑三世在上战场时是否擦抹了脂粉。哼！要是拿破仑三世不涂脂抹粉，那也许更像他了；他是病魔缠身的，前列腺炎、痢疾等使他疼痛难忍。他要是带着那一张苍白的脸去色当前线，岂不要把浴血奋战的将士们吓坏了！德国军官塔纳拉曾在一封信中为法国军队的溃败辩护。复仇主义者们利用这封信攻击左拉，说他在书中低估了这封信的价值；可是后来，右派们又以这封信为证据，在德雷福斯案件的辩论中，指责左拉与德国人合谋！塔纳拉的举动是很出色的，但是他付出了代价。试想，他鼓动敌对者的抵抗，能不加倍遭受同胞们的打击吗？

不过，对左拉的攻击，不久即自消自灭了，原因是没有进攻的炮弹，另外，左拉也置之不理，全然不当一回事。军人们在默默地咀嚼着《崩溃》，当以后左拉回击他的敌手的时候，他们会回想起这部著作来的。

关于《崩溃》这部小说，我们应当提一下雷翁·都德。雷翁是一个出色的天生的偏激分子，说话十分尖刻。一八九二年七月二十日，他从欧特维尔·卢兹写信给左拉说："亲爱的左拉先生，我怀着极大的兴趣读完了您的大作。我看得很清楚，您采用了与托尔斯泰截然相反的观点。《战争与和平》是一部描写军民战斗的著作……可是，我的天！您是一位什么样的魔术师啊！您竟想象出一群战败的人们。"我们还是不要听犬吠吧！他把这部小说说成是"文艺复兴的亲生儿子"，这个论断倒是十分精辟的。然后，他作结论道："《崩溃》不仅是一部小说，而且是一部关于战争的哲学著作。它研究人类最强烈的本能的大暴露。这就是大家连同您的崇拜者在内，都有权利也有义务对它进行讨论的缘由所在……"对将成为左拉最凶恶敌人的雷翁的这一番话人们能说些什么呢？

这也算"一家之言"吧。

左拉的赞赏者们为庆祝《卢贡—马卡尔家族》的胜利完成，于一八九三年六月二十日举行了一次宴会。在庆祝仪式结束的时候，曾经做过布朗热办公室主任的容将军从座位上站起来，说道：

"我以我的良心祝愿我杰出的朋友，继《崩溃》之后，为我们撰写一部《胜利》。"

左拉回答道：

"将军，这就看你们当将军的喽！"

左拉生平第一次说出如此机敏而又风趣的话。

左拉乘坐一只小船，穿过布洛涅树林中的一个湖泊，到阿扎依的"小岛木屋"饭店去。亚历山德里娜注视着船边缓缓流过的湖水。湖的对面，在陡峭的湖岸上聚集着一些穿黑礼服的男人和打扮得花枝招展的女人，他们在等待着左拉的到来。左拉在小船上，张大了鼻孔，呼吸着这迷人的小湖所散发出来的泥土和鱼腥味。在舍舟登岸之前，左拉将手插入船尾荡起的浪花中。

他们刚一登岸，立即掀起一阵问候、欢笑的风暴。应邀赴会的人仍然络绎不绝，摆渡者为了使人们开心，用他们的大木筏将客人们一群一伙地渡到岛上去。左拉，左拉，左拉……人们都在讲着《卢贡—马卡尔家族》的作者以及二十多年来他在社会上不断掀起的轩然大波，还有这位勇敢者所获得的万贯家财。人们为了祝贺《卢贡—马卡尔家族》的胜利完成，为左拉举行了好几次宴会。这一次宴会是由三十三岁的公共教育部部长雷蒙·普安卡雷主持的。宴会上，人们海阔天空无所不谈。

…………

"巴雷斯说得不错，他是粗俗。"

"龚古尔文学院的情况如何？"

"您能为《费加罗报》，把今日来宾的名字写一下吗？"

"唉！这些记者！阿尔塞纳·乌沙依、卡蒂尔·孟戴斯、洛克鲁瓦部长、保罗·阿莱纳、爱德华·洛德、茹尔丹建筑师、汝乐·汝意、儒勒·勒迈特、画家斯特万、沙尔庞捷、罗丹、塞弗兰、乔治·库特林……"

"大师，您对来势汹涌的象征主义浪潮有何感想？"

"夫人，要是我有时间的话，我也将去做那些象征主义者所要做的事。"

"左拉，您的戏剧……"

"萨尔塞对欧德维尔的丧失理智的举动极尽吹捧之能事。而一旦有真正成功的戏剧，值得嘉奖的戏剧，他反倒要喝倒彩！啊！请您不要再说起您的昂托万了！听起来让人作呕！"

"在戏剧舞台上，左拉净吃败仗。你们还记得《勒内》吗？"

"伯恩哈特有先见之明。"

"不过他的《小酒店》和《娜娜》倒获得了成功。"

"那不是左拉，是布斯纳！"

"昂托万，您跟左拉很要好吧？"

"我热爱并且尊敬左拉。他给我很多帮助。我第一次见到他是在拉雪兹神父公墓，为杜朗蒂①纪念碑举行揭幕的仪式上……他和夫人加布里埃尔在一起。"

"她还一直是那么红润吗？"

"她还一直那么漂亮呢！你们看，她在那儿！"

"我弄到一套波尔多产的餐具。蓝色的，上面绘有《小

---

① 杜朗蒂（1833—1880）：法国现实主义小说家，作品有《亨利埃特·日哈尔们的不幸》和《吉约姆的事业》等。

酒店》的全部场景。那打屁股的情形，亲爱的，还真有点像……"

"那臀部的肉一定很细嫩！"

"不，他吃得很不好。他是个平民。"

"是的，亲爱的夫人，《巴斯加尔医生》在很多地方是写我自己的。在结束这个可怕家族的历史的时候，让它最后留下一个孩子，我觉得这样做才使我的良心得到安慰。这是一个陌生的孩子，是明天的基督……"

"您有些地方确实像书中的巴斯加尔医生！"

"最后我写一个正在哺育她的孩子的母亲，这难道不是得到拯救、永远存在下去的人类世界的情景吗？"

"我以前还以为您是一个悲观主义者呢！"

"夫人，我相信人间幸福终将到来。"

"但是，您和象征主义！在沙龙里……"

"我们就谈谈这个好了。您看，咱们古老的彩绘玻璃窗，尽管上面画的淑女显得细瘦，动作生硬，不也是花样翻新，到处都有了吗？……上一个礼拜我曾经和马拉美谈过……"

"他在准备写什么？"

"一本关于卢尔德的贝尔纳黛特的书。"

"普安卡雷，您是理解我的。我曾经对年轻人说过，只有一件事是高尚的，那就是工作。开始，我的处境是艰辛的，我经受过种种苦难，甚至于失望。后来，我在斗争中度过了漫长的岁月。但是，我只有一个信念，一股力量，这就是工作，有规律地工作，工作是我日常生活中必不可少的内容……"

"您知道左拉和大仲马、托尔斯泰通信的情形吗？大仲马对左拉关于工作的说教感到十分愤慨。"

"并不是什么高见。"

"托尔斯泰在给左拉的回信中,引用了老子、道家学说和无为之功效。"

"这些俄国人,都是属于亚洲的。"

"莫泊桑病了。"

"人们说他……"

"已经卧床不起了。女人真是祸水!"

"您的巴斯加尔医生简直成了一个为科学而献身的战士了,大师您数着他心脏跳动的次数就能预告出死神降临的时辰。了不起啊!"

"还是很不成熟的。这个死亡的实验!"

"不管怎么样,左拉他还是把那个袒胸露怀的姆阿毕特赶走了。"

"在他的眼睛里总是少不了黄色的东西。"

"他还是一个左倾分子。"

"听说他在巴第尼奥勒还有一个奇丑的女人。"

"法兰西学院那些先生们永远不会投这个骑着自行车和情妇兜风的家伙的票!"

"《崩溃》已经销售一万册了。"

"又是一次大泛滥。"

"那个大胡子是罗丹。左拉决定作家协会为巴尔扎克树立纪念碑。"

"那将是一件不受欢迎的事。"

"那个留长头发的人是于格①……让我们听听他说些什么。"

"不正是你,在城镇里,

---

① 于格(1851—1907):法国政治活动家、诗人,著有诗集《狱中诗》和《战斗的日子》等。

使那些毫无主见的人们，

在罪恶与痛苦之中受折磨？

难道你是耻辱的同谋？

难道风暴听从你的指挥，

每次都要摧残鲜花一朵？"

"我的想法是，在描写完罪恶之后，我要向人们提供整治罪恶的处方。这是再简单不过的事了。"

"您看过梅特林克①的文章吗？相当的清雅。"

"普安卡雷的讲话还是很有分寸的。"

"我刚完成一部喜歌剧，是根据左拉的小说《磨坊被围》改编的。"

"你们看哪，布茨那茨要把他的假牙放在桌子上了。"

"'革命文学家有朝一日将成为荣誉勋位的首领，将成为法兰西学院的常任书记。最后，他会写出一些令人生厌的十分冗长的书来，以致人们连女子寄宿学校奖也将会推迟授予他。'这可不是我说的，是龚古尔讲的。"

"他是瘦了。"

"因为他打台球。"

"沙尔杜认为左拉把他的全部著作送给法兰西学院是没有自知之明的。汝乐·汝意，你是怎么回答沙尔杜的呢？"

沙尔杜，兜售你那些可笑的家伙吧，

价钱要抬得高，

左拉为我们塑造的是人物，

而且充满了血和肉。

为了使之永久，他在琢磨，

---

① 梅特林克（1862—1949）：比利时剧作家、诗人、散文家，主要作品有剧本《佩利亚斯与梅丽桑德》、《青鸟》和散文集《卑微者的财富》、《明智和命运》以及《蜜蜂的生活》等。1911年获诺贝尔文学奖。

在把基础加牢。

可你只会用蜡块来捏造,

捏出的人是那样矮小。

"尽管科佩①忠实,他一直投我的票,可我仍然没有进入法兰西学院的运气。我想这将是一场持久的战斗。既然有这么一个学院,我就要成为它的一员!"

"九〇年,他得了四票。九一年,当洛蒂当选时,他得了八票。第二年六月,当拉维斯②当选时,他得了十票。按这样的速度,即使法兰西学院每年死去一名院士,左拉还要等上五年!"

"我应该向您引荐一个名叫特维的人。他简直对您着了迷,大师。"

"埃米尔,我有一些关于塞尚的消息。他和他母亲在一起,住在雅克·布芳……他非常消沉。"

"他跟你说起过我吗?"

"没有。"

…………

人群散布在小岛上。左拉接受人们的敬酒,喝得几乎醉了,舌头有些不听使唤。亚历山德里娜也感到十分疲倦。

"哎,我说马利尤·卢,你还记得……"

"你还走不走了,埃米尔?"亚历山德里娜有些不耐烦了。

"马利尤,你知道巴耶现在干什么吗?"

"他在制造望远镜。"

"卢,要是我们到'牛世界'餐馆去,还能像小伙子那样尽情地吃一顿吗?"

…………

---

① 科佩(1842—1908):法国诗人,著有诗集《卑微者》等。
② 拉维斯(1842—1922):法国历史学家,曾主编《法国历史》。

茨冈小提琴手们在主人阿扎依的监视之下专心致志地演奏着华尔兹舞曲,人们像德国陀螺一样在旋转。

摆渡者用木筏把人们从"小岛木屋"饭店渡回岸上去。人们听着船浆一下又一下的击水声。

让娜在她那由鲍迪舍利装饰起来的房间里可能太热了。

"今晚上太好了。"亚历山德里娜疲惫地说道。

四轮马车载着他们,在僻静的树林里行驶着。

四

左拉一直安于他的笔耕生活。《卢贡—马卡尔家族》这一文学巨厦几乎将他的作者压垮了。结束《卢贡》之后,左拉本可以出色地领导作家协会,关心歌剧艺术,或竭诚努力争取进入法兰西学院,然而他认为,这些不过只能表现他的"个人意志"而已。他不愿意放弃他的创作。

一八九一年二月九日,经热情为《娜娜》提供过素材的吕道威克·阿雷魏和阿尔方斯·都德介绍,左拉加入作家协会,并直接转为正式会员。两个月后,作家协会全体会议选举他为领导委员会成员;第二天,他又被选为作家协会主席。他向同行们表示:

"人们称赞我是一个埋头苦干的劳动者;我要以埋头苦干的精神去工作,以此证明人们对我的赞誉并非是我骗来的。"

以后每逢星期一,他都从莫塘来到巴黎,先到让娜那里看一眼,然后就到作家协会的驻地鲁日蒙去。鲁日蒙是他到任后买下来的,作家协会在四十年之后才离开此处,搬到玛莎饭店。

左拉在作家协会里积极工作,这有利于他争取进入法兰西学院。在这方面,他变得执拗了,而且执拗得可笑,他成了法兰西学院院士的永久候选人。他有忠实的朋友，比如弗朗索瓦·科佩，连续为他投了将近二十次赞成票。当然，也有一些一直不理解他的人，勒南就是其中之一。

保罗·布律拉问勒南：

"左拉是否有可能成为院士？"

"不，我认为不可能。"

"那么，以后呢？"

"也许。不过那得等法兰西学院逐渐变得愚蠢起来。"

欧内斯特·勒南与左拉的对立变得明朗化了。有一封给勒南的信生动地向我们表明，小说家为敲开法兰西学院的大门而进行着怎样的努力，然而他却不为此去恭维他人。

亲爱的大师先生：

我在《新闻报》上得知一种论调，这也许就是您对我的尚未说出来的看法吧。不过我确信，由于您有重大责任在身，您无暇顾及我的近作。

我不向任何人拉选票。但是，说心里话，我无论如何不肯相信，像您这样一位身居高位的作家，除去个人看法之外，会听信关于我的作品的种种流言蜚语，对我的文学创作发表意见。为此，我冒昧地将我认为可能引起您兴趣的三部小说寄去。我不企望您全部过目，只请求您随意抽出一些章节，读上二十页，五十页。这与我加入法兰西学院无关。事情很简单，对我不做全面审查和评价，而又随意发表意见，对此我实在感到痛心。亲爱的大师先生，请接受我对您的崇高敬意。

埃米尔·左拉
一八九〇年四月五日于巴黎

这封由阿尔弗雷德·杜邦先生收藏的信件表明，左拉从未终止使用他的用醋捉苍蝇的战术！

在竞选法兰西学院院士中，著名作家落选是大有人在的，如大仲马、泰奥菲勒·戈蒂埃、阿尔方斯·都德、古斯塔夫·福楼拜、保尔·路易·库里埃①、巴尔扎克……但这不能使左拉感到宽慰。

左拉也想在戏剧舞台上争得一席地位。尽管他的弟子昂托万已经进入这一领域，但他仍无成功之望。他的小说只有经过改编者之手才能在舞台上赢得观众。对于这种情况，他几乎是心甘情愿了。这样一来，反倒证明批评家沃尔夫的话并非编造："神奇的小说家其实是虚弱的，他在发誓要击败所有的戏剧作家之后，在这关键的时候，他竟然躲在他的家里和威廉·布斯纳玩纸牌。"他自编的《萌芽》在萨特莱剧场演出失败之后，他寻找着其他的出路。他的"个人意志"遇到了障碍；当他认为这种障碍是不可逾越的时候，他就决定绕过去。于是，他想到了歌剧院。他把小说《梦》改写成歌剧，由布鲁诺作曲；在喜剧歌剧院上演时，男高音演员身穿工作服，女主角穿起连衣裙，这在巴黎引起轰动。左拉的这一并非重要的改革比起路易兹来提早了十年。路易兹在一九〇〇年才实现了这种改革。《磨坊被围》的演出就更为顺利了。

啊！法国歌剧这种艺术形式萦绕在我的心头。当在一种艺术里，产生出一个权威的、有力量的天才人物时，像瓦格纳②，他对后世将产生重要影响……瓦格纳和我有着一些共同的特点：我们都喜欢排演，并都不怕时间长。

然而，这些次要方面的胜利是不能令人满足的。

莫泊桑病逝了，这突如其来的噩耗使左拉心慌意乱，手足无措。做为作家协会主席，他更要在墓前讲几句话了。于是，

---

① 保尔·路易·库里埃（1772—1825）：法国作家，著有《论战集》。
② 瓦格纳（1813—1883）：德国作曲家。

他重读了英俊的居伊·莫泊桑给他的信札。他一下子就读到了《羊脂球》的作者在福楼拜死后不久给他写来的信：

我无法向您表达我对福楼拜的怀念之情，他经常出现在我的脑海中，无处不在地跟踪着我。我经常想到他的思想，听见他的声音，见到他的一举一动；我看见他无时不站在我的面前，穿着他那宽大的棕色袍子，还有那讲话时挥动着的两只臂膀。死亡夺走人们所热爱的、以诚相见的亲友；这种诀别的痛苦将年复一年地折磨我，在我的四周仿佛筑起一道孤寂的高墙。这种诀别给人的精神造成致命的打击，留下不可排解的永久的痛苦……

左拉两眼酸涩，内心苦痛。莫泊桑死去了，但他看到生活仍将继续下去。

不久，儒勒·于雷就左拉的《磨坊被围》改编成歌剧探询《梅塘夜话》的四位还健在的合作者的看法。

"当看到一篇作为现实主义流派宣言和旗帜的小说竟然堕入歌剧的模式之中，难道你们不感到有一点痛心，有一点脸红吗？"

已经与左拉分手的于斯曼冷冰冰地回答说，《磨坊被围》的故事和人物，以至于磨坊本身，在喜剧歌剧中已经没有什么新鲜了。这倒是事实。埃尼克表示遗憾说："这不成了情节剧一类的东西了吗？"与左拉越来越疏远的塞阿尔认为自然主义者倾向于音乐，这是很自然的事，正如左拉过去倾向于绘画一样。他有几句话是很尖锐的。"左拉就是教皇西克斯特五世。这个教皇擅长创新，只要需要，他能把他的最新主张说得天花乱坠，但是说不定什么时候，又突然将这一切抛到了九霄云外。我认为，热心于喜剧歌剧的左拉正是一八六八年创作《德莱丝·拉甘》的那个左拉。请看，在他的全部著作中，不断重复的是'征服'这两个字。如果说他现在热衷于喜剧歌剧，请您相信，这又是为了征服。"

接着，于雷又去询问左拉是否愿意做出回答。

回答，我的上帝啊！翻出锁在抽屉里的旧情书，拨动坟墓上那圣洁的尘土？啊，不！我的心流血流得太多了！在莫塘时夜晚相聚的老朋友都具有令我企慕的很高的天赋。我非常喜欢他们，过去是这样，现在仍然是这样。向您致以问候。

然而，昔日老朋友们的态度深深地伤害了左拉。

阿雅勒贝尔说：

"是的，围绕着布鲁诺的乐章，他们也演起了合奏。莫塘时期的忠实朋友都起来反对左拉先生了。"

梅塘文学会的分裂已经无法挽救。自然主义也随之结束了它的历史使命。

也许左拉已经没有足够的时间来从事他刚刚结束的《卢贡》那样大规模的创作了，但是他又不甘心从此搁笔。他决定以开拓新的领域来弥补新作规模不够宏大的不足。他被迫要写得更宏大同时写得更短。创作欲又战胜了他。

左拉在雨果和卢梭的登峰造极的后期著作中，为他的《三城市》找到了他要描述的题材，这就是宗教。

一八九一年至一八九二年间，左拉"发现"了卢尔德城。这个坐落在蓝色山峦之中的宗教圣地的气氛深深地打动了他，还有那些关于圣迹的传说。这是多么美好的题材啊！他搜集的丰富材料，一部小说是用不完的；与此同时，他又想到了罗马。

我突然产生了一个想法：写两部书，一部叫《卢尔德》，另一部叫《罗马》。为的是，在第一部里描述圣徒传里所说的古老天主教的新生、信仰和幻想的必要；在第二部里描述本世纪末的整体的新天主教、高级神职人员、教皇；最后是罗马，极力屈从于现代思想的罗马。

左拉披上方格斗篷，走出法院书记官德拉瓦租赁的房间，朝医疗所走去。在那里，他见到了医疗所所长布瓦沙利医生以及其他人。人们给他看一些贝尔纳黛特的照片，她"双膝跪在地上，穿着黑色的衣裙，头发上面系一块头巾"。他和苏必胡家的一些成员进行交谈。之后，他又逛了卢尔德城的庙会市场。那庄严、盛大的宗教仪式深深地激动着他的心，以致使他流下泪来。在他的心灵深处，有着一种崇高的情操，在这浓重的宗教气氛中被唤醒了！有着一种迷信倾向，正和这些穿白色衣服的进香者所信奉的古老宗教相呼应。尔后，在卢尔德，如同在罗马、在巴黎一样，左拉又找到了民众这个经常打交道的对象。

于是，他工作起来。他一边口里不停地重复着祷文，一边在观察着教徒们的一举一动。他并无恶意地在心里想，除去揭露那些使他难以相信的事情之外，能不能使宗教与科学调和起来呢？他在卢尔德的古朴中寻找着这座城市的秘密，并且着迷地阅读一本关于出现圣迹的民间传说。

这是"到处兜售的一本小书，天主教报社发行，印刷质量低劣，纸张粗糙，在蓝色的封皮上印有卢尔德的圣母玛利亚，一个严肃而笨拙的圣宠的朴素头像"。他从质朴的民间传说转向学者的研究。他又回到医疗所的观察病房。那里散发着一股石碳酸的气味，女护士们和志愿抬担架的人拥挤在一起。左拉去询问那些和时代的怪人打交道的医生们。这些怪人是歇斯底里病人，神经官能症病人，是沙尔科和皮埃尔·雅内研究的对象。

他走进那些肮脏不堪的商店，心里很是反感，但是，他仍然将卢尔德的圣水寄给阿莱克西，给他治疗眼疾。比利牛斯山的激流跟他讲着一种闪光的语言，可是这个喜欢泉水、罗讷河水和地中海海水的人却听不太懂它在讲什么。空气是新鲜的。

他到佳瓦尔尼去了一趟，这不由得使他想到了道尔山。他厌恶那里混浊的矿泉，而这里，却很使他喜欢。在山峦的静谧里，在跪在地上的进香者们有节奏的祈祷声中，他的焦虑心情平息了，他个人的痛苦仿佛融化在人类的普遍痛苦之中了。

《三城市》，除去一些过分的自然主义的描写，整个风格还是十分纯正的。左拉从来不是一个反教权的人。他对他的两个孩子的宗教信仰所取的态度就足以证明这一点。他不仅使女儿德妮丝领了圣体，而且还帮助神父把她培养成一个宗教仪式上所需要的侍童，让她背诵天主教的教义。不过他自己不参加宗教仪式，因为出入教堂，会使人们认为他在书中所表达的思想是虚假的。他的作品激起宗教人士的并不符合福音的仇恨。后来，这种仇恨情绪逐渐平息了下去。教皇承认，《三城市》的作者左拉是个心地善良的人："尽管他是宗教的敌人，但他正直、坦率。"

关于这部"重新引起对圣迹进行永久性辩论的成功作品"（克列孟梭语）的内容介绍是必不可少的。小说的主人公叫皮埃尔·弗罗芒，他是个教士，是巴斯加尔医生一样的人物，后来又成了神父，然而他却失去了对宗教的信仰。他来到卢尔德，想重新获得这种信仰。同时他也把纳伊里的漂亮的女邻居玛丽带了去。医生说她患有不治之症。他们朝拜圣迹洞。经过一夜的祈祷，玛丽的病好了，但是，皮埃尔并未因此而重新相信宗教，因为他发现所谓圣母显灵纯属骗局。皮埃尔热恋着玛丽，可是玛丽在为自己的康复而感激他的同时，向他发誓说，她谁也不嫁。看来他们二人只有到上帝面前才能成为眷属了。多么精彩的一出情节剧！

左拉曾站在比利牛斯山区的激流的岸边上，沉思良久。他试图回答这样一个问题："在这里发生过什么？"圣母曾经显过圣。据我们所知，当时确有一些不治之症，比如肺痨。当然，有人离开卢尔德之后又旧病复发了，但是也确实有人到这里真的就治好了。这是事实。圣迹洞里的池水在向耶稣挑战。但是却没有谁见过砍掉四肢再长出来的，要真能再长出来，这才叫圣迹！是的，如果砍掉的手能再长出来，那大家就都相信上帝了。左拉从这里觉察到宗教是大有可疑之处的，可是他又说："但我依然相信……"

左拉额头上那些平行的大皱纹变得更加深了。他说：

"我相信民众在疯狂的宗教信仰中所表现出来的不可名状的巨大力量所带给我的丰富的灵感。"

显然，他的话既不明白也难以解释，对他来说，怎么样才可以挖掘得更深一些呢？在这个过程中，同样令人惊奇的是，这个无神论者再一次把民众奉为神明！

在这个时期，左拉写了一篇文章，虽不太为人所知，但是却具有十分重要的意义。它具体表明了左拉的宗教思想。还在很年轻的时候，他就开始写关于巴斯加尔的文章了：

> 我曾因自己不信教而感到恐惧，然而，如果信仰它，那将使我更加恐惧；当他指出我的怀疑的可怕之处时，我不由得出一身冷汗。但是，我仍然不能把我不信教的颤栗换成信仰他的宗教而引起的颤栗。巴斯加尔向我指明了我的苦难，但却不能决定我去分担他的苦难。我还要保持我现在这个样子，尽管内心惶恐，灵魂流血。

在《巴斯加尔医生》中，他把勒南的信条当成了自己的信仰：

> 大千世界遵循着一些永恒不变的规律，人们从未发现有什么例外（否认超自然现象）。在世界上，除去人类智慧之外，现在没有，过去也从来没有过特殊意志迹象。有两个基本因素，

时间和倾向进步，可以解释大千世界……中心思想是，世界是在逐渐形成并向前发展的，而且"演变"是无止境的。人类的前途存在于以科学为基础的理性进步之中。

现在，他又重新提起关于拉萨尔的故事来。拉萨尔是他从前在《生的欢乐》中，给一个患有神经官能症的人起的名字。

拉萨尔的母亲、妻子和儿女乞求耶稣使他起死回生。这可是真正的奇迹！耶稣回答说："我和你们一道，为他哭泣，为经受折磨的人类的苦难哭泣。那么，为什么还要唤醒他，让他重新过着这种痛苦、可怕的生活呢？"耶稣的话令人思考。拉萨尔醒来了："多么好啊，这酣然长眠，这连梦也没有的酣睡……主啊，你为什么要把我唤醒呢？我要睡它几千年，几万年。重新生活……难道我还没有向苦难还清生前所欠的可怕的债务？"拉萨尔的母亲、妻子和儿女询问他在死亡的旅途中都看见了什么。左拉回答说："什么也没有，什么也没有，什么也没有。我睡着了。无边无际的黑暗，无边无际的寂静。你们可知道，不再活着，沉睡在一切都不存在之中该多么美好。"于是，耶稣重新使拉萨尔睡去，让他"永远幸福"。在《生的欢乐》中，拉萨尔惧怕死亡的到来，在极度痛苦之中呼喊着："我的上帝，我的上帝啊！"这就是左拉对拉萨尔的回答。这表明了壮年时期的左拉所信仰的宗教以及他对安静的死去、对"酣然长眠"的渴望。这个忧心如焚的人十分向往这种"酣眠"，每当他第二天清晨起来，总是眨动三下眼皮，以此来使自己确信他真的又苏醒了过来。

一八九四年十月三十日，左拉动身去意大利。法国和英国、德国一样，都被与他们截然不同的意大利所吸引。整个西欧都在响应画在名信片上的一个大方、娇媚的小姑娘的召唤。

这张名信片是《那不勒斯收割者》的作者瑞士画家利奥波德·罗伯特的作品。小姑娘唱道："你到过柑桔树开花的国家吗？"意大利是一个五光十色的地方，正如塞尚说的，是罗马派波扎尔画笔下的意大利；是司汤达笔下那个非常热闹、真实的意大利①；是到处都有迷人的音乐家在漫不经心地歌唱着的意大利；是曾经引起生活在北方城市里的柯罗对罗马产生思恋之情的意大利。《杜埃的钟楼》的伟大作者柯罗，这位维米尔②的兄弟，最后竟被疟疾折磨得精疲力竭。在那里，到处都在哼唱威尼斯船歌，还有那歌剧和立体的布景。左拉在这个神奇的半岛上将会寻找到些什么呢？

在意大利，在由乞丐、英雄和小丑所组成的人民中间，左拉将看到文艺复兴时代的人们所遗留下来的纪念。左拉在这里将找到近几年来在电影上所表现的苦难、朴实以及命运的意义。左拉将从他父亲的国家里带回具有乡土气息和拉丁语特色的刚健有力的印象。

左拉要在意大利停留五个星期，准备那长达五百页的小说《罗马》。杜米克给他泼冷水；密尔博表示怀疑；欧内斯特·都德说："我怀着忧虑来看待左拉先生进行这次旅行。说真心话，他不会给我们带回来什么的！"左拉到意大利去，不仅要去熟悉罗马，还要熟悉那个唯一的有价值的意大利，那个贫穷、庄严而伟大的意大利。

他也估计到了对他不利的种种可能性。他要"像旋风似的去认识罗马，用三天去游览文明古迹，用四天考察民俗，用三天拜谒教皇利奥十三世和梵蒂冈，再用三天去研究社会和经济状况"。他到金合欢大花园去，他可以自由自在赏玩，不必再

---

① 司汤达曾写有著名游记《罗马、那不勒斯和佛罗伦萨》。
② 维米尔（1632—1675）：荷兰风景画和室内生活画画家。

担心别人认出他来！尽管他不是受欢迎的观察员，但他是一个自由的著名作家，一颗"明星"。黑暗而又闪光的真正的意大利将使她的这半个儿子获得成功。啊！左拉这个名字已经在人们的口中传诵了！

可是，法兰西却不断地污辱他；不允许他一步一步地取得应有的地位；而现在，由于《卢尔德》的关系，拒绝给予他梦寐以求的院士席位；只给了他一枚玫瑰花勋章，可是又处心积虑地想尽快地将它收回去。

法兰西惊奇地看到，随着小说家远去，耻辱的左拉的身影却越来越高大起来。法兰西以同样惊奇的目光看着意大利去结识另外一个左拉。

巴雷斯指出："对我来说，我对左拉先生的才能并不热心，他那丰富的才能使得人们的注意力疲劳不堪，更不用说他那非常肤浅的思想常常引起人们的关注了，但是，人们无法否认，他是法兰西书店的商业力量的一部分。另外，与法兰西学院的看法相反，我们不得不看到，他在国外享有一定的声誉！"

巴雷斯尽管心情不快，但他仍不失为一个明白事理的人。他继续说道："当左拉在意大利受到热烈欢迎的时候，我们不能不想到，并且带着某些骄傲：在我们民族之中，还有几个善于左右人民欣赏情趣的人物。当法兰克福、德雷福斯和雷纳克（男爵）事件向我们的国家施加耻辱的时候……"

人们清楚地读到"德雷福斯"这几个字。这个"叛徒"的名字第一次直接出现在巴雷斯的一篇文章中。一八九四年十月十五日德雷福斯被捕，于是他正式走上了历史舞台。

当时，左拉在意大利，他还不知道德雷福斯是何许人。然而，巴雷斯知道，并且把他写入了文章。

左拉过去曾答应加布里埃尔的蜜月旅行，现在补偿给了亚历山德里娜。在奎里纳尔，意大利国王亨伯特和王后玛格丽特接见了这两位小资产阶级人物。法国驻意大利大使勒菲弗·德贝艾纳，龚古尔的一位表兄弟，请求教皇利奥十三世接见左拉。尽管左拉写了《卢尔德》那样的书，要不是有意大利自由党和共济会的政治活动的干扰、梵蒂冈和共济会不可调和的矛盾斗争，教皇也许会赐允的。在这些交往中，我们发现左拉成了外交家，他有礼貌地放弃自己的看法而尊重他人的意见。他给教皇的请求接见的报告写得还是非常得体的："如果说我还不能向教皇陛下献上一个信徒的忏悔的心的话，这很不幸，我愿意向陛下表明一个经受许多痛苦，做了许多工作，除真理之外再无它求的人的崇高敬意。""不幸"和"还"几个字给人留下想象的余地。

教皇不得一见，实在遗憾。左拉与正在意大利访问的法兰西学院院长杜切斯勒阁下见面谈话，另外他还会见了公主、部长、议员、教授以及高级神职人员和教皇的贴身仆人。在与各种人物的交往中，左拉"看到"了他笔下的人物。他欣喜若狂地喊道："我就是，我的教皇。"确实如此。在小说里，左拉描述教皇利奥十三世接见皮埃尔·弗罗芒神甫时写道："教皇的脖子是奇特的……是个衰老、头发花白的小老头的脖子……大鼻头压在他那宽大的嘴上，嘴唇苍白，被一条细细的线条分割成上下两部分……而两只奇妙的黑眼睛里闪着钻石般的光芒。"

从前曾经做过阿歇特书局广告科科长的左拉，没有预料到意大利为他所举行的欢迎仪式、宴会，献给他的鲜花以及对他的热烈感情。他想起了父亲那高大的身影，从七岁起他就失去了他，把对父亲的爱寄托在抚养他长大成人的两个女人身上。

他的父亲存在于他的想象之中，他忍受着不断的痛苦，咬紧牙关，经过艰苦的跋涉，走上通向成功的路。有如父亲般的意大利，现在就在他的面前。人们不能不看到，在早逝的弗朗索瓦·左拉身上，有着一股支持着左拉进行艰苦搏击的动力。这样的一位父亲，应该向他看齐。然而，楷模已经不复存在，该怎么办呢？他不由得紧皱眉头，他奋斗着，由一个腼腆的人变成了一个犬儒主义者，由懦弱的人而变成了一个雄心勃勃的人。是的，这些热情的意大利民众就是他失去的父亲的化身。

"在贾尼科洛山之上"，左拉"眺望罗马，就像他常常站在蒙马特尔高地上眺望整个巴黎一样。他望见阿文提诺山和它的三座教堂，巴拉丹山以及它的柏树林；远处的卡比道勒山依稀可见；而贾尼科洛山脚下，是一片新区……"冈搏·维哈诺和卡拉卡拉的戴尔莫都使他赏心悦目。一种异样的感情激动着他。他与民众息息相通了。当夜幕降临的时候，他伫立在那尼湖畔，在静谧中幻想着。

一天，在法国驻意大利使馆里，人们都在谈论着德雷福斯上尉被捕事件，左拉并未在意，他到圣·皮埃尔城参观去了。在那里，他不仅看到了死去的古罗马时代的城址和神庙的壮伟、神秘以及在火山喷发时所表现出来的软弱。同时，他又看到了活着的城市和膝盖上粘满灰尘、粘满过去火山喷出的灰烬细末的孩子，还有乞丐、士兵、农民及失业者。他又看到了巴黎芒叟公园里的投机小贩在罗马的弟兄们，这比梅迪奇别墅更能引起他的兴趣。

十二月，左拉来到威尼斯。在市政府举行的欢迎会上，卡斯戴尔奥沃教授说道：

"请允许我告诉您，我常常想，您是诞生在我们中间的，您了解我们的苦闷，您赞赏我们的艺术运动以及我们的历史。

亲爱的大师先生,您将是一个什么样的作家呢?你会不会成为我们不朽的曼佐尼①的最有资格的继承人呢?……"

左拉在致答词时激动得有些声音发颤、低沉:

"今天我来到你们中间,完成了我朝圣的心愿。我父亲去世时,我刚刚七岁,与意大利相联结的纽带断了。但是,我们一家人对威尼斯的怀念一直是非常强烈的。父亲在世时,多次对母亲说:'我领你到那儿去,带着我们的孩子!'今天我终于来到了你们中间……我仿佛觉得回到了自己的家中……我父亲诞生在这座美丽迷人的城市,从而我也有幸成为她的子孙。让我为威尼斯干杯!"

左拉来到意大利,寻到了他的祖根。

《罗马》这部书,尽管写得仓促,有些地方写得不妥,如关于柏德盖尔书店的描写有些离谱,罗马的圆屋顶建筑有点张冠李戴,左拉自己在心里也担忧,怕它不如《卢尔德》,但实际上,仍不失为一部好书。多变化的艺术手法使书中不时出现惊人之笔:"这个闪耀着强烈光芒而又到处黑暗的城市。"这不相当真实吗?在书中,作者描写了一切,瞬间和永恒、历史和人类。台伯河之外的场景描写,今天可以由罗西里尼直接搬上银幕。书中仍然通过皮埃尔·弗罗芒来表达作者的理想。皮埃尔教士,《卢尔德》一书的主人公,拉梅内②的儿子,像左拉,也像基督教本身一样,在苦难的折磨中不断探索,仍被一八九一年的《教皇通谕》③所激励。在《教皇通谕》中,资

---

① 曼佐尼(1785—1873):十九世纪意大利民族复兴时期最重要的浪漫主义作家,其作品有小说《约婚夫妇》、悲剧《阿德尔奇》和《卡马尼奥拉伯爵》以及一些诗歌。
② 拉梅内(1782—1854):法国哲学家,宗教改革家。
③ 一八九一年的《教皇通谕》:指罗马教皇利奥十三世给各地主教的通谕。在通谕中,利奥十三世以"基督教社会主义"理论家的身份,表示了自己对无权的工人阶级的同情,谴责资本主义暴力。但同时,也反对劳动和资本之间的斗争。他说,只有教会负有上帝的使命,来解决社会问题。

本主义的残暴遭到谴责。《教皇通谕》永远具有现实意义,永远充满生命力,同时也将永远遭到那些生活富裕的基督徒们的嘲笑。继《崩溃》之后,左拉还从没有如此神速地捕捉并且反映出一个如此广阔的世界,也从未跨越过如此漫长的时间!他这个人过去是没有历史概念的,他也从来没有像现在这样聪明。

于斯曼,尽管有所保留,但仍对《罗马》一书表示赞赏。

法朗士写信给左拉:

先生,我亲爱的同行:

我读完了您盛情寄给我的大作。这是一部生动的罗马百科全书。书中大量的人和事物,由于您的明智而有力的思想,都写得生气勃勃,并且有条不紊。您想理解,您就理解了。我赞赏您,有一处细节深深打动了我,我要对您说,您对圣·皮埃尔的描写真是奇妙之至,既有情趣,又富有智慧(阿纳托尔·法朗士最为欣赏的特点了)。

但是,他又狡黠地加了一句:"我们认为,圣会谴责《新罗马》是完全正确的。"阿纳托尔·法朗士对前途将和他类似的同行说这样一句话,是别有一番含义的。左拉是否体会了呢?难以做出肯定的回答。左拉相信他的皮埃尔教士,相信他将创立的新的宗教,相信他的科学与宗教合流的理想。

但是罗马方面不能不谴责《罗马》。

皮埃尔·弗罗芒教士是纯洁的人,然而他背离了宗教。从前,他皈依了宗教(转变方向后的左拉的个人态度),但是,后来又产生了怀疑。他的卢尔德之行使他叛离了宗教。他认为,必须把商贩从圣殿中驱赶出去。欲念对教会来说,永远是危险的,因为它蛊惑人们对宗教进行改革。弗罗芒(作者再一次使用了象征性的名字①)倾向于基督教社会主义:《新罗马》。

---

① 在法文中,弗罗芒(froment)与改革(réforme)不仅字形相近,而且半谐音。

他的著作被列为禁书。正是为了替他的《新罗马》辩护,他才来到了永恒的城市罗马。这个真诚的人为他的事业向教皇申述,但是他失败了。试想,教会怎么能够原谅小说家描写他的主人公的幻灭呢?

皮埃尔感到气闷。他从椅子上站起身来,走过去,把朝台伯河的窗子大打开……暮色中的罗马该是多么凄怆啊,有一半被阴影所吞噬。她和他第一天来到这里所看到的并且倾心热爱的年轻而富于幻想的罗马又该是多么不同!

打开窗户,像左拉一样。自然,书中不乏习以为常的丑闻、心胸狭窄的人的狂暴、对假道学的背叛、被鞭笞的上流社会的时尚以及吃喝玩乐等等。《时代》的一位批评家谴责左拉剽窃,这倒有必要引用下面一封给人留下强烈印象的书信:

"在那里,我使用了一种最起码的权利。我再重复一遍,我不是一个学者,我不是一个历史学家,我是一个小说家。我的职能是利用一切我所能够占有的材料——不管它来源于何处——来反映生活。"遗憾的是,狂妄自大的态度又马上显露出来了:"一个伟大的作家,一个创作家,他唯一的职能就是拥有他的时代,以便加以重新创造,来反映真实的生活……"是这样的。"拥有他的时代",说得精彩!

关于《罗马》,我们还应该提到马拉美的评价:"您刻在罗马上的印记将永远留存,当人们提起罗马这个名字的时候,不能不想到左拉。"

在女主人的周围,聚集着很多人。挨近她身边的是一个戴着黑色长手套的苗条女人,她在侧耳倾听沙尔庞捷夫人的女儿若尔热特、朱丽娅·都德、亚历山德里娜、阿尔方斯·都德、米尔博、洛蒂、马塞勒·普雷沃斯特和左拉聊天。接着,伊薇特①唱歌,她首先唱的是汝乐·汝意的《酒鬼》。她的声音刺激着人的神经。她的声音像《什么也没有比一个坑道兵更圣洁》的创作者泰雷萨的声音一样,带有一点沙哑,有着她个人所固有的韵味。左拉靠近都德,坐在椅子里,不停地玩弄他的眼镜。接着,伊薇特演唱了让·洛兰的《岸上花》,这首被人遗忘了的代表作是由她谱的曲。忽然,左拉抬起了视线,被扭着腰肢、瘦得可怕的伊薇特·吉罗的歌声所吸引:

  他叫我"我的孩子,我的小宝贝",
  在那一天,在那船上……
  我疯狂地爱着他,爱他的英俊;
  他紧紧地拥抱着我,给我抚爱。
  他是一个健壮的小伙子,他是一个男子汉。

左拉悄悄地离开了椅子,向歌唱家靠近一些,

  温柔得像一只咪咪叫的猫,
  对我说道:
  "到你的房间里看上一眼,
  看你的白斑狗变成了什么样子?"

  天空是如此污浊,
  趁幸福的时刻赶快死去。

左拉和都德使劲儿地鼓起掌来。

于是,伊薇特唱起阿尔斯蒂德·布律昂创作的歌谣来,一连唱了两个小时。

  我爸爸把一切都看成漆黑一团,
  他扮演起《小酒店》中埋死人的角色,
  因此,人们管他叫巴苏歇,

---

① 伊薇特(1867—1944):法国女歌唱家。

在蒙特鲁日……

歌词一段连着一段，一个歌曲接着一个歌曲：

他的妈妈叫茀萝拉，
他出生后从未见过爸爸，
在很小的时候，人们就把他送进学校，
在巴蒂尼奥勒……

那时人们变得漂亮了，
在荒丘上还未兴建圣心殿；
我向妮妮献殷勤，
妮妮要安一个家，
在蒙马特。

蒙特鲁日、贝尔维尔、巴蒂尼奥勒、蒙马特尔、蒙马特、蒙墨尔特，这就是左拉笔下的整个巴黎！

"小姐，您的声调，多么富有真实感啊！"他说道，"您是一个多么伟大的喜剧演员啊！"

伊薇特对左拉表示感谢，同时心中感到失望，这不仅是因为左拉称赞的话过于冷淡，更主要的是因为左拉本人。

在沙尔庞捷家举行的晚会上，我听到了伊薇特的歌声。时间已经很晚了，她一直唱到半夜两点。她一直使我们处于激动之中……她使人们回忆起过去的一切，在艺术的夸张中，显得既真实又离奇。人们说一个伟大的女艺术家仅仅是自我献身的自然流露，过去我一直不能很好地理解这句话。

对左拉来说，他必须用笔来表达他的思想。当他回到布洛涅街自己家里的时候，他巧妙地把布律昂写进他的《巴黎》，还有让·洛兰的那悲伤的副歌：

天空是如此污浊，

趁幸福的时刻赶快死去。

准备《卢尔德》和《罗马》时,亚历山德里娜陪伴着左拉。现在,他准备《巴黎》了,陪伴着他的是让娜。他们俩一起爬上了巴黎圣母院的塔楼,爬上了特卡德侯展览馆的屋顶,乘电梯登上了埃菲尔铁塔。在电梯上,他有些不舒服的感觉。他长时间地在圣心大教堂的建筑工地上转来转去,而他的儿女们也为建筑大教堂开掘的神秘的深坑所吸引。他到处拍照,或者做些必要的记录,放入他的皮包里。后来,当德妮丝在国家图书馆里重新看到她父亲留下来的已经失去生命的这些纸页时,她流了泪。

几个月以后,那个亲自给自行车打气,扶着小儿子学骑车的左拉,没有朋友陪伴或者不化装,他是无法上街的。他在街上,常常被过往行人团团围住。《巴黎》是作家在(相对)安静的条件下写出的最后一部小说。

历史上的拉梅内,在晚年时变成了神甫。他受现代思潮影响,主张对基督教进行改革,但遭到了罗马方面的谴责,最后他变成了一个社会主义者。在塑造弗罗芒教士形象时,人们很难相信左拉没有从拉梅内身上得到启迪。弗罗芒被天主教遗弃了,因为他威胁它的教义。但是,弗罗芒教士是一个心地善良的异端分子,他将在实施仁爱之中寻求解放人类的办法。而他的奋斗目标,没有玛丽的爱情以及他们儿女的诞生所给予的鼓舞,是难以实现的。这个人物的某些标记是非常明显的,他所代表的还是左拉,他是一个不穿长袍的神甫的化身。

司汤达的崇拜者,当时最杰出的文学批评家布伦评论《巴黎》时说:"人们不可能从现实之外去寻求理想;理想就在生活之中,理想就是生活。"下面就是变成了社会主义者的皮埃尔神甫的理想:

如果说过去的世界有一个罗马，而现在，她已经行将就木了；巴黎开始主宰今天的现代化了的世界，在不断为人类带来新的文明的同时，像太阳东出西落一样，她变成了人民的中心……昨天，巴黎向各民族发出自由的呼喊，而明天，她将为人类带来科学、正义和民主社会所期望的新的信仰。

明天，左拉将塑造出人民的救世主。

一八九八年，左拉的《巴黎》的问世，在全国引起了激烈的论战。人们都失去了冷静的客观态度，因此批评也就改变了性质。法兰西发狂了。布吕内蒂埃在《两个世界》杂志上发表文章，抨击左拉。韦尔尼奥不怀好意地说左拉是"西奈半岛上的郝麦"。当然，基督教徒和保守党们也是为之暴跳如雷的了。那么，社会主义者是否欢迎左拉的主张呢？他们也是持保留态度的。让·约莱说："小说的不足之处就在于左拉先生自以为是社会主义的那种并非正确的思想。科学为改造社会创造了可能性，但它仅仅是创造了可能性而已。当政权原封不动的情况下，只有科学的进步是远远不够的。我们没有推翻资本主义之前，科学只能为资本主义增添力量。"

写《小酒店》时的左拉与那些还没有觉悟的工人阶级，都不是社会主义者，而在《萌芽》、《金钱》和《土地》中，左拉的思想很接近于马克思主义的基本思想。现在，他又变成四八年革命党人、卢梭主义者和个人主义者了。他抛弃了历史唯物主义、集体主义和盖德主义。在他的晚年，左拉又回到了乔治·桑的温情社会主义上面去了。

《巴黎》的成就是低于《卢尔德》和《罗马》的。揭露罪恶对作家来说总比歌功颂德来得顺畅。纪德后来曾经说过，优秀的文学作品与美好的感情的缘分是淡薄的。这虽然令人沮丧，但常常是事实。然而，《巴黎》还是站得住脚的，因为弗罗芒教士的身上有生活气息，以让娜为模特的玛丽被描写得栩栩如生，其他人物也是有趣的、感人的，并且有些人物也是有所本的：巴尔贝斯①，在书中的名字是巴尔岱斯；巴拿马财政部长鲁维埃变成了蒙费朗，勒格拉就是伊薇特所热爱的布律昂；马塞兰·贝特洛②是化学家拜尔特鲁瓦；梅热是于勒·盖德，连同他的"热诚的信仰，他的角斗士的气质"；桑尼耶是爱德华·德吕蒙；萨尔瓦是无政府主义者瓦扬，等等。

《巴黎》能站得住的另外一个原因是巴黎在书中得到精彩的描述。

由于当时有大量的取材于德雷福斯案件的小说问世，《巴黎》在《索报》上连载时，并未引起广大读者的注意。最为荒诞的传奇作品充塞了公众生活：《叛徒》、《间谍》、《为国献身的军官》、《无辜者》、《烈士遗孤》、《被收买的法官》成了人们街谈巷议的中心。《巴黎》被巴黎吞没了。《索报》在连载《巴黎》这部玫瑰色的社会主义小说时，登载大量揭露"犹太人德雷福斯"的低劣文字。左拉突然明白了当前的形势。他将在德雷福斯案件中留下他的历史性的形象。

---

① 巴尔贝斯（1809—1870）：法国政治活动家，曾做过人民代表（1848年），1849年被捕入狱，1851年被释放。
② 马塞兰·贝特洛（1827—1907）：法国化学家和政治活动家。

第六章
左拉案件

您会看到,他们将熄灭太阳!

内容提要

（一）国家混乱的缘由 / 主要敌对双方：秩序和自由 / 案件之前，左拉的生理状态 / 图鲁兹的意见 / "高级堕落者"

（二）在阿尔方斯·都德家进晚餐，一八九五年一月 / 雷翁讲述德雷福斯遭贬黜 / 与约瑟夫·雷纳克关于反间谍的对话 / 战略情报处 / 气压传递的"小蓝信笺" / 皮卡尔与宫斯将军的谈话，一八九六年 / 在蒙苏公园的会见 / 左拉再次找到了克列孟梭

（三）左拉笔下的德雷福斯 / 艾斯特哈奇，一个高傲的伯爵 / 小小的震动 / 一八九七年十二月《费加罗报》刊登的三篇文章 / 年青人，年青人 / 阿尔方斯·都德的葬礼 /《告法兰西书》，一八九八年一月七日 / 宣告艾斯特哈奇无罪 /《震旦报》的开战主张 / 左拉朗读他的《致共和国总统的公开信》

（四）"大麻是为以色列人长的" / 佩居伊撰文说左拉 / 阵线选择 / 该问题不能提出 / 塞万莉娜说：他是英雄 / 参谋部的"大名人" / 亨利上校 / 皮卡尔成为法庭的中心 / 布瓦代夫将军的政变 / 艾斯特哈奇六十次沉默

（五）一张令人迷恋的法兰西地图，一八九八年二月 / 知识分子群 / 好一个美好社会 / 反德雷福斯派的高压 / 最高法院 / 戈德弗鲁瓦·卡韦尼亚克 / 七月十八日，在凡尔赛起诉和穆甘的电文 / 克列孟梭玩弄的计谋

（六）巴斯加尔先生去伦敦 /《繁殖》，诗的小说 / 一八九八年八月三十一日，亨利上校自杀 / 卡韦尼亚克，饶勒斯和"证据" / "虚假的爱国主义"传说 / 将军们的末日 / 厌倦 / 小动物的朋友 / 艾斯特哈奇招供 / 共和国总统的令人冷笑的死亡 / 流亡的人回来了

一

即将耗费左拉三年心血的德雷福斯事件，并不是"突如其来的一声晴天霹雳"。它是一次综合性危机，间谍案只是导火线，多年来各派政治势力之间错综复杂的矛盾冲突才是它的根本原因；其中有些矛盾已有长达百年的历史了。这里还不包括诸如秩序与自由一类社会内部长期辩论不休的问题。主张维护秩序的人们要求政府宁肯错抓一百个无辜者，也不放过一个罪犯；主张维护自由的人们则希望政府宁肯放走一百个罪犯，也不要去伤害一个无辜者。秩序与自由是矛盾的，在一个社会里，很难找到使这两种势力都满意的均衡点。德雷福斯的悲剧只不过是这些激浪中的一个浪花而已。

德雷福斯事件发生在各种矛盾冲突交织在一起的严重时刻；德雷福斯事件同时也是资本主义社会内部的一次危机。资产阶级内部的正统派、奥尔良派、波拿巴派、天主教派、保守派和反动派等有他们的银行和政界代言人；与他们对立的是资产阶级的另一部分，他们是共和派、新教派和犹太人，前者早就在寻找适当的时机与后者进行较量了。人民群众，在一七八九年、一八三〇年、一八四八年和一八七一年，曾受过他们的同盟者，资产阶级激进分子的欺骗，现在他们沉默了。

新闻自由也是使这个事件闹得不可开交的一个重要因素。新闻报纸接受危言耸听的谎言，挑起谋杀，听从内阁、总参谋部、警察、革命者或者银行家们的役使，使得事件愈演愈烈。既然新闻自由，又怎能不这样呢？检查新闻的真伪是不可能的。检查需要时间，而时间一过，新闻也就成了旧闻。新闻报纸一时间向法兰西大地倾注了大量的假消息、受贿的影射、恶毒的攻击和讹诈……其疯狂程度达到了极点。另外,由于编辑们的聪明才智及丰富的想象力,又赋予这个事件以类似今天侦探小说的色彩。通过新闻的声音,人们可以看出法兰西在发四十度高烧,在说谵语,而且一直持续了十年之久。

当左拉从罗马返回巴黎的时候,他对德雷福斯案件还是一无所知的。他向来讨厌政治。这时有几个青年来到他的身边,劝说他出任众议员。尽管他很少有青年朋友,但是,他还是拒绝了。他对他们说:

"请你们听一听我这个莫塘村政府参议的看法。从公社失败以来,有两种人想东山再起,报仇雪恨。有被人血腥镇压下去的战败者、公社社员、革命党人……"

"是这样的,大师。"

"还有那些被剥夺了财产和权力的贵族资产阶级:波拿巴派、正统派、奥尔良派和君主专制主义者。幸运的是,他们都是些只看着自己鼻子尖的鼠目寸光的人。你们知道,一八七〇年,甘贝特宣布成立了共和国。这很好。但是,经过一八七一年二月的选举,进入议会的有二百名正统派、二百名奥尔良派、三十名波拿巴派和三十几名自由党人。而在这个奇特的共和国里,入阁的共和党人却仅仅有三个!主张君主制的人们之所以没有复辟成功,是因为他们未能与尚博尔伯爵[①] 取得一致。于是,他们失去了时机。你们在听我讲吗?"

"是的,大师。"

"好。议会在一八七五年通过了瓦隆的修正案,这么说,

[①] 尚博尔伯爵(1820—1883):即亨利五世。巴黎公社失败后,成立了第三共和国。麦克马洪任总统期间,正统派和奥尔良派同意尚博尔伯爵登基。但尚博尔坚持恢复波旁王朝的白色旗帜,拒绝将三色旗作为国旗。最后这次复辟君主政体活动归于失败。

共和国该步入正轨了。不,麦克马洪又急急忙忙企图发动武装政变。然而他是一个既无头脑又无办法的人,于是,出现了一个布朗热,他自称是君主主义的敌人。是他把那些王孙贵族从内阁中驱逐出去的。可是,支持他的共和党人做了一些蠢事,比如威尔逊案①,你们说,该有多么荒唐!一八八九年一月,爱国者联盟本来可以支持布朗热进入爱丽舍宫的。他是法兰西的情人,而不是个雇佣兵。可是,他自杀了。他的自杀是值得怀疑的。一八九二年的选举对共和党人是有利的,但是,后来有利形势又奇怪地转到它的对立面公社社员方面去了。这样资产阶级共和派不得不在两条战线上作战:一方面是尚未解除武装的专制主义者,一方面是使他们为之胆寒的红色革命党人。现在,资产阶级共和党人借口无政府主义者的恐怖活动和工人罢工,要求限制新闻自由。而专制主义者则捉住牵累着左派的巴拿马事件②不放。无政府主义者不断制造爆炸事件③,而迪皮伊内阁对此却束手无策。内阁过于依赖总参谋部了。"

"那结果会怎么样呢?"

"如果法国失去了平衡,那她将倒在拉瓦肖尔、埃米尔·亨利、卡塞里奥……制造的血泊之中……或者沦于百万富翁们的专制统治之下。"

"我们应该有所作为,大师,要组织起来,要行动。您应

---

①指1887年发生在爱丽舍宫的一件丑闻:共和国总统茹尔·格雷维的女婿、众议员威尔逊从事出卖荣誉勋章的勾当;后不久又发现有些身居高位的政治家、参议员、众议员和部长也干这种勾当。
②指1893年法国发生的一件大丑闻:一些投机商人与贪污政客勾结起来,以开凿巴拿马运河为名,组织公司,滥发股票,聚敛巨额资金,实际上运河工程并未进行,而同谋者吞款分赃,最后以宣告破产了事。这是法国第三共和时代一大丑闻,牵连当时政府高级官员甚多。
③1892年3月,巴黎不同地区发生三次爆炸事件,炸弹是无府主义者拉瓦绍尔安放的。1893年12月,瓦扬在众议院开会时投进一颗炸弹。1893年12月,公共场所不断发生爆炸事件。后来,1894年6月,意大利无政府主义者卡塞里奥在里昂用匕首刺杀了共和国总统萨迪·卡诺。

该和我们在一起。"

"我是一个作家,不想介入政治。当一个人不愿做一个游手好闲的议员的时候,议员的权责,据我所知,是很重大的。而我是一个正直勤奋的人,我还是先把我的作品完成了吧。"

左拉一直恪守着不介入政治的格言,直到他的公民责任心占了上风,才有了改变。但是,他的责任心战胜他,并不是在政治方面,而完全是为了道义。他必须在目的与手段这样一个永恒的难题中做出抉择。他将全力以赴去打击那些主张"只要目的正确,可以不择手段"的人。维护自由的朋友们总是站在左拉的一边,而维护秩序的人们却总是与他作对。这就是他将来的极为困难的处境。

左拉对待德雷福斯事件的态度的转变,在一八九四年,即卡塞里奥刺杀共和国总统卡诺那年,他写文章做了具体说明:

将德雷福斯案件公诸于世的时候,我正在罗马,直到十二月十五日我才从那里回来。在那里,自然很少读到法国报纸。这就是为什么我对这一案件不了解并长时间毫无反应的原因。直到一八九七年十一月,当我从乡下回来的时候,我才对这一事件产生兴趣,而且客观条件也帮助我了解了各种事实及一些档案材料,从而坚定了我的不可动摇的信念。

当左拉决定进行他一生中最重要的社会活动的时候,他已经受过专家和学者们的检验了。在进入战斗之前,人们是要衡量、审视和考察战斗者的:"他有三个方面是最为有力的,这就是青春活力、健康和善良。他非常喜爱首饰,也非常喜爱蒸汽机,这就是说他酷爱完美和顽强的工作。一台用钻石制成的蒸汽机,对他来说,那将是万物之中最为美好的东西了。"

上面这一段令人惊叹的引语中的"他",正是指的左拉!

一八九五年十月底一个晴朗的日子，一位值得尊敬的先生来到了左拉的家中。

"大师先生，我正在准备一份关于智力优势者的心理医学报告。《卢贡—马卡尔家族》的作者对该项工作不可能漠不关心。在我们同代人中间，您是最为突出的智力优势者之一。我请求您接受一系列的测量、分析和检查，其目的自然是服务于科学。"

来访者是圣特·安娜医院医生、巴黎医学院精神病疗所所长图鲁兹博士。

"为了给您做检查，左拉先生，我想得到伦敦皇家医学协会会员法兰西斯·高尔顿先生和人类学学院教授努弗利博士等一些专家的帮助。贝蒂荣①也将和我们一道工作……他将根据警察总署使用的方法，为您填写人体检查卡片，附上您的正面和侧面的照片，另外，还要对您的双手和笔迹进行研究。总而言之，我不仅要得到您的三位家庭医生的配合，更重要的是您本人的配合。"

尽管有些突如其来，但被来访者的重要身份吸引，又受他原来想成为一个科学作家的愿望的鼓动，小说家左拉欣然接受了调查。

图鲁兹博士说道：

"我感到十分高兴，大师先生。您想象不出，我能调查像您这样一个人物，该是多么荣幸，因为我在精神病医院工作，对象都是一些无名之辈，当然病例倒不是没有价值……"

一八九五年，这项调查工作开始了。

---

① 贝蒂荣（1853—1914）：法国医学家，他曾发明一种通过人体检查鉴别罪犯的方法。

作为一个医学调查对象的左拉,在一八九六年,身高1.705米。脑量比人平均量稍高一些。牙齿状况不佳,已有八枚脱落。手指有轻微颤抖,有时甚至颤抖得拿不稳手稿,使得他在公开场合无法朗读。肌体正常。从整体上看,除他的教授风度之外,还给人以坚强有力的印象。

关于左拉的神经系统的情况,我们曾经谈过。我们知道,左拉受其母亲的遗传,"除具有关节病素质的神经特点之外,还具有易于发生精神疾病的潜在因素"。图鲁兹博士证实了左拉发音有错误。这些错误,曾遭到龚古尔和都德一家人的嘲笑。图鲁兹记录道:"在成年的左拉身上,仍保留某些发音不准确的情况。"同时,他也具体地谈到了左拉的性的特征:性发育较快,十岁时即有性的萌动,十二岁有真正的性的欲望。尽管他对两性概念有过早的萌醒,然而女人在他青少年时代的生活当中,并未起着什么重要作用。

图鲁兹大夫所感兴趣的,还是在精神素质方面。二十岁的时候,左拉喜欢吃面包、咖啡和意大利奶酪。心绪不宁的现象增多了。"十岁左右,出现了病态的自我感觉,并且越来越顽固起来。"从二十岁到四十岁期间,从医生记录的病历上看,左拉有几次腹痛;从四十五到五十岁期间,曾有过一次假性心绞痛和左臂疼痛。

关于左拉身体素质各方面的研究,具体地向我们表明:

"左拉先生是一个深居简出的人。他不喜欢任何诸如赌钱之类碰运气的事,也不喜欢纸牌、枪支和台球,在这方面,他显得太笨拙了。在一八八八年,人们看到他很胖,胖得发喘,但为了获得让娜的爱情,他忍受着肠胃的痛苦,和肥胖展开了斗争。但是,急剧减肥之后,长时间的伏案工作又使他重新胖了起来。"

调查报告中具体列明了左拉在一八九六年的进食情况：

"晨九时，一小块油煎面包。没有任何饮料。

下午一时，中饭，少餐。没有酒类和淀粉食物。

下午五时，茶和少许点心。

晚七时半，晚饭，少餐。

晚十时，两杯热茶。"

图鲁兹大夫在报告中说道：

"人们从创作的观点出发，想看到胖左拉与瘦左拉之间的差别，并且说后者不如前者。"

图鲁兹不赞同这种说法，指出：

"正是在他瘦下来的时候，写出了《土地》和《梦》。"

我们还要加以补充：他重新变成了一个正常的人之后，还写出了《人面兽心》、《金钱》、《崩溃》、《巴斯加尔医生》和《卢尔德》等等。

图鲁兹也研究了左拉的记忆能力。左拉的记忆力是相当特殊的，是一个作家所具有的最好的记忆力，他能抓住事物的实质。"左拉先生可以观察到精细而非常之美好的事物的'脚'，但是，词语却使他扫兴。"图鲁兹还没有跟我们讲，左拉特喜欢他自己的那双脚，因为它们并不大。

关于记忆的测试是很有趣的。图鲁兹相当快地朗诵一些诗句：

在一个黑夜的早晨……

炽热的情感，那情妇多么娇艳！

她那含笑的嘴唇热烈地吻着……

"这是谁的诗，左拉先生？"

"是缪塞的，对吗？"

图鲁兹继续朗诵道：

他半睁着双眼，眼里闪着幸福的光焰。

一种欲望在膨胀，使他激动不安，
从她的发卷中散发出诱人的芬芳
……………

"不必念了！"左拉打断了图鲁兹，"这是我自己的。"

这仅仅是一个插曲罢了。不过，值得指出的是，首先，他常常出人意料地忘记他自己的诗的意义，而这种现象对那些自命不凡的诗人来说，是从来不存在的；其次，他的嗅觉的辨别能力很强，这是他的天赋中重要的组成部分，后来左拉自己也意识到了这一点。

由于系统地采用了一种新的方法，他对左拉性的特征以及在作品中的表现、梦境和儿童时期的回忆等进行了广泛研究，从而丰富了词语无意识搭配试验的内容。

"最美的雕像？"

"巴尔扎克……因为我负责这项工作。"

不过，同时也因为巴尔扎克一直是他担心赶不上的楷模。

"最令人喜欢的花儿？"

"玫瑰。这个词虽然最先出现在我的脑际，但不瞒您说，我所喜欢的并不是这种花。"

显然是玫瑰一词使他想到了让娜。

"《萨朗波》？"

"福楼拜。"

"奥尔良？"

"杜邦卢[①]。"

人们通过一支非常流行的歌曲，可以想见《卢尔德》的作者的那种反教权的放肆而刻薄的态度。

---

① 杜邦卢（1802—1878）：法国高级教士，奥尔良教区主教。善演讲和辩论，维护教育自由。

"叶子?"

"树。"

"雷声?"

"难以忍受的不安。"

孩提时代的令人恐惧的记忆一下子出现在他的脑海。在莫塘,每当雷雨大作时,左拉总是把自己关在台球房里,门窗紧闭,把所有的灯都点起来,然后用一块手帕把两眼蒙上。

"鱼?"

"鳎目鱼(一种美食)。"

"礼拜天?"

"关于无聊的苦思冥想(对付无聊和因不信教而空虚的特殊天才)。"

"姑娘?"

"妓女(他在准备《小酒店》时学到的一个词)。"

"发情?"

"几只雄鹿。"

"脚?"

"让·古戎的女人们的脚。"

这是一些在他孤独的少年时代,在无辜者喷泉曾经爱慕过的女人。

"心脏?"

"心脏病。"

这是使他经常不安的所在。

"斗争?"

"我的生活。"

"魄力?"

"男人的标志。"

"性交?"

"女人。"

"长沙发?"

"同房。"

"上帝?"

"无所不在。含义空泛。"

应该为图鲁兹博士鼓掌!这些词语(从众多极其重要的词语中选出的)连结在一起,构成一幅真实的画面。当然,和杜邦卢的关系是有些滑稽,但是当话题转到其他方面时,都是很感人的,譬如关于雷声或者心脏,贪食和资产阶级与鳎目鱼,对生活和斗争的漂亮的回答,对爱情的露骨的表白,以及在上帝面前永远保持的诚实等等。

调查分析在其他方面也很深入,特别是关于左拉的病态的不安:

"某些不安是和自己的本能紧密相连的,恐惧是其主要表现。左拉先生对骑自行车不感到十分害怕,可是话又说回来,他却十分害怕黑暗,在夜里,他是不敢独自一人穿过树林的。他也害怕突然死去,而这种恐惧不时地向他袭来。易怒是他的主要性格特点。而促使他发怒的,多是那些他认为荒谬绝伦的事物。最容易使他发怒的起因,并不像大多数人那样,是因为对人的肌体的侵害,而更主要的是对人精神上的不公平待遇以及一切不公平的事物。"(医学专家走到了历史事件的前边:左拉愤怒最厉害的一次将在两年后发生。)

图鲁兹博士无疑对左拉本人是感兴趣的,但使其更感兴趣的还是调查的中心意旨:智力优势和神经系统的关系。他十分自信地做结论说:"说真心话,我还从未见过像他这样一个对事物着迷、容易冲动而又如此冷静的人。我也很少见到像他这样一个肌体完好无损而且精神上十分平衡的人。当然,不可否认,左拉先生精神上是有毛病的,这就是说他经常被痛苦所折磨。"

但是，对我们来说最为重要的事，却被调查者漏掉了。首先，左拉没有对图鲁兹讲起关于穆斯塔法的事情。今后，也许人们会对这一"忘却"争论不休，但不管怎样，这足以表明，给孩子时的左拉造成了巨大不安的绝不是一件玩笑小事；其次，调查报告曾记载有下面的话，但发表时被删去了："左拉有过恐惧不安，因为孩童时代，在狂欢节时他曾被拥挤在人群中间。"图鲁兹对左拉的这一特点的忽视，使我们感到惊讶。

实际上，小说家左拉具有个性的特点难道不正是他对人群的敏感吗？文学创作的魔力，对一个身体孱弱、性情腼腆、天生神经质的孩子的恐惧所给予的补偿几乎是十分丰厚的。

当时的风俗使左拉留了山羊胡子，穿上了礼服，他甚至根据一些教授的建议，每礼拜六洗脚一次。这些当然是未尝不可的，但是，作家在这一关键时刻给我们留下的不寻常的、甚至是被夸张了的形象，完全与以往给人们的印象相反。"文学中的农夫"、"浪漫的通阴沟者"、"厚颜无耻的左拉"是一个伟大的神经质的人，同时他执着、敏感，对人真诚，甚至勇于自我牺牲；他在作品中的声色描写多于在生活中对声色的追求。他悲观而又慈善，易怒，有时十分任性，甚至于大发雷霆。人们可以从他的种种弱点来观察他，耐心而又长久地去研究他。但不管怎样，我们千万不要弄错了："他仍是一个正常的人。"

精神病医生们给我们提供的结论就谈到这里吧。作家的儿子，雅克·埃米尔－左拉本人也是医生，他很熟悉图鲁兹大夫。雅克不无幽默地说，他和其他许多精神病医生一样，对他父亲的状况也深感不安。他说他父亲"到处都可以看到他所要观察的事物"。这是众所周知的职业习惯。"他从来不会简单地看待事物。"雅克很谨慎地只做出这样的结论。事实上，左拉仅仅在精神上感到痛苦时，才表现出某种异常。图鲁兹大夫也是这样说的。

在左拉即将投身到德雷福斯事件之前，我们对他进行了这样一次剖析。他将一反常态，不顾腼腆和对政治的反感，去迎战他的敌人，一些永远使他不得安宁的人。

是的，为了正确估价图鲁兹大夫所说的"高级堕落者"的勇气，是需要这样一份极其珍贵的报告的。

二

一八九五年一月五日，左拉到阿尔方斯·都德家吃晚饭。《五人宣言》所留下的阴影早就云消雾散了。老朋友都德还是那么消瘦，在他那变老了的面孔上，嘲讽的表情已被痛苦代替。就在这一天晚上，在爱德蒙·德·龚古尔到来之前，左拉和都德秘密商定为龚古尔的七十三岁寿辰举办一次宴会，并庆贺他荣获玫瑰花勋章。普恩加莱①将主持授勋仪式。普恩加莱二月九日的一封信表明，在这一"密谋"中，左拉是主谋。"我亲爱的左拉先生，是的，我有一枚玫瑰花勋章将授予龚古尔先生。我尽快地把这一决定通知给您。请接受我崇高的敬意。"妒忌、不和、摩擦以及性格气质上的抵触，这一切都不能摧毁这几位迥然不同的作家之间的奇特友谊。左拉绝不是那种记恨别人的人。

阿尔方斯·都德的儿子雷翁缺席，父亲请求客人们原谅。雷翁去参加德雷福斯上尉的贬黜仪式去了。都德接着谈起他去伦敦旅行的打算，他说，如果夏天疾病不再折磨他，"啊，我

---

① 普恩加莱（1860—1934）：法国政治活动家、律师。曾出任法国总统和参议院议长。

真想把双脚踏到那真正的船上去!"当左拉说起他的罗马之行时,都德像孩子似的,眼里闪着羡慕的光芒。

"我多么想去游览意大利呀!"

但是,阿尔方斯·都德心里很清楚,死神不会给他留下多少时间了。人们回忆起往日的老朋友,他们都相继作了古人:儒勒·德·龚古尔和福楼拜以及他的最为得意的弟子莫泊桑。

除去对亡友的痛苦思念,这是一次和谐、热闹、风趣而又富有文学性的晚宴。有时谈话不自觉地转到德吕蒙、反犹太主义和德雷福斯上尉等问题上去。可是,人们又赶紧将话题拉回到旅行上来。

雷翁回来了。随着都德的儿子的到来,炽热而又疯狂的生活也来到了病人的卧房。雷翁还是个二十六岁的青年,虽尚未成为一个熟稔奇闻稗史的大杂家,但造化却偏偏开他的玩笑,使他这个反犹太主义者反倒有一副犹太人的外表。他刚发表了小说《庸医》,在书中大肆诋毁医生。社会上恶势力得势的事实唆使他走上了与他的父亲截然相反的道路。龚古尔、左拉听他讲述贬黜德雷福斯的情景。这是多么难得的机会!

"要是你们亲眼看到这个德雷福斯高昂着头、迈着军人的步子去参加他的贬黜仪式,你们也会像大家一样恼火的。在他那个种族里,人们是不知道什么叫耻辱的……当龙骑兵副官布辛把他的军帽、衣袖上的金色的军衔纹饰和上衣的金色纽扣撕下来的时候,当砸碎他的军刀的时候,德雷福斯睁大着双眼,把两只手紧贴在裤缝线上,站在那里一动也不动。真叫邪门!他重复着:'士兵们,人们在贬黜一个无辜者!我是无罪的……法兰西万岁!军队万岁!我以身家性命担保,我是无罪的!'当时人们真应该敲起战鼓,把他的声音压下去!"

"雷翁,您说得太夸张了。"左拉说道,"在任何情况下,都不必拉上大家。我极力反对煽动大家起来粗暴地对付孤单单的个人。难道他千真万确是一个罪犯吗?"

"您这样喊是毫无意义的,因为在一个钟头之前,他已经向押送他的军官供认了。"

"啊?供认了?!"左拉说道,"我要看最后的证实,我的朋友。哎,雷翁,因为德雷福斯勇敢地经受住了这可怕仪式的重压,您就咒骂他,那么,我要问,如果他走路时脚步不稳,您又该怎么讲呢?"

雷翁·都德被问得张口结舌。然后,雷翁笑着大声地说:"我仇恨他们,他们无所不为,腐蚀一切。我仇恨他们!"

左拉接着说道:

"问题是他已经供认了。"

阿尔方斯·都德最后说道:

"您想,军事法庭的七名军官怎么都弄错了呢?"

一八九七年十月的一天,左拉在他的朋友、音乐家阿尔弗雷德·布鲁诺家吃晚饭。阿尔弗雷德·布鲁诺和左拉长得出奇地像,而"左拉更显得丑些"。一个刻薄的漫画家在谈论起音乐家布鲁诺时,曾这样说过。小说家左拉神情颓丧,脸色苍白,仿佛心事重重。左拉见布鲁诺现出担心的样子,就用手抚摸了一下额头,说道:

"您还记得那个被判处终身流放的步兵上尉、犹太人德雷福斯吗?唉!德雷福斯是无罪的。可是,人们却把他流放到圭亚那的魔鬼岛上去了!布鲁诺,从一八九四年以来,一个无辜者为摆脱不幸命运而艰难地挣扎着。唯有一个军人主张为他昭雪,这就是皮卡尔中校,而其他的人则主张维持这罪恶的裁决。布鲁诺,我读过一些德雷福斯写的书信,那真是撕裂人心啊!如果其他人就这样知错不改，我，我是无法再忍受下去了！"

左拉脸色苍白，这并非是因为他身体不适，而是他愤怒了。他从口袋里掏出几张已经折皱了的信纸，用发抖的声音说道：

"布鲁诺，在公开举行贬黜仪式之前，德雷福斯写信给他的妻子露西：'我亲爱的，人们通知我，对我的最残酷的凌辱定在后天。尽管我等待着这一天，并且做好了准备，可这消息对我的打击仍然是沉重的。我向你保证，我将抗争下去！'"

一时间，读信的左拉仿佛又看见了那叫喊着"仇恨"的雷翁·都德。

"不久，德雷福斯被带到圣马丹德雷。他写道：'不管发生什么情况，我坚信，历史将恢复事情的真正面目。在我们美丽的法兰西——尽管她一时冲动起来，但对无辜的不幸者还是仁慈的——将会出现一个正直而又勇于揭示真理的人。'布鲁诺，两年过去了，人们还没有找到这样一个人！德雷福斯身陷囹圄，闪着寒光的刺刀在看守着他。而当风传他将越狱的时候，殖民部长下令给他上了脚镣。哎，您对此有何感想呢？"

"我想这是一场悲剧。但是，如果他真是罪犯……"

"您这个问题提得不对，布鲁诺。应该说：'如果他是无罪的呢？'而且，如果他是无罪的，布鲁诺，那我们，您，我，我们大家就将是有罪的。"

"怎么能知道他无罪呢？左拉！"

"我知道得很清楚，布鲁诺。这是一个公开的秘密！皮卡尔中校同样也知道德雷福斯是无罪的，如果他毫无作为的话，那么，尽管我现在还不知道我将做什么，但是可以肯定，我是要做些事情的……"

从小说家一时被一篇关于间谍的文章所引起的好奇心到这发自一个正直人肺腑的呼喊，这中间经历了三十三个月的时间。

把左拉从他的作品中吸引开来是得需要一些时间的。当然，这期间他经常听到人们谈起德雷福斯案件，特别是他认为正直而又诚实的历史学家雷纳克，对他讲述得最为详尽。

"那么，我的好朋友，请您用两分钟把这个故事讲给我听听吧。"

"这可不同于一般的故事啊！"雷纳克说道，"这得需要很多时间，需要很多细节才能说明白，不过我尽量把一切都告诉您。德意两国在我们这里设有情报机关，这是尽人皆知的，其头目就是他们大使馆里的武官：德国的施瓦茨考本上校，意大利的帕尼扎尔迪上校和奥地利的施耐德上校。"

"怎么，人们都知道！"

"这是尽人皆知的。人们所不知道的，是他们所控制的间谍的名字。"

"那么，必须提防，必须行动起来，必须……"

"是这样做了。法国总参谋部设立了一个反间谍机关，叫战略情报处。这个机关从属于总参谋部第二处，而第二处又从属于国防部。这是很明确的。您要知道，最近几年出现了失密事件。"

"这很有意思，您讲一讲，雷纳克。"

"战略情报处处长桑戴尔把失密一事向当时的国防部长麦贺西耶将军做了报告。一八九四年春天，一个地位很高的谍报人员告知情报处，说有一个法国人为施瓦茨考本和帕尼扎尔迪提供情报。六月，桑戴尔的副手亨利少校经调查证实了这事。于是，立即组织监视，但毫无结果。另外，您还应当知道，在德国间谍机关的内部也有我们的人……"

历史学家雷纳克，当时四十岁。他曾做过甘贝特的秘书，是布朗热主义者的死对头，迪涅地区选出的议员。人们曾赞赏地传说，他过去曾收到他叔父雷纳克男爵从巴拿马寄来的一张四万法朗的支票，但当他得知这笔钱的来路之后，又如数寄了回去，他愿做一个玩世不恭的、一文不名的清白人。

"一八九四年九月末，"他继续说下去，"亨利少校向国防部呈报了一份材料。他说：'我掌握了一个线索，这个是从德国大使馆弄来的。'他说的'这个'是一份情报传递清单，是施瓦茨考本的秘密间谍写的。"

"一份清单！这倒像是一个商行啦！雷纳克，我可从来不敢相信有这样的事！"左拉插话道。

"这份从德国使馆弄来的清单是经过修补复原的。从内容上看，那是把交付的关于我们的秘密情报列成清单，通知德国人的。麦贺西耶将军将这份材料送给共和国总统卡西米尔·佩里埃和内阁总理夏尔·迪皮伊审阅。总理又将司法部长盖兰和外交部长阿诺托找来。因为这份材料是从德国使馆传递出来的，所以阿诺托主张压下来，不宜声张，但遭到其他几个人的反对。"

"那时人们是不是正在议论战争啊？"

"是的，人们害怕德国对法国发动战争。不过，人们还是决定进行追查……从清单所涉及的技术机密来判断，这个间谍很可能是总参谋部的一个步兵军官。十月六日，达波维尔上校声称发现了作案者，并且肯定说是一个犹太人。总参谋部的人都读《自由言论》。在《自由言论》上，每天都有这样一类的话：'在犹太人当中，人们知道谁是靠剥削借债的军官而发财的高利贷者，谁是从士兵嘴里捞大钱的商人，谁是出卖国防机密的无耻间谍。'"

"无耻！"左拉说道，"这是反犹太主义的论调。结果怎么样呢？"

"达波维尔的证据是德雷福斯上尉的手迹与从德国使馆偷出来的那份材料的字迹相似。德雷福斯上尉是总参谋部唯一的一个犹太人。达波维尔去征求法兰西银行鉴定专家戈贝尔的意见。戈贝尔的结论是，'材料上的字迹是被怀疑者之外的人所写'，但是，警察厅罪犯人体测量负责人贝蒂荣则认为两个笔迹完全相同。请您注意，贝蒂荣同样也是一个反犹太主义者。他的意见压倒了戈贝尔的结论。杜·巴地·德·克朗被任命为司法警官，又是一个反犹太主义者。一八九四年十月十五日，人们通知德雷福斯身着便服，于上午九时进行全面检查。杜·巴地·德·克朗为了得到德雷福斯犯罪的最后证据，让德雷福斯笔录一封信，他在信中加入了那份材料中所使用的词句。德雷福斯写着。突然，杜·巴地·德·克朗对德雷福斯说：'您怎么了？上尉，您发抖了！'德雷福斯冷静地回答说：'一点也不，我只是手冷。'克朗继续口述，德雷福斯继续往下写。对杜·巴地·德·克朗来说，毫无疑问，这就是那份材料的笔迹，而德雷福斯的镇静只能说明他是一个死硬的叛徒。于是，他控告德雷福斯犯下了叛国罪。人们建议给德雷福斯一支手枪，让他自己惩罚自己……"

"事情已经到了这一步！"

"亨利把德雷福斯带到了军事法庭，但是，没过多久，杜·巴地·德·克朗不得不得出结论：物证不足，应宣布无罪。阿诺托更想把这件事压下不提了，可麦贺西耶还在犹豫不决。这时，德吕蒙的《自由言论》（又是这份报纸！），于十月二十九日发布一条消息：'叛国罪，犹太籍军官阿尔弗勒德·德雷福斯被捕'"。

"是谁提供消息的呢？"

"亨利少校。这个军官私下串通记者，每天都在报纸上诋毁他的长官麦贺西耶将军的名誉，叫他'呆子将军'。"

"为什么如此激烈呢？仅仅反犹太人是不能说明问题的！"

"我也不清楚。起码亨利知道谁是真正的罪犯，可他不想把他揭露出来。"

"怎么？雷纳克，'真正罪犯'！这，这个假设是可怕的！"

"我已经对您说过了，这是不同一般的案件。麦贺西耶将军没有退路了。宣布德雷福斯无罪，那就意味着他自己的倒台。他通过战略情报处建立了一个秘密档案，直至最后关键时刻，在被告及其辩护人完全不知道的情况下，左拉，请您记清楚这一点，他把这份档案递交给了军事法庭。麦贺西耶要求秘密审判，并且威胁说：'否则德国将向我们宣战。结果您是知道的了，德雷福斯遭到贬黜，被判处终身监禁。事情就是这样。"

"我的朋友，这一切也太复杂了。"左拉听完说道。

左拉历来是一个敢于反潮流的人。在马奈遭到嘲弄时，他挺身而出，为他辩护。一八六六年，当一个遭到美术展览会拒绝的画家自杀了时，他大为愤怒，为之呼号。二十年之后，发生了德普雷事件。左拉对待这一事件的态度，充分反映了他的敢于反潮流的精神。

德普雷曾写过一本自然主义小说《在钟楼的周围》，遭到警方追查，被判处一个月的监禁。左拉四处奔走，想尽一切办法来解救这个年轻人。一八八五年二月十八日，他写信给阿尔方斯·都德。

我亲爱的朋友：

您是否能为在圣佩拉吉监狱中受苦的德普雷做些事情？在您替我做出某些努力之前，我想知道您已经做了些什么。请给我回几句话。

向您致以亲切的问候。

从圣佩拉吉监狱，德普雷给他的大师写了好几封令人心碎的书信。

一个自然主义小说作者被看成了小偷、鸡奸犯……一样的人。……我被关在诊疗所里，一天二十四小时中，要有十八个小时躺在病床上，在我的伤口上涂着不能碰的泥罨剂，还要喝那祛痰镇咳的汤药，我无法安静下来进行写作，也没有足够的心绪来读很多书，这里没有报纸，也没有人来探视。……我大嚷大叫地诅咒那些如此恶毒地给我捏造罪名，并且如此愚蠢地把我幽禁在满是污秽的地方的人们。贫血、佝偻、虚弱，我从十五岁起就开始枯萎了，成了一个小老头儿，一个永远也长不大的小老头儿！

"这太可怕了。"左拉说道，"对此竟然无人过问！我要控告！我要控告！"

德普雷不久夭亡，年仅二十三岁。

左拉为他的死撰写了一篇文章：《为创作自由而写作！》。

当我知道人们对他起诉，而这一起诉必将置他于死地的时候，我对他的脆弱感到不安和同情……人们制定的法律，为什么对众多的肮脏勾当显得那么无能，而偏偏要扼杀一个将来很可能成为作家的年轻人呢？归根结底还是惧怕自由，这种惧怕，说不定在哪一天的早晨，将使我们的脖颈套上某个专制者的铁枷锁！

在左拉和他的朋友布鲁诺谈论德雷福斯事件的那些日子里，左拉还见过德普雷一次。他和阿尔方斯·都德一道去探监。他们的这种行动是值得称赞的。被监禁的德普雷神情慌乱，面孔苍白消瘦，火红色的头发倒竖了起来，他浑身肮脏，甚至不愿将他的手伸给来访的人。左拉回忆警察总监卡梅斯卡斯的冷漠态度时说道：

可怜的孩子使我难以忘怀。他不断地浮现在我的眼前，好像等待着我为他做些什么。此时此刻，我不想知道，在这一残害青年的事件中，是否还有法庭，是否还有法官，是否还有警察总监参与。我唯一的不可遏制的欲望就是要高喊：杀害这个孩子的人们是一群混蛋！

这些混蛋杀害了一个红头发的年轻人，而另外一群混蛋又在戕害德雷福斯。这都是政权凌辱人权造成的悲剧。

那么，这一次，左拉又是如何摆脱旁观态度的呢？这一次他是被人们推举出来的。可是，德雷福斯派①历史学家们不同意这种观点。其实他们错了。无论是作品数量，还是个人声望，左拉当时是居于首位的作家，于是，德雷福斯的朋友们选定左拉作为辩护律师。开始时，埋头于创作的左拉还犹豫不决，后来，人们委托弗朗索瓦·科佩去说情，科佩竟然把左拉说服了。科佩曾经写过一篇为德雷福斯辩护的文章，投寄给《每日新闻》。《每日新闻》社长是一个反犹太主义者，他建议科佩要三思而行。面对将会出现的动荡局面，"诗人"科佩又转到反德雷福斯阵营那边去了。

这样看来，左拉确实是被人们推举出来的。那么，推举他的都是些什么人呢？是德雷福斯的家属、亲友和那些逐渐认识到德雷福斯无罪的人；另外，还有一些反德雷福斯派后来称之为"同行业联合会"的人和犹太银行家以及与德雷福斯信仰同一宗教的人们，他们希望利用为德雷福斯昭雪这一活动来制止反犹太主义的瘟疫在全国的蔓延。两个阵营很快就形成了。但各自的意旨既远离左拉的行动思想，也远离莫拉斯或者巴雷斯的行动思想。

左拉是逐步被人说服的，找他交谈的有小说家马尔塞勒·普雷沃斯特，是他使左拉结识了律师路易·勒布鲁瓦；有

---

① 指认为德雷福斯无罪、应予释放的人们。持相反观点的人们，被称为反德雷福斯派。

副议长克斯特纳，以色列人、记者拉萨尔，历史学家雷纳克，马蒂厄·德雷福斯以及其他的人。克斯特纳是在一八九七年十一月十三日接见左拉的。

推动左拉采取这一行动的力量，确实是一个善良人的愤怒，但是，人们为什么要隐讳他的"个人意志"使他像伏尔泰①对待卡拉那样这一事实呢？他是想到了伏尔泰和卡拉的。作为小说家的左拉，他也深深被德雷福斯案件所触动。他毫不讳言地承认，他从人们为他提供的种种材料中发现了使他为之赞叹的"悲剧的美"。但不管怎样，作家左拉不得不停止他的文学创作。他在完成《卢贡—马卡尔家族》之后，刚刚结束《三城市》。他自己亲口说道：

"如果我当时在写一本书的话，我真不知道会怎么办。"

德雷福斯有好几个弟兄。其中一个名叫马蒂厄，在阿尔弗勒德·德雷福斯被判刑之后，他告别了他在阿尔萨斯的工厂。他坚信阿尔弗勒德·德雷福斯是无罪的。这一信念给他必要的力量，使他不断地为阿尔弗勒德的昭雪而四处奔波。阿尔弗勒德，正如圣·希尔地区的俗语所说，是一个"发纳·迷力"（狂热的军人），"见习生"（肯钻研的人），高级"科学"军官。他满脑子优越感，瞧不起"老百姓"。他这个阿尔萨斯的以色列人，自幼受着最为狭隘的民族主义思想的熏陶。然而，魔鬼岛上的德雷福斯并不是一个他的维护者们所期望的英雄。为什么受到如此诬陷，他自己心里是清楚的："我的略微高傲的态度，言语随便，以及我的不随和的性格，铸成了我今天的最大的罪过。我既不灵活，也不精明，更不会阿谀奉

---

①1762年，反动教会迫害无辜的新教徒卡拉，判处他车裂极刑。伏尔泰收容了卡拉一家，对这一惨无人道的事件进行了有力的控诉，在整个欧洲激起愤怒的谴责。和宗教黑势力的不倦斗争使伏尔泰赢得了巨大的声誉。

承。"在他身上没有任何利奥泰①所说的"军官的社会职责"的意识。他是一个和德鲁莱德一样的复仇主义者:"我将终身为唯一的目标而工作,这目标就是向那些把我们可爱的阿尔萨斯掠去的无耻侵略者报仇雪恨。"他更加夸张地说:"啊,我亲爱的法兰西,为了你,我贡献出了我的全部力量,我的全部智慧,为什么人们要给我加上如此可怖的罪名?"他的感情是真实的,但使用的却是情节剧里的语言。后来,反军国主义的人们很快转变了立场,出面维护像他这样一位本质良好的敌对者,而军国主义者们却攻击他们队伍当中一个像他这样坚定的人。这是这段历史当中最为苦涩的荒唐事之一。

马蒂厄·德雷福斯带着阿尔弗勒德·德雷福斯无罪的坚定信念,去找德蒙日大律师,要求查阅审讯记录。德蒙日是他兄弟在军事法庭的辩护律师。德蒙日大律师不能让马蒂厄查阅,因为他事先已经接到警告:秘密审判,不得向外泄露;凡泄密者,必予以追究,并以间谍罪论处。但是后来,在军事法庭驻地负责看守的佛尔斯耐地少校将德雷福斯委托给他的一个纸卷交给了马蒂厄。马蒂厄·德雷福斯终于看到了起诉书。

阿夫雷的吉贝尔医生是新任共和国总统费利克斯·福尔的朋友。马蒂厄拜见吉贝尔医生。吉贝尔请求费利克斯·福尔接见马蒂厄。总统的样子很让人讨厌。他是一个绅士,一个麻木不仁的人,推崇给他以荣耀的秩序,热衷于上流社会的生活。随着他的到任,虚伪也进入了政权机关。他不耐烦地对吉贝尔说道:"德雷福斯已经受到了正确的判决。这不仅是根据人们开始谈论的那份清单,而且还根据因关系到国家安全而不能向被告和律师透露的一份材料。"他允许吉贝尔向马蒂厄说明,秘密档案是存在的,由于他在诉讼方面的无知,他认为这一证

① 利奥泰(1854—1934):法国元帅,曾出任国防部长。

据将进一步加重"叛徒"的罪责!

一八九五年四月,德蒙日大律师得知,司法部长卢多维克·特拉里约更加明确地透露,判处德雷福斯所依据的秘密材料是来自德国使馆的一份关于"这个流氓德"的文件。然而,马蒂厄无法使用他所掌握的线索,否则他本人也将被指控为间谍。

那么,谁能确切知道德雷福斯案件的真实情况呢?国防部长麦贺西耶、外交部长阿诺托和共和国总统费利克斯·福尔是远没有战略情报处那些谍报老手知道得多的。情报处是不被世人所了解而在暗中起着作用的重要机关。它落入了桑戴尔的手中。桑戴尔不久将晋升为将军。于是,从一八九五年七月起,为了接任他的职务,在情报处展开了一场不露声色的斗争。亨利少校,即把那份清单公诸于世的那个人,觊觎着这个位置。然而,军事首脑们指定的接任者并不是他,而是乔治·皮卡尔中校。皮卡尔也是熟悉德雷福斯案件审理过程的人物之一。他代表国防部长麦贺西耶自始至终参与了这一案件的审理。他为审判中没有辩论和旁听而感到震惊。他认为德雷福斯应该无罪释放。不过,他恪守军纪,没有马上使用秘密档案。但他很快就想到了这一点,所以从他就任情报处处长时起,就把这份档案掌握在自己手中了。

皮卡尔已经掌握了一些左拉很久以后才知道的情况,比如,雷纳克曾经说过的反间谍组织利用人们所说的"正常途径",通过一个德国使馆的女佣巴斯第安夫人窃取情报。战略情报处每月付给她二百五十法郎(是当时工人工资的两倍),让她把使馆的字纸篓里的碎纸片全部转送给情报处[①]。

[①] 这个机灵的不识字的女人的情夫布吕盖尔也在德国使馆工作。因为巴斯第安夫人知道大使的女儿马莉·德·米斯岱尔生活的秘密,因而布吕盖尔的职务不会受到任何威胁,所以他也在门房从来往信件中抽取所需要的东西。那份清单,开始时人们说是从字纸篓中找到的,而实际上是从门房偷来的。——原注

一八九六年三月初,通过"正常途径",情报处获得一份由施瓦茨考本起草的气压传递急件,即当时所说的"小蓝笺"的手稿碎片。复原后知道,这份材料涉及到一个住在慈善街二十七号名叫艾斯特哈奇的少校军官。于是,皮卡尔对艾斯特哈奇进行调查。艾斯特哈奇抛弃了妻子儿女,与一个过去当过妓女、名叫巴依的女人姘居。他是一个嫖赌皆好的无耻之徒。这时他正好调到情报处工作。

法国在德国有一个双重身份的谍报人员,名叫居埃尔斯。这是一个最好不过的验证途径。于是,皮卡尔决定在巴勒①与居埃尔斯会面。亨利要求前往。皮卡尔毫无戒心,就派他的下属亨利去了。亨利到巴勒后,极力阻止居埃尔斯向外说出德国间谍机关根本不知道德雷福斯这一事实。但是,皮卡尔将艾斯特哈奇和德雷福斯二人的手迹与清单上的字迹进行了比较,其结果使他大为吃惊。清单也很可能是艾斯特哈奇写的。是贝蒂荣陷害德雷福斯吗?皮卡尔立即将艾斯特哈奇的手迹送给贝蒂荣,这位鉴定专家毫不犹豫地说道:

"与清单的字迹完全相符。"

当皮卡尔向他指出手迹并不是德雷福斯的时候,贝蒂荣沉着地说道:

"那么说,犹太人是模仿这种字体而且达到了以假乱真的程度喽!"

皮卡尔决定查阅秘密档案。档案中确实有特拉里约对马蒂厄·德雷福斯,费利克斯·福尔对吉贝尔医生说的那份关于"这个流氓德"的材料。人们正是以它为证据,来判处那个犹太籍军官的。这是施瓦茨考本写给他的意大利同行帕尼扎尔迪的一封信,信中告知,与意大利武官早已断绝联系的"这个流

---

① 巴勒:瑞士的一个城市。

氓德"想和他恢复来往！①

皮卡尔分析了档案中的其他材料。在这没有任何装饰的办公室里，在办公桌和一些铁制保险柜前，他感到一阵惊悸："我承认，有那么一阵子，我惊呆了。我以为找到了重要的东西。然而，我只找到了一件既可用于德雷福斯身上，也同样可以用在艾斯特哈奇身上的材料。"

艾斯特哈奇？这个主要人物终于出场了。

一八九六年九月三日，皮卡尔会见了宫斯将军。宫斯是总参谋长布瓦代夫派来处理这一案件的代表。

"既然这个犹太人已经到了魔鬼岛，您这样做是什么意思呢？"

"如果他是无罪的呢？"

"您还想重新审理这个案件吗？那将是十分可怕的事，因为麦贺西耶将军被牵连进去了！"

"我的将军，德雷福斯是无辜的。"

"要是您守口如瓶，那就什么人也不会知道了！"

然而，皮卡尔则有另外一种荣誉观念。

"您说的这话太可怕了，我的将军。我不知道我将做出什么来，但是，我绝对不会把这秘密带到坟墓里去。"

皮卡尔受到了惩罚。一八九六年十一月，他被派往法、德、意三国交界地区视察。但是，不愿"把秘密带到坟墓里去"的皮卡尔，把事情托付给了他的朋友和顾问勒布鲁瓦律师。

他让勒布鲁瓦向他做了保证：既不使用他的名字，也不在公开争论中使用皮卡尔告诉他的秘密材料。勒布鲁瓦一直恪守着诺言。

但是，晚了，事情已经无法平息下去了。

---

① 这里的"德"并非指德雷福斯，而是指另外一个名叫德布瓦的向德国出卖情报的低级间谍。——原注

一八九六年九月十四日，《闪光报》把存在秘密档案一事公诸于众，而《每日新闻》为了反击，将"这个流氓德"的超级绝密文件也抛了出来。这是怎么得到的呢？又是通过亨利。十一月六日，记者拜贺纳尔·拉萨尔在布鲁塞尔抛出这样一条新闻：《一桩冤案——德雷福斯案件的真相》。十一月十日，《晨报》公布了那份清单的复制件。它是比诺·瓦利拉从鉴定专家泰西绍尼尔那里拿到的。人们将《晨报》抢购一空，因为到目前为止，人们还没有看到有关德雷福斯案件的任何重要材料。德雷福斯案终于从神秘莫测之中走出来了。

一八九六年秋天，左拉还是以一个普通法国人的眼光来看待这场悲剧的，对人们过多地谈论这个德雷福斯感到有些厌烦，同时，也对某些人，比如小说家马尔塞勒·普雷沃斯特，为被放逐者辩护倾注了那样多的热情感到惊讶。

一八九七年七月，副议长舍雷·克斯特纳接见了勒布鲁瓦律师。勒布鲁瓦是为了已被流放到三国边界的皮卡尔的事求见副议长的。在严守秘密的前提下，勒布鲁瓦将皮卡尔坚信德雷福斯无罪所依据的事实告诉了副议长。副议长马上去见共和国总统费利克斯·福尔、内阁总理梅利纳和新任国防部长毕隆将军，尽管他并未说明德雷福斯无罪的具体依据，但他愿以一生的荣誉担保。

副议长舍雷·克斯特纳所采取的立场使总参谋部大为不安。毕隆和宫斯再次来到战略情报处，说："犹太人企图营救德雷福斯；他们声称已经找到了真正的罪犯。但是，他们说的这个人是一个忠诚的军官，'与我们思想一致'，所以必须千方百计阻止犹太人告发他，制止丑闻的发生。"接着，亨利搞了一份新档案，其中包括伪造的德雷福斯给意大利纪尧姆二世的几封信的照片，伪造的德国国王的一封信以及亨利这个魔鬼做了批注的假材料的照片。

然而，这样做又出现了新的危险。为了使新的阴谋得以实施，还需要那个既神经质又狂妄的艾斯特哈奇的配合。毕隆让杜·巴地·德·克朗充当总参谋部与艾斯特哈奇的中间人。我们现在要看到这段历史中最为滑稽的场面了。一八九七年十月二十三日，克朗侯爵戴着一副蓝色眼镜，还有一部伪装的胡子，到蒙苏公园去会见艾斯特哈奇。在那里，他使艾斯特哈奇明白，总参谋部将保护他，条件是他要听从调遣。克朗还建议艾斯特哈奇求见国防部长。艾斯特哈奇果真到了国防部，在那里大声喊叫："我要维护我的世袭荣誉。如果需要，我可以直接求助于德国国王。尽管我是你们的敌人，可我还是一个战士！"另外，他还声称一个不露身份的女人把国防部丢失的一份关于德雷福斯的文件交给了他。艾斯特哈奇手中拿着这份文件的照片。"……要是我得不到保护和公正的待遇，要是我被揭露，那这张照片——正本今天已经到了国外可靠的地方——将直接公布于众！"

实际上这是一封给共和国总统费利克斯·福尔本人的货真价实的恐吓信，而且是克朗口述给艾斯特哈奇的！

此间，毕隆将军肆无忌惮地将有关情况透露给报界，唆使一些报纸辱骂他少年时代的朋友舍雷·克斯特纳。艾斯特哈奇也把总参谋部授意他写出的文章送给《巴黎晚报》、《自由言论》、《巴黎回声》和《祖国》各报。而亨利则直接控制着德吕蒙。

报贩在大街小巷叫卖印有那份清单笔迹的报纸。一个名叫加思特洛的银行家认定这是他的一个主顾，威尔逊·艾斯特哈奇的笔迹，并且当众说了出来。马蒂厄·德雷福斯得知后，马上去见舍雷·克斯特纳。但克斯特纳不能说出艾斯特哈奇来，因为他要严守对勒布鲁瓦和皮卡尔的许诺。可是，马蒂厄·德雷福斯先讲出了艾斯特哈奇的名字。

"是的，是他！"克斯特纳证实道。

接着，他们激动地互相拥抱了起来。这种场面对这出黑色滑稽剧并没有什么损害！

十一月十五日，马蒂厄·德雷福斯以千辛万苦得来的新的事实控告威尔逊·艾斯特哈奇伯爵先生是那份清单的真正书写者。步兵少校艾斯特哈奇因健康状况不佳，从春天以来，已暂时停止供职。

政府没有退路了。

然而这时，德雷福斯派又增加了两名新成员，在他们的协同努力下，德雷福斯案才将得以彻底平反。

左拉写信给舍雷·克斯特纳：

"您在威胁和最卑鄙的辱骂声中所表现出来的那种沉着坚定的态度，使我万分钦佩。您为真理进行了一场卓绝的战斗，这是世界上唯一美好而伟大的事情。"

十一月的一天晚上，在第一次巴尔扎克文学聚餐会上，阿尔方斯·都德、保尔·布尔热、巴雷斯和阿纳托尔·法朗士等人在一起谈论文学，无意中人们又把话题拉到德雷福斯案件上去了。

阿尔方斯·都德委靡不振，他已经不久于人世了。这位怀疑论者给《罗马》的作者左拉的一封信，使左拉深感惊异："我在什么地方把弗罗芒教士丢下了呢？也许是在他的唯一祖国或普遍友爱的幻梦的岸边吧。对我这个气喘病人来说，那里是高不可攀的。那么，您，我的朋友，您可以一直攀登到那上面去吗？"现在，他又沉重地自言自语道：

"不必再写这个主题了。不必了，因为这会伤害我们国家。"

"我不同意您这种说法，都德。"左拉急切地申辩道，"现在是谎言在作祟。真理是无往而不胜的，任何势力都阻挡不住。"

另外一个新成员是克列孟梭。从气质上看，他是一个真正的反德雷福斯派。前几个月他还在抱怨："这些犹太人使我厌烦死了。"而现在以他和埃内斯特·沃汉为核心，重新组织了《震旦报》编辑部，其中有于尔班·戈叶尔、吕西安·德卡夫、米尔博、拜贺纳尔·拉萨尔和斯坦朗，并且请求三十年之前在他主办《劳动》时结识的左拉和他们一道，为真理而斗争。

当他手下的间谍中有一个已经暴露了的时候，那么这个驻外国武官就要撤离，这是惯例，施瓦茨考本先生也不例外。在混乱中，他被任命为柏林精锐警备第二军团司令，悄悄地离开了法国。

三

德雷福斯？艾斯特哈奇？对从来不想了解军人的左拉来说，他们可能意味着什么呢？关于德雷福斯，左拉在笔记中有如下记述：

他也是一个十足的爱国主义（民族主义）者，想对德国进行报复，想用自己的行动使人们原谅他的出身。此人其貌不扬，没有外露的天赋，声音嘶哑、低沉，体质瘦弱，态度生硬、呆板，但不十分自负。他是一个好军官，深知其职责，遵守军纪，甚至有些过分，因为他是犹太人，不得不谨慎。为了不致给上级留下不良的印象，他一切都严格地按制度办事。他为自己能成为一名军官而感到骄傲。

这种分析是非常深刻的。左拉不由得叹了一口气，他想起了巴雷斯在巴尔扎克文学聚餐会上说的一句话："一个无名之辈的冤屈是打动不了我的。"这种论调使左拉十分反感。但他也深知这句话里包含着不少"真实"。

左拉也十分有兴趣地研究过艾斯特哈奇。首先，他的外表，如同他的名字一样，也具有"异国情调"。身着军官服的艾斯特哈奇有两道浓重的黑眉毛，中间有一道深而短的皱纹，两只贪婪而不对称的眼睛下边是一个长长的鹰钩鼻子，半张的薄嘴唇上是两撇上翘的胡子，长而尖的下巴上有一颗小小的黑痣。左拉从这副外貌中看出忧虑、焦躁和兽性。这是一个不安分、贪图享乐而又神经过敏的人。在他凶狠的外表下面掩藏着的是无限的忧郁。他是真正的艾斯特哈奇家族匈牙利分支的后裔，世袭伯爵，他的母亲是法国人，他在法国长大，但他对这个资产阶级祖国只有仇恨和蔑视，因为在这个国度里人们不能再容忍凶残和野蛮。

受舍雷·克斯特纳之命，佩里约将军不得不派人到艾斯特哈奇原来的情妇布朗希夫人家中搜查，结果搜出一叠艾斯特哈奇的信件。这些信件是如此恶毒，使得德雷福斯派的人们开始不敢相信它的真实性。但确确实实是他写的：

法国人是我们熟悉的最令人讨厌的种族，他们的忍耐是无限的，但我的忍耐已经到头了（何其狂妄，他一个人竟想与一个国家的人民较量！）。我不肯加害于一条小狗，但我却非常想杀死十万个法国人……（神经错乱！白日做梦！）。

这个热衷于日尔曼军国主义的家伙是不是一个令人望而生畏的角斗士呢？不，完全不是。当然，费利克斯·福尔总统一害怕，艾斯特哈奇就会挺起胸脯的。但是，当预审法官毫无畏惧地正视他，审讯他的时候，他低下了头。他是一只恶狼吗？不，他是只靠吃腐肉维持生命的豺狗！他是个诱骗者，对上流社会的女人们，暗送温存的秋波。他经常出入各种具有正统观念的沙龙。人们对这个大贵族、这个茨冈人深信不疑。

"我的上帝！"左拉惊呼起来，"多么激动人心的悲剧！

多么绝妙的人物啊！"

有一天，左拉在路上与《费加罗报》社长费尔南·德罗代斯相遇，左拉一把拉住了德罗代斯的衣襟，说道：

"对德雷福斯上尉的判决是我们国家的耻辱，他是无罪的！"

德罗代斯把当天的一份《费加罗报》打开给左拉看，上面有左拉写的文章。左拉在第一篇文章中赞扬了舍雷·克斯特纳，说克斯特纳的"人生像水晶石一样透明"。"水晶石"一词在他的讲话、书信和小说里是经常使用的。这突出地表明在"可耻的左拉"的内心有着对纯洁的热切渴望。也正是这种对纯洁的热切渴望，才使他投身到为德雷福斯昭雪而展开的活动中来。亨利·吉耶曼认为有收买左拉的必要，条件是保证左拉一生在文学界万事亨通，名利两旺，但遭到了左拉的严词拒绝。于是，亨利又使出第二招，说德雷福斯的朋友们参加了由犹太银行资助的秘密工会。左拉回敬道：

是的，是存在一个由心地善良、追求真理、主持公道的人们所组成的工会，他们到各地去工作，尽管他们素不相识，但将殊途同归……这是一个为整治那些卑鄙的报纸所散布的荒唐言论而建立的工会……是的，我是参加了这个工会，我希望所有正直的法国人都来参加！

接着，又有人造谣说，像舍雷·克斯特纳和克列孟梭一样，左拉也被犹太人的金钱收买了，并且说出了金钱的数目：两百万。左拉冷笑道：

"他们还真看得起我。"

左拉发表第三篇文章，谴责《自由言论》社长德吕蒙：

现在反犹太主义盛行，他就是罪魁祸首。我已经说过，他所掀起的这股风潮是十分野蛮的，它使我们倒退一千年，与我所追求的博爱、宽容和人类解放完全背道而驰……罪孽是深重的。如果说人民群众尚未被完全毒害的话,那毒药已经散播在人民群众之中了……灾难的德雷福斯事件就是他的罪过,是他一手把民众煽动起来的……

整个国家的气氛变得紧张起来了,朋友间为之绝情,家庭中为之争吵。人们奔走呼号,上街游行示威。米勒兰①和雷纳克公开争吵起来。一八九七年十二月四日,内阁总理梅利纳在议会的讲坛上竟然声称:"根本不存在什么德雷福斯案件!"十二月七日,舍雷·克斯特纳在参议院讲话。当他提到左拉的时候,他的讲话被反德雷福斯派的喊叫声打断:

"左拉可耻!"

"意大利人!"

左拉坐在旁听席上,一边擦着他的夹鼻眼镜,一边半开玩笑半伤心地对身旁的勒布鲁瓦说道:

"我的好朋友,这让我想起几个月前的事来了:因为要在巴黎意大利歌剧院院长维亚尔多夫人家朗诵一篇文章,我还几夜睡不好觉呢!"

订户们自然要退掉《费加罗报》,因为那上面登载了"可耻"的左拉的文章。于是,德罗代斯不得不停止刊载左拉的文章了。左拉只好靠发行小册子继续他的战斗,同时,左拉把他的注意力转向他的永久朋友——青年一代,恳求他们站到正义的一边来。当时青年们是跟在反德雷福斯派后边,随着人们喊叫起哄的。

一八九七年十二月二十日,在泥泞的道路上,有一辆四轮马车缓缓地向拉雪兹神父公墓移去。当站在人行道上的人们发

---

① 米勒兰(1859—1943):法国政治活动家、社会主义者,曾任国防部长和共和国总统。

现，在可怜的阿尔方斯·都德的灵柩前面拉引棺索的两个人竟然是平日互相攻讦而现在却都沉默不语的左拉和德吕蒙时，顿时议论开了。德吕蒙涨红了脸，把脸藏在那把大胡子里。左拉也有些窘迫，把头低了下去。在死者墓前，左拉在淅淅沥沥的冷雨声中讲了话。

"这里只有沉浸在痛苦之中的心。"讲完话，有一个人走过来抱住了左拉，原来是都德的儿子。

"我可怜的雷翁！"左拉说道。

当人们安葬一个敏锐、敦厚而又含蓄的诗人，连同他那时而冷酷的嘲讽里透露出来的善良心灵的时候，当女人们躲在窗帘后面号啕大哭的时候，一股真正友爱的热流涌上了这些平日不可调和的敌对人们的心头。

然而，这只是在墓地上的沉默，在翻卷着狂澜的胸中暂时出现的意外的宁静。

一八九八年一月七日，左拉出版了一本小册子：《告法兰西书》。尽管他大声疾呼，仍不能引起人们的注意。

一月十日，艾斯特哈奇到切尔蒂米迪街军事法庭，出庭应审。法庭很快就安排了亨利代表总参谋部的反驳发言。是的，先生们，艾斯特哈奇的手迹是与那份作为判决德雷福斯依据的清单上的字迹相似的。这份清单是一个叛徒秘密书写的，那么，这个叛徒模仿了艾斯特哈奇的笔迹，这难道不是很平常的事吗？这种相似，更加证明了艾斯特哈奇是清白的，证明有人盗用了他的笔迹。

当时，军队是受总参谋部控制的。总参谋部由一些所谓"合格"的人员组成，他们相信手中神圣的权力，他们多是一些狂热的教权主义者，或者出身于贵族世家。他们当中的大部分是仇视共和国的。战争失败的耻辱和一种强烈的复仇愿望使他们在头脑中形成了一种畸形的优越感，易于暴怒和傲慢，具有集团性的对抗情绪和难以平息的好斗心理。尽管忍受着种种失望，他们仍然支持专制主义者。他们鼓吹反犹太主义，煽动反犹太情绪。

这样的审讯纯属一种形式，而且是秘密进行的。人们听了马蒂厄·德雷福斯、舍雷·克斯特纳以及巴依夫人的发言。接下去，请注意，是皮卡尔发言。皮卡尔是与亨利对立的。情报处的人公开出面庇护艾斯特哈奇，维护他们自己挑选的头头亨利，反对正式任命而他们从不承认的处长皮卡尔。政府特派员认为证据不足，宣布艾斯特哈奇无罪。

与此同时，皮卡尔被控告将秘密档案中的材料或其内容泄露给非军事人员，于是，皮卡尔被捕，监押在瓦雷利昂山监狱。德雷福斯派被这种气势镇住了，而亨利则更是炙手可热。

一切都恢复了正常。

左拉一阵风似的赶回家去。

"艾斯特哈奇被释放了！"左拉气愤地说道。

"那该怎么办呢？"亚历山德里娜问道。

"必须把这个案件向民众公开！说起这些恶棍时，我们总说'他们不敢'。可是，他们不但敢，而且将肆无忌惮地干下去。我要写个小册子，强逼着他们把我拉上刑事法庭！"

于是，十一日夜和十二日整整一天，他起草了一封致共和国总统费利克斯·福尔的公开信。现在他自由了，因为他自己就可以编订出版。马蒂厄·德雷福斯和雷纳克为他提供了大量材料。有人说他们二人还不只是提供了材料，但是这种推测是不成立的。无论从形式上还是从思想上看，"公开信"与他前几天发表的文章一样，都是左拉自己亲笔写的。

忽然，他产生了一个想法：如果小册子由沃汉来出版，发行起来将会更迅速、更有力些。沃汉是可以信赖的。可是，还有一个克列孟梭！

"克列孟梭使我很不放心。"左拉坦率地对雷纳克说，"您不认为他有可能剽窃我的观点吗？只有公开信发表了，我才能够安下心来！"

十二日晚，在《震旦报》社，沃汉、拜贺纳尔·拉萨尔、乔治·克列孟梭、雷纳克等人聚会在一起。左拉两手有些发抖，用不平静的声音念着他的"公开信"。

"……军事法庭竟然奉命释放了艾斯特哈奇，这是对真理和正义的最大侮辱……如果不向您，国家的行政长官，我还能向谁揭露这一伙作恶多端的真正罪犯呢？……有一个人无所不为，他就是杜·巴地·德·克朗中校，而当时仅仅是一个少校！他是整个德雷福斯案件的制造者……看来他的思想最复杂，也最难以理解。他的头脑里装满了幻想出来的情节，他热衷于传奇小说里写的手段，什么盗窃文件、传递匿名信、在荒郊野外碰头……还有些神秘的女人，她们在夜里传播所谓的确凿证据。正是他想出把清单的内容口述给德雷福斯，让德雷福斯笔录下来，以便获得所谓犯罪的证据；佛尔斯耐地少校告诉我们说，就是他带着聚光灯去突然照射睡觉中的德雷福斯的两眼，惊吓被告……还有国防部长麦贺西耶将军，他的思想似乎有些昏庸；还有总参谋长布瓦代夫将军，他似乎已经屈服于他的教权主义的偏见；还有副总参谋长宫斯将军，他的思想可以随波逐流，趋炎附势。说到底，最关键的人物还应首推杜·巴地·德·克朗中校，他牵着那些将军的鼻子，使他们晕头转向，因为他研究了通灵术、神秘学……"

在"公开信"中，左拉继续讲到一八九四年军事法庭审判，手迹鉴定专家的分歧意见,秘密档案的使用以及错误的判决。

左拉停下来喘着气。他望了一下淹没在烟雾中的一张张面孔,为朋友们的沉默感到惊疑。

"可以的,左拉,可以的,继续读下去吧。"克列孟梭催促道。

"现在,我们来谈艾斯特哈奇案件。三年过去了……"

像在他的小说里一样,笔战者左拉以一个农民、一个猎人那样沉稳的脚步向前迈进,就像一个远行的人一样。

"调查从一八九六年五月延续到九月。特别应该指出的是,宫斯将军确信艾斯特哈奇是罪犯,布瓦代夫将军称毕隆将军也不否认那份著名的清单是艾斯特哈奇所写……引起的震动是巨大的,如果判决艾斯特哈奇,必不可免地要对德雷福斯案件重新审理,然而这是总参谋部无论如何也不肯接受的……"

"是这样,但太复杂了。"雷纳克插了一句。

"所有的一切都过于复杂了。"克列孟梭也附和了一句。

"请您注意,毕隆将军并未参与任何阴谋,他刚刚到任,完全可以主持正义,但是,他不敢。毫无疑问,他害怕公众舆论。在他的良知和他所认为的爱国行为之间,只需要一分钟的斗争……请您想一想这里面的关系!毕隆将军、布瓦代夫将军和宫斯将军,他们知道德雷福斯无罪已经一年了,然而,他们却把这可怕的事实隐瞒起来。这些人现在高枕无忧,可是他们也有他们所热爱的妻子、儿女啊!"

克列孟梭的眼中闪过一束嘲弄的光芒。

在"公开信"中,左拉讲到皮卡尔,他被派到突尼斯去了,讲到马蒂厄·德雷福斯揭发艾斯特哈奇和艾斯特哈奇的慌乱以及后来的大胆妄为。

"从此时起,在皮卡尔中校和杜·巴地·德·克朗中校之间随时都有可能发生决斗,他们二人一个面目清楚,一个还戴着假面具。"

到这里,左拉几乎念了二十分钟。与会的人们看到了这一非凡的现象:他们亲身经历的事情载入了史册!

"强调纪律者都主张服从。军界最高首脑——国防部长,在全国的欢呼声中,公开建立了既判案件绝对权威的时候,您想想看,军事法庭能够断然予以否认吗?……"

左拉继续念下去,周围只有煤气灯燃烧的声音。

夜深了。人们听到从印刷所传出来的嘈杂声。壁炉里的炭火烧得通红。有人把校样送到左拉面前。不久前,当他念到公开信的结尾处时,朋友们一一和他握手,表示支持和赞赏。

但这时,他又有些害怕和担忧,他认为推论部分有些啰嗦累赘,而抨击部分又有些晦涩。左拉向来是严于解剖自己的。德雷福斯派的人们,时至今日尚且缺乏信心,总是忧虑不安,而当他们读到左拉的"公开信"的时候,将会被吓呆的。但是,克列孟梭对左拉的"公开信"给予高度评价,认为有战斗威力。参加战斗的记者们更加具体地指出,文章的结尾是对敌人的沉重的一击;这个结尾堪与历史上的西塞罗[①]的《抨击集》相媲美。

"我控诉杜·巴地·德·克朗中校,他是这一冤案的罪恶的制造者。他也许并非蓄意而为,但愿如此!之后的三年,他又以最荒唐、最恶毒的阴谋来维护他一手造成的罪恶。

"我控诉麦贺西耶将军,至少是由于意志薄弱,他变成了制造本世纪最大罪恶的同谋者。

"我控诉毕隆将军,他掌握了德雷福斯无罪的证据,但把

[①] 西塞罗(公元前106—公元前43):罗马政治家、雄辩家和哲学家。《抨击集》收录了他的四篇讲演录。此外还著有《论善与恶的定义》、《论神之本性》、《论国家》和《论法律》等。其文体流畅,被誉为拉丁文的典范。

它扣压了下来；并且为了一定的政治目的，为了挽救已经陷于罪恶之中的总参谋部，他变成了制造这场亵渎人道和正义的罪恶的罪犯。

"我控诉布瓦代夫将军和宫斯将军，他们同样是这场罪恶的同谋犯……我控诉佩利厄将军和拉瓦利少校，他们进行了罪恶的调查……我控诉三位手迹鉴定专家，我控诉拜劳姆、瓦利纳尔和库阿尔先生，他们做了骗人的虚构的报告……我不是不知道一八八一年七月二十九日通过的新闻法第三十款和第三十一款关于诬告治罪的规定对我的威胁，但我愿意冒着被治罪的危险……至于我所控告的那些人，我并不认识他们，也从未见过他们，我对他们既无冤仇也无怨恨。在我看来，他们只是社会不平等的制造者和代表。我的行动是一种革命手段，目的在于使真相和正义早日大白于世。

"我只有一股热情，为人类寻求光明的热情；人类已经吃尽了痛苦，它是有权利享受幸福的。我的强烈的抗议是发自我内心的呼声。让他们把我送去受审吧，但愿审讯在完全公开的情况下进行……"

"我在等待着。"

"我不喜欢'公开信'这个题目，左拉，它不够尖锐。"

于是，克列孟梭在校样的顶端写下了三个大字：

我 控 诉！

"为什么没有提到亨利？"拜贺纳尔·拉萨尔关心地提醒道，"亨利他可……"

"没有什么了不起的！"乔治·克列孟梭打断了他的话。

当排印工人将"公开信"拼版，不断将清样送到编辑部的时候，当印刷机开始转动起来的时候，左拉回到了家中，疲惫地仰脸躺在床上。他久久不能入睡，在黑暗中睁着两眼。

四

必须借助于以左拉为鼻祖的一体主义的方法来观察《我控诉》这封公开信在民众中所掀起的飓风。在那些轻率的鼓动者和虽有才能但缺乏诚实的抨击文章作者的煽动下，民众狂热起来了，而几个狡诈的人则操纵着一部分人，企图利用机会夺取政权。

三十万份《震旦报》一时间被报贩抢购一空。左拉不得不在自己手中的那份报纸上潦草地写上"留存"二字。一个女报贩对让·约瑟夫·勒诺说："竟然写出这样卑鄙的东西来！"在沙徒登十字街口，也出于同样的原因，一群店铺的伙计把抢购来的一捆《震旦报》焚烧了。

露西·德雷福斯写信给丈夫说："我亲爱的，勇敢些，勇敢些！我们的痛苦快结束了，我们快有出头之日了！……"

人们向克列孟梭办公室投掷石块，砸碎了窗玻璃。克列孟梭抱怨道："这群蠢猪糟蹋了我两块版！"大学生们和着歌曲《彩色的灯笼》的节拍，高声喊叫着："处死左拉！处死左拉！处死他！"雅克·班维尔①在一篇文章中写道："对左拉来说，一切罪过都应归咎于民众……这半个意大利人，四分之一希腊人，四分之一法国人，是货真价实的杂种，他可不是人类的好标本。"在芒特，一群人强迫一个姓德雷福斯的邮局负责人辞职。姓德雷福斯的人到处受到人们的围攻。在蒙马特尔，

① 雅克·班维尔（1879—1936）：法国历史学家。

人们唱起了嘲讽左拉的歌曲。

  人们贴出印制的标语:"真正的法国人对意大利人左拉的唯一回答是,他妈的!"在布鲁塞尔街,在左拉的住宅门前,一些前来维持秩序的警察和围在那里的人群一起高喊:"处死德雷福斯!处死左拉!"在社会主义者中间,有人说:"左拉是一个资产阶级分子,人们不会受一个资产阶级作家摆布的。"但是,当时的无产阶级领袖盖德打开了窗子,高声反驳道:"左拉发表《我控诉》,这是本世纪最伟大的革命行动!试想,一旦我们掌握了政权,在这种恶劣的世风下,我们能有什么作为呢?"

  德吕蒙对几年前曾跟他一起在《自由言论》社工作并追求过的塞万莉娜说:"您的左拉简直是一个掏粪工!"她回答道:"德吕蒙,你以后再跟我说什么也无济于事了!"这个长胡子的女人的话使对方惊呆了。在艾克斯,属于反德雷福斯派的塞尚对身边的画家勒巴依说:"要是我认识这个左拉,我一定当面嘲弄他一番!"有一个名叫佛兰的人,曾在跳蚤市场买了一个(他自己说是两个)将军戴的头盔,回家做了痰盂。现在,他用硬纸板做了两个模拟像:一个是带着左拉面具的犹太人躲在德国人的背后,另一个是左拉溺在水中,摇着手中的《我控诉》向德国人求救。黑猫皮影剧院的卡朗·达什,一个漂亮的制图员,画了一幅德雷福斯的漫画:裤子系不上扣,在魔鬼岛的德雷福斯发福了!一些上流社会的太太小姐,像菜市场的鱼贩子一样,发狂地喊叫着:"应该割掉犹太人的那个!"她们当中的一个更具体地说出了她们共同的心理:"但愿德雷福斯是无辜的,好让他多受点罪!"一些耶稣教神甫命令信女们不要和她们的姓德雷福斯的丈夫同房。站在一旁观望的布律昂利用《卢塞尔小弟》的曲调唱起了这样的歌:

> 亲爱的大师，近来您过度操心，
> 您常把大便纸当成餐巾，
> 常把您的便壶当成盘子。
> 呵，啊！请您安静下来吧，
> 图鲁兹大夫的话并不是没有原因。

但是，一些作家、艺术家和学者要求重新审理德雷福斯案件。他们当中有阿纳托尔·法朗士、弗雷德里克·帕希、克洛德·莫奈、欧仁·加里埃尔、加布里埃尔·塞阿依、贺克吕、查尔·黎塞、维克多·马尔盖利特、奥克达夫·米尔波、让·阿雅勒贝尔、圣·乔治·德·布埃利叶、马塞尔·普鲁斯特、乔治·勒孔特、阿尔芒·沙尔庞捷等等。人们骂他们是"知识分子"。

"工会在成长壮大！"克列孟梭说道。他仍然没有失去他的鼓动才能。

奥斯卡尔·威勒德，一个效忠于英国的间谍，他头上涂着发蜡，脸上抹着胭脂，容光焕发地来到了巴黎。他化名麦尔莫特，去见艾斯特哈奇。威勒德直言不讳地说："在柏林，在德国国防部里有您写的上百封信。您难道不怕有一天传出来吗？"艾斯特哈奇被吓呆了，他没有料到这个国际间谍竟然也介入了德雷福斯事件。

当权者受到《我控诉》的冲击而晕头转向，甚至德雷福斯派的人们也受到左拉文章威力的震动而慌乱不安，混乱的局势更加严重了。反犹太联盟在法国的总代表汝乐·盖兰把他的人马都动员起来了。在阿尔及利亚，人们捣毁了以色列人的墓地。德吕蒙极为恼怒，煽风点火地写道："人民看到了所有这些卑鄙行径的策划者，所有这些阴谋的谋划者，所有这些堕落行为的蛊惑者：犹太人……为什么学究们，为什么赶时髦的人们，为什么德国人、英国人、意大利人，所有外国人和混血杂种们都站在德雷福斯一边呢？"谩骂如倾盆大雨。出奇的谩骂简直是闻所未闻。什么舍雷·克斯特纳是一个情节剧演员，一个老牌伪君子，一个智力低能者。不久前还是警察总监的雷皮纳是什么煽动分子；毕隆是什么两面派将军。几年前曾发表过优美的《西凤的婚礼》的温文尔雅的居波也加入了谩骂的合唱。

阿特劳斯骂道："大麻是为以色列人长的！"

在左拉所希求的诉讼开始审理的前夕，德吕蒙贴出一份宣言：

据传，为向陪审团施加影响，犹太人在近二十年间从法国人身上榨取到的金钱正在积极地起着作用，在大街小巷，乃至于在兵营里，煽动人们起来游行示威，支持那个叛徒的保护者……今天，还是这些人，这些唯恐天下不乱的坏分子，正在谋划，企图扰乱社会和平气氛和法官的神经。正直而爱国的巴黎人民是不能容忍这种猖狂挑衅的，她将起来保障自身的安全。

在这种喧嚣声中，执达吏将宣布这一悲剧中法庭一幕的开始："先生们，到法院去！"

在这一时期，查尔·佩居伊①前去拜访左拉。

过去我从未见过他。现在正值严峻的时刻，我要从这个身负重任的人身上，得出亲眼见到的、任何东西也不可取代的印象。我所看到的这个人并非是一个资产阶级分子，而是一个农民，面孔黝黑，头发花白，显出了些老态；是一位笔耕者，是一位坚韧不拔的工作者。他体魄健壮，性格执拗，有着一副浑圆、有力的肩膀，仿佛是古罗马的拱门：他的身材相当矮小，微胖，像法国中部的农民。他是一个听到了马车从门前驶过才

---

① 查尔·佩居伊（1873—1914）：法国作家。

从房子里走出来的农民。他长得矮胖，显得疲惫。他对人们在世上做出的种种丑事、恶事、脏事……有着异乎寻常的敏感，这些无不使他感到惊异。他对我讲过被冷落的忧伤；为数甚少的正义的捍卫者们无不遭到社会主义者们冷落的厄运。他想到了许多议员、记者和社会主义领袖，他几乎只熟悉他们这些人。我回答他说，那些冷落他的人根本不能代表社会主义。"我收到，"他对我说，"许多巴黎工人寄给我的信。一封信就能打动我的心。工人们是好的。那么，人们让他们喝了什么，才使他们变成了这样呢？"

这是一幅极其珍贵的肖像画。

德雷福斯派的人们是胆怯的，甚至达到软弱的程度。到目前为止，他们通过在报纸上写写小文章，进行一种笨拙的渗透、无声的威胁和晦涩的警告。这种办法不但打不中参谋部的要害，反而引起了他们的警惕，同时也激怒了舆论界。所以，左拉这致命的一击也是斗争策略上的一次革命。

一八九七年十二月左右，年轻的莱昂·布伦经常到巴雷斯那儿去。布伦后来对巴雷斯说："您曾经羡慕我的青春年华，可它也可以使您变得年轻……"布伦坚信巴雷斯将站在德雷福斯派一边。巴雷斯的言行使他产生这样的猜想。

"我差不多也可算一个知情者。"巴雷斯回答布伦说，"我从未像现在这样经常见到左拉。最近几天，我还和他在一起共进午餐呢！左拉是有胆识的，他是一个大丈夫。可是，为什么他不把他所知道的一切都说出来呢？他到底知道些什么呢？有一件往事使我不得安宁。三年前，我参加了德雷福斯的贬黜仪式，于是，我经常扪心自问，我是不是瞧不起自己呢？我发现我所认为的作为卑鄙行为标志的任何一种态度都含有相反的意义。德雷福斯是个卑鄙小人，还是一个禁欲主义者，一个受虐待的人？"

"这么说，"莱昂·布伦说道，"您……"

"不，不……我还搞不清楚，我还要想一想。以后我再给您写信。"

在给布伦的信中，巴雷斯高度评价左拉，但是，他看不到已被证实的真实情况。德雷福斯派前怕狼后怕虎的迟疑态度很使他恼火。在疑虑之中，他选择了民族本性作为重新皈依的出发点……他很快就写出了文章，并且直言不讳地对左拉说："在您和我之间，存在着一条界限。"

左拉的《我控诉》，对当权者来说，是当头一棒，有如无罪释放艾斯特哈奇给德雷福斯派的打击一样。当权者一时不知采取什么对策。费利克斯·福尔大发雷霆，参谋部对左拉则反唇相讥："我们就是敢做敢为！"但是，不管愿意不愿意，在左拉高超的谋划之下，他们必须将德雷福斯案件向社会公开。在波旁宫①，右派领袖阿尔贝·德曼向有关人士打招呼说："军队不能等待太久。"政府总理梅利纳是左拉和克列孟梭在《劳动》时期的同仁，是一个十分谨慎的人。他主张对左拉不予追究。毕隆将军也主张置之不理，认为对左拉进行起诉会损害军队的荣誉。然而，他们的话毫无用处，阿尔贝·德曼命令道："这个人应该得到军队首脑的回答。"毕隆态度暧昧，犹豫不决，他那部雪白的大胡子掩盖着他的极度厌倦的情绪。他对阿尔贝·德曼关心军队的声誉表示谢意，并且把军队比作了太阳！梅利纳是一个出色的政治家和阴谋家，他见不能阻止这场辩论，就想竭力来削弱它。他认为把左拉交付轻罪法庭去审理为宜，反对把他送交刑事法庭。毕隆和他的法律顾问们急

---

① 波旁宫：法国议会所在地。

急忙忙起草起诉书，决定只针对左拉控告军事法庭"奉命释放艾斯特哈奇"和"犯有有意释放罪犯"这两条进行起诉。起诉将在一月二十日提出。

饶勒斯揭露政府命令进行不全面追究的卑怯行径，并就一八九四年审判中使用秘密文件一事提出质问。梅利纳回答说："政府无权在国会讨论有关司法方面的事务。"国会最后对政府表示了信任，其中重要原因之一就是饶勒斯提出这样的警告："你们正在把共和国交给军人。"

保皇党议员贝尔尼回敬饶勒斯道：

"您是工会派。"

"贝尔尼先生，"饶勒斯回答道，"您是一个无耻之徒，一个胆小鬼。"

"争吵又开始了！"守门人说。人们将邻座几个参议员掀倒在地。饶勒斯从讲坛上走下来时，贝尔尼给了他一脚，于是，贝尔尼的朋友们和对立派大吵起来。后来，这些人被命令退出会议大厅。这就是人们所说的"国家级表演"。

一月二十四日，纪尧姆二世通过他的外交大臣申明："我谨郑重地明确声明，在目前监禁于魔鬼岛的前上尉德雷福斯与德国的任何间谍之间从未有过任何性质的关系和联系。"意大利议会也发表了同样性质的声明。

"毫无意义的辟谣。"罗什福尔说道。在法国，这种辟谣可能是毫无意义的，但在世界上却不尽然。只要与德国人、意大利人对待德雷福斯和艾斯特哈奇的态度，与国外人们的所做所为相比较，一切都会变得清清楚楚了。

亨利完成了排挤上司皮卡尔的工作。皮卡尔在调查法庭被指控，其罪过是将"秘密档案"泄露给勒布鲁瓦，并把宫斯的十四封信交给了勒布鲁瓦，而不是呈交给上级。法庭以四票同意一票反对通过决议:"鉴于皮卡尔犯有违反纪律的严重过失,不宜再在军内服务,特决定提前退役。"在对左拉案进行审理之前,使他的主要证人名誉扫地,这真是一个绝妙的措施。

一月二十二日,左拉为了回敬法院对他的传讯,用《我控诉》一样的语言和力量,写了一封致国防部长的公开信。

我曾说过,我控诉杜·巴地·德·克朗中校,他是这冤案的制造者。

我曾说过,我控诉麦贺西耶将军。

我曾说过,我控诉布瓦代夫将军和宫斯将军⋯⋯

我对他们的抨击是光明正大的,是尽人皆知的。然而,回答我的只是天主教集团怂恿人们上街对我进行辱骂。我意识到了这样做的恶毒用心,但我坦率地告诉您,它对您不会有任何帮助⋯⋯

接着,他给予更加沉重的打击:

部长先生,您肯定没有读过对我的起诉书。某位文书可能对您说,我只控告军事法庭判决不公正,奉命庇护不法行为,犯有有意释放罪犯的罪行。这种说法是不足以表明我的正义要求的。我之所以希望进行公开辩论,目的是要把真相,把全部真相公诸于世⋯⋯在无法避开公开辩论的情况下,人们决定先束缚住我的手脚,强迫我进行一场不平等的较量,并且通过司法手段来确保您在自由辩论中根本无法得到的胜利⋯⋯人们将会看到,在你们的起诉书的开头,你们会迫不及待地追究我控诉的证据。这证据,法律要求我提出;那么,要求我履行这一义务的法律,如果它拒绝为我提供必要的手段,那这种法律就是骗人的。

左拉的策略是:

"以攻为守，猛攻军事法庭对德雷福斯的判决。"

左拉已有成竹在胸。

这次交战的双方各自确定了根本对立的立场：一方千方百计不许人们谈论德雷福斯案件；另一方则紧紧抓住这一案件不放。参谋部受右派的怂恿，以诉讼这一最为笨拙的办法来抵挡左拉的进攻。梅利纳是有道理的。只要反德雷福斯派自信地说："左拉的言论毫无意义。德雷福斯案件已经审理两次了：判决德雷福斯和释放艾斯特哈奇。我们再不重提这件事了。我们闭口不言。"这样一来，阿尔弗勒德·德雷福斯就彻底完蛋了。

二月七日，星期一，将近中午时分，一辆两匹马的四轮马车在多菲纳广场停了下来。左拉、拉波利律师、阿乐贝尔、乔治·克列孟梭和发斯盖乐相继从车上走下来。周围的人群立即高喊：

"打倒左拉！打倒这一群混蛋！"

"好一个大合唱啊！"乔治·克列孟梭评论道。

左拉登上了正义宫的最后一个台阶。他转过身来，向发怒的人群扫视了一遍。呼喊声更加高涨了。

"一群可怜的人！"他说道，然后追上了他的辩护律师拉波利。

大厅里，也是一片吵嚷声。到场的重要人物有饶勒斯、罗什福尔、宫斯、拉侬蒙、布瓦卡雷和艾斯特哈奇。这里来了许多女人。听众席非常拥挤，男人们只好把他们的大礼帽置放在手杖头上，像在举行盛大结婚典礼时，人们参观圣器室一样。有些人为了旁听，花了两三个金路易预定了座位。还有一些好奇者蹲在炉台上和窗台上，站在过道里。便衣警察混杂在人群中间，散布在各处。

一声铃响，大腹便便的首席法官德勒戈尔格穿着大红袍子出现了，他那鼓胀起来的多层下巴刮得很干净。

"我告知大家，只有当所有的人都坐下来，我们才能开庭！无论是反对或者有利于被告的一切行动都在严格禁止之列。只要谁发出动静，我将毫不客气地将他驱逐出去。"

十二名陪审员也用抽签的形式选定了，有两个大批发商、两个小商人、两个工人、一个企业家、一个鞣革手艺人、一个职员、一个酒店老板和一个靠年金生活的人。这些善良的人也被牵连到这出悲剧之中了。

代理检察长范·卡塞尔，在书记官按着惯例结结巴巴读完了国防部的起诉书之后，要求辩论只限于毕隆将军就《我控诉》所指定的范围。

接着，他就展开了攻击。

他提醒法官注意，左拉及其朋友们的目的在于重新提出德雷福斯案件问题。"他们企图在这里，通过革命的手段，并且供认不讳，挑起一场引人瞩目的辩论。"拉波利和为《震旦报》经理出庭辩护的阿乐贝尔·克列孟梭站了起来，反对他这种阻止议事进程的意图。法庭驳回了他们二人的申述理由。这虽然只是一次小小的摩擦，但是，其含义是深刻的。

被告曾在《我控诉》中写道，人们释放艾斯特哈奇是"奉命"的。审判团将把注意力集中在这两个字上，要求被告提出"奉命"的证据。这个证据，无论是被告还是律师，谁也无法提出。这是起诉书中在法律方面无懈可击之处。但是，左拉诉德雷福斯是无辜的，艾斯特哈奇是有罪的，而总参谋部却要维持对无辜者的判决和对有罪者的开释。这是被告在人道方面无懈可击之处。正因为原告和被告各有无懈可击之处，才使得这场辩论无限期地进行下去。

被告提出二百个证人，其中包括所有与德雷福斯案和艾斯特哈奇案有关连的将军，开释艾斯特哈奇的法官和艾斯特哈奇本人以及专家、学者、部长；左拉的勇敢精神是史无前例的，证人中还列有外国使馆的武官。证人名单一宣布，马上有些人退场，回避了。皮卡尔的证人布朗什·德·高曼日在暗暗叫苦，布朗希夫人也同样。勒布伦·雷诺拒绝出庭。布瓦代夫这只老山羊则由他的代理发言人罗什福尔向法庭说明："军官们接到军事当局下达的不做回答的严格指令。"布瓦代夫本人则和杜·巴地、麦贺西耶一起拒绝出庭。宫斯将军想得更为周密，竟然让他的同僚掌玺部长取消他出庭作证的权利！

《自由言论》报司法评论员加斯同·梅利用仇恨的眼光审视着被告。他发现这个"矮小的平民，样子既不衰老，也不年轻，总是气鼓鼓的……"他详细地观察着："锃亮的高帮皮鞋，方格呢裤子，黑色礼服，奶黄色的手套。"他像看电影似的饶有兴味地看着被告的举止："他啃着手杖的圆头，用手摸脖子，分开或者摇动手指，仿佛钢琴家害怕手指痉挛一样，擦拭夹鼻眼镜，抖动左腿，正一正衣领，两眼望天，抚摸胡须，两膝相撞，摇头，皱紧鼻子，向左向右转身，而这一切动作几乎是同时地、不停地进行着的。人们会说，这是小节。我同意。但这是十分有趣的、值得记述的小节，它证明在这个人的身上，神经紧张得达到不能控制的程度。"

啊！那个时代的记者们，真是才华横溢，他既可以说白，又可以说黑，也可以说红！

这就是这出戏的开场，第一次开庭。第二次开庭在翌日，二月八日，从十二时二十五分开始。有些证人还是不肯到庭，其中包括昨日到庭的艾斯特哈奇。露西·德雷福斯夫人走了进来。左拉还是第一次见到她。左拉是少数几个能够想象到她的痛苦的人当中的一个。拉波利刚要向证人提出十五个问题中这样一个问题："您对埃米尔·左拉的诚意有何感想？"德勒戈尔格出面干涉了。如果提出的问题与艾斯特哈奇有关，证人可以回答；要是提出的问题与德雷福斯有关，证人不能回答。

左拉愤怒了：

"在这里，我要求有与盗窃犯和杀人犯一样的权利！我有权利证实我的真诚，证实我的正直和我的名誉。"

德勒戈尔格打断了他的话：

"您知道一八八一年法令的第五十二款吗？"

"我不知道法令，而且我也不想知道法令……"

大厅一时为之哗然，人们几乎听不见被告这句话的最后几个字：

"……在现在这个时候。"

德勒戈尔格最后说道：

"总之，你们要提出的问题不会由我提出。"

在奇特的法律程序中规定，先由律师向首席法官提出问题，然后由首席法官来决定这些问题是否有提出的必要。这种形式主义颇有些滑稽，既然律师们已经提出了问题，不管首席法官接受与否，总是被所有与会的人听到了。左拉在第一次开庭时是沉默不语的，可在第二次开庭中，他却开始执拗起来了，首席法官不得不宣布休庭。

再次开庭时，左拉申辩道：

"我是一个作家，没有在大庭广众之中讲话的习惯。我是非常容易激动的人，所以很可能有时词不达意……我的意思是说，我并不反对法律，我所反对的是人们为反对我而制造的种种遁词、对我的起诉方式以及对《我控诉》的断章取义……我要说，这是不公正的。"

是的,这是不公正的。可是,审判团却认为首席法官拒绝向德雷福斯夫人提出问题是合理的。这样一来,证人未说一句话就退出去了。

继露西·德雷福斯之后,勒布鲁瓦律师出庭作证。过去他是皮卡尔在国防部二处时的法律顾问,是德雷福斯案件最重要的知情人之一。他要说明受到威胁的皮卡尔是怎样将案件的一部分真相告知给他的。这很关键。因为这是军界死死抓住情报处处长皮卡尔把柄的地方。

"该问题不能提出。"德勒戈尔格决定道。

接下去是舍雷·克斯特纳。他那清癯的脸上蒙着一层愠色。他已秃顶,有一个长长的鼻子,灰白的胡须两端修剪得尖尖的,一副学者的气派。

在大厅里,一个女人坐在一个律师的大腿上,大声地格格笑着说:

"这就是那个色情狂!"

罗什福尔的话已经不胫而走。

最近挨过打的议会副议长想在法庭上宣读宫斯将军寄给皮卡尔的信件。情报处处长皮卡尔正在形成一种信念,他曾对宫斯将军讲过,他确信德雷福斯是无辜的,而艾斯特哈奇是有罪的。宫斯在信中嘱咐皮卡尔要谨慎小心,尽管也有几句追究事实真相的话,但要求他不能轻举妄动。

首席法官决定道:

"宫斯的信件不能宣读。"

但是,在私下,约瑟夫·雷纳克这个"羊脂球"却针锋相对,把这些信送交几家主张修改宪法的报社,公开发表了。新闻界是永久不变的第四政权。在德雷福斯事件的各个时期,新闻界到处都起着它的极为重要的作用①。这场诉讼，尽管有着政府方面的种种命令，但它不可能长久地禁锢在法院的围墙之内。

舍雷·克斯特纳讲述他怎样受毕隆将军的愚弄，当他向毕隆透露他确信艾斯特哈奇有罪的时候，毕隆要求他在十五天之内保持沉默，可是，毕隆利用这段时间唆使他所控制的报纸对舍雷·克斯特纳大肆辱骂。这种伪善的行径激怒了左拉：

"舍雷·克斯特纳先生把将要发生的事情已经告知了毕隆将军，我希望这是事实。舍雷·克斯特纳说过，他是毕隆将军的老朋友，他以'你'与他相称，他曾以法兰西的名义恳求他把德雷福斯案件亲自抓起来，他曾哭着哀求过他！我希望这也是事实。"

"是这样的。"证人回答道，"他要求我等待十五天，可在这十五天里，国防部的报纸诋毁我，管我叫德国人和普鲁士人！"

"和我一样，意大利人！"

接着，人们请下一个证人卡西米尔·佩里埃出庭。他是一八九四年的共和国总统。在宪法所规定的他有权讲述的范围之内，他准备谈一下向审判德雷福斯的军事法庭提供秘密文件一事。德雷福斯？该问题不能提出！

休庭期间，人们伸伸懒腰，活动一下麻木了的腿脚，吃一点东西。至于那些家庭主妇，她们在打扮自己，想着星期一上午万塞纳森林里的集市。

夜晚，差不多是骚乱了。汝乐·盖兰命令他手下的人，谁不把人行道让出来就打谁。于是，不得不出动警察进行干涉。警察把正义宫及其周围都封锁起来，以免有人被扔进塞纳河里去。参谋部的军官们穿着他们耀眼的军服，也都来到街头。在

---

① 帕特里斯·布塞：《德雷福斯案和新闻界》，巴黎，1960年版。——原注

河岸上，一些狂热分子和无知的人围在用德雷福斯派报纸笼起来的火堆旁，高声地唱着：

> 左拉，是一头大胖猪，
> 他越老变得越糊涂。
> 左拉，是一头大胖猪，
> 我们抓住他，一定放在火上把他烤糊。

发斯盖尔、布鲁诺和德斯穆林在前后护着左拉向前走，在人们投过来的谩骂和凌辱中，他们一声不吭。

塞万莉娜有着动人的国色，是瓦莱兹的朋友。她用近乎爱慕的笔触描绘着左拉。"我见到了这位英雄，人类还从未使他像现在这样英武。他笨拙，眼睛近视。他别扭地把雨伞夹在腋下。他有着学者的气度和举止。当他在仇恨的呼喊和'绞死他'的叫骂声中一步一步走下正义宫的台阶，走在用举起的手杖组成的拱门下的时候，仿佛就像一个国王在长戟组成的拱门下步下宫殿的台阶，或者像《萨朗波》里的马道走上卡尔达日宫的大楼梯一样。"

让我们把福楼拜式的对比一笔带过吧。左拉身上确实有着一种英雄气概。他是一位不寻常的英雄，在不久的将来，即使是雨果，也没有什么值得他羡慕的了。

后来四次开庭专门听取参谋部"大名人"们的陈述。他们还是老样子，高傲，哗众取宠，谄媚民众，进行蛊惑人心的宣传。总参谋长布瓦代夫声称："所有被左拉控告的军官都是正派的人。他们当中只有一人可疑，那就是皮卡尔。"当人们向他提出问题时，他总是以职业秘密作掩护，拒绝回答。他是一个老实人。当雷姆瓦·拉波利说他把职业秘密和国家秘密混在一起了的时候，他十分窘迫，根本不明白人家说的是什么意思。

不过对他来说，这两者是一码事。

到这时，这场诉讼的滑稽之处具体地表现出来了。布瓦代夫面孔严肃而悲伤，他拒绝说出皮卡尔已经被撤职的话，但却狡辩地解释道：

"皮卡尔中校的精神状态不能使他相当完美地从事他在情报处的工作；他的精力都集中在唯一的一个思想上去了！"

拉波利律师问道：

"那么，是什么思想在纠缠着皮卡尔中校先生呢？"

首席法官说道：

"您可以回答这个问题。"

布瓦代夫回答道：

"我不这样认为，因为我无权回答有关那个……那个案件的问题。"

将军闭口不讲了，可整个大厅的人却哄然大笑起来。

后来，这位军队的大首长这样结束他的证词：

"至于德雷福斯犯罪问题，无论到什么时候都是肯定的。"

他这句话为接着出庭的宫斯定下了调子。当拉波利向他提出第一个问题时，宫斯将军回答说：

"这是圈套！我拒绝回答！"

他斜眼望着这个穿着黑色衣服的律师。

拉波利咆哮起来：

"请问代理检察长先生，他是否能站起来使人们在法庭上尊重辩护人的权利！"

范·卡塞尔沉默不语。人们高喊："代理检察长！代理检察长！"另一批人喊："不！不！"律师们都站立起来，为拉波利欢呼叫好。于是，首席法官不得不宣布休庭。

再次开庭时，副总参谋长宫斯被迫进行自我辩护。"这是耻辱！"加斯同·梅利喊道。"安静，先生！"他的《震旦报》的同行说。宫斯声称，他写给皮卡尔、后来由雷纳克发表了的那些信件只是谈论与艾斯特哈奇有关的事情。不管怎样，他不得不说到这些信件。新闻报导超出了法律的范围，也超出了政府所管辖的范围。三权分立成了一条被人们嘲弄的原则。

前国防部长麦贺西耶出庭作证。他两颊下陷，脱下军帽的脑袋上留有一圈红色的印迹。他把军帽拿在手中，那军帽上金色的花纹在熠熠发光。拉波利律师想诱使他承认在一八九四年曾向军事法庭的法官们提供过秘密文件。麦贺西耶十分惊慌，最后支支吾吾地说他没有提供过任何秘密文件。

但是，不管他承认与否，人们已经接触到了问题的实质：军事当局使用秘密文件来对付一个被解除了武装的被告。原掌玺部长特拉里约的长篇证词在知情者中间激起极大的不安。他也谈到秘密文件。他明确地指出，对皮卡尔的打击来自战略情报处。

"我仅能划出一个范围，而且可以肯定地说，罪魁祸首就在这个范围里面。"

长着几根猫胡子的传奇人物杜·巴地·德·克朗侯爵，未戴军帽，潇洒地走了进来。雷纳克后来写道，他"迈着普鲁士阅兵式的步伐，感到所有好奇的或者满是仇恨的眼睛都在注视着他，他像一个自动木偶一样站住了。他站在距旁听席前的栏杆两步远的地方，脚跟并拢，两腿挺直，两眼慌乱地东张西望。接着，他弯下腰去，向审判团行了一个军礼，然后，他两手紧贴在裤缝线上，像个士兵站在长官面前一样，直挺挺地一动不动，在人们的哄堂大笑中等待着"。

是的，整个大厅里的人都大笑了起来，包括反德雷福斯派的人们。左拉站在旁观的立场上，突然觉得把这样一个人当成了这场悲剧的主要人物，该是多么大的误会。

这场悲剧的真正主角是一个着军装而没有人的头脸的魔鬼，即总参谋部的主导思想及其秘密情报机关。左拉这时明白了，他给它一个具体的名字是错误的。杜·巴地只是它的替身而已。

左拉正在忧虑的时候，亨利上校出场了。

亨利身体硕壮，粗肥的脖子紧紧地被佩有火榴弹徽饰的衣领裹在里面，上衣显得瘦小，红润的脸上蒙着一层忧郁。他浓眉，方鼻，留着刷子似的平头。亨利拖着脚步走向证人席。

拉波利马上向他提出皮卡尔查阅秘密档案一事。亨利回答说，档案被取走时，他不在场。他拒绝说出档案中的具体材料，但他谴责皮卡尔将有关信鸽的指令交给了勒布鲁瓦。这太重要了，在法国军队使用信鸽一直延续到一九四〇年。亨利在公共场合表现很不自然，他不知道应该往哪儿看。左拉聚精会神听取的下面一段重要对话，还是关于提供给勒布鲁瓦律师秘密档案一事。

亨利："一八九六年八月或者九月，我正在休假。皮卡尔中校曾向格利博兰先生要档案，格利博兰把档案交给了他。

拉波利律师："亨利上校先生当时是什么级别？"

亨利："营级。"

拉波利律师："当时他在谁的领导之下？"

亨利："在皮卡尔中校领导之下。"

拉波利律师："当时情报处的处长是皮卡尔先生，所以，作为情报处处长的皮卡尔中校先生，向他的下属，同亨利少校先生一样的格利博兰先生要求把皮卡尔中校先生管辖下的情报处的一份档案交给他。是这样吧？"

亨利："一点不错。但是，如果当时我在场的话，我可以提请皮卡尔中校注意到桑戴尔上校给我的指令，指令中包括这样的内容：无论我把这份档案交给谁，都必须有总参谋长、副总参谋长和我三人同时在场。"

首席法官："是桑戴尔上校先生下达的命令。我想他已经死了吧？"

亨利："他在重病中。他已经昏迷不醒了。"

拉波利律师："在这种情况下，桑戴尔上校先生才被皮卡尔中校先生所接替。亨利上校先生是否愿意告诉我们谁接替了皮卡尔中校？"

亨利："继任者是宫斯将军。一八九七年十一月份，当他外出执行任务时，皮卡尔中校将情报处交付给宫斯将军。"

拉波利律师："目前在情报处里，谁是宫斯将军的下属？"

亨利："我。"

"我！他就是这样的人！"左拉十分激动，要求提出一个问题。

"等一会儿。"首席法官冷冷地回答。

档案保管员格利博兰、勒布鲁瓦、宫斯和亨利进行全面对质，以便确定告知情报处法律顾问勒布鲁瓦某些事情是否超越他的权限。左拉忍耐不住了，他急于提出的问题使他燃烧起来。

"首席法官先生，我想向亨利上校提出一个问题。"

"请您提一个问题。"

"是的，但必须使我有一个清楚的答案。人们总在提起放在亨利上校办公室的那份档案，这是一份什么档案呢？"

亨利上校攥紧了拳头。

"这是一份秘密档案。"

"关于什么的?"

"一份秘密档案。"

"是有关德雷福斯的档案吗?"

"不是。"

亨利在撒谎,左拉也知道他在撒谎。

宫斯出面干涉了。亨利感到难以忍受下去了,宫斯将军请求法庭准许他退出。德勒戈尔格听从了宫斯将军的请求。

二月十一日,容易冲动的佩利厄将军受到一个如胡蜂般恶毒的律师的挑唆失去了自我控制,想对左拉进行一次爱国主义教育。

左拉跳了起来,回敬道:"为法兰西服务有各种方式!"

首席法官打断了他的话:

"少说废话!您只能提出问题!"

"我要问佩利厄将军,是不是他没有想到为法兰西服务有着不同的方式?人们可以用剑为她服务,也可以用笔为她服务。佩利厄将军先生毫无疑问曾是战功卓著的,而我也有我的功绩。我们的子孙后代将在佩利厄将军的名字和埃米尔·左拉的名字中间做出选择。"

佩利厄十分恼火,但不再说话了。当身材顾长的皮卡尔中校穿着蓝色制服到来的时候,人们高呼:"共和国万岁!"这些对立的行动是很有意思的。在每次休庭的时候,为了制造气氛,两派经常扭打起来。一个见习律师喊道:

"军队万岁!但不包括它的所有头头!"

几个着军装的军官向这个小律师猛扑了过去。这些事对卡斯同·梅利来说,似乎都是很正常的。这位《自由言论》报的速写作家正在草绘皮卡尔的漫画:"这位证人,穿着带黄色领子的有肋状盘花纽的蓝色短上衣,来到了证人席上。他的态度使大家颇为惊奇。他可不是一个小兵,而是个中校。他身体左右摇动,扭来扭去,两腿画着圆圈,两只胳臂悠悠荡荡。这不是一个军人,而是印度寺院中的舞女。"对德雷福斯派来说,杜·巴地是一个小丑,而对反德雷福斯派来说,皮卡尔竟成了一个舞女!

然而,如果说德雷福斯案件变成了左拉案件的话,那么,目前的左拉案件又变成了皮卡尔案件!

情报处处长皮卡尔提供了第一篇完备的证词。他详尽地讲述了他是怎样发现艾斯特哈奇犯罪的。在证词中,他对许多重要的事情都避而不谈。不管他的上级对他的态度如何,他一直把自己看成是情报处的一员。

二月十二日,法庭继续听取皮卡尔的证词。必须很好地听取这个证人的发言,因为它只涉及艾斯特哈奇的问题。他在回答问题时说,他的上级领导从未认为艾斯特哈奇是那份清单的起草者这一判断是缺乏实际根据的。人们再次要求亨利、皮卡尔和勒布鲁瓦进行对质。情报处的两位首脑面对面地站在那儿了。亨利否认勒布鲁瓦说的话的真实性,之后,他再也控制不住自己了,或者是有意进行挑衅,说道:

"皮卡尔中校在这个问题上撒谎。"

皮卡尔真想走过去扇亨利一个耳光。

左拉也激动起来,半站起身子。

憨厚的德勒戈尔格说道:

"您二位在这个问题上看法有分歧。"

皮卡尔极力克制着自己,他向法官们讲述了他受到负责德雷福斯案件的军官们围攻的处境:

"几个月来,我倍受被他们收买的报纸的凌辱,他们到处散布流言蜚语,制造错觉……"

"正是如此!"左拉大声说道。

人们已经忘记了他还在场。

当然,律师们是想把这些证词归纳一下的。

阿乐贝尔·克列孟梭律师:"趁这两位军官都在场,我向您请求发言。我提请您注意,他们二人都遭到了对方的断然否认;在谩骂中,再没有比一个军官对另外一个军官说'您撒谎'更为严重的了。为了澄清事实,我向您请求发言。"

首席法官:"我拒绝您发言。"

然而,亨利却发火了。

"辩护人先生,对不起,能允许我说几句话吗?"

"当然了,上校先生!"

"那好吧,我们就说一说!"

一八九四年十一月,桑戴尔上校责令亨利把所有有关谍报事务的材料进行"重新整理"。就是在这样的情况下,他建立了装有"这个流氓德"文件的档案。文件全都装在一个大纸口袋里,他亲自加了印,放在他的柜子里。只在皮卡尔向档案保管员要它的那天,才从他的柜子里拿出来。亨利补充说道,桑戴尔还向他说过,他手中掌握着一份更重要的材料。这是对吉约姆加过批注的那份清单的明显暗示。关于那份清单,在总参谋部早已有所传闻了。听到这里,宫斯和布瓦代夫脸色都变白了,德勒戈尔格也十分难堪。这是关于德雷福斯的呀!可是,首席法官又不敢打断亨利的发言。尽管他与这些穿军装的人同属一个民族,但他同样也是国防部二处的人们乱发淫威的受害者。至于律师和公众,还蒙在鼓里,根本不知道其中的秘密。但是三天之后,在徐来斯耐斯举行的公众会议上,反犹太议员米尔瓦耶声称,是存在一封德国国王签署的信件,不过是以一八九四年的判决为条件的。他把这封信翻译了过来："让这个流氓德雷福斯尽快把答应的文件寄来。签字：吉约姆。"

接着，人们传讯一八九四年为德雷福斯做过辩护的德蒙日律师。

德蒙日律师："我之所以要到司法部去要求撤销判决书，是因为我认为它不符合法律。通过萨勒律师①，我得知其中有违反法律的地方。"

拉波利律师："什么地方违反了法律？"

首席法官："不，不，德蒙日律师，您不能回答！"

阿乐贝尔·克列孟梭律师："首席法官先生，我请求您首先注意，在此次开庭中，长时间与亨利上校先生纠缠的一件附带诉讼问题是专门关于德雷福斯案件的……我请求您向德蒙日律师提出以下问题：'刚才德蒙日律师对我们讲，他确信判决书不符合法律。请问他能否对我们讲明他是根据什么得出这个判断的，特别是，如果不是军事法庭的一个法官向萨勒律师透露的，那么，又是谁把它转告给德蒙日律师的呢？'"

在德勒戈尔格还未来得及喊"您不能回答"的时候，德蒙日就大声地说道：

"好啊，当然可以回答！"

首席法官："德蒙日律师，您没有发言权！"

阿乐贝尔·克列孟梭律师："我请求您，首席法官先生，必须提出这个问题。"

首席法官："不，我不会提出这个问题！"

首席法官顽固地不肯提出任何一个问题，可证人却又回答得那么多！与会听众无不为此而大笑起来。

---

① 萨勒律师从1894年军事法庭的一个成员那里搜集到这些秘密。在前一次开庭时，德勒戈尔格拒绝他旁听。——原注

左拉在观察着这些"大名人"。他坐在那里，规规矩矩，像个听话的学生。他在夹鼻眼镜后面进行着分析。在这个时候，他感到一阵欣喜：到哪儿去找这样一个机会呢？

"一个军人的头颅是怎样长的？当人们使一个军人变成一个法官，他会如何行动？……突然，笔和剑这两件强而有力的武器相撞了。人们虽然都是同胞，但我发现，在他们中间横着一条鸿沟。这里含有某种意义，我从中看到了它的严肃性，并得出结论：法兰西或许会成为一个民主的国家，一个热爱和平和科学的国家。难道她过去一直想成为一个好战的民族吗？"

同时，他也在心里描绘着……"与会的听众，坐在下面的律师以及面目可憎的人；陪审团成了哑巴，一个问题也不提出；射进来的阳光，几片云彩飘过，大厅变暗了；忽然，又有几线阳光投在墙上，我望着，仰着头……"

然后，他又收回思想，重新开始研究起来。他腿脚有些抽筋了。他厌倦了。他想到了监狱。

"如果我在圣佩拉吉，我就会体验到蹲监狱的滋味。我是注定呆在牢房里的人。在老之将至的时候，对我来说，那里倒是一个很好的去处。"

他完全是一个作家。

"这个问题同样也关系到左拉先生！"

范·卡塞尔的声音刚刚发出来。左拉立即跳了起来，之后，他微笑了。"确实如此，这同样与我有关！"

国防部长毕隆将军在国会上大声宣称："德雷福斯已经按着法律进行了审判并且给予了准确的惩处。他是一个叛徒，是一个罪人。"正当德蒙日公开证明政府曾向军事法庭提供秘密档案的时候,毕隆将军讲出这一番话,这是明目张胆地施加政府方面的压力。报纸又迅速地加以扩散。《自由言论》攻击拉波利律师,说他是"一个有日尔曼血统的律师,加入了法国籍,与一个英国犹太女人结了婚。他父亲仍留在德国,是德国某铁路公司的监察员"。这纯属捏造。在同一家报纸上,人们传播说皮卡尔是离过婚的,他有两个孩子还留在德国。这也纯属捏造。罗什福尔叫嚷:"等战争时再算账!"反犹太报纸还公布了他们不共戴天的仇敌的名单及其住地,以备算账时使用。然而,双方较量的结果已经明显,整个德雷福斯案件都包括在亨利那句不慎说出口的"我们就说一说"之中了。贝蒂荣是一个善于抽象思维而又言语啰嗦的人,他又开始了他的表演:"那份清单符合几何学的一条定律,其方程式就存在于第一个被惩处的人的吸墨水纸之上……"

他的话在听众中引起一阵哄笑。人们也需要轻松一下了。后来开庭时。贝蒂荣声称,既然法庭已经做出不许提及德雷福斯案件的决定,他无法再继续讲下去了。其他几位鉴定专家也到庭。萨拉瓦依说他从未根据手迹鉴定来判处一个人。库阿尔、拜劳姆和瓦利纳尔则以职业秘密为挡箭牌,不肯讲话。戈贝尔和拜勒第耶重新提出他们在一八九四年做出的对德雷福斯有利的结论。人们也一下子就回想起来了。法兰西研究院院士保罗·梅耶、巴黎文献学院教授奥古斯特和法兰西学院教授埃米尔·莫利尼叶都在证词中驳斥了官方的论点。

辩论逐渐变得对左拉有利了。人们觉得法官会宣布左拉无罪的,原因在于他的大无畏精神①。然而,法官们是热爱军队的,必须使他们明白,他们是支持军队还是支持左拉。于是,佩利厄进行宣传活动,声言参谋部就等于整个法国军队。二月

---

① 所有反德雷福斯派历史学家也都一致佩服左拉的这种大无畏精神。——原注

十六日，他又出席了第九次开庭，说道：

"人们企图诋毁军官们的声誉，那么，你们还能对那些在军官们指挥下走上战场的可怜的士兵寄予什么希望呢？人们岂不是把他们的儿子赶向屠宰场吗？法官先生们！左拉先生也许会赢得一个新的胜利，他将写出一本新的《崩溃》。"

"说得好！问题就在于此。"左拉自言自语道。

拉波利已经感觉到了这一恫吓阴谋的危险性。

"先生们，刚才你们听到了佩利厄将军先生代表总参谋部在这里所做的辩护……他到这里不是为了解释情况，也不是为了申述理由，而是企图利用一个伟大人民的宽厚和仁爱，来挑起论战……"

大厅里的骚动打断了他的讲话：

拉波利律师："我意识到了我的讲话必将遭到我的对立派的抗议。"

首席法官："拉波利律师，您不必去管大厅里发生的事情！"

拉波利律师："首席法官先生，我要对这些抗议做出回答，如果首席法官不加以制止的话！我要说，参谋部的律师非常清楚他要维护的是什么，每次他登上这个证人席，不是作为一个证人，而是作为国防部官方的支持者来讲话，因为对国防部来说，只有代理检察长先生的沉默还不够。我接着还要说，作为左拉先生的辩护人，不管他多么疲劳，不管他是什么心情，不管他多么忧伤，他都要站出来讲话的……"

佩利厄不理解他的首长们的沉默态度，激动地说道：

"我要重复亨利上校那句非常干脆的话……人们不是想知道真相么，我们就说一说……一八九六年十一月，国防部收到德雷福斯犯罪的铁证材料。这份材料我见到过。"

接着，他凭记忆复述了这份给帕尼扎尔迪的文件：

"'就德雷福斯案件，国会将进行一次质询。请您永远不要说出我们过去和这个犹太人的关系。'好，人们不是想通过曲折的途径来重新审理这个案子吗？我刚才给你们提供了这个事实。我是以我的名誉作保证来讲这些话的。并且，我提出布瓦代夫将军来为我的证词作证。"

于是，听众席响起了一阵噼噼啪啪的鼓掌声。佩利厄命令道：

"杜卡斯少校，去找布瓦代夫将军。坐车去，马上！"

小心谨慎的德勒戈尔格决定第二天再开庭。

宫斯将军为他属下的愚猛行动大为恼火。

"即使军队不害怕说出事实真相，但为了挽救它的声誉，也需要谨慎啊！"

阿诺托也十分恼火。意大利驻法国大使曾不止一次地向他保证说，给帕尼扎尔迪的那封说德雷福斯将被任命为意大利的或德国的情报处成员的信应该被看作是彻头彻尾伪造的。"这些笨蛋，成事不足，败事有余！"外交部长骂道。他在部长会议上要求人们立即停止对左拉的起诉，追究隐瞒真相的责任。

然而，他的同僚们拒绝了他的请求，他们害怕引起军事行动。佩利厄不慎失言之后，在参谋部也引起激烈的争论。布瓦代夫是一个诚实的人，他对那份材料的可靠性有很大怀疑，他决定以后不要再引证这份档案。但是，二月十八日，在第十一次开庭时，他又亲自走上了证人席。

为了更好地理解他这次出庭作证的重大意义，有必要粗略地口述一下布瓦代夫的军人生涯。拉乌勒·弗朗索瓦·查尔·勒穆同·德·布瓦代夫，获得参谋证书之后，曾作为商吉的副官在鲁瓦尔军队中服务；一八九二年升迁为副总参谋长，之后又成为总参谋长。一八九四年曾率领法国代表团前去参加俄国沙皇亚历山大三世葬礼。他是法国军人之中的佼佼者。一旦发生战争，他将指挥共和国的全部军队。他是那个时代的霞飞①，或者甘末林②。他说道：

"我坚信佩利厄将军的证词的真实性和准确性。我无须再多说一句话。你们是法官，你们代表国家。如果国家对它的军事将领，那些肩负着国家安全重任的人失去信任，他们准备将这重任移交给别人，只要你们说话。"

无人不明白，法院受到军队高级将领集体辞职的威胁，除非将左拉治罪。

英国记者维克安·斯第向《维斯南特尔日报》发布消息说："布瓦代夫将军的政变不同于拿破仑三世政变的地方，仅在于在轻罪案情处理中所表现出来的粗暴态度。"

人们将会再次看到艾斯特哈奇。在出庭之前，佩利厄接见了他，命令他在法庭上不许回答问题。

"我的将军，要是那些蠢猪谩骂我，我不能不讲话！"

"那你也一言不发，这是我的命令。"

审理左拉案件过程中最为精彩的场面开始了。

布朗希夫人当时正在正义宫里。这是弄清艾斯特哈奇书写恶毒信件一事的好时机，但是，她拒绝出庭作证，因为她经受到被处死的恐吓。不过，这没关系！阿乐贝尔律师回想起她在以前的证词中曾坚持说艾斯特哈奇的信件是真实可靠的原物，于是，他大段大段地宣读了那些信件的原文。将军们个个面若冰霜，而艾斯特哈奇一动不动地站在那里，两臂交叉，双手紧

---

① 霞飞（1852—1931）：法国元帅。
② 甘末林〔1872—1958〕：法国将军。

紧地抓住短上衣，一声不吭。

"骑士勋章获得者艾斯特哈奇少校先生，您承认这些信是您写的吗？"

艾斯特哈奇沉默。

"证人是否承认给布朗希夫人写过这样的信：'这就是法兰西优秀的军队！简直是耻辱！我曾向君士坦丁堡写过信，如若给我个合适的军阶，我将到那边去；但是，在未向这些蠢猪以我的方式开一个玩笑之前，我是不会走的。'"

艾斯特哈奇沉默。

"请您继续下去。"首席法官向克列孟梭律师说道。

"另一个问题。证人是否承认给布朗希夫人的信中有这样的话：'我的怯懦而又愚昧的大官们将再一次在德国的监狱中哭泣。'"

艾斯特哈奇沉默。

"请您继续往下念。"首席法官说。

面对这种由于法庭的形式主义而变得十分残酷的场面，左拉脸色有些苍白了。加斯同·梅利，我们的《自由言论》的证人，在写到阿乐贝尔·克列孟梭时说："卑鄙的家伙，他干的是什么职业呀！"

"念下去，念下去！"乔治·克列孟梭① 对阿乐贝尔重复说。

六十个问题，一个紧接着一个向那已经变成了蜡像模样的艾斯特哈奇抛去，一直延续了一个钟头。

"证人是否承认写过这样的话：'我向这些流氓答应过给他们一人一枪托子。'是否写过：'索西耶将军是一个在德国人那里摆在市场木棚里没人肯要的小丑。'他是否写过……"

"继续往下念！"

---

① 乔治·克列孟梭虽不是律师，但被准许他为自己的报纸做辩护。——原注

"够了！够了！"人们在大厅里喊叫起来。

"往下进行，阿乐贝尔！"乔治·克列孟梭说道。

"首席法官先生，您是否愿意向证人提出这样一个问题：'艾斯特哈奇少校曾经承认过，像《祖国》上说的那样，他与施瓦茨考本上校有着公开但并不经常的联系。这是否确切？'"

"噢，我们不谈这个！"

"……他说过他曾经把施瓦茨考本上校介绍给卡勒斯巴？"

"不，我不会提出这个问题。"

"一个法国军官所做出的事，为什么人们在法庭上不能谈论呢？这岂不是咄咄怪事！"

"因为在此之上还有着更为重要的东西，那就是国家的荣誉和安全。"

乔治·克列孟梭冷笑了几声。

范·卡塞尔在急匆匆地记录着，字迹潦草得几乎难以辨认。

左拉气愤地挥动着拳头。

"首席法官先生，"阿乐贝尔·克列孟梭说道，"我一定记住：国家荣誉允许一个军官如此行动，但不允许人们来谈论它！"

这时，在大厅里发生了异乎寻常的情景。审讯刚一结束，艾斯特哈奇的辩护律师走过去拥抱了这个间谍。军官们涌进大厅，向这个人们确信与施瓦茨考本有关系的、起码是两面间谍的人欢呼，向妓女巴依的情夫，向这个蔑视他们、仇恨他们的疯狂的恶棍欢呼。一个将军陪伴着这个流氓，这就是佩利厄。

后来，有一个人公开地紧紧地握着这个恶棍的手，这个人就是亨利·奥尔良亲王。

"这真是荷马史诗里的场面!"加斯同·梅利喊道。

不,这是莎士比亚戏剧里的场面。

妓女巴依说出了历史上妓女们的最美好的一句话。"啊!我的小男人!"她大声嚷叫着,扑到那个匈牙利人的怀里,"我知道你!"

即使那些还不知道这句话确切含义的人们也不难猜想到它的意思。

左拉刚刚离开让娜的住处阿夫雷街三号。让娜从窗口向外张望着。从圣·拉萨尔车站传来的火车鸣叫声仿佛是死亡在呼喊。天空阴沉沉的。一种恐惧感抓住了她的心。左拉收到了多少恐吓和辱骂的信件啊!她把德妮丝和雅克叫到身边,急急忙忙地给他们披上小大衣。

"德妮丝,快,戴上你的帽子!"

"妈妈,我们到哪儿去?妈妈,到哪儿去?"小雅克问着。

让娜走下楼梯,穿过敞廊,来到街上时,这个修长而灵活的女人几乎小跑起来。德妮丝拉着雅克,惊恐地跟在后面。让娜的心突然跳得更加厉害了。他在那边。他在她的前边走着。这样的时候怎么能一个人出来呢!

外面下着毛毛细雨。左拉在撑开的雨伞下缓缓地走着。从前他出门可是坐马车的呀!雅克想叫他,但让娜用手把孩子的嘴捂住了。

几个过路人认出了左拉。大街上到处都张贴着他的照片,人们怎能不认识他呢!一个工人边走边回头来看左拉的时候,差点把让娜绊倒了。让娜拉着两个孩子在细雨蒙蒙的一八九八年的巴黎,一直跟在埃米尔·左拉的后面,从阿夫雷广场,经过昂斯岱尔当街和克利希街。最后,他到了布鲁塞尔街。他走进大门洞里去了，到了他的家中，可一直没有想到让娜和孩子们跟随在他的后面。

让娜见她的情人走进他的合法妻子的房子里去的时候，用手压着她那激烈跳动着的心脏，然后紧紧地拥抱着雅克。她高高兴兴地拉着两个孩子进到附近一家糕点铺子里去了。

当让娜跟随在左拉后面保护他的时候，让娜·洛泽萝没有发现还有另外一个人也跟踪着左拉。警察开始活动了。现在便衣特务神出鬼没，到处都有"四只眼睛"。在起诉期间，左拉收到了一千五百份电报，其中最长的电文竟多达一万七千字，而这些电文必须先经国家安全局局长维吉埃先生过目。摩纳哥亲王打电报给被告左拉，表示他的敬佩和同情。左拉立即回复道："深为您的情谊所感动。感谢您相信我一个正直法国人的爱国情操，并致以崇高的敬意和感激。"于是，安全局局长下令监视摩纳哥亲王！在给左拉的电报中，既有称赞的，也有谩骂的。"左拉，你这个犹大，你能告诉我们你拿了多少钱吗？"维吉埃明确地指示他的部下：编制一个谩骂和赞扬的电文比较统计表。许多电报、请愿书以及成箱的签名名单源源不断地从西班牙、荷兰、挪威、叶卡捷琳堡、华沙、中欧犹太俱乐部、敖德萨市格鲁吉亚人协会、艾克斯·拉沙佩勒地区俄国人协会、罗马尼亚犹太人协会、布达佩斯、奥地利等地寄来。有数百封电报来自意大利的共济会各个支部。意大利关注左拉案件有着双重的原因，一是左拉是一个意大利人的直系亲属，二是武官帕尼扎尔迪与该案有关。

在一封具有代表性的电文里写道："意大利大东地区加里波底共济会支部向人权的勇敢捍卫者致以崇高的敬意。"维吉埃又命令道：调查左拉是不是共济会会员！电报像潮水一般涌来，安全局局长不得不放弃将发报人一律登记入册的工作。他只能抽查其中最令人注意的电文。二月二十三日的一封电文说："一个英国女人为你的大无畏精神欢呼，并非常赞赏你。到我的怀抱里找一个藏身之处吧。艾迪兹·拉乌尔。"① 劳累过度的维吉埃先生看了这份电报，也不能不为之一笑。然而，这并不是全部工作，噢，不！人们还监视着报纸，尤其是《震旦报》，因为那是德雷福斯派的司令部。一个包探报告说："请注意，所有有关参谋部的情况都是克列孟梭提供的，为寻找内应，他到国防部去过。"维吉埃先生直接给国防部二处挂电话。他自己也被绑在了电话机上。他已经焦头烂额了。"派人跟踪克列孟梭！"他下达着命令。他的便衣特务回来报告说，有两个身份不明的人总是跟踪在克列孟梭的后面。等到第二天才知道，那两个人是警察总监派出的，他也在做着同样的工作！一个化名特务报告："左拉夫人过去可能是拉丁区的一个妓女。在结婚前，可能与艾斯特哈奇少校现在的一个主要心腹有过关系。""愚蠢！"维吉埃骂了一句，但他仍然命令调查核实，并建立"左拉夫人档案"。每天晚上，安全局局长都要向上级汇报。他粗略地概括了一下形势：除去极左派和共济会，巴黎和外省都反对左拉。在国外，除去反犹太主义者，都拥护左拉。

二月二十一日，虽正值中午，阴暗仍笼罩着整个大厅。代理检察长卡塞尔的脸上泛着红晕，他以下面的话结束了他的指控：

"不，说有一个军官凌驾于法官们的良心之上，这是不真实的；不，说有七名军官违背他们的良心进行裁决，这是不真

---

① 所有这些电报引文均来源于国家档案馆。国家安全总局的档案也存放在那里。——原注

实的。先生们，只有心怀成见的人才会有这种诋毁别人名誉的言论。尊敬的法官先生们将戳穿他们的谎言，将毫不迟疑地对他们做出判决，国家在满怀信心地期待着。"

接着，左拉用发颤的声音，在法庭上宣读了一项声明：

"我发誓，德雷福斯是无罪的。我用生命和名誉来保证。在这个严肃的时刻，我站在代表人类正义的法庭上，站在作为国民象征的各位陪审员面前，站在全法国和全世界面前发誓，德雷福斯是无罪的。而且，我敢以我四十年的辛勤劳动和它所能赋予我的权利来保证，我发誓，德雷福斯是无罪的。我还以我所得到的全部财产和我所赢得的荣誉来保证，我发誓，德雷福斯是无罪的。万一德雷福斯不是无罪的，那就让这一切都失去，就让我的全部著作全部毁灭，我也在所不惜。他是无罪的。"

"上下两院、文武政权（他忘记了司法）和各大报纸以及这些报纸所制造的恶毒舆论都可能反对我。然而，我是平静的，我将得到胜利。在这里，人们可以攻击我，但总有一天，法兰西将会因为我帮助她挽救了她的声誉而感激我的。"

每当左拉重复"我发誓，德雷福斯是无罪的"的时候，大厅里人们高喊："证据！证据！"在这种集体错乱中，人们忘记了这场诉讼正是从德雷福斯犯罪的证据开始的！

拉波利律师从前辩论起来是异常凶猛的，正如人们所说，仿佛是在竞技场上；而在这次辩护中，他反而表现得异常沉着冷静。

为《震旦报》经理佩杭辩护的阿乐贝尔·克列孟梭严正警告道：

"我们今天站在你们的面前接受审判，而你们将要站在历史的面前接受审判。"

他的兄弟乔治说了一句最为刻薄的话，他说应当推举基督来主持这次辩论。并且大声说道：

"不是有所谓既判案件的权威性吗？这就是既判案件！"

尽管他费尽了口舌，倾注了许多良好的感情，使用了某些尖刻的词句，但都无济于事。这次审判仅仅是一种形式而已。审判团的成员们早已理解了总参谋部为他们设置的难题：支持左拉还是支持军队！

"如果我们被无罪释放，"克列孟梭说道，"恐怕我们不能活着出去了！"

"您放心，"左拉回答道，"我们不会有什么危险的。"

已经是晚上七点半钟了。"人们越来越疯狂，斥骂声充塞着空间。"塞万莉娜写道，"穿着制服的军官们，在昏黄的煤气灯光下，在人们呼出的哈气所形成的水雾中，站在凳子上，把手臂伸向空中，大声地咒骂着。在这样一个地方，我从未想象到会有这样的场面……"

审判长用尖细的声音宣布道：

"在上帝和人类面前，我以我的名誉和良心作证，陪审团的问答是，关于佩杭先生，是的，我们站在参谋部一边；关于左拉先生，是的，我们站在参谋部一边。"

立时，法庭内外，欢呼声代替了辱骂声："陪审团万岁！军队万岁！打死犹太人！处死左拉！"

左拉环视一下向来与他为敌的人群，说了一句：

"吃同类的魔鬼！"

在宗教法庭判决卡拉时，伏尔泰说的也是这句话。

法庭判处被告以最高刑罚。德鲁莱德欣喜若狂地来到附近一家邮局，向报社发报说："左拉，一年监禁；佩杭，四个月监禁。欢呼！无限的欢乐！全国人心大快！法兰西万岁！"

而亨利,他在玛让达公爵夫人的吕内维尔小宫堡里,说道:

"左拉被判处了最高刑。我们是多么开心哪!军队万岁!"

亚历山德里娜扑了过去,搂住了埃米尔的脖子,哭泣起来。

"我的宝贝!"左拉怜爱地叫道。

他已经有好几年没这样亲密地称呼妻子了。

疯狂的喊叫声从正义宫传出来,接着传向拉丁区,传向巴黎的四郊。

当大厅里的人们都走了时,作家左拉和妻子、发斯盖尔,他的几个辩护律师以及德斯穆林仍留在那里。左拉雇用的几个保护人正等待着适当的时机使他们从一个小门走出去①。仇恨的声浪越来越大,然后逐渐远去,接着又翻卷而来。左拉拉住记者莫利斯·弗叶的胳膊说道:

"您听我说!可以这样讲,人们给他们的是一种虚幻的希望!"

五

一张令人迷恋的法兰西地图,从轻罪法庭判处左拉一年监禁的第二天开始,就变成了另外一个样子了。布列塔尼的一个教士和洛林的一个企业家成了德雷福斯派,而巴尔贝斯的一个白铁工人和安托万镇的一个木匠成了反犹太派。这个国家并不是因为政治对立按区域分割开来,出现西白南红等等局面的,而是到处都散播着仇恨对立的种子。人们在争吵。一些家庭也因此一下子破裂了。乔治·克列孟梭向德吕蒙开了枪,连开二

---

① 他们必须使左拉绕过巴黎市区、经过旺塞纳,然后回到家中。——原注

枪未中。皮卡尔也用手枪回敬了亨利。亨利手臂中弹。艾斯特哈奇向皮卡尔挑衅，皮卡尔回答道："你为你们国家效劳，我为我的国家尽忠。如果让你逃掉，我就将是个罪人。"又出现了新的丑闻：布瓦代夫掌管下的总参谋部的人经常出入艾斯特哈奇的家门！

....

广告比比皆是。"人们会问，在审讯左拉过程中，拉波利律师为什么能够经受得住连续开庭十五次的劳碌呢？其原因很简单，可尊敬的辩护人喝了金鸡纳酒！"广告法规定，广告不许损伤任何人。但事实上，这个时期的许多广告是攻击左拉的。

在法国，左拉的画像也花样翻新：通阴沟的人、勤杂工、管风琴演奏者、孔雀、掏粪工……五花八门，无奇不有。在德国，有人出售左拉墨汁，商标上有一幅取悦大师的画像。在国外，人们把左拉理想化了，把他比作游侠和勇士。

比利时的梅特林克引用西哀耶斯[①]的话说：

"法国人都想成为自由的人，但他们却不知道应该成为一个正直的人。"

维尔哈伦[②]说：

"在后来的最有历史意义的德雷福斯事件中，整个欧洲为维护法兰西精神而反对法兰西……"

托尔斯泰写道：

"在他（左拉）的行动中，蕴含着崇高而美好的思想，即反对沙文主义、与反犹太主义进行斗争。"

"挪威的雨果" 比昂斯腾·马丁纽斯·比昂松[③]写信给左

---
① 西哀耶斯（1748—1836）：法国政治活动家、神甫。
② 维尔哈伦（1855—1916）：比利时著名诗人。
③ 比昂斯腾·马丁纽斯·比昂松（1832—1910）：挪威著名剧作家、小说家、诗人和政治活动家。

拉说：

"我多么想能够站在您的位置上，像您一样，为祖国和人类而效劳，做出我的贡献……"

美国的马克·吐温写道：

"一些教会和军事法庭多由懦夫、伪君子和趋炎附势之徒所组成；这样的人一年中就可以造出一百万个，而造就出一个贞德或者一个左拉，却需要五百年！"

如安全总局局长所指出的那样，世界舆论是站在左拉和德雷福斯一边的。可是，法国民族主义者不但没有从错误中吸取教训，反而在这一泥沼中越陷越深了。世界都支持德雷福斯吗？"法兰西不怕孤立！"

那么，青年人是什么态度呢？在贡道尔塞，有上百名正在准备参加高等学校入学考试、特别是报考综合工科学校的学生们。他们排列成纵队，高声喊着："嘘左拉！"有一个孩子眼望着这种情景，心里十分难过。他曾经在特卡德侯展览馆听过左拉朗读他的小说《卢尔德》。这个孩子就是路易·法里古勒，即后来的汝乐·罗曼①。但是，在米卡莱姆，在巴黎大学的讲演大厅里，人们高呼着"左拉万岁！"，向布吕内蒂埃身上抛撒着彩色纸屑。

人们在新闻报导中可以读到："左拉像一个破裂开来的大南瓜，以后人民群众可以踏到上面去，用鞋后跟任意践踏了。"左拉是"一个垃圾清扫工，一个倒霉的掏粪工，一个用羽翎管通阴沟的人。他用像杀人犯的短刀一样锋利的笔戳他祖国母亲的心，用他那肮脏的手，凌辱我们的军队……"巴雷

---

① 汝乐·罗曼（1885—1972）：法国诗人、作家，是二十世纪初一体主义派的代表人物。

斯激动地说："我无法描写这一天欣喜若狂的人群、快乐和友情。"当第二次对左拉进行起诉的时候，巴雷斯走得更远了。为了击垮他（左拉）的这些死硬崇拜者，必须戳穿他这只纸老虎。"加油吧，这微不足道的障碍不应该影响我们国家的前途和命运！"因为他感情用事，把"微不足道的障碍"看得过于严重了，所以他的心情也很痛苦。最后，为了他的真理，终于牺牲了他和左拉的友谊。据布瓦代夫将军的孙子，杰出的评论家皮埃尔·德·布瓦代夫引用德勒斯伯爵的说法，也许要到一九一四年第一次世界大战爆发之后，巴雷斯才会承认德雷福斯的无辜。正如于连·卡安所指出的那样，巴雷斯到了晚年才回心转意，以他的回忆录来缓和他与《背井离乡的人们》、《神灵的山岗》的欣赏者们的关系。

《祖国》披露说："我市卫戍部队各团的士官们决定清理他们书架上的左拉著作，焚烧这些书。"这些人比纳粹党还先行了一步！

社会主义者们开始分裂了。二月二十六日，工人总同盟筹委会散发的一份传单上说："我们劳动者，永远是被剥削的人，我们既不站在犹太人一边，也不站在基督教徒一边……"

他们把基督教徒和犹太人装在一个口袋里了。最初的德雷福斯派一直在犹豫不决。是的，事实确实如此。但作为个人，吉·夏·鲁、朗日万、查尔·里歇、维克多·贝拉尔、吕西安·埃贺、居斯塔夫·朗嵩、迪尔克汉、查尔·纪德、查尔·利斯特、普西卡里、保罗·彭古尔以及牧师莫诺表明了大学界的乐观主义立场。教授联合会成立了。这样一来，他们又和无政府主义者塞巴斯蒂安·富尔会合在一起了。富尔说："德雷福斯，作为军官，他是我的敌人，我要谴责他。可是作为荒谬的种族纠纷的受害者，我是同情他的，我要以人道主义的名义保护他。"

一些团体组织在筹备，在组成。在左拉案尚未审理完毕的时候，《震旦报》即发表文章说："抗议一八九四年审理德雷福斯案件中严重违反诉讼程序的行为和围绕艾斯特哈奇案件所制造的谜团的签名者们坚决要求对案件进行重新审理。"在支持重新审理委员会中，和左拉站在一起的有塞万莉娜、乔治·克列孟梭、米尔博、阿蒂尔·朗克、马艾岱尔兰克、韦拉朗、保尔·阿莱克西、保尔·福尔、圣·乔治·德·布埃里叶、阿纳托尔·法朗士、让·阿雅勒贝尔、查尔·佩居依、查尔·路易·菲利普、阿力斯第德·布里昂，儒勒·列纳尔、克洛德·莫奈、保尔·西尼亚克、昂德雷·纪德、莱昂·布伦、乔治·库特林、雅姆·昂绍尔，等等。

《自由言论》在十个月之后公布了反对重新审理者名单：德吕蒙、罗什福尔、阿蒂尔·梅耶、莫里斯·巴雷斯、查尔·莫拉斯、韦冈、麦贺西耶、德毕雷、德狄奥纳和德普雷蒙将军，罗什福高尔德地区的伯爵和侯爵们、于寨斯侯爵夫人、德布洛格里亲王和公主、德诺埃勒伯爵等贵族，另外还有保尔·德鲁莱德、阿乐贝尔·德·门、弗朗索瓦·科佩、皮埃尔·卢易斯、让·罗兰、维利、居波、保尔·瓦雷利。这一名单是由各种人组成的，其中有巴黎人、保皇党人、学院派以及圣日尔曼镇人。反德雷福斯派很难和由外省人、共和党人、大学界人士以及平民所组成的重新审理派相抗衡。

马拉美对左拉的行为表示赞赏说："一个勤劳的、享有盛誉但已精疲力尽或另有新计划的作家，竟能以完全崭新的面貌、如此英勇的气概出现在人们的面前。"

儒勒·列纳尔在日记中写道："左拉被判刑了……可我，我要申明，我从心里感到愤懑……由于职业关系，我是一个喜欢嘲讽人的人，为了表示厌恶我们国家的老傀儡亨利·罗什福尔先生，我一下子变得严肃起来了。颇有能量的莫里斯·巴雷斯教授只不过是一个多一点文学修养少一点无耻的罗什福尔……我为自己成为梅利纳的一个臣民而感到耻辱。我敢肯定，左拉是无辜的……我大声疾呼，左拉是无罪的！"

判决的第二天，社会党议员就将军们对左拉案所采取的态度向毕隆将军提出质询。很明显，社会党人、无政府主义者和反军国主义者利用绝好的时机，把热爱正义的人们向他们的十分明确的政治目标拖去。争取复审德雷福斯案件和夺取政权的斗争开始了。

梅利纳一脸哭相，他衣着怪里怪气，仿佛去参加狂欢一样，白棉花似的颊髯从他那V形的下巴两边垂挂下来，从两只眼睛里流露出对身陷困境的厌倦。他要不惜任何代价来重新取得主动。他讲道：

"我们将（对德雷福斯派）实施严肃的法律。如若我们手中的武器不能奏效，我们将动用其他手段！"

他的提案以四百二十票赞成、四十票反对获得通过。人们免去了格里莫在巴黎综合工科学校的教授职务。人们把维吉埃先生的档案又翻了出来。勒布鲁瓦律师的巴黎第七区副区长的职务由巴尔图接替。人们要求注销左拉的荣誉勋位勋章，政府官员中的德雷福斯派及其嫌疑分子都做了调动。大清洗已经公开进行。

根据法律规定，一个被宣布为无罪的被告永远不必再为他受到控告的罪过而担惊受怕了，即使他供认不讳。所以，艾斯特哈奇公开地承认说那份清单是他写的。这样一来，反德雷福斯派的人们纷纷改变了看法，把他们曾经保护、拥抱并为之欢呼叫好的这个艾斯特哈奇看成是效忠于犹太人的、受工会收买、被推出代替德雷福斯作挡箭牌的坏家伙，奥尔良亲王为自己曾与他握过手悔恨，在公开场合矢口否认他有过这样的举动①。

在法律方面，茂贺纳尔律师支持左拉向最高法院上诉。他认为对左拉起诉的不应该是国防部，而应当是受左拉攻击的军事法庭。四月二日，最高法院撤销了轻罪法庭对左拉的判决。最高法院院长马诺对左拉在《我控诉》中使用"奉命"这一笨拙而过分的措辞表示遗憾的同时，说道：

"一个平生重视荣誉、正直而诚实的人，难道也不能免遭这样毁誉的评断吗？"

审判左拉的法官虽被认为是不合法的，但已毫无用处，梅利纳罢免了马诺，决定对左拉重新起诉！

军事法庭的军官们决定亲自对左拉提出起诉。他们并不想趁此机会扩大事态，而是仍就上一次提出的事由进行起诉。起诉书送交给凡尔赛重罪法庭。五月二十三日，对左拉的第二次审判在凡尔赛进行。拉波利提出质问：左拉居住在巴黎，他的文章也发表在巴黎，为什么要在凡尔赛受审？凡尔赛法庭无权受理此案！但他的质问遭到回绝。左拉再一次向最高法院上诉，被驳回。

五月，议会进行选举。选举后，议会的中心开始转向左派一边，德雷福斯派占了上风。但是，政府在倒台之前，向议会施加了强大的压力。支持重新审理德雷福斯案的亨利·布里松变成了议会议长。

---

① 但这是徒劳的，十几个记者或证人亲自目睹了当时他与艾斯特哈奇握手的场面，并在报纸上详细地做了报导。——原注

戈德弗鲁瓦·卡韦尼亚克，是投票赞成处死路易十四的国民公会议员的后代，是一八四八年镇压巴黎六月起义的刽子手路易·欧仁·卡韦尼亚克的儿子，是一个既疯狂反对起义的人民也疯狂反对王公贵族的共和党人，他是重新审理的反对派，可他却把处理该案的权力抓到了手。

七月七日，在议会上受到质问的戈德弗鲁瓦·卡韦尼亚克高声叫嚷他确信德雷福斯有罪。他列举了"证据"。这些"证据"不外是从亨利再次整理的档案中抽出来的那份臭名昭著的"这个流氓德"的文件和勒布伦·雷诺搜集的所谓德雷福斯的"供词"①。

议会决定公布卡韦尼亚克的讲话稿，于是，秘密档案就摆在法国的所有政府部门的办公桌上了！

事情乱成了一锅粥。法官贝里蒂吕这时得到了一个证据，证明亨利出示的那些伪造材料当中的一件出自妓女巴侬之手。他通知共和国检察长弗尤雷依说，他要签发艾斯特哈奇和妓女巴侬的拘捕证。弗尤雷依是反德雷福斯派，他反对这样做。后来，当司法部长批准贝里蒂吕对艾斯特哈奇进行搜查时，弗尤雷依委托法官阿尔贝·法布尔加紧对皮卡尔案件的审理。以眼还眼！

贝里蒂吕搜查妓女巴侬家时，在那里找到了艾斯特哈奇的一顶军帽。他将帽罩翻过来，在帽子的硬盖下面发现了"解放者文献"，就是他用来威胁费利克斯·福尔的那个东西，也就

---

① 直至今日，这件事情尚未弄清楚。勒布伦·雷诺从未正式否认过他的声明。他在声明中曾说，德雷福斯在为他举行贬黜仪式那天曾供认过他的罪过。但是，一、这个有争议的证词仍属孤立，没有旁证；二、一些证人声明说，勒布伦·雷诺在私下谈话中已经自我否认；三、在审理左拉案时，切尔蒂米迪监狱长佛尔斯耐地曾公开对勒布伦·雷诺说："六个月之前，先生，您曾对我说，德雷福斯从来没有承认过他犯罪。要是从那以后说出相反的话来，您就是个造谣者。"勒布伦·雷诺并没有回答。（德雷福斯案速记稿）——原注

是他声称一个"不露身份"的女人从国防部窃到后交给他的那份秘密文件。这是他的最后一张王牌。正在搜查时，艾斯特哈奇来了。贝里蒂吕将计就计，把他逮捕了。艾斯特哈奇少校高喊起来：

"我要讲话的。我要讲出一切，一切，一切！"

深夜，妓女巴侬被押送到圣·拉萨尔收容所，而艾斯特哈奇则被押解到卫生部街。预审法官法布尔失去了理智，把皮卡尔也押送到卫生部街去，和艾斯特哈奇放在一块！以牙还牙！

对左拉的第二次起诉就是在这样紧张的气氛中，于七月十八日在凡尔赛进行的。

左拉和拉波利在沙尔庞捷家吃过点心之后，坐进沙尔庞捷的汽车；发斯盖尔开着车向凡尔赛飞驰而去。但一出威洛弗来区，汽车不得不放慢速度，因为汽车的前后都有骑自行车的警察，他们是奉命前来保护的。

在法院门前，一个头戴圆帽的人在等候他们。这个人名叫穆甘，这次是以市警察局长的身份出面的。一个非常难得的机会，使我们能够通过警察局长的眼睛，一分钟一分钟地来观察审讯的进程[①]。

十一时十五分，穆甘向上级汇报：

"左拉先生和德斯穆林于十一时到达……无任何骚动和喊叫。我的一切措施和安排都是总监先生亲自布置和批准的。约有二百人旁听。"

"一时四十分。中午十二时已开庭。未经法官准许，拉波利律师提出民事法庭无权受理此案的问题。法庭予以驳回。现在，仍然是拉波利在讲话，他申诉左拉案与德雷福斯案不可分割的

[①] 根据国家档案馆资料。——原注

理由……外面人不多，人们都坐在旁听席上，到处都还平静。"

穆甘急忙转回大厅。他的部下正在监视着一些无政府主义者。警察们通过仆役得知他们企图寻机闹事。

"二时二十分。法官们为商议拉波利律师提出的申诉，宣布休庭。审判团驳回申诉。接着，拉波利律师提出所谓保留上诉权利，直至高级法院作出决定，总检察长予以拒绝。宣布休庭，重新商议。"

"二时三十五分。宣布重新开庭的时候，在接待室里，德鲁莱德、于巴尔和雷纳克先生发生激烈争吵。前二人认为雷纳克是被人收买的无耻之徒，多次喊：'滚出法国去！'……左拉先生签署了上诉高级法院申请书。"

鬼天气，这么热！局长先生擦去额头上的汗水。嗯？怎么？该写第五封电文了：

"二时三十七分。上次说及的德鲁莱德和雷纳克争吵一事，由于疏忽，我弄错了。是德鲁莱德和于巴尔之间发生争吵。人们在讨论证人的替换问题。"

这期间，已经重新开庭了。首席法官决定：准予保留上诉权利。

"是时候了。"克列孟梭说道。

左拉及其保护者们离开了大厅。

警察们又是一阵忙乱。

"二时四十五分。当法庭宣布并不取消被告上诉权利的决定之后，左拉、克列孟梭和拉波利先生马上离开法庭。我采取了措施，使他们离去。"

这可是最棘手的事。在巴黎，警察总监和内政部长一样，焦急地等待着他的部下拍来的第六封电文。要看好左拉先生，不能出事，千万不能出事！

"三时二十分。左拉和拉波利律师于三时十分离开法庭。他们乘车去沃克松。护送人员一直将他们送到毕加尔地。到处是呼喊的人群,护送工作十分困难,但一切顺利。"

穆甘重新拉紧他的领带结。五个来自贝尔维尔区和郊区的无政府主义者受到警察的粗暴对待。他们的头领是让·巴波第斯特·布鲁苏卢,三十五岁。他对警察们说:"你们是一群混蛋!"一个家住贝尔维尔街的二十岁青年,名叫让·拉吉的高喊:"打死这些警察狗子!"他和德鲁莱德的同伙们一样坚决。德鲁莱德的同伙们曾向左拉高喊过:"滚回威尼斯去,意大利人!滚出法国去!"……这时左拉乘坐的汽车可能已经靠近布洛涅森林了。警察总监搓着手,让人接通了内政部长的电话。

"我们和左拉一起,都可以放心了。"他对着话筒说。

"亲爱的总监,您应当嘉奖公共治安处。"部长回答说。

在沙尔庞捷的家里,左拉和克列孟梭兄弟俩、拉波利、木刻家德斯穆林以及其他几位朋友聚在一起,进行一场艰难的讨论。

"左拉,各种诉讼手段我们都用尽了。他们要逮捕您,您必须离开法国。"

"你们让我逃走?这是什么意思?我牺牲了一切,我的工作,我的安宁;我还可以把我仅剩下的自由也投进去。我宁肯蹲监狱,也不逃走。我不逃!"

"但从战略上考虑,必须这样做。"乔治·克列孟梭说道,"我是一个现实主义者。"

"噢,我明白您的意思了!"

"必须使我们能在适当的时机重新进行这场诉讼。您在监狱里是写不出第二篇《我控诉》的!"

拉波利既是一个现实主义者,又是一个理想主义者。他向左拉解释道：

"左拉先生，在德雷福斯案件尚未开始重新审理之前，我们的诉讼是不应该结束的。您要是留下来，被捕仅仅对您个人有意义。这次您可不能太固执了。这是最后一次机会。法律程序……"

"程序……"左拉重复着朋友的话，突然心软了下来。

在坐牢与逃亡之间，他不知该选择什么。最后，在朋友们的一致请求下，他让步了。

"德斯穆林，您去找一下我的妻子好吗？"

傍晚，左拉夫人带着埃米尔的牙具袋来到了沙尔庞捷家。她怕引起警方注意，没有带手提箱来。左拉变得沉闷了。

七月十八日，在我的一生中是一个可怕的日子，这天我伤透了心。为了战略需要，为了听从与我一起为法兰西的荣誉而奋斗的战友们的劝告，在七月十八日这天，我不得不告别了我所热爱的一切，不得不放弃了我的心灵和思想所熟悉的一切……

在他的妻子和他的情人之间已经建立了一种和平相处的关系。每月一个或者两个星期四，埃米尔和亚历山德里娜常常带着孩子们到杜伊勒利宫花园去散步。当看到雅克和德妮丝蹦蹦跳跳玩耍得很高兴的时候，亚历山德里娜有时竟把他们想成是她自己生养的孩子。孩子们对待她也很有礼貌。他们清楚地知道，在她面前不必提起生身母亲，此外就没有什么话不可以说了。每次带他们出去玩，左拉夫人总是给他们买一些礼物。

夏天，让娜住在塞纳河边上的威尔纳依镇。埃米尔常常骑着自行车去看望他们母子。吃过中午饭，他不怕烈日炎炎，骑上自行车就从莫塘出发了。每当到达巴赞古尔街那高门大院，院子里开满鲜花的让娜住处的时候，他喘着粗气，脸上露出了笑容。这就是他在五十八岁的时候，不得不告别的平静而幸福

的生活。啊！雨果……①

七月十八日这一天，一种异乎寻常的气氛笼罩着威尔纳依镇。一些记者在注视着让娜·洛泽萝的动静。傍晚时分，门铃响了。让娜的心不安地狂跳了几下。她跑着去开门。德斯穆林带来了左拉在沙尔庞捷家潦潦草草写的几个字：

"亲爱的妻子，事态已经变化，迫使我不得不在今晚出发去英国……巴黎，星期一晚。"

让娜的两眼模糊了。

"他到哪儿去？"

"去伦敦。明天我也去，在那儿与他会合。您给他写几句话吧……"

夜里九点钟，左拉没有带手提箱，仅带一把牙刷、一个墨水瓶和沙尔庞捷预支给他的稿酬以及他妻子的钱包，只身离开巴黎。在美好的七月里，北站显得那么昏暗。他从北站上了火车。他没有吃晚饭，默默地坐在车窗前，望着一个接着一个向后闪去的电线杆子以及远处的田野。有时，他自言自语道："盼盼，我可怜的小盼盼！"盼盼是他心爱的小狗。

加莱也是昏暗的。左拉在这里换乘轮船。灰暗的大海，在左拉眼里仿佛也是满腹仇恨。当他看着法兰西土地上的灯火在渐渐远去、消失了的时候，他的两眼噙满了泪水。在散发着海腥味的黑暗中，他伫立在甲板上，不时用拳头捶击着舷墙。

天刚放亮的时候，左拉到了伦敦的维多利亚火车站。一下火车，他急匆匆地登上了一辆马车，喊了一句："格罗夫纳酒

---

① 一八四九年至一八五一年间，雨果为国民议会中社会民主左派的领袖。一八五一年路易·波拿巴发动反革命政变，宣布恢复帝制。雨果和他的政派发表宣言，试图反对，但遭到失败。路易·波拿巴政变成功后，他被迫流亡国外，长达十九年之久。这里即暗指此事。

店！"车夫现出惊异的样子。当雇主重复了一遍之后，车夫才策马出发了。不久，马车停在了克列孟梭指定的旅馆门前。在左拉的口袋里装着乔治·克列孟梭写的一封短简："伦敦，克尼格布里日，海军上将马克斯：亲爱的朋友，持此短简者即为埃米尔·左拉。我不必对您多讲了。致以亲切的问候。巴黎，一八九八年七月十九日。"左拉似乎没有使用这封引荐信。当他在旅馆登记簿上写上巴斯加尔先生这一显而易见的化名时，《震旦报》发表了他的署名文章：《十月，我将再次出庭》。可是，左拉却从未写过这样的文章。

克列孟梭以他特有的方式，在继续进行战斗！

六

左拉一住进格罗夫纳酒店就给他的翻译埃贺耐斯·魏治戴利写信。

不要对任何人，特别是不要对任何报纸讲我在伦敦。请您明日星期三十一时务必到格罗夫纳酒店来一下。在门房，您就说找巴斯加尔先生。千万注意，因关系重大，要绝对保守秘密。

在等待中，他不免心情烦躁，就独自一人到圣·雅麦斯公园去散步。他不懂英语。他没有带来换洗的衬衫，于是走进白金汉宫附近一家服装店。左拉头戴一顶灰色帽子，粗大的表链在肚子上晃动着，胸前还别着一枚荣誉勋章。他用手和脚向老板比划着要买的东西，可老板不明白，总以为顾客想要套袖和袜子。是因为顾客不会讲他的语言，老板生气，成心装作不懂呢，还是他缺乏想象力呢？总而言之，这个英国人根本不理解他比划的意思。左拉什么也没有买，怏怏不快地回到旅馆。

魏治戴利终于来了。为了保守秘密，他也化了装，他留着小胡子，戴一顶扁平狭边的草帽，仿佛是一个化装前去观看泰晤士河上竞舟比赛的王后的保镖。在大厅里，有两个可疑的人在注意着他，而他也在仔细地观察着他们二人。魏治戴利和左拉一样，也是个近视眼。两个法国人？提防！提防！可是后来……他们三个人竟在"巴斯加尔先生①"的房间里相遇了。原来那两个法国人是德斯穆林和拜贺纳尔·拉萨尔。

左拉的房间在楼房的最顶层，周围都是阳台；那阳台的铁栏杆，看上去令人想到监狱里的牢房。魏治戴利把克列孟梭的一篇文章递给了左拉。左拉读完，发火了：

"以我的名义发表这样愚蠢的文章！这种玩笑他还要开到何时呢？真是莫名其妙！"

每当人们触动他的文章时，他总是要发火的。而这一次，他更是怒不可遏！原因是这一招儿来自克列孟梭。他们二人年龄相仿，相差一岁左右。四十年前他们就认识了，而且一直是相互尊重的。他们并不是同一类型的人，然而客观形势使他们聚拢在同一阵营里了，像阿纳托尔·法朗士一样。如同左拉和克列孟梭很少有相似之处一样，法朗士和他们二人也很少有相似之处。左拉仇视政治，他信仰真理和正义；他的悲观情绪中蕴藏着永不衰竭的乐观主义精神。克列孟梭是一个搞政治的人物，除去行动之外，他什么也不相信，他的悲观情绪倒是十分顽固的。

"就是为了这个，他才把我送到了这异国他乡？！"左拉低声抱怨道。

是的，流亡生活一开始就不痛快。

----

①1876年在伦敦，有另外一个逃亡者也叫巴斯加尔，这就是儒尔·瓦莱兹。那时左拉在法国与他保持着顺利的通讯联系。——原注

在巴黎，警察总监把在凡尔赛审理左拉案时负责监护的警察局局长穆甘叫了去。

"好哇！我可不是向您表示祝贺的。左拉哪儿去了？"

"可是，总监先生……"

"你们把他放跑了！"

"总监先生，您的命令是……"

"那么，你们的主动性哪儿去了？左拉不见了，而且是你们帮助他逃走的！这根本不是什么监护！这是敷衍塞责！您想到哪儿去把他找回来呢？"

整个法国所有职业的或义务的警察四处搜寻左拉的过程是一场新的闹剧。国家安全局局长维吉埃也亲自抓此事，并且指出该项活动不得惊动警方任何人。所有火车站、边防哨卡、港口和派驻国外的特工人员都接到搜捕左拉的通令。人们监视着律师、左拉夫人、让娜·洛泽萝以及左拉的亲朋好友。人们在秘室中启封检查所有的信件。所有拍给与左拉有关的几个主要人物的电报都必须抄送国家安全局。在那里，电文已经堆积如山了。"你没有看到左拉吗？"这句话变成了长在人们嘴上的一句口头禅。人们说，他是骑着自行车走的。他在巴黎郊区。他剃去了胡子。他躲在威尔纳依。有人说曾在九月四日大街遇见过他。七月十九日，他在日内瓦。七月二十二日，他在斯帕。二十四日，在安特卫普，在莱比锡。遗憾的是，在同一天里，他又在海牙！有人说在汉堡见到过他。又有人说在卑尔根，在特隆赫姆，在卢塞恩湖见到过他。这是一个幕间滑稽片断，其浓厚的传奇色彩可给予查理·卓别林或者雅克兄弟以启迪和灵感，但同时，它也颇类似艾斯特哈奇以及他的那些在总参谋部尚蒙着面纱的朋友在街头公园里或路边厕所中所搞的那些小丑动作。

维吉埃先生不能不火冒三丈。所有提供的线索都是互相矛盾的。人们截获了记者罗尔特兹发给《新闻报》的一封电报："在伦敦发现左拉；他于七月十九日抵达，与德卢先生一起下榻于格罗夫纳酒店。他自己的签名为巴斯加尔，字迹已确认。住在一四六号房间，后又换到一三八号……"

"你们看吧，这些记者说不定会找到他！给我跟踪这个线索！"

不过……

不过，只要拿到拉波利写的下面一封信也许就足够了。左拉反复把这封信读了好几遍，还用铅笔做了记号："我最亲爱的博尚先生……此地，人们开始重视您对他们开的这个大玩笑了。现在经过细致的考察，我可以告诉您目前是一个什么形势了。可以肯定，法国间谍无权（横线是左拉加的）在外国领土上行动，而在国外的法国间谍也将拒绝行动。这样一来，我们想您不会有被发现的危险。但是，因为实际上他们总试图找到您……所以您不可避免地要躲避各种追踪。现在您已经采取了行之有效的预防措施，估计唯一的危险可能出在来往信件上，或者将要与您会面的人们当中。特别是博尚夫人（拉波利也是这么粗心，他先写上'左拉夫人'，然后又把姓氏抹了去。可是，不用放大镜，原来的字迹仍然清晰可辨！）肯定会受到严密的监视。"拉波利给左拉的所有信件的署名都是"帕坎先生"。

当左拉壮着胆子走下楼来的时候，在大厅里，人们盯着他看。他的胆怯更加严重了。于是，"博尚先生"迁出格罗夫纳酒店，搬到狄奥尔克旅馆。不久，《土地》的作者又被几个蹩脚演员纠缠上了，他们错把他当成了咖啡舞厅的经理，于是，他又胳膊下面夹着一把雨伞，逃走了。

魏治戴利在伦敦郊区的温布尔登镇，在他的一个朋友，律师弗·威·瓦乐汉先生家里为逃亡者谋得了一个房间。对很少在国外长住的左拉来说，这里的一切都很新鲜。他不喜欢伦敦。"它缺少卢浮宫那样的美！为什么房子都是那么狭小、丑陋而又千篇一律呢？"他对英国衬衣也不满意，说穿着"别扭"。

对英国衬衣的抱怨正反映了他对使他失去往日习惯的国外生活的恼恨。

再一次被认出，埃米尔·博尚不得不搬到欧阿特朗塞兹的一个名叫邦那的小村庄里去住。五十年前，一八四八年革命之后，路易·菲利浦国王也是逃亡到这里的。到了这儿，他变成了理查尔·罗歇。这里的景色很使左拉喜欢。这里有泰晤士河流过，有林荫路，有人工山洞，还有一个奇妙的约克公爵夫人的狗的墓地。在这里他找到了一点点安宁。然而这一点点安宁也是短暂的。有一天，来了一个神秘的来访者，说是带有重要信件，要求亲自交给左拉。会不会是一个密探呢？魏治戴利一再否认这里有一个左拉，可是，那个人说什么也不肯走。这样僵持了很长时间。最后总算弄明白了，来人带来了拉波利的亲笔信。在信中，拉波利把埃尔耐斯特·汝戴对左拉父亲的造谣中伤告诉了左拉。

这是在流亡生活中使左拉最为痛苦的事。

亨利从国防部的档案中翻出左拉的父亲弗朗索瓦·左拉在外籍军团时写的辞职书以及有关文件。弗朗索瓦·左拉辞职一事在当时并未加以追究，而到今天，在记者汝戴的笔下，竟变成了叛逆。战略情报处处长亨利把外籍军团驻阿尔及利亚司令官孔布上校在一八三二年七月十二日写给比歇元帅的一封信交给了记者汝戴。根据亨利的策略，这封信可作为证据。

汝戴把这封信加以删节和歪曲，发表在一八九八年五月十三日的《自由言论》上。

在针对我而展开的伏击战中，我发现有一些灵魂卑下的家伙和邪恶的侮辱者。只不过因为我追求真理，就有人做盗墓贼，企图把我父亲从他那已经安眠了五十多年①的坟墓中掘出来……

左拉对敌人的卑劣行径感到愤懑。沮丧的情绪使他对德雷福斯案件也变得漠然了，他几乎不再看报。

真难以相信，从法国传来的消息使我感到心寒……我们不应该再指望司法机关了……我只把希望寄托在偶然和某个尚不知名的人身上。我们需要的是从天而降的一声霹雳，或者进行耐心而细致的工作，可是这将把我们的一切都吞噬掉。

又一次搬迁。他离开邦那，来到苏莱，住在一栋空房子里。据说这里经常有幽灵出没。一个园丁给左拉讲述了被禁闭起来的姑娘和一个被勒死的小姑娘的骇人故事。左拉听了毛骨悚然。他讨厌鬼神，也厌恶这里的水煮青菜和布丁点心，他认为这是"一个野蛮民族的发明"。十六岁的威约莱特·魏治戴利小姐为左拉照看家务，兼做他的翻译。他们二人经常骑着自行车，在尘土飞扬的大道上奔跑。他逐渐平静下来了，开始工作了。墨水的河又回流在他的桌子上。

八月四日，他开始撰写诗的小说《繁殖》。

---

① 去伦敦之前，左拉曾多次想从国防部得到一些材料。特别是1898年6月16日，他亲自写了一封信："部长先生，我曾委托我的诉讼代理人埃米尔·科莱律师向您询问有关我父亲弗朗索瓦·左拉服役时的情况，以及他的个人档案材料，如果还存在的话。"毕隆气急败坏地在信纸空白处写道："这就是那个通过他的诉讼代理人两次写信给部长之后，又写道'部长不必知道他是否有一诉讼案'的那个人。我的继任者可酌情考虑，看是否有必要回答他的请求。巴黎，1898年6月23日。"继任者是卡韦尼亚克，他自然不会回答。（国家档案馆）——原注

很久以来，《繁殖》的主题就萦绕在我的脑际。按最初的想法，它应命名为《堕落》，可我并不想与马尔萨斯人口理论的实施相对抗，并不想与某些资产阶级人物所向往的终身不育相对抗，尽管这些实施和愿望的后果是罪孽、家庭破裂以及更加可怕的灾难。我要写出一个社会组织的典范。在这个组织里，人们不违背自然，而孩子将成为人类繁荣的一个因素……结束《三城市》之后，我的思想就转到这方面来了，我决心在罪恶的旁边放上整治它的药物。

左拉从吕卡医生的遗传理论过渡到《圣经》上去了，可是这中间并没有割裂的痕迹。皮埃尔·弗罗芒是《三城市》的主角（皮埃尔暗示罗马的建造者；弗罗芒则来自关于种子的神话传说），是巴斯加尔医生和福音传道者的化身，他和妻子玛丽（让娜·洛泽萝的移植）生育了四个儿子，让、马蒂厄、马克、吕克……（四名福音传道士）。逃亡者左拉又以摩西自诩。这是一个社会化了的摩西，他不仅贪婪地阅读傅利叶著作并为之欢喜，他不仅在著作中创造出大量的孩子，还在不久的将来，在生活之中，培养出大量的孩子！

这一直是伟大的事业，美好的事业，由于有大地和女人而得到不断扩大的繁殖的事业，它战胜毁灭，它为每一个新生儿创造衣食，它热爱，它渴望，它奋斗，它在痛苦之中劳作，它带着更多的生命和更多的期望不停地向前跋涉。

《繁殖》是纯洁的左拉的"生物主义"充分发展的结果。雨果是通过流亡，托尔斯泰是通过作品得到充分发展的。但是，对左拉来说，并不是德雷福斯事件使他有如此转变的，它只不过是加速了这种转变而已。遗憾的是，前进并不就意味着成功啊！《卢贡—马卡尔家族》的底力仍然可以保证这部系列小说最后部分的价值。自然主义手法提供的创作速度适用于已经酝酿成熟的《三城市》，而《四福音书》那更是瓜熟蒂落了。《四福音书》后来只写出了其中三部。

不过，围绕着辩论家左拉所掀起的轩然大波将再一次掩盖住小说家左拉的衰落。

"先生，您说的这话使我很不安。"

"也使我很不安，左拉先生，可是我就是这么想的。"

"糟糕得很！我竟不明白，我在这些小说中所要表达的意思，您怎么可能都理会不到呢？告诉您，我想表现一种鲜明的乐观主义。那里面没有吗？"

"不。可是……唉！"

"不！我真不明白！这是我全部作品的必然结论。经过对现实的长期观察，我决心把我对力量、健康、繁衍、工作热情以及我对正义的内在需求都带到明天去！我要结束这个世纪，开拓下一个世纪。"

"是的，左拉先生。"

"这一切都建筑在科学之上，是科学所允许的梦想。"

"科学，左拉先生，也许科学背叛了您。"

"不。科学并没有背叛人类。您太急躁了。我请您讲得更清楚一些。"

"请原谅。您的最后几部诗的作品，实际上都是摩西十诫或教徒的十诫。这是显微镜下的救世主降临说。我们觉得这是幼稚的。对此我无法理解。说心里话，我对您的梦想感到遗憾。一九〇〇年，这是一个全新的世纪，是一个世纪的开始，是明天！"

"您等着瞧！"

"不，不，不。这动人的梦想已经被击碎了，其中也包括您自己。创作灵感衰弱了,作品是被拉长了的。您的作品中充满了一些良好的愿望,也只有您才会想象出书中所讲的事情。您最后的几部著作被这些个人的幻想窒息了。"

"我不承认良好的愿望会给人以坏的影响。"

"请您注意,这只是我个人的意见,左拉先生。请您放心,我所维护的《三城市》和我难以维护的《四福音书》仍然会拥有读者和辩护律师的。"

"您抱有偏见,拘泥于某种文学观念。"

"是的。您难道不相信吗?传记文学作者尽管不想把自己的观点强加于人,可是却有权有自己的看法。您不相信这一点?"

"不。我也总是有自己看法的。我所感兴趣的是,想知道您的观点有多少人赞同。"

"许多批评家、学院派批评家或非职业批评家,客观的或主观的,都这样想。"

"这是令人伤心的。我……怎么说呢?……恐怕在这里面掺杂着许多您那个时代的观点吧。"

"是的。您曾喜欢作诗。诗歌,对我们来说,那是另外一码事了。它属于奈瓦尔、波德莱尔、洛特雷阿蒙、兰波以及马拉美,您的朋友马拉美。还有一些您不认识的人。他们的诗和您曾喜欢的诗正好是相反的。"

"那么,这是流派和时代的偏见。"

"既然您以真诚的心和您的时代结合得那么紧密,那么,左拉先生,您怎么能责怪我属于我的时代并且生活得很惬意呢?"

"但是,信念呢?难道我会弄错?我不相信。我坚信道德、繁殖力、工作、科学和创作成功的可能性,这种可能性建筑在一种信念之上，先生，这信念就是激情，强烈的激情。"

"然而我更喜欢《娜娜》、《小酒店》和《萌芽》。那么您呢？"

"我无法回答。但是，我不会抛弃我的梦想当中的任何一个组成部分。"

"您那是孩子式的浪漫幻想。"

"那又怎么样呢？"

"左拉先生，自然会仁者见仁，智者见智，百家争鸣的。当然，最好的裁判还是时间。"

八月三十一日，一封不知从何处发来的电报送到魏治戴利手中："请你们等候大好消息。"左拉翻遍报纸，想找到一点迹象，但什么也没找到。将近半夜了，他才上床躺下。在隔壁的房间里，威约莱特几次在梦中呼唤着他的名字。左拉焦急不安，在床上翻来覆去，久久不能入睡。第二天吃早点时，左拉问小姑娘为什么夜里叫他的名字。

"啊，我夜里做了一个可怕的梦：在一个漆黑的地方，我看到有一个人倒在血泊里，他的周围聚拢着许多人。我也看见了您，左拉先生。您是一个巨人，而且是一个幸福的人！"

"好哇，原来是这样！"左拉说道。

过了一会儿，魏治戴利来了。他兴冲冲地说道：

"亨利上校自杀了！"

左拉一下子跌倒在椅子里，他的手伸向魏治戴利递给他的报纸，但是，他激动得抓不住它了。

在巴黎，当左拉逃亡国外的时候，曾经审讯过艾斯特哈奇的贝里蒂吕法官接待了亨利上校的一次来访。亨利是受总参谋部的派遣前来索取"与国家外部防御有关的全部档案材料"。

"上校,全部档案都封存了。不过,我可以把没有封存的拿给您看。比如您和两面间谍居埃尔斯会面的材料;为了使居埃尔斯不说出德国间谍机关根本不知道德雷福斯这一事实,您处心积虑地要求去巴勒!"

亨利听了这番话,心里发慌了。他仇恨面前这个不穿军装的人。

"有些行动是在司法之上的。您想,法官先生,在战争年代……"

贝里蒂吕犹豫了片刻,然后接着说道:

"那好哇,那就让杜·巴地用手枪打碎他自己的脑袋,那就让人们用法律继续对艾斯特哈奇进行审判!"

这样一来,就使从前杜·巴地对准德雷福斯的枪口掉转过来了。

"还是您,上校!从一开始您就熟悉艾斯特哈奇这个人,亨利先生!关于他,您一直欺瞒上级,并且一直利用他。"

亨利脸色苍白,用双手拉住贝里蒂吕的肩头,乞求道:

"您可知道,他是我们的最杰出的间谍!您救救情报处吧!救救我们的反间谍机关吧!救救我们的军队吧!"

"我不知道艾斯特哈奇是谁的间谍,我只知道那份清单是他写的,亨利上校!而您也知道,早就知道!"

贝里蒂吕错不该只满足于这小小的胜利,把情报处长放走了。亨利是一个强硬、顽固而狡猾的人。他马上去见宫斯和罗热。两位将军也变得谨慎了,把这件事首先告知国防部长卡韦尼亚克。卡韦尼亚克根本不把艾斯特哈奇放在眼里。他说道:"如果他是罪犯,活该!如果克朗是他的同伙,也活该!"

卡韦尼亚克是一个暴躁但正直、清廉的人,主张用强硬的方法来处理事务。他是克列孟梭式的人物。直接受《我控诉》的影响而诞生的人权联盟在法国各地组织游行示威和集会。

饶勒斯竭力揭露"证据"中伪造成分的存在。人民群众中的一部分改变了从前的立场，变换了阵营。面对这样的现实，必须采取行动。一方面，卡韦尼亚克委派基内上尉重新进行军方调查；另一方面，八月十一日，他向部长会议建议拘捕主张重新审理分子：舍雷·克斯特纳、特拉里约、勒布鲁瓦、克列孟梭、于尔班·戈叶、饶勒斯、约瑟夫·雷纳克、马蒂厄·德雷福斯，并将他们交付最高法院审判！但是，内阁总理布里松冷冷地回答说，他并不准备采用这样的暴力手段。这样一来，"铲除祸根"的最后时机失去了。

八月十三日晚，基内上尉再一次检查"这个流氓德"的材料。他翻来覆去地看，突然，他停在那里不动了。信纸上的格线竟是用两种油墨印的！从前，亨利把两封信拼成这份材料时，竟没有注意到这个细微之处。基内去见罗热，罗热将军也为之惊呆了。他把基内带到卡韦尼亚克那里去。国防部长表面上装出高兴的样子，对基内表示赞扬。八月三十日下午二时，他把亨利传唤到国防部，当着满怀狐疑的布瓦代夫和宫斯、罗热几位将军的面，审问他：

"亨利，一八九六年您收到了一封平常的信件。您是把这封信毁了，伪造了另外一封信吗？"

"是的，为了国家的利益。"

"我没有问您这个。这是真的吗？"

"是的。"

布瓦代夫是一个耿直的人，为自己四年来被自己的情报机关捉弄感到莫大的耻辱，他立即要求解除他的一切职务。

人们将伪造信件的亨利押送到瓦雷利昂山陆军监狱去，监禁在曾经关押过皮卡尔的那间牢房里。这简直是不用文人加工的传奇故事！八月三十一日晚六点，值勤军官敲亨利的门，没有回答。他又用力敲，仍无回答。他发现门被反锁上了，于是，军官用暴力将门打开。

亨利上校几乎是裸露着全身躺在床上。血把床单染红了。他的手里还拿着一个刮脸的刀片。这就是左拉所期待的从天而降的那一声晴天霹雳吧①！

艾斯特哈奇见势不妙，经布鲁塞尔，溜到伦敦去了。

"德斯穆林，终于有了这一天！"左拉对朋友大声说道，"我就可以回国去了。"

可是，他不能马上回去，他还有足够的时间去写他那长达一千二百页的《繁殖》。

左拉密切注视着亨利自杀后局势的发展。他读着罗什福尔的文章："亨利上校的罪过是既可恨又愚蠢的。那么，情报处处长是出于什么样的可悲感情和稀奇古怪的念头才这样做的呢？我弄不明白。倘若他昨天不自杀的话，他或许会解释说，他之所以制造一份假档案，其目的在于避免提供真正的档案。而真正档案材料的泄露有可能对国家的安全造成危害。"

这一羞羞答答的引导性的说明很快传播开去，并且很快又得到添枝加叶的发挥。《祖国》发表文章说："我们不得不冒昧地使人们知道亨利上校可能做出的声明（报纸上的'可能'充满着讹诈和伪造）：'我一直为不能公开披露无可辩驳地证明德雷福斯有罪的材料而苦恼。一旦披露，势必把外国牵连到事件中来，这将对法国产生极其严重的后果，但是，又必须对目的在于证明叛徒无辜而展开的运动做出相应的反应。在

---

① 遵照国防部的命令，没有进行尸体剖检。在监禁之前，人们曾允许亨利回家去拿他的刮胡刀。这一事实证明，在这一悲惨事件中很少有值得怀疑的地方。——原注

这种迫切需要的情况下，我伪造了一份材料（他伪造的有上百份！）。在我们不能将秘密档案公开的情况下，为了方便司法工作，凭着良心和觉悟，我造了那份材料。'"

曾做过记者的左拉读到此处不由得哈哈大笑起来。是啊，他们必须辩白一番！"爱国的伪造"这一论调大肆传播开来，而查尔·莫拉①则给予最后的确定。他这个"只要目的正确，可以不择手段"的最为清醒、最为聪明、最为大胆的信徒，号召爱国者们在家里悬挂亨利的画像，并且说："无论是活着还是死去，您总是走在前边。您那不幸的伪造将作为您的辉煌战功的一部分载入史册！"左拉气愤万分，他焦急地等待着国内的消息。他恼火，他不安，他跺脚，他为自己远离斗争而发着脾气。内阁总理布里松派人通知露西·德雷福斯夫人，他等待着她提出重新审理德雷福斯案件的申请。后来，申请书转交给卡韦尼亚克，这回轮到他提出辞职了。布里松决定由齐尔林当将军接替卡韦尼亚克。齐尔林当的上任将有利于重新审理。但是，民族主义派报纸攻击他背叛，说他开倒车，说将军们现在要面对着和德吕蒙的反犹太主义同样凶恶的反军国主义。九月十七日，部长会议通过决议，决定重新审理德雷福斯案件。齐尔林当宣布辞职。十月二十六日，夏努安接替齐尔林当。夏努安上任后第一个行动就是逮捕皮卡尔，但遭到非军界的反对，皮卡尔案被驳回。夏努安将军也辞职了，并且没有通知他的同僚们。布里松认为他和卡韦尼亚克一样，是蓄意捣乱。于是，布里松使议会通过了一个决议案：今后军队置于政府领导之下。

"这是将军们的末日！"左拉说道。

激动过去了，流亡者又变得迷惘和烦恼起来，他在寒冷的

---

① 查尔·莫拉（1868—1952）：法国作家。

冬天里等待着。

这一年的秋天，法绍达①事件使得他打算离开英国，到比利时去避难。通过这一情节，人们可以想见左拉爱国达到了何种程度。

流亡者左拉变得悲伤、忧郁而令人可怜了。他不仅为案件的某些事情感到忧心如焚，同时，他也为心爱的小狗盼盼的死感到十分难过。小狗的死讯使他"好几天连开门的力气都没有了"。

他就是这样来描述他和小动物的关系的，他甚至为他身边的小动物未能出现在卢贡家族史中而感到遗憾。他曾写信给动物之友协会的领导人阿德里安娜·内拉小姐：

我被迫逃离祖国的那天晚上，我无法回家。我甚至回忆不起来当天早上走出家门的时候，是不是把我的小狗抱在怀里，像平常那样亲过它。我跟它说过"再见"吗？这也记不清了。为此我心中感到十分难过。我妻子写信给我说，它到处寻找我，它失去了往日的欢乐，带着无限忧伤的表情寸步不离地紧跟在她的后面。后来它就突然死了……我为它的死，曾像孩子似的痛苦过……这些事说起来是可笑的，这我知道。

难以习惯的流亡生活和漫长的冬天使他越来越焦躁不安了。他说道：

"在我的可怜的头脑里和心里有的只是愤怒的风暴。"

后来，他又搬到阿德莱斯东的斯比耐依山去住了。他拍摄英国的农村风光和泰晤士河。他重读《红与黑》。他不断地这样想：司汤达有些过分重视头脑了，给了头脑以过多的位置。他认为："头脑在和人的整个身体，和胳膊，和大腿，和肠胃，和臀部的关系中，并非那么重要，也不那么神秘！"

---

① 法绍达：即今天的科多克，苏丹的一个城市，1898年由马尔尚率领的法国远征军占领。这里指该城后来被迫转让给征服该地区的英国基钦纳将军。

为了阅读报纸，他开始学习英文。后来他竟然能流畅地阅读了，但他却一直不会说。另外，他也开始在住处接待一些来访者：奥斯塔夫·米尔博、拉波利、发斯盖尔、泰奥多尔·迪雷、伊沃·居约等。

饶勒斯描述过左拉这个时期的精神面貌："他以十分泰然的态度为我讲述了他在工作之中寻找到的安慰和欢乐。'啊！'他用非常朴实的语调对我说，'这样清苦枯燥的生活对我大有好处！因为它使我对一些虚荣的事情变得冷漠了；和对其他许多事情一样，过去我对这类事情也是颇为重视的呢！因为它为我揭示了生活，它向我展示了我过去未曾想象得到的问题的深度。为了人的解放，我愿贡献出我的全部精力……我读书，我求索，不是为了在已有许多体制之后再设想出一个新的体制，而是为了在一些社会主义理论著作中寻找出与我的生活观念、与我对积极性、丰饶和欢乐的挚爱更符合的东西。'"

当初那个进行艰难的征服的人到哪儿去了？那个瘦弱的南方人，那个怀着热望的外省人到哪儿去了？拉斯蒂尼亚克式的左拉在这个慈善的老人身上已经不复存在。当人们在法国攻击他，说他爱虚荣、贪财和利用文学诲淫的时候，他本可以向人们算一算他的损失账！他的著作的销售量下降了①，可是，他仍然拒绝出版商为出版他的报章文集和回忆录而提供的数目可观的款项：

"我在这方面所写的东西，将分文不取。我的文章在法国

---

① 左拉本人坚决要求减少书的印数，但这种减少只是暂时的，也是相对的。左拉很担心，面对这样的情况也有些惊慌，因为他有四项大负担，他有四处住宅！莫塘和布鲁塞尔街，阿夫雷街和威尔纳依！事实上，销售额后来又重新回升。1915年，《卢尔德》售出176000册，《罗马》127000册，《巴黎》110000册，《繁殖》113000册，《劳动》77000册，《真理》94000册。当然，从数字上看，是出现了下降的趋势，但仍属于最为畅销的范围。——原注

报纸上刊载是没有稿酬的。我同意您将这些文章汇集出版。"

尽管他出于无奈而游离于具体行动之外,但实际上他对国内的斗争还是放心不下的。他写信给拉波利说:

当重新审理德雷福斯案的日子到来的时候,我的心脏将会停止跳动,因为那将是真正危险的日子……你们大家不应当只有一个想法,只致力于一些明显的事情,到了那一天,不管它多么辉煌,回避一切罪恶将是不可能的。

从政治上看,他远离斗争旋涡,头脑是清醒的,但作为小说家,他的思想却日渐晦涩起来了。他的政治书信和这部隐晦的《繁殖》之间的对比是出人意料的。在《繁殖》中,作为生物主义者和反马尔萨斯主义者的左拉,把多子多孙的思想融汇在童话之中了。

在英国的漫长冬天里,他的处境更加艰难了。让娜,他心中的玫瑰,不在他的身边。后来,她带着孩子来过两次。她八月十一日和他重逢,留下来陪伴他,一直到十月十五日。左拉夫人也于十月三十日来到他的身边,十二月五日返回巴黎。让娜三月二十九日再次来到英国,停留到四月十一日。亚历山德里娜从一八九八年十二月二十日到一八九九年二月二十六日和丈夫生活在一起。可是,在这两个女人都不在的时候,这个有两个家室的人却更觉得孤苦伶仃了。他说:

"每当夕阳西下,天黑下来的时候,我以为这就是世界的末日了。"

一八九八年九月二十五日,《观察家》发表了艾斯特哈奇的声明。他再一次供认,他是那份清单的书写者。他控告说,为制造一份对付德雷福斯的物证,是桑戴尔口述给他的。可惜桑戴尔在阴曹地府里无法回来戳穿他的谎言!然而第二天,他又否认了他说过的话。他如此行事，不外乎制造神秘气氛，为他人效劳。

一八九八年十二月的最后一天，左拉收到克列孟梭的一封信。信中说：

"（左拉）夫人刚离开您不久，我在拜访皮卡尔时遇见了她。她对我说，您希望能尽早回国。您的急切心情是很容易理解的；您重新回到我们中间，对我们来说也将是一件最大的乐事。但是，我认为，无论您去问哪一位朋友，他们的回答将是一样的：您的出现会使已经非常复杂的形势变得更加复杂；而在最高法院做出结论之后，您再归来，那才将是您的全面胜利的表示。"

从战略上看，克列孟梭说的是有道理的。然而，左拉却把他的话做了另外一种理解。他认为某些德雷福斯派人士想看着他们的带头人退出战斗！他的内心痛苦更加严重了。他的心情是可以理解的。

一八九九年二月十六日，费利克斯·福尔猝然死去。他死在爱丽舍宫淫靡的气氛里，死在德雷福斯案戏剧性的传闻之中。这是一个令人冷笑的下场。左拉只是一点一滴知道些细节的，不过他早就嗅到了气味。

他仇恨费利克斯·福尔以及他的自负、假充高雅和对贵族的亲近，他说道："礼仪使得他晕头转向。"礼仪之外，还有警笛！斯坦厄依夫人，一个无才老画家的漂亮妻子，是这位总统的情妇。他和一个剧场老板共同占有这个肥胖的、两眸像雨后天空一样湛蓝的女人。举行葬礼的那一天，德吕蒙写道："法兰西今天为之举行国葬的这个人，竟没有注意到伸向他的那只优美的手，不知出于什么样的兴致，竟然模仿起卡塞里奥从花束中猛然抽出匕首的凶狠动作来。"人们几乎马上就可以说出这里是指斯坦厄依夫人。"人们说在他死的时候,我在爱丽舍宫。"这位娇美如花的女子否认说,"不,那时我正躺在我的床上。"是这样的。夏尔·迪皮伊在议会宣布说:"费利克斯·福尔原有心脏病。在二月十六日的前几个晚上,他就感到身体不适。在他去世的当天上午他还在主持部长会议。晚上八点,我去看过他,他几乎脱得半光。人们正在为他做舌节律性牵引。"

从讨论重新审理德雷福斯案的部长会议到这舌节律性牵引之间,到底发生了什么事情呢?

总统的死既是自然的,又是……特殊的。在他死之前不久,他曾接见过红衣主教理查德。高级教士为总统异常兴奋的情绪感到惊讶。他不停地踱来踱去。理查德很快产生一种印象:"我说的话,他没有认真听。"为什么费利克斯·福尔这样心不在焉呢?摩纳哥亲王解释道:

"有一位女客在总统办公厅主任勒加尔的办公室里等候着总统。急于和玛格里特·斯坦厄依夫人相会是这不敬态度的唯一原因。"

在对左拉进行第一次起诉时,人们就通过电报见到过这位摩纳哥亲王了。他确信德雷福斯是无辜的,他是通过欧洲贵族同济会了解到这一情况的。一八九八年十月十四日,他写信给左拉:"众所周知,法国人是有头脑的,但是,他们为什么不在这使好人遭受折磨的事件上用点脑子呢?他们本可以不用绞索①和刮脸刀片(指亨利),在没有宗教裁判所的气氛中了结

---

① 指伪造者勒麦西耶·皮卡尔之死。德雷福斯派曾指控警察厅或情报处杀害了他。这是德雷福斯事件中最难以解释的疑点。这个人的真实姓名也许是摩西·勒曼、阿力雅·勒贝尔地、阿力雅·杜里约,等等,是为亨利服务的职业伪造者。他很可能是安全总局的特务,是警察厅和情报处明争暗斗中使用的两面间谍。——原注

这些事情。法国的朋友们认为，使得这个可怜的国家失去正义感的反常时期过于长久了……"

实际上，摩纳哥亲王是来巴黎安排共和国总统与吉约姆国王会面事宜的。吉约姆很想说服法兰西第一公民，使他相信德国人从来不知道德雷福斯这个人。

与红衣主教相比，费利克斯·福尔更不愿意听摩纳哥亲王讲话了。他缩短了这个可能使真相大白的会见时间，如果可以这样说的话，是为了尽快地投到那美丽的斯坦厄依的怀抱之中去。

总统的五位私人医生中的一个人，用难以抑制的幽默口吻描述总统之死时说："费利克斯·福尔总统之死的决定性因素是劳累过度。这职业的、食物消化的或其他方面的劳累过度，对一个患有心脏病的人来说，有如使罐子里的水溢出来的那最后一滴水。"

斯坦厄依夫人离开爱丽舍宫，登上一辆马车，回到沃日拉尔街她的家中。她脸色苍白，神情颓唐，帽子掉了，衣衫不整，她的胸衣在慌乱中塞到了她的手笼里……

这些细节，左拉都是一点一滴陆续知道的。他从总统这荒诞、淫乱的死亡中，看到德雷福斯案件决定性的转折时刻到来了。

"魏治戴利，历史该替我们说话了！"

二月二十三日，为费利克斯·福尔举行葬礼。

葬礼结束后，当军队返回贺依利营地的时候，德鲁莱德企图把罗热将军拉到爱丽舍宫去①。德雷福斯事件的曲折纠纷严重地挫伤了罗热将军的雄心壮志，他对当一个统治者已失去兴趣。德鲁莱德被他十分赞赏的军队特务扣留。

---

① 这里指德鲁莱德所领导的爱国者联盟企图利用费利克斯·福尔的葬礼发动政变一事。

四十八小时之后，在左派和主张重新审理德雷福斯案的议员们的支持下，卢贝接任费利克斯·福尔，在人们的"巴拿马！巴拿马！"的喊叫声中，进入了爱丽舍宫。

一八九九年五月二十九日，最高法院一、二、三庭在一起举行正式会议，巴洛·博普雷宣读了他的报告："作为审讯和判罪主要依据的清单是不是德雷福斯所写呢？先生们，在深入调查之后，我个人确信，清单不是德雷福斯写的，而是艾斯特哈奇写的。"

六月三日，最高法院一致通过取消一八九四年十二月二十二日对德雷福斯的判决，并决定将此案移交汉纳军事法庭做最后审理。监禁在魔鬼岛的德雷福斯六月九日启程回国。左拉也于六月五日动身回国。发斯盖尔夫妇陪同左拉到了维多利亚火车站。当火车慢慢起动的时候，左拉站在车厢门口，像孩子一样快乐地对朋友们喊道：

"要是你们碰见艾斯特哈奇，请问他什么时候回法国！"

在车厢里，左拉写下了下面一些话：

我回去了，因为真相已经大白，正义得到了伸张。我愿怀着胜利的喜悦默默地回去，而不愿因为我的归来在大街上引起一点点骚动……我回来了。总检察长先生，如果他高兴的话，他可以把凡尔赛法院的判决书传递给我……那么，我们就重新在法庭上见面！

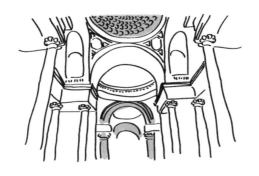

第七章
与拉萨尔的约会

当天空蔚蓝的时候,
我喜欢墓地。

内容提要

（一）陌生人送的玫瑰花 / 第五幕，汉纳（军事法庭），一八九九年九月 / "我在不安之中" / 克列孟梭和德雷福斯 / 关于阴险的人和叛徒 / 与左拉的对话、施瓦茨考本的《工作记事》/ 莱奥托的一句名言

（二）"您击败了伟大的俄国人！" / "劳动"或"适时的收获" / 一九〇一年的画像 / 一个老人的理想规划 / "失败的伟大画家" / 泉水消失了 / 九月二十八日星期天 / 左拉被暗杀？ / 亚力山德里娜、德雷福斯和阿纳托尔·法朗士 / 人类良知清醒的时刻，一九〇二年十月五日 / "你们都给我出去！"

（三）一九〇三年四月，议会的辩论 / 德雷福斯少校，皮卡尔将军 / 一九〇八年六月，先贤祠 / 左拉对世界文学的影响 / 唯一走出资产阶级圈子的作家 / 对电影的直接影响 / 诗人、科学家和建筑家 / 左拉永在

一

"于乐,他们来的时候,请您通知我一声。"

"是,先生。"

左拉的嘴角和两眼日渐失去了协调。他衰老了,看上去比实际年龄还要老一些。到一九〇〇年十二月,他已是花甲之年了。他的房间里散发着浓烈的地板蜡气味。刺眼的阳光从窗户射进来,撒在讲究的家具上。门铃响了。大师穿过两边陈设着甲胄的门庭,前去迎接客人。佣人于乐走在前边。左拉在门廊下站住。门开了。"噢!是您,布鲁诺!"

"左拉,您好。他们到了吗?"

"还没有,请进,我的朋友。您好,亲爱的夫人。请你们原谅我的妻子,她还要最后照看一下。布鲁诺,我们的歌剧《飓风》如何了?"

"已经刮起来了!哦,您跟我谈起的那个不露面的人,我妻子已经找到她了。"

"不必嘛!"

"她们是小时候的朋友。生活啊,真有意思,不是吗?"

从伦敦回来的那天,小说家就像今天晚上一样疲惫,但又很激动。突然,于乐走进来,手里拿着一朵紫红色的玫瑰花。

"先生,先生,有一个女人刚才在门口放了一些玫瑰花。可是,她放下就走了。先生,一群人跑过来抢这些花。我费了好大劲儿才为您保留下来一朵。"

左拉凝视了一阵那朵紫红色的玫瑰花,然后走向窗口向外张望,可外面只有过往行人了。他满怀感情地自言自语道:

"一年以前,人们发疯似的反对我;现在他们又向我投掷玫瑰花了！"

门铃响了。

"于乐，是他们来了。"

然后，左拉强颜作笑地对布鲁诺说道：

"这还是满有意思的，嗯，布鲁诺？"

外面传来几声低语，接着客厅的门打开了。走在前边的是露西，她身着合体的黑色衣裙，面带微笑。随后进来的是德雷福斯，他身着便服，走起路来脚步有些不稳。左拉睁大了两眼。布鲁诺一时间透不过气来。德雷福斯从门庭的阴影里走到巴洛克式的廊柱中间。他从殖民地圭亚那魔鬼岛归来，到汉纳接受审讯时，皮肤是棕褐色，而现在变得蜡黄了。他也戴着一副夹鼻眼镜。站在他妻子身边，他显得更加谦恭、平庸而不显眼了。他是可怕的。他是那么呆板、平淡、完全没有个人特点，混在千万个人中间，人们将不会知道他这个人的存在。

左拉本想上前拥抱这两个人的，但是，他不能够，因为这个从流放中归来的人的态度是冷淡的。布鲁诺和他的妻子一直站立在左拉的身后，于是左拉转过身来，向他们招手，大声向德雷福斯介绍道：

"他们是我家里的人。"

德雷福斯深深地向他们鞠了一躬。"克列孟梭说得对。"左拉心中想，"他活像一个铅笔商。"

一八九九年七月六日，左拉曾写信给德雷福斯：

……在这样的时刻，您的伟大任务是，通过完成我们的平反事业，让人们看到我们为之奋斗，并作为人类友爱的胜利象征的人，为我们带来正义和平静，最终安抚我们伟大而可怜的国家……同时您也将挽回军队的荣誉……而只有我们才是它的真正捍卫者……当您的同事们宣布您无罪的那一天，他们将在全世界人民的面前表演出最圣洁、最高尚的节目：供认一项过失……在那一天，军队不仅仅是力量的代表，它也将是正义的代表……我热烈地拥抱您。

人们只能通过纸墨来拥抱德雷福斯。

德雷福斯害怕把自己的感情外露出来。他对左拉是真诚感激的。关于左拉，他后来表示说："我为他的质朴而陶醉，我为他那宏亮、充满人道的火热的声音而激动，他的心灵中充溢着美好的感情。"然而，尽管这样，他还是现出冷漠的神情，因为他的命运尚在未卜之中，对人生他感到厌倦，他的心理被扭曲了。流亡的生活也在左拉的心中留下一个难以平复的创伤。斗争现实以及它的前景总是令人捉摸不定，他对这些事情已经失去了兴趣。另外，由于衰老，他也变得疲惫、烦闷和厌倦了。

左拉是德雷福斯案件最后处理阶段的见证人。本来他还可以满怀热情和仇恨继续他的工作，可是，这场悲剧拖得太久，变得遥遥无有终期了。

德雷福斯从魔鬼岛乘斯发克斯号轮船返回法国的时候，监狱生活使他对一切几乎都是闭目塞听，一无所知；甚至连左拉见义勇为的事，他也不知道。耶路撒冷的犹太教徒和纽约的犹太教会为他募捐，他也不知道。出乎意料的现实使他惊恐不安。所有主张自由的人都站在他的一边；但是，这其中也混有企图破坏秩序的人们。某些德雷福斯派人士是使他望而生畏的。他是一个缺少民主思想而主张专制的人。德雷福斯也许会以军队所奉行的"只要目的正确，可以不择手段"的原则来谴责另外一个德雷福斯；德雷福斯也许为亨利建立纪念碑而捐款；德雷福斯是一个复仇主义者和沙文主义者。后来，克列孟梭说德雷福斯是一个反德雷福斯派。德雷福斯将被他的卫护者们吓得目瞪口呆。

而他们，也将被他弄得目瞪口呆。

德雷福斯案在汉纳中学的节日大厅里开始重新审理。在德蒙日律师的要求下，左拉、克列孟梭和雷纳克都没有出面。拉波利写信给左拉："马蒂厄·德雷福斯要求我保持沉默。（汉纳，一八九九年九月八日）"

新内阁总理瓦尔德克·卢梭是想开释德雷福斯的。但他并未决定如何处置麦贺西耶将军。夏尔·迪皮伊已经向最高法院提出对麦贺西耶的控告。议会决定将表决延期到对麦贺西耶做出法律判决之日。这就是说，如果承认德雷福斯无罪，那么，麦贺西耶就将是罪犯。这位将军再一次施展了他的手段，以便使人们确认一八九四年的判决。他对一直是他下属的汉纳军事法庭的法官们进行了暗示。左拉那句倒霉的"奉命"的话是大家心照不宣的。在审讯中，人们应该让艾斯特哈奇和德雷福斯当场对质，但是，艾斯特哈奇根本不想出庭，他承认："是的，清单是我写的。"他甚至不再控告说德雷福斯模仿了他的笔迹。然而，他却说清单是德雷福斯口授他写的！

汉纳军事法庭分明知道清单是艾斯特哈奇所写，却以五票赞成两票反对通过判决。德雷福斯有罪，但可以减刑。这样一来，德雷福斯仍然没有摆脱叛徒的罪名，他成了半个叛徒！

饶勒斯发怒了："你们这是背叛人类良知的！"巴雷斯反驳他道："他们挽救了军队的荣誉！"在布达佩斯，人们砸碎了法国领事馆的玻璃窗。在伦敦海德公园里，在纽约的大街上，有五万多人游行示威，反对法国。人们烧毁《费加罗报》，因为阿纳托尔·法朗士在上面写道："反犹太主义将我们重新拉回到神圣同盟的时代。"格里格①像所有的外国人一样，为人们在法国以轻蔑的态度来对待正义而愤怒，他禁止科洛纳先生进行《培尔·金特》的试演。维多利亚王后拍来电报，她希望"可怜的受害者去向杰出的法官们求救"。不过，不光彩的布尔人事件②使得法官很快摆脱了这种成为众矢之的的被动局面。

面对这样的现实，左拉又重新拿起笔，参加战斗。一八九九年九月十二日，他在《震旦报》上发表题为《第五幕》的评论文章：

> 人们将看到对真理和正义的最为严重的侵害。一伙证人左右辩论，每晚共同谋划明天的圈套，用讹诈手段取代检察署的作用，恐吓和侮辱他们的反对者，以势欺人……可笑的检察署越来越愚蠢，为将来的历史学家们留下了一份起诉书，其荒谬绝伦和它所造成的重大损害将永远使人们为之瞠目；它那看来无意识的凶残产生于一个难以归类的野蛮人类……我处在忧愤之中。这已不再是恼恨，不再是复仇的愤怒，不再是在罪恶面前，发自内心的呼喊以及以真理和正义的名义对罪恶加以惩罚的要求。这是一个人眼看着河水倒流、大地在太阳下面翻筋斗这类不可能的事情变成现实时所产生的忧虑和恐惧。

政府打算给德雷福斯减刑并且给予特赦。克列孟梭、饶勒斯、皮卡尔和拉波利坚决反对，因为这种赦免意味着被告是有罪的。而约瑟夫·雷纳克、拜贺纳尔·拉萨尔和马蒂厄·德雷福斯却主张接受这一赦免，认为受害者终将会被拯救出来的。左拉站在克列孟梭等人一边。但是，更重要的决断人还是德雷福斯本

---

① 格里格（1843—1907）：挪威作曲家。《培尔·金特》是他的代表作。
② 布尔人：非洲南部荷兰移民的后裔。这里指英国军队经过两年的战争，于1902年打败布尔人，占领了他们的住地。

人。德雷福斯决定放弃上诉，准备接受赦免，但仍保留要求重新审理的合法权利。

"您为什么对德雷福斯不满呢？"左拉问克列孟梭。

"为什么？因为他愚蠢！他理直气壮地进行反抗，会给公众出一口气，可是，他现在这种态度却使公众受到压抑。在麦贺西耶面前，他的态度尤其应该强硬！我希望他叫骂起来，越凶越好！我这话曾对拉波利说过。因为整个世界都想听一听从他口里说出来的话！您懂我的意思吗？唯有他才有超过一切限制的权利，他应该无所顾忌。他太使我们泄气了。左拉，我永远不会和他握手的！"

根据德雷福斯的态度和克列孟梭的不满，反德雷福斯派的历史学家们不可避免地会做出这样的推论：要是德雷福斯接受政府对他的特赦，他必须在内心里承认自己是有罪的。于是他们就可以像写小说一样，进一步进行推测，是的，德雷福斯不是德国的间谍；清单并非他所写。但是，如果他是另外一个大国的间谍，比如俄国，这一切不都可以解释得通吗？……

这种论调在汉纳军事法庭开庭前不久就出现了。德雷福斯曾在给朗克的一封信中提及此事："正如今天大家所知道的一样，那份清单不是我写的，但某些人却又散布说，我从未和德国人有过关系，但我有可能和俄国人有关系。"

德雷福斯家境富有，他爱国、正直，并且是一个专制主义者，他没有任何必要去做一个间谍，不管是为哪一个国家，乃至于为一个同盟国效劳。他接受特赦，不是由于他软弱、厌倦，更不是默认有罪，德雷福斯上尉之所以接受特赦，是因为他觉得由于他的问题，德雷福斯派为维护一个人的尊严而攻击军队，甚至威胁着政权，这样，使他在客观上危害了他为之服务的军队。他愿意以自我牺牲来平息这场风波。把这些公开写出来，似乎过于庄严了。德雷福斯背叛了，这是确定无疑的。

关于他，德雷福斯派的人们只能这样想。

左拉希望目前审理的其他案件能够提供新的事实，新的必要材料，以便要求对汉纳军事法庭所作出的判决重新审议。三个月来人们一直拖延对凡尔赛法院所受理的左拉案进行重新审理。根据左拉的策略，他想使这一诉讼案重新公开审理，而且要求唯一肯讲实情的人出庭作证，这个人就是前德国驻法国使馆武官施瓦茨考本。

政府决定对左拉也给予特赦，其目的是阻止这场诉讼继续进行，但是，左拉反对。他说：

我曾经说过，政府做出特赦决定是用来对付我们的一种手段，其真实目的是想挽救那些真正的罪犯，是想用虚伪和侮辱性的慈悲来堵住我们的嘴：是想把好人和坏人都装在一个口袋里，让人难以分辨！

但是，怎么能阻止政府对左拉、汝戴、手迹鉴定专家、雷纳克、军事首脑以及代人受过的下级职员们做出赦免的决定呢？怎么能阻止这种"谁都有罪过"的策略的实施呢？事实上，这样的安抚是符合国家需要的。任凭人们去议论吧！不管怎样，高烧总算过去了。人们开始想到，生活永远是一种妥协！不管怎样，这种妥协，在扔给专制主义者们最后一根骨头的同时，支持了以左拉为主帅的德雷福斯派的革命斗争。

政府在赦免左拉和德雷福斯的同时，对专制主义者进行了清洗。反教权主义者爱米尔·孔布代替瓦尔德克·卢梭，做了内阁总理。总参谋部垮台了。是的，这是一次新的"崩溃"。

一八九八年以来经常出头露面的，以总参谋长布瓦代夫为代表的大人物销声匿迹了。一个非贵族出身的实证主义者昂特雷将军代替了布瓦代夫。从前部队的晋升名单都掌握在耶稣会的手中（所以人们管参谋部叫耶稣会会所），而现在总参谋部已经掌握在共济会员的手中①。一九〇一年七月一日通过了教会法。反间谍机关已不属军队管辖，而置于国家安全总局之下。总之，国家形势有所变化。然而这远不是左拉梦寐以求的那种水晶石般透明的理想的现实。

一九〇〇年十二月二十二日，受特赦之后，左拉写信给共和国总统卢贝：

我么，我仅仅是一个诗人。一个孤独的说故事人，我躲在一个角落里，以我全部的身心从事我的文学事业。我深知，一个好的公民只应该把他尽力完善的工作成果贡献给他的国家。所以，我才深居简出，埋头创作。那么现在，我就老老实实地再回到我的创作里去。

如此告别他几年来为之呕心沥血的事业，他怎么能不感到悲哀呢？

"左拉先生，您是想使施瓦茨考本到凡尔赛出庭作证吗？"

"是的，我非常想让他出来说话。"

"左拉先生，施瓦茨考本已经说话了，说了他作为一个间谍组织的首脑所能说的话。他一直坚持说，德国的间谍机关对德雷福斯一无所知，而只知道艾斯特哈奇。"

"一八九六年，在昂古莱姆进行军事演习的时候，施瓦茨考本已经以他的军官荣誉作保证，向瑞士的肖韦上校说过德雷福斯是无辜的，他不愿意处在杜·巴地·德·克朗的境地。还有什么其他情况吗？"

"很久之后，施瓦茨考本发表了《工作记事》。这是施瓦

---

① 应指出的是，还有相反的一种说法：昂特雷本人并不是共济会员。（阿尔蒙·沙尔庞捷的《德雷福斯案件的始末》）——原注

茨考本不愿损害他的国家而进行删节了的回忆录。"

"我在英国的时候，学会了一个既漂亮又可怕的句子？'Right or wrong, my country...①'"

"正是这样。左拉先生，一八九四年九月一日，施瓦茨考本从艾斯特哈奇那里收到了清单中所列的材料。十月十三日，这个叛徒又送去了法国军队联络密码和一份法国军队状况研究报告。每隔十五天，他到德国驻法国大使馆去一次。不过施瓦茨考本警惕所有的两面间谍，他指出，当艾斯特哈奇不能提供有价值的情报时，他用提供一些不可靠的情况来保持接触。一八九六年三月，他才断绝了与艾斯特哈奇的关系。"

"您是不是想说，艾斯特哈奇在迷惑施瓦茨考本？您是不是想说，他是一个忠于法国的两面间谍？不是这样的！"

"不是这样的，左拉先生。这纯属被揭露了的艾斯特哈奇的托词。"

"这就是施瓦茨考本所能说出的全部内容了吗？"

"不。外交官们都瞧不起间谍。德国驻法国大使德穆恩斯代尔是一位外交家。一八九八年十二月十九日，德穆恩斯代尔问施瓦茨考本到底写没写那个著名的牵连艾斯特哈奇的小蓝笺。施瓦茨考本回答说：'我给艾斯特哈奇写了好几个小蓝笺，放在训练档案里的那个小蓝笺很有可能出自我的手。②'施瓦茨考本将军在一九一七年病倒在俄国战场上……"

"怎么？在一九一七年有一场战争？请您给我讲讲这个！"

"左拉先生，这说起来就太长了。施瓦茨考本将军临终的时候，曾喊叫着说：'法国人，你们听我说，阿尔弗勒德·德雷福斯是无辜的！他从未做过什么坏事！一切都是伪造和欺骗！'"

---

① "对或者错，（取决于）我们的国家……"
② 见施瓦茨考本的《工作记事》。——原注

"那么，亨利呢？"

"亨利以为艾斯特哈奇完完全全忠实于他，但是，艾斯特哈奇不满足于迷惑德国人，桑戴尔和后来的亨利向他所提供的东西，他出卖他所能够弄到手的一切，卖给所有愿意买的人。然而，总参谋部却把他当成一个两面间谍的典范。这就是为什么他被揭露之后是那样一副态度的缘故。请您注意，这种最终永远不知道谁是叛徒的两面间谍系统并不是桑戴尔或者亨利的发明。这可能是从您的朋友罗斯尼兄弟的《火的战争》那儿开始的。"

"罗斯尼兄弟不是我的朋友。"

"左拉先生，您能允许我提一个问题吗？"

"当然可以。"

"您是共济会会员吗？"

"不是。我父亲是。他是烧炭党党员，是共济会马赛支部里的重要人物。您说，亨利怎么样？他是一个叛徒吗？雷纳克曾是这样想的。您说亨利曾向艾斯特哈奇提供材料……"

"亨利本来是一个正派的谍报处长，如果话说得好听一点，是他手下的间谍使他失去了控制；他首先关心的是讨好上司，麦贺西耶将军。雷纳克搞错了。"

"那么杜·巴地呢，也是个正派人吗？"。

"仅仅是一个幻想太多的下级军官，一个狂热分子。"

"那么，真正的叛徒……"

"是艾斯特哈奇。他效力于德国人、意大利人、英国人，甚至还有美国人！他的联络网复杂得连他自己也搞不太清楚了。莱昂·布伦曾以为在亨利身上看到了情节剧中的叛徒形象。

然而真正的叛徒，在两面间谍掩护下的完全的叛徒，货真价实的叛徒是艾斯特哈奇。"

"这就是您那个时代人们的想法？"

"一般是这样看。五十年来,从施瓦茨考本对真相的揭示到艾斯特哈奇的销声匿迹,大家都站在德雷福斯一边。"

"我的好朋友,请您准确地给我讲一讲,你们对这一事件的调查达到什么程度了。"

"太困难了。一八九六年十一月,莫里斯·帕莱奥洛格刚被他的部长任命为外交部特别事务司专员,也就是说,他成了外交部所属的一个小小的情报机构的首脑。在审理德雷福斯案全部过程中,帕莱奥洛格负责外交部和军队情报处的联络工作。是他把外交部所掌握的秘密情报的内容提供给亨利的。"

"这太有意思了。我想不起来是不是见过这个人……"

"这是个年轻人,当时二十七岁。一九四二年,莫里斯·帕莱奥洛格将他的回忆录交给出版家普隆出版。继施瓦茨考本发表《工作记事》之后,他提供了唯一新的重要事实。一八九八年九月六日,也就是亨利自杀不久,帕莱奥洛格在日记中写道:一八九六年,前情报处副处长科尔迪埃对我解释说:'您当心亨利和洛特,尤其要当心洛特,因为他是牵着亨利鼻子的。'因为我为亨利这个老营长竟然由一个年轻的上尉来摆布而感到惊奇,科尔迪埃向我透露说,洛特是通过他的妻子来控制亨利的,亨利是他妻子的情夫……因此我在心里琢磨:洛特能对把亨利逼到自杀境地的罪恶阴谋一无所知吗?"

"关于这个洛特,我模模糊糊地还有点印象。他戴着单片眼镜,留着胡子,一副御林军的头脸!您接着讲,接着讲……"

"洛特是情报处的中坚,阿尔萨斯人,他进入情报处时是三十五岁。他与艾斯特哈奇也有联系。帕莱奥洛格接着写下去:'把一八九四年的背叛事件与一系列发生在一八八六年左右直到一八九六年间没有德雷福斯参加的类似事件联系起来看,我产生了一个大大改变德雷福斯案件面目的想法。而这些事件应当归咎于三个人，他们有时共同合作，有时又独立行动，在后一种情况下，又彼此互相保密……第一个人是莫里斯·韦伊，第二个人是艾斯特哈奇少校……'"

"哼！"

"'第三个人，还尚未引起任何怀疑，他是一位级别非常高的军官。'左拉先生，这就是帕莱奥洛格所说的话。他在外交部的职务使他的话具有一定的权威性，然而，又有些事实证明，他是一个言过其实的人，所以他的话又常常是不那么可靠的。艾斯特哈奇，我们已经熟悉了。韦伊从一八九二年起，即德雷福斯案刚开始审理的时候，就引起了公愤。莫里斯·韦伊生于一八四四年，七〇至七一年做过国民别动队的军官，是巴黎行政长官索西耶将军的朋友，索西耶将军是韦伊夫人的情夫，韦伊夫人是一个漂亮的维也纳人。韦伊很久以来就失去信誉了。"

"第三个人是谁？"

"帕莱奥洛格说得也颇含糊：'在汉纳，德卢瓦将军声称："写那份清单的人是一位长官，是一位大人物……是掌握第一手材料的人。"'然而，帕莱奥洛格并没有说出这个人的名字。"

"人们知道他指的是谁吗？"

"知道的。一九五四年，共和国总统军事办公室副官勒格朗·吉拉尔德将军发表了他的回忆录[①]。在一九〇四年一月二十七日这一天的回忆里，人们可以读到这样的话：'在外交部，人们都确认德雷福斯是无辜的，人们说有三个真正的罪犯：其一是韦伊，这是一个受索西耶驱使的可疑的人，索西耶给他以庇护；另外两个可能是洛特和劳将军。'劳将军在一八八九年是总参谋部第三厅上校厅长。一八九七年，他曾在国防部长麦

[①] 勒格朗·吉拉尔德著《1894—1918，为法兰西服务二十五年》，法国文学出版社。——原注

贺西耶将军的办公室工作。"

"总是麦贺西耶!"

"一九〇二年,劳将军统帅一个军团,就是这样。"

"总而言之,德雷福斯是无辜的喽!"

"是的。罪犯是艾斯特哈奇,然而他不是唯一的罪犯,在他之前,还有莫里斯·韦伊。与此同时,也许还有帕莱奥洛格所说的那位高级军官。麻烦的是,自从一九五五年发表他的《日记》以来,除去公布了劳将军的名字之外,没有人再提供出什么新的材料。也就是说,没有任何材料可以加强或者削弱帕莱奥洛格的说法。他的《日记》被怀疑是伪造的。实际上,他的《日记》是回忆录。在最后几篇文章里,他似乎放弃了'第三个人'这条线索。还有亨利·吉斯卡尔·德斯坦的一本书[①],也是相当引人注意的。根据这本书的说法,整个德雷福斯事件仅仅是各情报机构之间的混战当中一个不幸的插曲而已。另外还有马塞尔·仲马的《没有德雷福斯的故事》。这两本书的重点多偏重于情报组织,而不在于个人。我并不认为吉斯卡尔·德斯坦和马塞尔·仲马本意就想得出这样的结论,但是,在他们的文章里清楚表明的是总参谋部的集体责任,其前台代表是它的直接领导人麦贺西耶将军。"

"在诉讼中,我也曾做过如此猜测。在《我控诉》里,我过于注重杜·巴地的重要性了。"

"所有登台的演员都是盲目的跑龙套的人物,而演出的是一出大规模的滑稽剧。德雷福斯是一个倒霉的受害者。情报机关的犬儒主义也许不会引起人们的注意……如果这些真正的罪犯不登台……左拉先生,那您就什么也不知道了。"

"我还有一句话,先生。当《自由言论》提出为亨利建立纪

[①] 指德斯坦的《从艾斯特哈奇到德雷福斯》,巴黎,1960年版。——原注

念碑的倡议时,有许多同事都捐了款。他们这些人都怎么样了?"

"弗朗索瓦·科佩在文学界已经没有任何威信了。儒勒·勒迈特、布吕内蒂埃和埃米尔·法盖的著作经常被引述。卡里埃·贝勒兹……"

"噢!他是有天才的……"

"……现在他在偌大的巴黎只是一个不知名的小胡同罢了,和德塔伊、阿皮尼以及您的朋友卡洛·德尔瓦耶一道被人们忘记了。"

"那么,那个时代最大的画家是谁呢?"

"塞尚,左拉先生。塞尚。还有梵高和高更。"

"啊!当我得知塞阿尔和埃尼克成了反德雷福斯派的时候,我该是多么难过啊!"

"左拉先生,他们仍然生活在莫塘时所留下的阴影里。您的儿子还保存着那盒准备送给塞阿尔的洗礼礼物糖杏仁。可塞阿尔一直没有去拿。"

"今天公认的最著名的人物是谁呢?"

"保尔·瓦莱里和莱奥托①,一个已经作古,一个尚在。"

"那么,这位莱奥托,他做了什么呢?"

"他撰写专栏评论和诠释,从尚福尔到儒勒·列纳尔。是他提供了解释德雷福斯案件的答案。"

"一件新的发现?"

"不,一个订正。一八九八年十二月十八日,保尔·莱奥托来到《自由言论》报社。五十年之后,我曾就这一件事询问过他。他是这样回答我的:'先生,不瞒您说,那个时候,我是和保尔·瓦莱里一道为亨利建造纪念碑,去《自由言论》报社送我们的捐款的。保尔·瓦莱里交了三法郎,留下这样的题词,

---

① 莱奥托(1872—1956):法国作家。

不是没有思考过的。我交了两法郎,留下这样的题词:为了秩序,反对正义和真理。为了确保我这条题词准确地印发出去,我去见报社编辑部秘书,他向我做了保证。可是第二天,在报纸上我发现它已经被篡改成:为了正义,秩序和真理。我寄去一封挂号信,表示抗议,并要求把我的抗议书刊登出来,然而他们却置之不理……我告诉您的就是这些①。'"

"我的好朋友,告诉我,您的莱奥托是不是讽刺他们呢?"

"莱奥托是一个坚定的德雷福斯派,他喜欢这种犬儒主义式的幽默,即准确地使用对手的语言,经过重新组合,使之变得滑稽可笑。尽管如此,'为了秩序,反对正义和真理'仍不失为一个同时代的人对德雷福斯事件所做出的最为深刻的判断,这是一句闪烁着智慧的名言。"

二

《繁殖》于一八九九年十月正式出版,受到热烈欢迎。不过,人们所欢迎的并非是它的文学效能,而是作者对自然主义理论的背弃,作者在世纪末所表现出来的乐观精神以及作者在小说里所运用的《圣经》式的表现手法。雷翁·都德曾半真半假地对左拉说:"您击败了伟大的俄国人!"这里没有丝毫恭维的意思,有的却是双倍的讥讽。他现在可以不必从背后放冷箭,伤害小说家左拉了。人们肆无忌惮地互相攻击谩骂。人们在决斗,真的将子弹推上枪膛。人们拼命地呼喊。人们在厮杀。当然,这样做的人并不多,很少。这期间,萨布劳勒被盖兰拘留了一个多月。这段插曲充满了许多滑稽可笑的情节,是政府为了使巴黎人相信他们正处于一场内战的

---

① 1953年6月14日,保尔·莱奥托给作者的信。——原注

前夜而安排的一个荒诞不经的所谓事件。事实上，德雷福斯派使共和党人掌握政权的革命，是所有革命当中不那么血腥残酷的一次革命。介入对立双方的作家们虽相互唾弃，但仍相互握手并致以真诚的敬意。一八九八年二月二十四日，即对左拉案做出判决之后不几天，左拉收到这样一封异乎寻常的电报："亲爱的先生，尽管在整个事件中，您的观点与我们的观点完全不同，但是，在这令人伤心的形势下，我们仍向您表示我们对您的深厚感情和崇高的敬意。"署名是莱昂和吕西安·都德。这一手漂亮！尽管雷翁·都德在对左拉说"您击败了伟大的俄国人"这句话时是半开玩笑的，但他知道，这会使左拉高兴到何种程度。他用过于修饰乃至于虚构的回忆录来诋毁左拉，但他又从不放弃直接向左拉致意的任何一次机会。正如我们已经见过的，巴雷斯也是如此。科佩也是这样，他开始是德雷福斯派，后又转了向，成了爱国者联盟主席。他后来一直支持左拉进入法兰西学院。布尔热也是一样，用他自己的话说，他是"另一个科佩"，也支持左拉进入法兰西学院。

这就使这个"非常时期"变得不那么可怕了。

根据左拉一八九七年的笔记，《四福音书》应该只有三部：《繁殖》、《劳动》和《正义》。《真理》是在德雷福斯事件之后增加的，实际上是《正义》的姊妹篇。

我想根据傅立叶的思想创作《劳动》这部作品。他主张通过劳动社会化达到人类和谐。我要创造一个城邦，即未来的城市，一个类似法伦斯泰尔式的社会组织。之后，我要在《正义》中创造出一个没有国界的人类社会，一个人类的伟大祖国：欧洲合众国，它将是各民族的联盟。种族问题：拉丁族、日尔曼族、撒克逊族，都将和解，达到最终的和平。我将这样来创造人类社会。

创造，创造，创造……

令人敬佩的夹鼻眼镜先生插上塞居尔伯爵夫人①笔下的人物的透明翅膀，翱翔在社会主义的玫瑰色的天空中。一个六十岁的小天使！奇怪的是，他这个曾经与第二帝国、形形色色的专制主义者和画界的资产阶级苍白情趣进行过斗争的人，从未和他的时代失去接触。作为预言家，他又找到了充满美好梦想的他的时代。人类的祖国是属于明天的。"我创造家庭，我创造城市，我创造人类！"这是人们在汉纳军事法庭不肯主持正义时期，"梅塘大师"在《劳动》上劳动，劳动，再劳动的形象。

左拉不仅从傅立叶的社会主义理论中吸取营养，同时也从圣·西门、普鲁东和乔治·桑的朋友皮埃尔·勒鲁以及无政府主义理论家克鲁鲍特金、让·格拉夫那里得到启迪。但是，转向盖德的理性社会主义，对左拉来说已经是遥远的事了。他不再是写《萌芽》时那样的现实主义者了，同时，在德雷福斯事件中，他进一步识破了社会主义者的真面目。作为一个理想主义者，左拉要超越这种社会主义，然而，他却像童话中那个没有了白石头的拇指人一样，在乌托邦的森林里迷了路。

《萌芽》对今天的、已经大有变化的左拉来说，是太狭隘了，太具体了，也太真实了，在今天已经失去了它的光彩，因为他所需要的是明天！

他背离了他所开辟的社会主义现实主义道路，倾向于极左派所宣扬的更加忽视实际的理论，不自觉地脱离了他所处的时代，因而也就两脚悬空，踏不到实地上了。

① 塞居尔伯爵夫人（1799—1874），法国作家。她的作品多为少年儿童读物。

在德雷福斯事件之前，下层民众是根本不喜欢左拉作品的。他笔下的粗俗、丑陋和鞭笞只能使资产阶级感兴趣。现在不同了，他们开始阅读他的作品。《劳动》并不是一部成功之作，但却被比作《圣经》，在法国各地的夜校里被人们诵读着。既然这是一部"福音书"，这也就没有什么可大惊小怪的了。左拉是诞生于发表《我控诉》之日的第三共和国的思想家，所以，傅立叶主义工人协会和社会主义浪漫派们像庆祝"五一"国际劳动节一样来庆祝《劳动》这部著作的出版。盖德，这位法国的列宁，对此口出怨言。革命的工会主义者们也反对这"玫瑰色的图书"。佩居依把胳膊举向空中，而乔治·索雷尔则耸着肩膀。民众再一次变化了，他们清醒了。

左拉的最初的悲观主义、抨击腐败帝国的使命、"共和国将是自然主义的，否则她将不成其为共和国"的口号、矿井下的呻吟、对拜金主义的批判、自由恋爱的法律、"真理在前进"，所有这些主题，在左拉倾向于贫穷的阶级这一基础之上，不断地变换着新的形式。尽管左拉经常告诫自己不介入政治，但在思想感情上，他是与左派息息相通的。现在，左派掌握了国家政权。

左派为左拉在先贤祠准备了陵寝。

在威尔纳依的庭院里，左拉喝着茶，让娜亲切地望着小雅克在嬉戏。德妮丝已经成了小学生，穿着黑色带领子的衣裙。她也望着小弟弟，她有着一双她母亲那样美丽的眼睛。

左拉，人们会说他在这里是一个老爷爷。

佳布利艾尔·特拉里约来到布鲁塞尔街，登门拜访左拉。左拉坐在他的大写字台前边的椅子里，膝盖上搭着一块灰色的毛毯，脖颈上围着一条白色的围巾。他头顶上的头发更加稀疏了，人生的种种磨难在他的额头上刻下了无数条象形文字样的皱纹，他的眼神里流露出无限的哀伤。他们在一起谈论文学和戏剧。左拉对客人说道：

"《稻月》（左拉孕育中的一部歌剧），我想把它写成劳动的诗篇，力量的美和必需，生活的信仰，土地的丰饶，明天的适时收获的希望……"

"明天的适时收获"变成了左拉晚年的一句口头禅。最后他用低沉的声音突然说道：

"特拉里约，未曾想到这场诉讼倒使我变好了！"

傅立叶主义者们为庆贺《劳动》的成功组织了一次宴会。左拉并未出席，但写了一封信：

……我之所以没有来到你们身边，是因为我觉得我不到场似乎更谦逊些，更合情合理些。重要的不是我，甚至于不是我的著作。你们所庆祝的应该是为了使社会更趋于公正而做出的努力，是为了人类幸福而进行的艰苦斗争。我是和你们站在一起的。我的思想和你们保持一致，这不就足够了吗？

如果图鲁兹大夫再一次询问左拉："关于雨果，是谁写出了下面的一段话：'尽管在激发人民的美好的友善情感的同时，打倒了教士和帝王，但仍然不能阻止人民在以后的几个世纪里互相残杀和吞噬。'"他也许不会回答说"是我"。

但是，是不是真的就是他呢？那个西尔瓦坎死巷里孤僻的孩子不在了，那少年时代与"小红帽子"的纯真的初恋过去了，那个阿歇特书局的年轻的广告科长逝去了，那个巴蒂尼奥勒派画家的朋友逝去了，《卢贡—马卡尔家族》的作者逝去了，甚至连《三城市》的作者也逝去了。现在的左拉与从前的左拉判若两人，几乎难以使人辨认了。

正如麦克奥尔朗所说："人生最终逃脱不了死，这是不需要解释的自然法则。"左拉深知这一点。《生的欢乐》中的拉萨尔在等待着他。在失眠中，他经常想到的就是拉萨尔。龚古尔已经到九泉之下去会他的弟弟去了；而福楼拜也早已斜躺在地下，安息了；英俊的马奈和莫泊桑，他们是那样生龙活虎，可还不是说死就死了。还有那个阿尔方斯·都德。一九〇一年八月六日，保尔·阿莱克西也去世了。左拉为他痛哭了一场。

一九〇一年，尽管左拉满脸皱纹，现出疲惫不堪的样子，但是他的嗅觉仍然向可感知的世界张开着。他的双鬓和胡须已经花白。他身着绒上衣，衣扣一直扣到下颏下边，看上去既像一个神甫，又像一个大夫。在他的一张桌子上，摆着沙尔庞捷根据纳达尔①拍摄的照片精心制作的青铜浮雕，上面是左拉的侧面头像，一个孤独而忧伤的思想家。他在一个壁橱里摆着他的全部著作。他取出达格雷照相机，然后走下楼去，到花园里剪下几枝玫瑰花，他将玫瑰花组成静物画面，后退几步从远处审视一番之后，钻到遮光布下面去，从取景镜头中凝视着他那将永不凋谢的花束。一九〇二年七月二日，左拉从莫塘写信给布鲁诺：

我们来到这里已近三周了。我们生活在美好的宁静之中。我妻子的病体见好，尤其是天晴日朗的时候。我在奋力工作，但是《真理》只能在月底完成。它太长了。长得可怕……所以我十分疲劳……我每天下午都在我的花园里度过，望着我周围的生机勃勃的一切。随着年龄的增长，我觉得这些都将逝去，因此我也更加痴情地热爱着一切……

---

① 纳达尔（1820—1910）：法国著名摄影家。

从一九〇一年七月十七日至一九〇二年八月七日，左拉伏案撰写《真理》。《震旦报》从九月开始连载。他从来没有像现在这样迅速地完成一部著作。接下去，他在谋划下一步工作：第四部福音书，《正义》。

我将投身到乌托邦的天地里去。是的，毫无疑问，这将是一个美和善的梦想，这将是人类带着更多的文明走向永恒的令人激情满怀的高度繁荣。我要用散文写出一部充满光明和仁爱的伟大诗篇。

左拉躺在床上，他听见妻子对园丁说道："请您不要弄出响动，我丈夫在睡觉。"

不，他没有睡。他在闭目思考。他要写出十二个剧本，题献给德妮丝和雅克，并且为了保障他们的将来，把这些剧本遗赠给他们……春天的时候，他还和他们一起到塞纳河河岸上散过步……他带着他们登上他家新的"家庭琐事"号小船，在水上漂荡……他为他们讲解水手们的劳作……"我将撰写一部发生在伐木工人和水手、森林和大河之间的悲剧……之后，我还要写《何必如此》。何必要离婚呢？难道一个女人离婚就是为了再婚，然后欺骗这第二个丈夫，再与第一个鬼混吗？这个么，倒是一个题材！一出粗俗、令人暴跳的闹剧：毫无益处的骚动，不能如愿的对幸福的追逐，在人类贫困中原地踏步……而后……我还要写爱情的永恒，一个有夫之妇和她的情夫之间的强烈爱情的故事。"他在朦胧中似乎听见了那个女人在她死去的情夫身边的喃喃絮语："他把我在他眼睛里的永不凋谢的青春带走了。""我将给这本书起名叫《为什么爱》，或者叫《青春》，或者叫《夫人》……《夫人》，这个好。夫人……夫人，让娜·左拉夫人，我可怜的让娜，人们还是要叫你夫人的……我也要我的两个孩子姓左拉！左拉！左拉！我的上帝，这不是塞尚的声音吗？在艾克斯时，他就是用这种声音喊我去看从街上走过的骑兵的！保尔！保尔！是的，我的一个人物将是画家，那就是我的朋友塞尚……我不再想写小说了，你可知道？我要去占领舞台。要不我到巴勒斯坦去？因为关于犹太复国主义，我还要写一些东西……"

潜伏在房子里的昆虫围着这位不能入睡的老人在低吟浅唱。

每当他这样闭目凝神的时候，他常常想到塞尚，也想到绘画。继续进行的绘画革命，开始选择它的代表人物了，塞尚是理论家，高更是征服者，而梵高则是真正生活的忧伤的预言家。这场绘画革命越来越不能与左拉相协调了。

于是，他说出了一系列尖酸刻薄的言词，这不仅突出了他因被其所率领的队伍超越过去而产生的恼怒心理，同时也反映了他对绘画革命根本不理解。一八八九年，当莫奈为了从马奈的寡妻那里买出《奥林匹亚》并将它献给国家而组织一次认捐活动时，这位擅长画教堂和睡莲的大师竟未想到会得到这样的回答：

我亲爱的莫奈：

我也为马奈的地位非常忧虑，但我不能在您对我说起的认捐单上签名……我曾经用我的笔相当卖力地维护过马奈，所以今天我并不害怕人们责骂我们为他买得荣誉。马奈将会进入卢浮宫的，但是，这必须依靠他自己，在人们充分承认他的才能的情况下[①]。

事实上，自从与塞尚断绝关系以来，左拉已经厌倦绘画了。一八九六年五月二日，他在《费加罗报》上发表文章，表达了

---

① 克列孟梭1907年决定将《奥林匹亚》移至卢浮宫展出。又是一片摩西没有见到的应许之地。——原注

这种厌恶心理，同时在文章中也完全暴露了作者自己：

……是的，三十年过去了，而我对绘画已经有些不感兴趣了。我和我的朋友，我的兄弟保尔·塞尚，几乎是在同一个摇篮里长大的。时至今日，人们才发现塞尚这位失败的伟大画家作品中的天才部分……经过漫长的黑夜，我醒来了……啊，多么令人惊异啊！

过去，当人们在一间屋子里挂上一幅马奈、莫奈或者毕沙罗的油画时，在以学院派深色调炮制出来的其他油画中间，仿佛开辟了一个放进光亮的洞。这是向大自然打开的窗户，是进到屋子里面来的美好的户外景色。而到今天，画室里面只剩下户外景色画了，那些曾经辱骂过我的朋友们，甚至于辱骂过我本人的人，无一不步我的朋友们的后尘……

但是，当我发现，三十年中，反光理论所导致的荒唐结果时，我的惊异转换成了恼怒……是的，不错，我完全同意物体和人面的光线和亮度并不是单一的观点，比如，在树荫下，裸露的皮肤杂有绿色；同时，还有值得注意的光线和亮度的连续变化……可是，人们呈献给我们的这些五光十色的女人，这些紫罗兰色的风景，这些橙黄色的马匹，确确实实是一些令人困惑莫解的作品。根据人们从科学的角度对我们的解释，它们是根据太阳光光谱分析或者光的反射绘制成这样的。哼！脸朝月光那一面呈蓝色，另一面在灯光下呈鲜红色的女人！哼！还有那蓝色的树木，红色的流水，绿色的天空所构成的远方地平线！这真是可怕，可怕，可怕！

当然，左拉准确地击中了那些步他朋友们后尘的准印象派画家的要害，但同时也批评了他的弟兄塞尚："失败的伟大画家"；高更："这些紫罗兰色的风景，这些橙黄色的马匹"；最后一直批评到和蔼可亲的维亚尔和博纳尔的头上："脸朝月光那一面呈蓝色，另一面在灯光下呈鲜红色的女人"。一个英国女人从高更绘画展览会出来，大声喊叫："Red dog！Red dog①！"曾极力推崇《草地上的午餐》的左拉的愤慨程度绝不亚于那个英国女人。

在艾克斯，惯于低声抱怨的塞尚有时向人打听左拉的一些消息。塞尚向若阿基姆·加奇凯吐露真情说："对一个画家来说，再没有比热衷于文学更可怕的事了。我了解一些这方面的情况。普鲁东加害于库尔贝，左拉对我也会这样干的！"在他们绝交的因素之中也有这方面的内容：塞尚害怕别人在他头顶上加上"铁箍"，他缺乏自知之明，所以库尔贝的遭遇成了他的前车之鉴，使他忧心忡忡。可是，左拉对居斯塔夫·科基尤却是这样说的：

在我的克洛德·朗蒂埃身上，我为他（塞尚）所勾勒的形象还是有所保留的，要是我说出一切……咳！我亲爱的塞尚也不注意社交效果。他过于轻视那些基本的东西了，如衣着整洁、态度和蔼、言语分寸等等，而所有这些，如果我亲爱的塞尚老兄具有天才，那又都是无关重要的小节。尽管这样，在《作品》中，我自己认为还是非常严肃地记录下了我亲爱的塞尚所做出的种种努力的。然而，又有什么办法呢？他每况愈下；开始还不错，之后一下子，又突然停下来了；一个不再思考的头脑，一只下笔软弱无力的手……总而言之，一事无成！

一八九六年，左拉曾到艾克斯，在努马·高斯特家小住了几日。他在米拉波大街的梧桐树下散步，他又见到了他所熟悉的喷水池上的千百个石头雕像。突然，他站住了。泉水呢？他儿童时代的喜爱的泉水哪儿去了？那梧桐树下具有象征意义的

---

① 英语。字面意思是"红狗"，习惯用法为"下等面粉"、"废料"之意。

泉水哪儿去了？没有了！消失了！

高斯特建议道：

"明天我们是否去参观一下布芳墓地？"

"不。我想最好还是不去惊动那些安息在九泉之下的灵魂吧。"

回到巴黎之后，当左拉得知塞尚知道他曾路过艾克斯，没有去看他，心里很难过的时候，一种负疚的心情使左拉难以摆脱。两年之后，塞尚来到首都。他与约阿山·卡斯盖和莫里斯·勒布隆一起吃午饭时，这两个人只谈论左拉，而他却一言不发。当朋友试探着将他拉去见左拉的时候，他竟发怒地狂喊着，不肯去；他是那样痛苦和悲伤。

一九〇二年九月二十五日，左拉的牙齿隐隐作痛。秋天到了，夜里从河面上散发出一股股寒气。他对妻子说道：

"亚历山德里娜，星期天我们回巴黎去吧，你还会有时间准备好去意大利的事的。"

九月二十八日星期天，钥匙打开了布鲁塞尔街那栋小房子的门。

"这屋子有一股霉味。"左拉夫人说。

于乐在卧室的壁炉里点燃了煤球。左拉和妻子一起吃晚饭，很是高兴。

"这壁炉的烟囱不走烟了。"左拉说。

"也许是外边阴天的关系，不管怎样，我已经通知扫烟囱工人了。"

佣人照看着炉火，见煤球已经发红了，才把壁炉的挡板挡上。左拉和妻子睡在一张文艺复兴时期的古老的大床上。离床不远处是一个台阶。到后半夜三点钟左右，左拉夫人醒了，觉得心里不舒服。她起身走出卧室，到卫生间就吐了。她在那里停留了将近三刻钟。之后,她又回到床上躺下。她的行动惊醒了她的丈夫。

"我们要不要叫佣人?"亚历山德里娜问。

"不必。狗也病了。我们可能吃了什么坏东西了。"

过了一小会儿,左拉坐起身,自言自语道:"新鲜空气可能会使我们舒服一点……"

他下床向窗子走去,他要去开窗户。

左拉夫人向他喊道:

"埃米尔,你躺下!这样你会着凉的。"

只听见人摔倒在地的沉重的声音。他妻子想挣扎着起来,去叫佣人,可是马上也晕倒了。

第二天早晨八点钟,扫烟囱工人来了,看门人给他们安排了一点儿零活,等候着左拉一家人起床。可是,九点钟已过,佣人见主人还未起床,有些担心了,就去敲门,但不见回答。于是,派人找来一个锁匠,把门打开了。只见左拉夫人躺倒在床上,不省人事,只发出嘶哑的喘气声。左拉摔倒在床前,头碰到木头台阶上。人们向他脸上喷洒凉水,摸他的胸口,还有些温热,可是把镜子放在他的鼻孔下,却没有一点雾气了。在马克·拜尔芒大夫派人去取氧气袋的同时,人们给左拉做人工呼吸。这时,警察局的医生也赶到了。他使用舌节律性牵引法,仍然无效。人已经完全不行了。一个警察走过去检查壁炉,发现那里堵塞了一些石灰渣。无疑是一氧化碳中毒。警察分局局长高尔耐特在给警察总监的报告中,也是做了这样的判断。一些报纸却散布谣言,说是左拉服毒自杀。人们把左拉夫人送到纳依的一家医院进行抢救,一直到中午,她才苏醒过来。人们向她隐瞒着她丈夫不幸死去的噩耗。但消息却在巴黎传开了。人们传言:左拉死了,左拉自杀了,像亨利一样。还有的说,左拉是被总参谋部二处暗杀的!

唯一能够肯定的是,左拉去开窗户时摔倒身亡。

然而,左拉之死还是一个令人不解的谜。一氧化碳中毒这一推断是成立的,说得过去的。可是,一个壁炉的烟道可能是事故堵塞,也可能是有人蓄意堵塞。作家去世五十一年之后,让·博戴尔先生在《解放日报》①发表他的研究报告时说:"置人于死地的煤气是怎样从壁炉里跑出来的呢?这是使建筑家和化学家绞尽脑汁而又得不出结果的问题。"当时有人对左拉死于一氧化碳中毒的推断提出异议。警察局的布鲁耐尔和市政府的乔治·德布里两位建筑师接受委托,进行调查。法官布鲁尤建议他们与市实验室主任查尔·吉拉尔和病毒研究所所长汝乐·奥吉耶两位先生取得联系。两位建筑师检查了壁炉,之后,于十月八日,和吉拉尔、奥吉耶两位先生一起在左拉家的壁炉里升起了火。"火是由左拉先生的仆人在九月二十八日点燃炉火的同样条件下点着的,也就是说用从家庭储藏室里取来的一束木柴和一些煤球。"(记者引自专家们的报告)后于十一日,他们又进行了一次实验。"煤球起火后,在少量通风情况下,连续燃烧了几个小时。"三天之后,建筑师们又让人把铁制的烟囱拆卸开。烟囱是到屋顶拐了一个弯之后,沿着布鲁塞尔街九号住户的一面墙树立起来的。拐弯处部分堵塞。烟囱尚有七厘米宽的通道,可以使炉火缓慢燃烧。十月十八日,人们进行通刷,刷出的烟灰数量"与前一次通刷的烟灰数量相比明显不同"。尽管如此,两位建筑师还是得出结论说:"我们的检查鉴定表明,事故不能归咎于房主,也不能归咎于取暖设备安装承包人,一氧化碳的散出是由于未能经常通刷烟道而造成,而通刷的责任是由房客承担的。"但是,让·博戴尔指出,

① 见1953年10月1—7日《解放日报》。——原注

房客在当时是严格按照规定办事的，左拉家的烟道在一九〇一年十月曾进行过通刷。

在两次调查过程中，警察局的化学家在左拉住过的房间里放了三只豚鼠和三只鸟，同时在壁炉里升起了火。第二天，豚鼠一切正常，三只鸟中有两只死了。经血液化验，证明鸟的死亡并不是因为一氧化碳中毒。该卧室空气取样化验分析的结果是，第一次实验后室内一氧化碳含量占万分之一，第二次占三千分之一。让·博戴尔指出，这样剂量的一氧化碳一般来说是不足以引起死亡的，因此他推论道："这样，只有一种假设才能解释得通，那就是只在一天里，壁炉释放出足以致人死命的一氧化碳，所以在以后的几天里，放进去的动物才得以存活下来。那么，由此推论出：在左拉回到布鲁塞尔街住处那一天，壁炉烟囱被人堵了，而在第二天早晨得知左拉已死之后，烟囱又重新被打通。"这一推论显然是合乎逻辑的，然而只是推论而已。调查和实验并不能得出与推论一样的结论，因为事物的偶然性是很大的。预审推事肯定也是这样想的，所以他很快就在十月三日得出结论：由于疏忽而造成的事故。表示异议的人们也只好作罢。

但是，若干年后，记者让·博戴尔提供了新的事实。《解放日报》读者哈克甘先生曾给博戴尔写信，说他确信左拉并非死于偶然事故。哈克甘先生说，在一九一四年世界大战爆发之前，他在萨尔塞勒结识了一个取暖设备安装承包人。"他曾说出了这个人的名字，"记者说道，"但是，由于大家容易理解的原因，我们并没有把这个名字公布出来……直到一九二五年，哈克甘先生还和承包人Y[①]先生保持着友好的关系。"又过了

[①] 让·博戴尔和哈克甘先生使用的是人名的开头大写字母"Z"。为方便阅读，避免与左拉（Zola）的开头字母相混，在这里换成了"Y"。——原注

几年,哈克甘先生讲道,一九二七年四月的一天,当谈起左拉的时候,Y先生被一种忏悔的心情所左右。下面是他讲的话:

"哈克甘,我来告诉您左拉是怎样死的吧。我信任您,另外,这件事也快过法律时效了。左拉是我们把他闷死的,我们把他房间的壁炉烟囱堵死了。事情是这样的:他的邻居正在修理屋顶和烟囱,我们就利用这个机会混入这栋房子查看好左拉的烟囱,并且堵死了。第二天我们又去把它打通了。我们去得很早,没有人发现。以后的事,您都知道了。"

让·博戴尔尽他最大的努力,进行了核实。他"查看了左拉邻居的屋顶,找到了修缮的痕迹"。他亲自拜访了哈克甘先生。关于Y先生的谈话内容,哈克甘还是记忆犹新的。最后,博戴尔又去询问雅克·埃米尔-左拉医生。小说家的儿子"小雅克"回答说:

"您的推断是完全正确的……关于我父亲的死因,并没有什么值得怀疑的,血液化验结果证明是一氧化碳中毒。但是,专家对死因的解释一直使我难以接受,那几只作为实验用的豚鼠竟能在窒息我父亲的房间里活下来,我觉得奇怪。人们还进行了查看,试图说明,烟道因为烟灰积存过多而堵塞。这种烟灰积存过多的原因,专家们说是由于街道车辆来往引起的震动。然而,我父亲所居住的楼房的那一面是远离布鲁塞尔街街道的,再说那时这条街是用木材砌的路面,是非常安静的……"

让·博戴尔对雅克说道:

"同时令人惊疑的是,为什么一个小小的泥瓦行工头竟敢做出如此犯罪行为来?"

雅克回答他道:

"为更好地理解对左拉进行政治谋害的可能性,必须了解人们对《我控诉》的作者所表现出来的可怕的仇恨心理。"

于是，左拉大夫向记者博戴尔展示了投给左拉的各种各样的恐吓信；在左拉生前，它们源源不断地送到他的家中。在诉讼期间，我们已经读到了一些。下面再列举几条："使法兰西摆脱你这个腐臭人物的夏绿蒂·科黛①在何方？反正你的脑袋已经做了悬赏。""你个卖给犹太人的脏猪，我刚开完一个会出来，会上决定了你的末日。我告诉你，六个月后，你的同胞、第二个卡塞里奥将找你算帐；那时法兰西就摆脱了一个令人厌恶的家伙。我拥护委员会的决定。欧贝尔（签名）""你，左拉，《小酒店》的作者，你个叛徒和出卖者！……打死你这个可耻的家伙，打死你这个肮脏的犹太人。左拉先生，请您记住这些话吧。您的可耻行径注定您今晚受到惩罚。作为正直法国人的一个组织的成员，命运选定我把您干掉，炸药对您这个下流胚是毫不留情的；您的那些恶毒语言是如此严重地玷污了我们亲爱的法兰西……"，这封信的签名是乔治·加尼埃。"在你的证人中，您为什么不把那些在世界各地流浪的犹太人和你一起豢养的法国企业家也找来几个呢？……"等等。这种充满仇恨的气氛是那样紧张和危险，致使警察不得不多次出面保护左拉。人们还看到，拉波利成了《自由言论》所挑起的一次暗杀活动的受害者。之后不久，德雷福斯也遭到格雷高里的暗算。接着，左拉的儿子向记者讲道：

"自杀的说法是他的敌人制造出来的，人们也曾经传说是他的妻子把他毒死的。在这样恶毒的流言蜚语中，左拉的朋友们就接受了事故死亡这样一种说法，而没有想得很远。总之，即使事故死亡这种说法站不住脚，政府也会尽快了结此事的，尽量少声张，因为这是一九〇〇年特赦之后的'安抚'时

---

① 夏绿蒂·科黛（1768—1793）：天主教和君主制的狂热信徒，为了报复在第一共和国中掌权的吉伦特派，她将马拉刺死，事发后被处绞刑。

期。如果人们向公众指出左拉是被谋害而死的，那么，德雷福斯案所引起的狂热将再次被煽动起来。所以，并不能排除预审推事已经接受了别人的授意，才停止了追查。"

最后，左拉大夫作结论说："政治谋杀的推断要比官方的事故性一氧化碳中毒的结论更有说服力。"

左拉生前好友惊悉左拉不幸身亡，纷纷来到死者的身旁；其中有布鲁诺、德斯穆林、乔治·沙尔庞捷、发斯盖尔、法朗兹·汝尔当、杜来、米尔博、圣·乔治·德·布埃里耶、皮卡尔上校、保尔·布鲁拉，另外还有莫里斯·勒布隆，他后来和德妮丝结了婚。布鲁诺长时间地伫立在死者身旁，凝视着他的伟大朋友。后来他回忆说："连平日爬满思想家那宽阔额头上的皱纹也舒展开了，他似乎已经进入了他生前所幻想的幸福而又友爱的理想王国。"

然而，现实是残酷的。在法医进行解剖检查之后，人们摘除了左拉的五脏。盖在他身体上面的白布单向下凹了进去，他的腹部空了！经检查，他的各种器官，除肾脏有某些毛病外，都还没有老化。他脸色苍白，像一尊白色大理石雕像。

让娜也来了。她认为左拉是被害死的。她强忍住眼泪和悲痛，不让自己哭出声来。两个孩子，德妮丝和雅克，也前来向他们的慈爱的父亲做最后的告别。

停放左拉遗体的房间里，总是人来人往，络绎不绝。沙尔庞捷夫人，像左拉笔下的一个人物，只知道重复说："这太愚蠢了，这太愚蠢了。"

在政府各部门，在议会里，人们为这出人意料的死亡进行紧急磋商。左拉从国外流亡回来，政府就已经恢复了他的荣誉勋位，可是，他却不肯戴这种荣誉勋章。怎么办呢？以军队的礼仪为他送葬？这倒是符合惯例的。可是，他配享有这样的荣誉吗？这个不知羞耻的左拉！还有那个左拉案件！不过，巴黎军区司令竟然痛快地同意了，并且指定奥里维约上尉来具体负责此事。

《法国人民报》发表文章，说上帝惩罚了左拉，说是大天使圣米歇尔把他杀死的。《自由言论》发表消息：《自然主义新闻，左拉窒息而死》。

九月二十九日，当人们将左拉夫人送往医院急救之后，德雷福斯来了。后来他撰文回忆道："我以无法用语言表达的痛苦心情望着他。他躺在床上，面部表情庄严而宁静，仿佛睡着了。当我再看一眼这位被不幸夺取了生命的尊贵朋友的时候，我真是肝肠寸断啊！"

除去在一些公开场合，他不能有所表露之外，可以说德雷福斯的痛苦心情是真实的。他在出事后的第四天见到了左拉夫人。她刚从医院回到家中，脸色苍白，头发散乱，为不断的询问和警察的出出进进而感到厌烦。她的心情是十分矛盾的，因为德雷福斯事件所引起的狂热刚有所平息，她不愿节外生枝，引出新的事端。德雷福斯写道："十月二日，我见到了被人救活了的左拉夫人。她向我提出一个令我万分痛苦的请求。我认为参加她丈夫的葬礼，对我来说，是义不容辞的事。她害怕我的出席会引起人们的敌对行动。她说：'如果给您带来不幸，我将永远不会原谅我自己！'在向左拉夫人表达我的尊敬和真诚的同时，我回答她说，我什么也不怕，受到别人的污辱，我也毫不畏惧！"但是，左拉夫人仍然坚持不让德雷福斯参加葬礼。痛苦万分的德雷福斯只好向她请求，允许他为左拉守灵。左拉夫人，这个可怜的精神上倍受折磨的女人，在试图寻找一个最好的解决办法，她还在犹豫。难道左拉夫人仅仅是害怕德雷福斯遭到暗算而请求他不要参加葬礼吗？不！她也同样要求阿纳托尔·法朗士在悼词中只颂扬左拉的文学成就。法朗士回答说,他必须提及《我控诉》的作者,而且要格外突出这一点。说左拉的寡妻为丈夫的《我控诉》感到耻辱,那是言过其实了,但是,她确实厌恶这件事。她害怕极了,时至今日她还心有余悸。她寄给法朗士这样一封短信:"我相信您的嗅觉,悉听尊便吧,我信任您。"法朗士自然理解这封短简的意思。法朗士心想:"在这样的情况下,我是无法在左拉的墓前发表讲话的。"心情矛盾的左拉夫人又去征求德雷福斯的意见。不过,她还是个正直的女人,因为让娜以及他们的孩子,她的内心经受着痛苦的折磨。还是这个正直的女人,几年之后,对"她"的孩子们发出爱的呼喊:"星期四,对我来说,是神圣、降福的日子;在这一整天里,我的两个孩子就可以留在我身边了;在一周两天的休息日里,他们非常友好地把星期四这一天都给了我……"德雷福斯建议她给予法朗士以完全的自由。她孤独地守在死者的身旁。后来,如同过去她从家庭的巨大不幸中挣脱出来一样,她终于从这失偶的巨大悲痛中挣脱了出来。最后,这位坚强的女人通知法朗士在悼词中可以自由地讲他要讲的话,并且收回了德雷福斯不要参加葬礼的请求。

朋友们守护在左拉的灵床前。为了尽量延迟下葬时间,人们往尸体中加上了防腐香料。左拉这时如同格雷万蜡像馆里人们为他塑造的蜡像。天气寒冷,朋友们身上裹着毛毯,脚下放上了汤壶。

"你们看,"左拉夫人悲伤地说道,"盼盼(第二个盼盼!)和芳芳再也不打架了。"

左拉心爱的两只小狗静卧在左拉的脚下。可是那只猫还是要趴到主人的身上去,人们不得不把它赶走。

十月五日，星期日，人们为左拉举行葬礼。一队军人作为送葬队伍的前导，在严寒中，人们跺着脚。当庄严而庞大的送葬行列从布鲁塞尔街向蒙马特尔墓地前进过程中，在两边人行道上聚集着的人群越来越多，很快就增至五万多人。为了回敬某些人的辱骂，人们轻轻地鼓起了掌。

送葬队伍走过克利希广场。人们看见在左拉灵柩前拉引棺索的是阿莱维、阿贝尔·埃尔芒、沙尔庞捷、发斯盖尔、米尔博、杜来和布雷阿特；后者是劳工联合会秘书。

在墓地，站在墓穴前边的蒙着带有银色装饰的黑台布的小讲坛前，面对着静默肃立的身穿黑色服装的人群，公共教育部部长肖米叶、作家协会主席阿贝尔·埃尔芒和阿纳托尔·法朗士发表了演说。埃尔芒在演说中指出："他热爱民众，把民众看成是人类社会的重要组成部分。在他的著作中，民众是从不缺少的；即使他不居主要地位，人们也会感觉到他的存在。民众常常是他的唯一的人物，并且是他一直喜爱的人物。"

人们静听着埃尔芒的讲演；偶尔听见人群中发出几声抱怨。

"但是，他从不讨好民众；在某些场合，他甚至与之对抗。他毫不畏惧地与之较量。所以，在他的周围回响着愤怒和威吓的叫喊，这不仅仅是因为他的作品。"

在西方文明为拉萨尔们所修建的最可怖的一个花园里，人们似乎听到了这布满各式各样墓穴的墓地的阴森和庄严也难以压抑住的叫喊声。

尽管阿纳托尔·法朗士与左拉在思想和创作倾向上相距甚远，过去很少重视作为作家的左拉，但是现在，他要痛痛快快地把他心中要说的话倾吐出来。他在讲演中竟然赞扬起左拉晚年的伟大来，而当时，人们对左拉的伟大之处是估计不足的，人们只承认他作为一个小作家的成就。

法朗士当着众人讲道：

"左拉不仅仅揭发了一桩刑事罪过，而且他还揭发了联合各种强暴力量和压迫势力的阴谋集团。这个阴谋集团的目的就是要在法兰西的大地上扼杀掉社会主义、共和主张和自由思想。左拉的大无畏的言论唤醒了法兰西。"

《企鹅岛》的作者法朗士停顿了片刻，然后挑战似的讲道：

"他的行动所引起的深远影响是难以估量的，这种影响，在今天正以强大的力量和崇高的威严起着作用，并将永远起着作用……让我们告知九泉之下的英灵：他的不幸的遭遇和他的纯洁的心灵，使他有一个伟大的晚节，他最终成了人类良知的代表！"

人们大批大批地向这里涌来。

"这是来示威的。"泽瓦埃说道。

人们带来鲜红的花束，同时高喊：

"萌芽！萌芽！萌芽！"

愚昧、盲目、残暴的民众一时间竟神奇般地都清醒过来。这些批评家当时不能清楚地讲出他们所要讲的话，于是便高喊起左拉的代表作的名字来。

左拉夫人的担心是大可不必的。举行葬礼时，并未发生什么严重事件。不过，奥里维约上尉回到军营之后，他的一个同事竟然打了他一个耳光，因为他听从了军区司令的命令，为左拉送了葬。德雷福斯却安然无恙地回到家中，并未被人认出。人们尚处在激动之中，德雷福斯的面貌已被人们忘记。

在艾克斯，塞尚正在准备调色板。保兰，过去是摔跤运动员，现在是塞尚的佣人和模特。他跑进塞尚的画室喊道：

"保尔先生，保尔先生，左拉死了！"

塞尚一时惊呆在那里，过了一阵，他突然说道：

"出去！让我安静一会儿！我要你们给我一点安静！"

接着，他可怕地向人们喊道：

"你们都给我出去！"

三

人的生命并不完全包含在人的躯体里，因此，一个人停止了呼吸并不意味着他的社会生命的终结。在这种意义上说，左拉并没有死，而且也无人知道他将在何时死去。

直到一九〇二年，旷日持久的悲剧方得以结束。为了使重新审理的问题能够再一次提出，德雷福斯拒绝了政府对他的赦免。这样一来，必须再次获得新的事实。马蒂厄和阿尔弗勒德·德雷福斯后来在一九〇三年四月的议会辩论中终于找到了它。饶勒斯继续完成左拉未竟的事业。他的坚决行动使事件重新恢复了它的真面目，即小说家左拉那令人赞叹的嗅觉早已觉察到的样子。特别是，伟大的演说家提出了这样两难推理的问题："如果说，民族主义政府曾经相信过这些档案材料的实在性和这种无稽之谈的真实性，那么，在理智方面，一个政党就再也不会比这更加低劣……如果说，它并没有相信这些，那么，在诚实方面，一个政党就再也不会比这更加低劣。"

一九〇四年三月三日，在高级法院展开了公开辩论。杜·巴地控告宫斯将军役使他。三位新的手迹鉴定专家，其中有亨利·庞加莱，戳穿了贝蒂荣所作鉴定的虚伪性。与案件有牵连的齐尔林当、罗热和麦贺西耶将军被迫说出德雷福斯的犯罪是作为一种假设提出的，并且还说，要靠他自己来证明他的无辜！罗什福尔回避事实，不肯出庭。米尔瓦耶供认，他从未见过他曾经对叙雷纳说过的那份档案！多年的冤案终于昭雪了！

最高法院三庭联合做出决定，撤销汉纳军事法庭对德雷福斯的判决。杜·巴地、齐尔林当，特别是麦贺西耶遭到公开谴责。博杜安法官说，要是没有政府赦免的话，等待着麦贺西耶将军的将是苦役犯监狱。

在伦敦，艾斯特哈奇重新露面了，他经常出入两个施粥站。他对德吕蒙说："那份清单是我写的，这大家都知道，而更加绝妙的是，那些愚蠢的替我否认的人却都是出身于巴黎综合工科学校、巴黎高等师范学校和夏朗德船舶学校的。然而，我当时是听从桑戴尔指挥的。"

一九〇五年七月十二日中午，高级法庭庭长巴洛·博浦雷宣布：

"根据最新调查分析证明，控告德雷福斯的种种理由均不成立，因此决定毫无保留地撤销军事法庭的判决……汉纳军事法庭对德雷福斯的裁决也是错误的，也予以废除。"

德雷福斯恢复了职务，并晋升为少校。皮卡尔这时已被晋升为准将，不久他进入了以克列孟梭为首的内阁，就任国防部部长一职。

一九〇八年六月的一天，在《马赛曲》、《葬礼进行曲》、《出征歌》和《穑月前奏曲》的乐声中，人们在先贤祠为左拉举行了第二次葬礼。参加这次葬礼的有：共和国总统法利埃、内阁总理乔治·克列孟梭以及全体政府官员。加斯东·杜梅格致悼词。他的官样文章并没有什么值得记述的。在死者家属左拉夫人、德妮丝和雅克·埃米尔-左拉（他们现在已经姓父亲的姓了）以及让娜·洛泽萝的注视下，人们将左拉的棺木抬到地下室，置放在南边左手第三个地下墓穴里；维克多·雨果早已安息在那里了。

举行仪式时，在广场上聚集着很多人。

这时还应该有一个人出来讲几句话。于是，克列孟梭高声讲道：

"我们可以找到一些敢于与至高无上的法律相抗争的人，然而却很难找到一个敢于与民众相对抗，……在人们要求说'对'的时候，敢于昂起头来说'不'的人。"

此时，巴雷斯和雷翁·都德纠集一伙爱国者联盟的人，在先贤祠外边大声喊叫。民族主义记者格雷高里竟然向德雷福斯连开了两枪；德雷福斯手臂受伤。

一九三五年七月十一日，德雷福斯在家里，在亲人的包围中，结束了他那谦恭而又灰暗的一生。

但是，德雷福斯事件的影响并未因德雷福斯的死去而消失。一九三九年，达拉第禁止在电影院上映关于左拉的影片。这部电影由迪亚特尔编导，保罗·穆尼扮演左拉。这位内阁总理在理论上是一个德雷福斯派，然而，他坚决不允许在电影院里回荡着左拉对总参谋部进行攻击的声音，尽管这个参谋部与当时的甘末林的参谋部完全是两码事！

"只要目的正确，可以不择手段。"在这里，目的又一次决定了手段。拥护左拉的人最终背叛了左拉。

不过，这并不是什么新奇的事。在一九〇八年议会辩论中，一个拥护将左拉的骨灰放进先贤祠的左派议员在驳斥巴雷斯时竟然这样说："作家是无足轻重的，我们胜利了的激进社会主义共和国给予荣誉的并不是《萌芽》的作者，而是《我控诉》的作者！"饶勒斯反对这位议员的说法，他认为"左拉的功绩、左拉的光荣就在于他并没有像巴雷斯那样来创造艺术作品。巴雷斯的艺术是凄楚而又混浊的一潭死水，而左拉的艺术则是夹带着整个生活和真理的力量奔腾向前的大江大河。"然而，他的这种观点并不能说服他的朋友们。

看来，左拉作为作家的功绩在那个时代还很难被承认。

但是，在蒙马特尔墓地，在为左拉下葬时，人们为什么高喊着"萌芽！萌芽！"呢？只要查阅一下各图书馆的图书借阅登记卡片就可以明了其中的奥秘了。

现在，人们很难具体说出左拉的著作出售的数量，即使是出版家也难以说出确切的数字。到《卢贡—马卡尔家族》的最后一部小说《巴斯加尔医生》正式出版为止，《卢贡》这一部书先后大约发行了五十万册，而一九二四年，仅沙尔庞捷和发斯盖尔出版的《卢贡》就达二百五十万册。一九二三年，《崩溃》售出二十六万五千册；《娜娜》二十五万六千册；《土地》二十三万三千册；《小酒店》二十万三千册；《萌芽》十七万一千册。其中最受读者欢迎的是《崩溃》和《娜娜》，即描写战争与卖淫、暴力与色情的小说。而不够成功的是叙述性的作品或过渡性作品，如《卢贡大人》（一九二三年售出四万八千册）、《普拉桑的征服》（售出四万八千册）、《卢贡家族的命运》（售出五万五千册）。

一九二三年之后，许多出版社争相出版左拉的作品。其中袖珍本和俱乐部出版的版本最为畅销，并且经久不衰。《萌芽》的发行量有所增加，但每年售出量的大致情况基本与一九二三年的统计相同。

在法国，受益于左拉的作家是很多的。儒勒·罗曼与一体主义、杜阿梅尔、罗杰·马丁·杜·加尔、民众主义、从罗曼·罗兰到马塞尔·艾梅、从吕西·德斯卡夫到路易·费迪南·塞利纳、布莱斯·桑德拉斯等现实主义或自然主义各种流派的作家，以及更加年轻的一代，例如埃尔韦·巴赞、塞尔日·格鲁萨尔、乔治·阿尔诺以及其他许多人，无不从左拉的作品中获得丰富的艺术营养。

在国外，左拉具有与雨果、巴尔扎克同等重要的地位；左拉在世界文学史上的重要性远远超出了司汤达和福楼拜，半个世纪以来的具体事实充分证明了这一点。俄国的契诃夫、库普林和托尔斯泰都承认他们在艺术上负债于左拉。德国的盖尔哈特·霍普特曼受左拉《萌芽》的启发写出了著名的作品《织工》，德国的"左拉"亨利希·曼在《垃圾教授》中精彩地描绘了一个与娜娜相似的人物；后来玛琳·黛德丽在这个人物身上发现了一种使电影俱乐部的青年人和头发花白的导演们不得安生的女人的魔力①。另外，德国当代作家雷马克和普利维叶也接受了左拉的影响。苏联作家高尔基曾说过："左拉的阴暗的社会生活画面以及他的鲜明的特色使我十分喜欢……"罗马尼亚作家帕纳伊特·伊斯特拉蒂和挪威作家克努特·汉姆生也深受左拉的影响。除此之外，受其影响的作家还可以举出很多，如布拉斯科·伊巴涅思、皮奥·巴洛雅、维多利诺、斯特林堡、西洛内、利阿姆、奥弗莱厄蒂、费雷拉·德·卡斯特罗，等等。

英国人可以说是最顽固的了，但是，如果没有左拉，乔治·摩尔、阿诺德·本涅特、高尔斯华绥，尤其是劳伦斯和詹姆斯·乔伊斯，他们能成为今天这样的作家吗？

受左拉影响的美国作家中间，首先提到的应该是"美国的左拉"西奥多·德莱塞和安德森、辛克莱·刘易斯，其次是更

---

① 指根据《垃圾教授》改编成的电影《蓝色天使》，玛琳·黛德丽出演，三十年代在欧洲公映，轰动一时。

接近于我们时代的斯坦贝克、考德威尔和米勒等。德莱塞具有与左拉相同的创作观,甚至采用了左拉曾经用过的术语和实证主义理论,并且在这种思想的指导下,创作了著名作品《美国的悲剧》。而《曼哈顿转运处》(1925)和《北纬四十二度》(1930)的作者约翰·多斯·帕索斯,尽管在写作技巧上与左拉有所不同,但也不难看出左拉对他的影响。

当人们对美国的优秀小说,如约翰·多斯·帕索斯的《三个士兵》、《一九一九年》,海明威的《永别了,武器!》(《崩溃》的姊妹篇),福克纳的《不可战胜者》,考德威尔的《烟草之路》(《娜娜》和《小酒店》的姊妹篇),米勒的《北回归线》和斯坦贝克的《愤怒的葡萄》(《萌芽》的姊妹篇),进行全面评价的时候,许多事实说明左拉对美国现代文学的重大影响是不可否认的。

美国的伟大作家之一亨利·詹姆斯曾经这样赞扬说:"《卢贡—马卡尔家族》是文学史上无与伦比的勇敢的壮举。"

而厄普顿·辛克莱说道:"我愿意像左拉那样从事写作。"

左拉像巴尔扎克、雨果和欧仁·苏一样,是一个对世界文学有着重大影响的作家,是接受外部世界的存在并据此进行小说创作的先驱。另外,不容忽视的是,他为观察作为小说主人公的人提供了一种新的方法,这是一种崭新的革命方法,即使生物的人进入文学领域,使人的各种功能在文学中都毕露无遗。

左拉对国外作家的这种影响,并不表现在他的艺术风格方面,因为经过翻译,它已经被改变了;也不表现在他的实验主张和结构技巧方面。现在仍然活在国外作家中间的也不是左拉的思想。那么,是什么呢?是通过他的丰富的作品所表现出来的他对待人生、社会和外部世界的态度以及人类的美好的情感。

即使在社会主义现实主义这个在当时刚刚开拓的领域,左拉也在法国小说家中达到了销量第三的水平,他的作品成百万册地向外销售。

著名的《德雷福斯事件》的作者汉斯·雷伊费兹写信给儒勒·罗曼说:"我们高度重视左拉,因为在十九世纪作家当中,对我们今天来说,没有任何人能像他一样具有现实意义,托尔斯泰、陀思妥耶夫斯基乃至于巴尔扎克,都远不如他。他比他们更多地向我们展现了世界新的情景,提出了社会生活和无产阶级生活的各种新问题。他是十九世纪作家中唯一走出资产阶级圈子的作家。"这是对左拉所从事的事业做出的最崇高的评价。

一九〇二年,当左拉逝世的时候,人们在集市的木板棚里放映了一部取材于他的《小酒店》的电影,名字叫《酒精中毒的受害者》(这是一种厚颜无耻的剽窃)。在一九〇二年的巴德资料汇编中还保存着这部电影的梗概:"1. 一个幸福、富裕的工人家庭内景。2. 出入酒店的最初阶段。3. 酒精造成的灾难。妻子到酒店中寻找丈夫。4. 屋顶阁楼。苦难。5. 疯人院。疯人院的单人房间。震颤性谵妄。"

泽卡后来又抄袭左拉的作品,拍摄了《罢工》(1903)和《在黑暗的地方》(1905)。一九〇九年,《小酒店》才以作者的名义拍成了可放一个小时的影片。《萌芽》在一九一二年由阿贝尔·卡拜拉尼搬上银幕。左拉在自由剧院的朋友昂托万后来改行从事电影事业。他在左拉原著的基础上加以扩展,拍摄了《土地》[①]。

让·雷诺阿是一个地道的自然主义者,他只有和左拉、莫泊桑在一起,才感到心情舒畅。他根据左拉的《人面兽心》创

[①] 见乔治·沙杜勒的《电影通史》。——原注

作出了一部电影杰作。

至于《娜娜》或者《德莱丝·拉甘》，那就更不用提了。后者是由马尔塞勒·加尔内搬上银幕的。美则美矣，但太不忠实于原著了。斯特里约·洛伦兹使左拉的作品进入了电视领域。左拉的影响一直波及到意大利的影像自然主义，即真实主义电影导演艺术。左拉在世时，电影尚属草创阶段，他的作品进入这一艺术领域，使他非常高兴。后来银幕上那些活动的形象则成了他的题材和人物的最为有力的传播媒介。另外，还必须把下面这部分遗产计入他的功绩之中：他的摄影爱好，他的纳达尔摄影才能以及他的"剪辑"技术使得他的作品成了一些初具规模的电影分镜头脚本。只要重新读一读《人面兽心》中列车那"一组镜头"，《萌芽》中那些罢工者的进程，或者《娜娜》中娜娜的行踪，就可以看出，他在纸上已经创造出了一切：从特写镜头和整体画面的交替节奏一直到画面的回转、镜头的推移。

通过电影银幕和电视屏幕，越过死亡的界限，他又直接与民众汇合在一起了。

左拉是一个具有非凡力量的作家；像他这样的作家，在世界上也是罕有的。他以博大的胸怀，塑造了众多的人物，涉及到生活的各个方面。他是文学领域里一名无所畏惧的角斗士，或者用让·弗莱维勒的话说，他是一个叱咤风云的人物。当然，一部作品的价值并不完全取决于它的规模和它所包含的内容的多少。尽管有些审美家热衷于细小而完美的事物，我们说，一部作品的规模和容量还是很重要的，不可忽视的。人们可以欣赏奈瓦尔，但这丝毫不能削弱雨果比奈瓦尔伟大这一事实。在灵感相同的情况下，雕塑家的直接雕刻要远比石蜡浇铸高出一筹。这些真理在今天遭到了系统的诋毁。但是，谁否认这些真理，谁就要倒霉：左拉作品的分量和重要性可以和十九世纪最伟大作家的作品相抗衡，而且他一生中是决心要与巴尔扎克、雨果、乔治·桑、陀思妥耶夫斯基、托尔斯泰和狄更斯争个高低的。

过去被评论界忽视了的左拉最突出的特点是他的诗人气质和建筑师的结构才能的具有个性的结合。左拉是一个伟大的抒情诗人，同时也是一个伟大的建筑家。他否认的那种浪漫主义精神，在这个工程师的儿子身上，与一个建筑师的令人惊叹的才能融合成一体。人们在小说《萌芽》里已经清楚地看出了这一点。

左拉具有诗人的气质和热情，在很早以前，从魏尔伦、马拉美到谷克多等人都曾经指出过；而这一特点尤其被一些诗人所首肯。左拉的诗人气质和热情，尽管受到创作理论和工作方法的限制，但仍然洋溢在他的作品里，洋溢在他那浪漫的幻想之中。

左拉的结构艺术具有浪漫风格。它不仅在《萌芽》中是高超的，而且从左拉作品的整体上看，也是令人赞叹的。从《卢贡—马卡尔家族》、《三城市》到最后无法完成的《四福音书》，都是前呼后应，首尾相联的，而中间又安排得强弱相间，错落有致，使作品成为具有有机联系的一个完美的整体。

春天的早晨，阳光撒在莫塘别墅和塞纳河河面上。一个养路工人在修整道路。通往水边的小路两旁的接骨木散发出略带酸味的气息。左拉夫人后来把塞纳河中间的那个小岛卖掉了。河岸上铺上了水泥。左拉视若生命的河水依然在拍击着河岸，哗哗作响。《人面兽心》中写过的那开往阿夫雷的火车震撼着略显古老的莫塘别墅，隆隆而过。在别墅的屋顶上，鸟雀在爬满长春藤的娜娜塔上筑了巢。塞纳河中的拖轮发出呜呜的叫声，仿佛还在为福楼拜的死而呜咽。那尊曾使德妮丝·勒布隆厌恶，现在也使雅克·埃米尔-左拉不满意的白色雕像，一个比真人还要高大的沉思中的预言家依然以他那高大的身躯俯视着花园的条条小径。

突然，别墅的所有门窗一齐打开了，出现了几个身着白色衣裙的女人，接着是一片孩子的尖细而欢快的叫喊声；孩子们的欢乐打破了春天早晨的宁静。花园的各条小径上活跃着欢乐的小生命！大一点的孩子在花园里追逐奔跑，小一点的孩子在沙土堆上嬉戏。到处是一片欢声笑语。这些来自拉丁、欧拜维尔、葛勒耐尔等贫民区的穷孩子品尝到了生活的乐趣。在左拉的书房里，也就是左拉曾拿着望远镜，从远处观看他的孩子和情人在山岗上玩耍的地方，人们为孩子摆放着一些体育器材。当左拉夫人把丈夫的别墅捐献给儿童救济院的时候，她创造出了这样的奇迹。这难道还不好理解吗？这些孩子就是绮尔维丝和娜娜的弃儿，是马蒂厄的子孙后代，是《繁殖》里作者幻想的人类繁荣的象征……伟大小说家在晚年所梦寐以求的景象在这些孩子身上具体化了。在那里，在他的家里，到处是活蹦乱跳的生命！"噢，我的上帝！"每当他不能置信的时候，他常常这样说。

生命，这是《繁殖》的最后两个字。而结束《卢贡—马卡尔家族》的也是这两个字：生命！

左拉安息在先贤祠里；这是一幢没有窗户的大房子，人们有时把贤明而智慧的作家安葬在这里。左拉安睡了，永远不再醒来。但是，他的生命仍然活跃在平静的塞纳河岸边，以此向人们证明，他之所以怀着那样多的幻想，是因为他希望总有一天这些幻想会变成现实。生命活跃在历史的长河之中。生命，他是如此崇拜，直至将它奉若神明。啊，生命！

参考资料：

作者在撰写、研究的过程中，得到了让·波戴尔、查尔勒斯·布莱邦特、于连·卡恩、罗贝尔·卡尔利、欧米娜小姐、皮耶尔·戴斯卡沃、阿勒富德·杜鹏、雅克·埃米尔－左拉博士、让·吉奥诺、盖勒费、皮埃贺·哈克乾、皮埃贺·拉布拉兹利、保尔·雷欧特欧、阿芒德·吕耐勒、亨利·密特朗、让·拉梯努欧等的友情协助，他对此致以诚挚的谢意。为构筑传主生命历程的传记，必须仔细研读卷轶浩繁的印刷的或手写的各种资料。按目录学的要求，把各种资料完整地合在一起，其数量和篇幅相当可观，可以编辑成一本厚厚的单册书了。下面是作者曾使用过的参考资料的主要部分：

1. 《左拉作品全集》，萨白梯耶－法斯盖尔出版社。

   《卢贡—马卡尔家族》，全集出版社。

   《七星诗人图书馆》，阿尔芒·拉努主编，亨利·密特朗负责研究、注释。巴黎，1960。

   《卢贡—马卡尔家族》，亨利·吉罗曼作序。娄扎纳，1960。

2. 通讯集录，出版及非出版物，包括注释及手写通信，国家图书馆；梅亚纳普罗旺斯，艾克斯图书馆。私人收藏。

3. 国家档案馆。

4. 新闻通讯，从1940年至今。

5. 各类资料：学术论文，埃米尔·左拉协会通讯录；埃米尔·左拉朋友社团通讯录。

6. 口头流传的民间传说。

7. 研究报告、杂文及各种著述：

阿范尔·德雷福斯，《左拉诉讼案》速记记录，巴黎，1898。

阿莱克西（保尔），《埃米尔·左拉》，一位朋友的注释，巴黎，1882。

安度阿纳，《自由戏剧的回忆》，巴黎，1882。

巴斯拉尔（卡司通），《情欲的精神分析》，巴黎，1937。

巴赫比思（亨利），《埃米尔·左拉》，巴黎，1931。

博贺纳尔（马尔克），《左拉的自述》，巴黎，1952。

布吕木（雷翁），《左拉的回忆录》，巴黎，1935。

布鲁诺（阿勒弗莱德），《在一位伟大人物的庇护下》，巴黎，1932。

塞尚（保尔），《通讯录》，巴黎，1937。

都德（阿尔弗雷德），《影子与实在》，巴黎，1914。

德芙科思（雷翁），《自然主义理论》，巴黎，1929。

《小酒店》，巴黎，1930。

德芙科思（雷翁）和扎维依（埃米尔），《梅塘组合》，1920。

德乌尔（雅克），《埃米尔·左拉的父亲》，巴黎，1899。

德雷福斯（阿尔弗勒德），《回忆及通讯录》，巴黎，1936。

度泰·克罗宗，《德雷福斯案概要》，巴黎，1924。

欧罗巴杂志发行的专刊，巴黎，1952。

法盖特（埃米尔），《左拉》，巴黎，1903。

菲雪威乐（让），《左拉，暴风雨的传播者》，巴黎，1952。

龚古尔（雷），《日记》，巴黎，1887。

格朗·卡尔戴勒（约恩），《左拉影像集》，巴黎，1908。

基勒蒙（亨利），《传奇还是真实》，巴黎，1960。

艾力约（艾度阿德），《埃米尔·左拉及其著作》，巴黎，1935。

汝沃耐勒（德柏尔特杭），《左拉的生活》，巴黎，1930。

卡塞尔（雅克），《德雷福斯案件》，巴黎，1946。

《埃米尔·左拉,现代时共和国议会丑闻》,巴黎,1956。

勒布隆·左拉（德妮丝），《女儿讲述左拉》,巴黎,1931。

勒迈特尔（儒勒斯），《同时代的人们》,巴黎,1886。

乐博莱特（埃德蒙），《埃米尔·左拉其生活和著作》,巴黎,1908。

卡克·道纳勒德（阿），《左拉的深层次研究》,波斯顿,1901。

马拉美（斯特凡纳），《给埃米尔·左拉的十九封信》,巴黎,1929。

马恩（亨利迟），《左拉》,巴黎,1937。

赫地努（亨利博士），《埃米尔·左拉的科学小说,医学和卢贡—马卡尔家族》,巴黎,1907。

莫泊桑（居依·德），《埃米尔·左拉》,巴黎,1883。

帕雷欧洛德（莫里斯），《德雷福斯案件新闻集1894—1899》,巴黎,1955。

贝居易（查尔莱斯），《埃米尔·左拉》, 巴黎,1902。

《左拉风骨》,（马尔克·拜合纳德主编的左拉作品全集），巴黎,1953。

拉蒙德（艾弗·西）《卢贡—马卡尔家族人物谱》,巴黎,1901。

雷纳兹（约塞夫），《德雷福斯案件始末》,巴黎,1901—1911。

雷瓦德乐（约恩），《塞尚与左拉》,巴黎,1936。

贺曼（儒勒），《左拉和他的人物模型》,巴黎,1935。

《我们日历上的圣徒》,巴黎,1952。

施瓦茨考本，《记事簿》,巴黎,1930。

托马斯（马塞尔），《没有德雷福斯的事件》,巴黎,1961。

图鲁兹（易,医生），《精神心理学检查报告》,巴黎,1896。

维哲特莱（易·艾），《左拉在英国》,伦敦,1899。

《埃米尔·左拉》,伦敦,1904。

哲瓦莱斯（阿莱克山大），《左拉》,巴黎,1945。

译后记

2018年年初,华东师范大学出版社委托上海七叶树文化发展有限公司的陶稀老师来电话说,想要再版我们1985年在黄河文艺出版社出版的《左拉》一书,已立项,正与法方联系版权转让事宜。一本三十多年前的旧译能再版,当然是一件幸事。高兴之余,不免回忆起与《左拉》有关的事情。

1978年10月,我受教育部派遣,前去法国巴黎第七大学东亚文化中心任中文教师。巴黎是欧洲著名的花都,我是第一次去,像《红楼梦》里的刘姥姥进大观园一样,看什么都新鲜。于是,利用课余时间,出去到处走走,看看。除卢浮宫、埃菲尔铁塔、巴黎圣母院等名胜外,有一天,我还去浏览了她的跳蚤市场。不过,我对那里的旧物不感兴趣,便随意走进旁边的一家古旧书店。那里的旧书真多,有精装的,有平装的,而以口袋书居多。忽然间发现,在一大摞书的上面,放着一本不那么普通的口袋书,它吸引了我。书的题目是《您好,左拉先生》,书皮已有些破损,书内纸张已泛黄。我拿在手中,翻看几页,噢,是左拉的传记。书较厚,有六百五十页。一般人物传记多以《某某某传》为题,显得高贵,一本正经。可这本书却以《您好,左拉先生》为名,颇为奇特,读出声音来,仿佛刚走出家门,在路上偶遇了老朋友,打招呼。是那么自然、热情和亲切!就因为这书名,出于喜欢,尽管手中法郎无多,还是把它买下了。

书名《您好,左拉先生》中的"左拉先生",即埃米尔·左拉（1840—1902）。对法国文学有兴趣的读者都知道，他是十九世纪下半叶法国最著名的现实主义作家之一，也是法国自然主义文学的主要倡导者和实践者。他的代表作品《卢贡—马卡尔家族》，全书包括二十部长篇小说，其内容几乎涉及法国第二帝国（1850—1870 拿破仑三世执政时期）的社会生活的各个方面：政治、军事、宗教、商业、金融、工业、农业、科学、艺术、日常生活。卷轶浩繁，气魄宏大，文字酣畅，力透纸背，堪与巴尔扎克的《人间喜剧》相媲美。之后，他又写了长篇小说《三城市》：《鲁尔德》（1894）、《罗马》（1896）、和《巴黎》（1898）。在为德雷福斯平反冤案的斗争中，他不仅发表了一系列文章，更为重要的是，1898 年 1 月，他发表了震撼世界的檄文：《我控诉》。他因此而获罪，逃亡英国。这位主持正义的勇士，仍不忘他的创作——《四福音书》：《繁殖》（1899）、《劳动》（1901）、《真理》（1902）和未完成的《正义》。一百多年来，对左拉的评价有褒有贬、毁誉不一。但他的创作数量之大、影响之广，人们不得不承认，他是名副其实的世界级的文学巨匠。

左拉的代表作品，如《萌芽》、《小酒店》、《娜娜》、《金钱》等早已相继在我国翻译出版，加上《您好，左拉先生》的再版，将使广大读者对左拉先生有更深入的了解，更加懂得他。

《您好，左拉先生》的作者阿尔芒·拉努（1913—1983）生在巴黎一个普通家庭，是小说家、诗人和评论家，曾在短时间里作过小学教师、银行职员。第二次世界大战期间，1939—1940 年参加反法西斯抗战，任中尉副官。1943 年开始写作，早期作品有侦探小说《被谋杀的加拿大女人》等，后热衷于诗歌创作，诗集《流动商贩》获阿波利奈尔奖，《暴风雨中的郁金香》是他的诗歌全集。

他还是一位文学史家和批评家，撰写有《您好，左拉先生》（1954）和《莫泊桑，漂亮朋友》（1967）。之后，他转向现实主义小说创作，主要作品有《疯人殿》（1948，获平民文学奖），和以战争回忆为题材的系列小说《饶舌的疯子》，包括：《瓦特兰少校》（1956，获联合文学奖）、《当大海退潮的时候》（1963，获龚古尔文学奖）、《卢布热的约会》（1958）。另外还有《巴黎公社史》系列，包括《炮火声中的波尔卡舞》（1971）和《红色的公鸡》（1972）。1969年当选为龚古尔文学院院士。他的作品具有独特的个人风格，富有才情，颇受读者欢迎。

阿尔芒·拉努是左拉的崇拜者，也是左拉的自然主义文学理论的信服者，为了给左拉作传，他"与左拉共同生活了十年，不仅看到了真实的左拉，他还爱上了他"！法国人如是说，十年磨一剑。他广征博引，翔实的资料为其写作打下基础；搜寻富有情趣的生活细节和作家朋友们之间的恩恩怨怨，加上他自己的想象，为作品增添鲜活的色彩。他以小说家的笔法、诗人的语言，结合散文式的结构，创作出一部不一样的左拉文学传记，成为他的一部力作。法国文学评论专家说："《您好，左拉先生》是一部精美的、富有细节魅力的散文集。"

《您好，左拉先生》是一部很有价值的文学传记。我1981年回国时，也把这本书带回来了。闲暇时，时常翻阅。也与老伴孙德芗常常谈起。老伴鼓励我把它翻译出来，推荐给国内的读者。我也有此意。但担心出版问题，没有动笔。

1982年底，《北方文学》杂志社为促进传记文学的繁荣发展，决定出版一期传记文学专号。经朋友介绍，《北方文学》发来了约稿信，要求是外国著名作家传记，字数限定在二十万字左右。正合吾意，时不我待，答应了《北方文学》的约稿。《您好，左拉先生》估计有四五十万字。为符合杂志社少于二十万字的要求，也只好编译成缩译本了。坦白讲，编译工作并不容易。不管难与易，反正是一个出版的机会。我负责翻译法文中的重要段落内容，孙德芗老师进行文字编辑，使文气贯通，形成完整的文章，方便读者阅读。我和老伴利用课余时间，通力合作，忙碌了两个多月，才交出《您好，左拉先生》的缩译本。《北方文学》也如期在1983年出版了传记文学专号。拿到杂志，看到我们辛勤的劳动变成铅字，自然是高兴的。不过，翻开大开本的杂志，觉得字号太小了，版面也排得过密，读起来是较为吃力的。不知道这个缩译本，是否会有读者。

借用老电影的一句台词："面包会有的！"当然，读者也会有的！这不，《北方文学》传记文学专号出版发行不久，竟然有一个大读者直接把电话打到我们家里来了，那就是"黄河文艺出版社"。来电说，他们在《北方文学》发现了我们翻译的《您好，左拉先生》，有意请求由他们正式出版。说黄河文艺出版社曾预定出版一套《外国名作家丛书》，其中立项有《您好，左拉先生》，但迟迟得不到译稿。尽管发表在《北方文学》传记文学专号上的是缩译本，他们也愿意把它列入"外国名作家丛书"中，出版单行本。这是好事，我们当然乐见其成。不过，没过几日，黄河社又来电话了，请求我们把《您好，左拉先生》译成全译本。这出乎我们的意料。1984年10月，我和孙德芗老师都有出国任务，时间较为紧迫。虽有缩译本为基础，把它扩展成全译本，也并非是件容易的事。机会难得，我们还是答应了黄河社的请求，尽全力在出国前完成了译稿。另外，为方便我国读者阅读，增加了一些必要的注释。

《您好，左拉先生》在1985年2月正式出版了。我们在巴黎收到了出版社寄来的样书，当然很高兴。我们十分感谢黄河文艺出版社。不过，出版社并没有使用原著的书名《您好，左拉先生》，而用了简单的《左拉》二字。心中稍有些不悦。可木已成舟，奈何！华东师范大学出版社决定再版黄河文艺出版社1985年出版的《左拉》，再版时仍继续沿用《左拉》这个书名，这也是顺理成章的，也是出版社编辑们权限之内的事。我们也不再纠结了，愉快接受！

利用这次再版的机会，我们决定把《左拉》这部书的有价值的附录部分译出，附于书后，做一本真正意义上的"全译本"。在这里，我们真诚地感谢华东师范大学出版社再版我们三十五年前的旧译作《左拉》，同时，也感谢七叶树文化的参与和协助，帮我们实现了做一本完整的《左拉》传记的愿望。

《左拉》是一部风格独具、内涵丰富、才华横溢的文学传记的经典。向其作者阿尔芒·拉努先生致敬！

在这里我们还要感谢华东师范大学出版社的许静老师，和七叶树文化的各位为此书付出辛劳的编辑们，谢谢了！

由于水平有限，我们的这个译本，距离信达雅尚远，无疑会有不足之处。望专家和读者指正。

马忠林　孙德苈
二〇一九年十二月五日于北京语言大学

阿尔芒·拉努作品表：

长篇小说：《疯人殿》1948

《早课》1949

《稚嫩的年龄》1951

《钟楼里的壁虎》1953

《打破的头颅》1959

《饶舌的疯子》系列：

《瓦特兰少校》（联合文学奖）1956

《卢布热的约会》1958

《当大海退潮的时候》（龚古尔文学奖）1963

《火中的小提琴》1967

《养蜂人》1974

《再见生活，再见爱情》1977

短篇小说：《Yododo》1957

史　　论：《1900，绝对的布尔乔亚》（爱情1900）1961、1973

《卢瓦尔河的旅行者》1965

《心脏形的巴黎》（巴黎心理学）1965

《莫泊桑，漂亮朋友》1967

《巴黎公社史》系列：

《炮火声中的波尔卡舞》1971

《红色的公鸡》1972

《巴黎1925》1975

诗　　歌：《暴风雨中的郁金香》1959

《爱博纳勒印象》1969